# 延安精神与新中国的辉煌

庆祝中华人民共和国成立70周年暨纪念毛主席
给延安和陕甘宁边区人民复电70周年论集

陕西省延安精神研究会◎编

YAN'AN JINGSHEN YU
XINZHONGGUO DE HUIHUANG

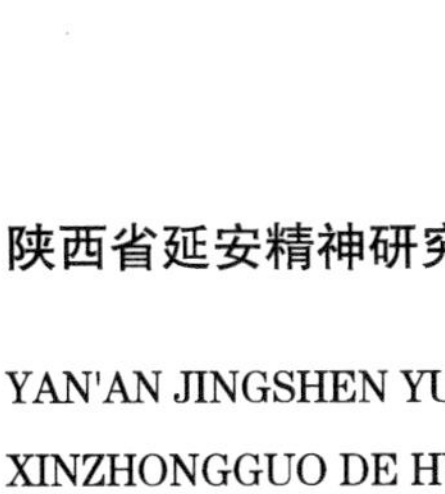

陕西新華出版·陕西人民出版社

图书在版编目（CIP）数据

延安精神与新中国的辉煌：庆祝中华人民共和国成立 70 周年暨纪念毛主席给延安和陕甘宁边区人民复电 70 周年论集 / 陕西省延安精神研究会编. —西安：陕西人民出版社，2022.8

ISBN 978-7-224-14595-3

Ⅰ. ①延… Ⅱ. ①陕… Ⅲ. ①延安精神 - 文集 ②社会主义建设成就 - 中国 - 文集 Ⅳ. ① D648.4-53 ② D619-53

中国版本图书馆 CIP 数据核字（2022）第 220127 号

责任编辑：程家文　马　昕
封面设计：蒲梦雅

**延安精神与新中国的辉煌**
**庆祝中华人民共和国成立 70 周年暨纪念毛主席**
**给延安和陕甘宁边区人民复电 70 周年论集**

编　　者　陕西省延安精神研究会
出版发行　陕西人民出版社
（西安市北大街 147 号　邮编：710003）
印　　刷　西安市建明工贸有限责任公司
开　　本　787mm×1092mm　1/16
印　　张　21.25
字　　数　343 千字
版　　次　2023 年 2 月第 1 版
印　　次　2024 年 11 月第 2 次印刷
书　　号　ISBN 978-7-224-14595-3
定　　价　88.00 元

# 编　委　会

# 目 录

# 在庆祝中华人民共和国成立70周年暨纪念毛主席给延安和陕甘宁边区人民复电70周年理论研讨会上的总结讲话

郑志飚

同志们：

按照会议的安排，我们的研讨会还要做一个总结，并且把这个光荣而艰巨的任务交给了我。我讲三个问题。

## 一、这次研讨会的三个特点

这次研讨会我简要概括了一下，具有“广”“深”“特”三个特点。

首先是“广”。我们的研讨会论文来源广，参与面广。从4月到7月，我们在全国范围内收集到的征文共101篇，涉及到8个省市和自治区。论文来源既有党政机关、高等院校、党校干校、社科研究机构的研究成果，还有中央直属单位，比如中国社会科学院，中国延安干部学院，包括一些央企单位同志的研究成果等等。论文参与面也很广，不仅有一批研究延安精神的老同志参与其中，而且还有一大批年轻同志也参与到我们的研究中来。在101篇的征文中，45岁以下的中青年同志占了近60%，45岁到55岁年龄段的同志占了20%到30%，55岁以上同志的投稿只占了15%，这是一大批年轻同志踊跃参与的一个可喜成果。

其次是“深”。研讨会研究探讨的问题深，成果反映程度深，挖掘的题材深。我们的研讨会以弘扬延安精神为主题，把两个70年特别是把第二个70年和延安精神的关系挖掘得很深，把贯彻复电精神、延安精神和中华人民共和国成立70周年的成就结合得深，联系得深。比如，在好几位同志的发言中大家看到了对实事求是的研究，不仅把实事求是作为延安精神的重要内容，而且从党的思想路线、工作方法、思想作风、优良传统等多个角度来阐述、挖掘实事求是的力量。再比如，关于民族问题。这是一个很大的话题，大家既联系延安十三年的实际来研究、感悟、融入，同时还联系中华人民共和国成立70周年特别是改革开放40年，把它提升到党的政治建设的高度来阐释，尤其是有些同志的发言把它和国家政权建设、把党的民族政策和政治建设联系在一起来论述。“深”还表现在很多同志的研究把延安精神、中华人民共和国成立70周年和党正在开展的“不忘初心、牢记使命”主题教育结合在一起来研究阐述。联系实际，深入实际研究解决实际问题，也是深入的表现及重要方面。这次的研究成果不仅挖掘得深，质量也比较高，就这次获奖的32篇文章来看，几乎占到了整个征文的三分之一，说明我们这次研讨的成果质量确实是不错的。

第三是“特”。这次研讨会内容有特色，研讨有特色。最大的特色就是把中华人民共和国成立70周年的研究和复电70年的研究结合在一起，这是这次研讨会一个最大的特色。我们把这两个70年结合在一起研究，不是简单地人为地连在一起，而是这两个70年本身就有内在的逻辑关系，是相辅相成、相互促进的。“特”还体现在上一次研究纪念复电60周年的时候，研讨会是在西安召开的，这次研讨会就直接放在了延安精神的发祥地、毛主席复电的接收地——延安来研讨，意义更大。

## 二、这次研讨会的三大收获

这次研讨会的收获是多层面的、非常丰富的，主要有三大收获体会。

一是我们的研究成果展示了两个70年是同频共振的70年，是相辅相成的70年，是共同发展的70年，不可分割的70年。两个70年的历史证明，什么时候能把延安精神继承、发扬得好，我们国家就发展得好、发展得快、成就就大。相反，什么时候发扬延安精神受到了挫折、践踏、歪曲，我们国家就发展得慢，就遭受灾难、挫折、失败。

1949年10月1日中华人民共和国成立，10月2日延安就开庆祝大会，给毛主席发贺电，26日仅过了24天的时间毛主席就把复电发回来了。中华人民共和国成立伊始，百废待兴，毛主席日理万机，要解决的问题成堆成山，还这样重视延安和陕甘宁边区的人民，重视延安精神，所以毛泽东同志是建国以后弘扬延安精神的第一人。中华人民共和国成立以后，毛泽东同志在全党和全国人民面前首先举起了弘扬延安精神的大旗，把延安精神推向全党、全国，不仅号召延安和陕甘宁边区人民要继续发扬延安精神，而且号召全国一切革命工作人员、一切党员干部发扬延安精神，用弘扬延安精神这面旗帜来统一全党、全国人民的思想行动，所以中华人民共和国成立初期国家战争的创伤医治得快，很快实施第一个五年计划，大规模的社会主义建设全面展开，取得了巨大成就。这正是毛主席号召全党大力弘扬延安精神取得的巨大成就。

20世纪60年代初，为了渡过困难时期，毛主席、党中央特别重视加强党员干部党性教育、党性锻炼、党性提高，在全党全国范围内掀起了学习毛泽东思想的高潮。要学习就得有教材，中央出台了两个措施，一是抓紧《毛泽东选集》1—4卷的出版发行。《毛泽东选集》1—4卷主要是毛主席1949年以前在延安时期撰写的著作，共159篇，其中112篇就是在延安写的。所以，学《毛泽东选集》主要是学习毛主席在延安时期的思想论述。还有一个重要的措施就是中央决定编辑出版《刘少奇选集》。刘少奇同志当时正处在党和国家领导工作的第一线，他的文稿又年代久远，卷轶浩繁，要编辑一个几十万字的集子不容易，所以中央采取措施先把刘少奇的重要著作《论共产党员的修养》在《红旗》杂志重新发表，并作为单行本发行供大家学习，在全国范围内掀起了学习高潮。学习的结果是什么呢？之后3年老百姓有饭吃了，不仅经济形势越来越好，政治形势也越来越好，我们大家现在学习的一大批英雄模范人物都是在那个年代涌现出来的，比如雷锋、王杰、焦裕禄、铁人王进喜等等。焦裕禄逝世以后，人们整理他的遗物，焦裕禄枕头旁边仅有两本书，一本是刚刚出版不久的《毛泽东选集》第2卷，一本就是刘少奇的《论共产党员的修养》，就是这两本书，塑造了一个模范县委书记的光辉形象。这就是我们弘扬延安精神，加强党性修养带来的成果。

1966年以后，受十年“文化大革命”的影响，这个时候延安精神的弘扬、先进模范人物的学习也受到了阻碍，国民经济发展亦受到极大阻碍，不仅城里人吃不饱饭，种地的农民也吃不饱饭。安徽省阜阳市小岗村农民饿得没办法，硬是冒着生命危险在“左”的思潮的高压下，创造了家庭联产承包、责任到户的做法，杀出了一条血路，带了改革开放的好头。

大家把邓小平称为改革开放的总设计师，邓小平总结小岗村的经验推向全国，就是实行家庭联产承包责任制。当年实行、当年见效，解决全国人民的吃饭问题。邓小平在改革开放后高举延安精神的伟大旗帜，他号召：“我们要把延安精神宣传到全国青少年当中去，使它成为中华人民共和国精神文明建设的主要支柱。”我们研究会搞过一本《延安精神与社会主义精神文明建设》的专著，这本书就是按照邓小平的论述，研究延安精神写出来的。后来江泽民主持中央工作13年，他多次到延安视察、考察。江泽民有一个重要的题词，就是“延安精神永放光芒”。胡锦涛主持中央工作10年，也是高举延安精神的旗帜，倡导让延安精神放射出新的时代光芒。习近平总书记是从延安走出来的党的领袖人物，他号召我们要继续从延安精神中汲取力量。所以，这两个70年是同频共振的70年，是共同发展的70年，是紧密联系的70年，是不可分割的70年。换句话说，中华人民共和国发展成长的70年，就是不断倡导、弘扬延安精神的70年。我们把两个70年放在一块儿来研讨，不仅是创新，而是因为它们之间有着内在的、历史的、逻辑的、必然的联系。我想这应该是我们这次研讨会的一个重大收获。

二是从刚才的回顾中可以看到，特别是70年来的历史和实践已经证明，党中央始终高举着弘扬延安精神的伟大旗帜，带领全党全国人民弘扬延安精神。毛主席是70年来带头弘扬延安精神的第一人，我们挖掘出的那些感人的故事就是证明，研讨会大家提交的论文就是证明，大量的研究成果也是证明。所以，我们搞研究的这些同志，不要以为我们就是研究权威，我们只是把党中央要弘扬延安精神这种思想、这种要求通过我们的努力工作，把它进一步地细化、深化以及宣传、弘扬，变成全党全国人民的实际行动。全党全国研究延安精神、弘扬延安精神的大旗始终是党中央高高举起的，是党中央引路的。70年来每一代领导核心，每一代领袖人物谁都不忘延安精神，都高举延安精神的旗帜，所以这是70年来弘扬延安精神的主线、主旋律。

三是弘扬延安精神需要发扬斗争精神，敢于传播延安精神的正能量，批判抵制那些歪曲、阻碍弘扬延安精神的负能量。我们不仅仅是一个党员干部，也不仅仅是一个延安精神的研究者、弘扬者，我们还应该成为捍卫延安精神的战士。因为70年来大家看到了延安精神弘扬传播也不是一帆风顺的。今年9月3号，习近平总书记在中央党校中青班开班式上发表了重要讲话，专门阐述党员的斗争精神，要求党员干部发扬斗争精神，因为我们党近百年的历史就是一部斗争的历史，中华人民共和国70年的发展史也是一部斗争的历史，没有斗争就没有担当，没有斗争就没有收获。习近平总书记告诉我们，幸福是奋斗出来的，有奋斗就会有牺牲，有奋斗就会有斗争。同样，我们研究延安精神，弘扬延安精神，践行延安精神也应该同歪曲、阻碍、影响延安精神的负面效应、负面声音、负面影响作斗争。延安精神本身也是在延安十三年的斗争中产生的。大家不要以为弘扬延安精神就是一帆风顺、风平浪静的，不见得。比如，前些年就有人写文章批判当年的延安大生产运动破坏了生态平衡，破坏了自然环境。这是对历史无知的表现。当时的延安，日本帝国主义大兵压境，偷袭轰炸，国民党顽固派破坏抗战、破坏团结，封锁陕甘宁边区，用毛主席的话说，我们没有饭吃，没有衣服穿，大家连纸笔本子都没有，生存成了第一位的大事。为了渡过难关，党中央带领边区人民搞大生产运动。我们通过自己的双手开荒种地，丰衣足食，何罪之有，有什么错呢?！所以大家不要以为弘扬延安精神就没有阻力，就没有负面声音，我们应该有善于斗争的精神、敢于斗争的勇气。研究延安十三年的历史，应该忠于历史，忠于延安时期的实际情况，忠于党中央在延安十三年的客观现实，不能凭空想象70年、80年前的事情，乱戴帽子，乱做批判。同志们，我们作为延安精神的研究者，还要有捍卫真理的精神，还要有实事求是勇于斗争的勇气。所以我认为，我们要把习近平总书记9月3号在中央党校的讲话认真地学一学。9月12日，习近平总书记到北京香山革命纪念地去考察，他又讲到了“进京赶考”，香山革命纪念地就是毛主席、党中央进北京以后考试答卷的第一个考场，他们在那儿待了半年时间才进了中南海。毛主席进北京时说过，我们今天是进京赶考，我们绝不做李自成，我们绝不退回来。同志们，这个试考了70年，这个卷子答了70年，但是这个卷子还得答下去。我个人的体会，我们共产党执政一天，“进京赶考”的任务就得坚持一天，这个卷子就得答一天。这种进取精神、这种战斗精神、这种斗争的精神就时刻不能放弃。我们不能总认为把延安精神研究好了、弘扬好了、践行好了就够了，这是远远不够的。我们还应该从捍卫延安精神的高度，同歪曲践踏延安精神的思想和行为作斗争。

## 三、弘扬延安精神的三大任务

70年的实践证明了我们国家作为一个伟大的社会主义国家，共产党作为伟大的社会主义中国的领导核心，我们的国之立、国之兴、国之治、国之强需要延安精神提供精神力量。共产党是执政党，执政地位要巩固，人民事业要发展，需要延安精神的弘扬，需要把延安精神变成全国人民的精神动力。那么，我们怎么把延安精神研究好、弘扬好，我想这三条是我们作为一个群众团体，作为研究、弘扬延安精神的积极分子和志愿者，必须做到做好的。

第一，要把延安精神的资源宝库挖掘好、研究好、把握好。同志们，毛主席和党中央在延安十三年，十三年留下的宝贵精神财富是一个富矿，有很多东西我们现在还没有挖掘出来，还没有研究透，没有弄明白。比如，我们现在搞经济建设，延安南区合作社的精神，作为当年原生态的延安精神的重要表现形式，我们还没有研究到，起码这次征文没有看到。南区合作社的精神究竟是什么样的精神，发展是什么过程，现在应该怎样继承发扬，没有看到。再比如，延安十三年秘密战线的斗争，为我们党的事业发展，为党中央的决策提供了巨大的历史支撑，为中国革命的胜利做出了巨大贡献。现在，延安十三年秘密战线斗争的研究，还是一个缺项和薄弱的环节。再例如，我们都看到了当年的热血青年到延安接受教育培养以后，送到抗日前线，到各个战线上去工作、去斗争。他们是怎样把延安的思想、作风、精神带到各地弘扬发展，都需要研究。还有抗日战争发生以后，河南以及其他战区的灾民、难民到陕西，到陕北，到陕甘宁边区，我们是怎样救济那些灾民，怎样办农场安置灾民的等，都需要研究。再比如讲，我们对毛主席的东西是不是就研究够了、研究透了，远远不够。现在很多同志给我讲，毛主席在延安时期对党性问题讲的不多，研究的不多。同志们，是我们没有挖掘出资料，没有深入研究，并不是毛主席讲的不多。我们过去就靠4卷《毛泽东选集》作为主要依据，现在中央出版了一套8卷本的《毛泽东文集》。《毛泽东文集》第3卷就把毛主席1945年在七大上的讲话中，专门讲个性与党性的问题展示给我们。什么是个性，什么是党性，党性和个性的关系怎么处理。在七大快结束的时候，毛主席在给七大做的结论上又把这个问题拿出来讲，开始讲的是个性和党性的关系，后来讲的是党性和个性的关系，而且不仅把关系分析得透彻，把个性、党性讲得透彻，还明确告诉我们，什么是党性，行动一致，意见一致，集体主义就是党性。当然党性作为一个概念可以多层次、多角度来解读。这是毛主席给党性下的一个定义，讲得非常明白。我们过去都用列宁的话、刘少奇的话解释党性，以为毛主席讲的不多，不是不多，是我们没有挖掘到，没有研究透。所以，从这个意义上讲，我们研究延安精神，把这个宝藏发掘出来，让它更好地为中国共产党领导的中国特色社会主义事业服务，为党的工作大局服务，为长期执政服务，为全面从严治党服务，任务还非常艰巨。

第二，要把延安精神这个伟大宝库的思想内容、丰富内涵宣传好，弘扬好，坚持好。这方面还有许多工作要做。我们可以多角度、多层次、多形式、多手段地大力宣传、弘扬延安精神，特别是用现代化的技术手段来传播好延安精神的正能量。我们研究会这几年在梁会长的带领下做了很多努力和探索，不仅组建了宣讲团，办了网站，办了刊物，还和延安市、有关企业联合创办了红云平台，上了学习强国，发挥了很好的作用。用多种手段、多种途径，把延安精神像邓小平所讲的传播到全国的青少年中间去，传播到全国人民当中去，成为中国特色社会主义事业的重要精神支柱。这样，实现“两个一百年”奋斗目标，实现中华民族的伟大复兴，我们就有了精神的动力，精神的支撑。

第三，要把延安精神的研究、弘扬、践行统一起来。研究延安精神，千万不要把它作为一个纯学术、纯理论的研究，延安精神的一个最大特点，就是它从实践中产生，在实践中发展。实践性是延安精神的第一特征。我们既要讲延安精神，还要践行延安精神。既要做延安精神的宣传者、弘扬者，还要通过自己的实际行动，身体力行，躬行实践，成为延安精神的传承者、践行者。并且要提高自觉性，要做到言行一致，知行统一。把研究、宣传、弘扬同践行延安精神相结合、相统一，用自己的实际行动弘扬延安精神。

总之一句话，完成好这三个方面的任务都很艰巨，也很光荣。我们应该像习近平总书记所要求的那样，继续从延安精神中汲取力量，坚定不移地把这个路走下去，把这个路走好。这是我们延安精神研究会应该担负的光荣任务，也是我们这些弘扬延安精神的积极分子和志愿者应该完成的光荣使命。

我就讲这些，谢谢大家！

（作者系陕西省延安精神研究会副会长）

# 牢记党的初心使命　大力弘扬延安精神

王诚安

新中国成立70年来，党和人民书写了中华民族迈向伟大复兴的壮丽篇章，创造了人类发展史上的伟大奇迹。这是马克思主义在中国的伟大胜利，是党和人民无穷力量的伟大胜利，也是延安精神的伟大胜利。陕西是延安精神的发源地。我们始终坚持把延安精神作为党的宝贵财富加以珍惜，作为强大精神动力加以发挥，作为优良传统作风加以继承，作为崇高道德情操加以弘扬。“延安精神永放光芒”，这一质朴无华的语言，表达的是一种信仰，一种追求，一种期盼。光照千秋的延安精神没有过时，也永远不会过时。中国特色社会主义进入新时代，谱写延安精神新篇章，是牢记共产党人初心使命的现实要求和历史担当。

## 一、坚持不懈用延安精神铸魂育人

历史选择了延安，延安铸就了辉煌。从1935年10月19日中央红军长征落脚陕北吴起，到1948年3月18日中共中央和毛主席东渡黄河转向华北，中共中央和毛泽东在这里艰辛奋斗了十三个春秋，培育了伟大的延安精神，影响教育了几代共产党人。延安精神集中反映了党的思想路线、政治路线、组织路线，涉及政治、经济、军事、文化、社会，是以理论与实践、最高纲领与最低纲领、目标与政策、行动与作风等多方面统一为特征的博大的精神体系。延安精神的基本内涵是坚定正确的政治方向，解放思想、实事求是的思想路线，全心全意为人民服务的根本宗旨，自力更生、艰苦奋斗的创业精神。抗大精神、白求恩精神、延安整风精神、南泥湾精神、延安县同志们的精神、张思德精神、延安劳模精神、党的七大精神等都是延安精神的具体的现实形态，或称原生态。在中国共产党人的精神谱系中，延安精神承载着党的初心和使命，具有典型性、代表性，全面展现了中国共产党人的政治品格、精神风貌、道德情操和行为规范。

延安精神是党和人民的伟大创造，是马克思主义中国化的重要成果。延安精神穿越时空，永放光芒。

**（一）延安精神是巩固政权和建设社会主义，实现中华民族从东亚病夫到站起来的伟大飞跃的强大精神动力**

延安精神在中国革命中发挥了显著作用。邓小平说：“延安时候我们有什么？物质条件很差，就靠精神文明。靠有理想，靠坚强的信念，什么困难都能克服。在某种情况下，这种精神有决定意义。”① 抗日战争时期，陈毅说过“万众瞩目清凉山”；解放战争时期，周恩来说过“毛主席是在世界上最小的司令部指挥最大的人民解放战争”②。中国共产党在广阔的政治舞台上，导演出了一幕又一幕的威武雄壮的历史活剧，党领导的中国革命事业从低潮走向高潮、实现历史性的转折。因此，周恩来说：“是延安人民用小米哺育了我们。没有延安，就没有新中国。”③

1949 年 10 月 26 日，新中国刚刚诞生之时，毛泽东在给延安和陕甘宁边区人民的复电中，热切期望“全国一切革命工作人员永远保持过去十余年间在延安和陕甘宁边区的工作人员中所具有的艰苦奋斗的作风”。这成为凝聚党心民心，战胜困难风险，争取社会主义革命和建设事业新胜利的重要法宝。1959 年 9 月，周恩来视察中央广播大楼，对播音员齐越、潘捷说：“广播大楼建成了，比起延安窑洞来条件好多了，你们一定要用延安精神做好工作。”④ 1968 年 5 月 3 日，《人民日报》《解放军报》和《红旗》杂志在《延安精神永放光芒》的社论中首次使用“延安精神”的概念，“延安精神”作为一个重要政治术语流行开来。1970 年 3 月周恩来在召集延安地区来京代表的座谈会和 1973 年 6 月在陪同越南领导人参观延安时，强调“要恢复延安精神”“要弘扬延安精神”，加快延安地区的建设步伐。

**（二）延安精神是推进改革开放，实现了中华民族从站起来到富起来的伟大飞跃的强大精神动力**

党的十一届三中全会是划时代的，开启了改革开放和社会主义现代化建设历史新时期。延安精神，从理论上来说，就是马克思主义基本原理同

---

① 《邓小平年谱》（下），中央文献出版社 2004 年版，第 838 页。

② 石仲泉：《历史是怎样掀开这一页的?》，《北京日报》2019 年 5 月 27 日。

③ 安振华：《一切以人民为中心》，《中国纪检监察报》2018 年 9 月 18 日。

④ 转自中国广播网，2010 年 12 月 1 日。

中国具体实际相结合的重要成果，这是中国革命和建设取得胜利的重要保证。党的十一届三中全会重新确立了党的实事求是的思想路线，提出了改革开放，党的十二大提出了建设有中国特色社会主义。1980年12月25日，邓小平响亮发出“一定要宣传、恢复和发扬延安精神”的号召。20世纪90年代，东欧剧变、苏联解体发生后，邓小平坚定地表示：“从延安到新中国，除了靠正确的政治方向以外，不是靠这些宝贵的革命精神吸引了全国人民和国外友好人士吗?”要“使之成为中华人民共和国的精神文明的主要支柱”。[①] 江泽民曾三次到延安考察，对延安精神的基本内涵做了精辟概括，并提出“要把延安精神作为重要课题加以研究”，推动各地的延安精神研究会如雨后春笋般成立起来，在全国掀起学习践行延安精神的热潮。他强调“无论过去、现在和将来，延安精神都不能丢。全党同志，一定要结合新的实际，大力弘扬延安精神”，使延安精神永放光芒。[②] 2006年1月，胡锦涛在延安考察工作时指出，延安精神是我们党的性质和宗旨的集中体现，是我们党的优良传统和作风的集中体现，是中国共产党人崇高品德和伟大情怀的集中体现。这一论述深刻揭示了延安精神的精神实质，充分反映延安精神所包含的党性要求。他突出强调：“坚持和发扬延安精神，很重要的就是要大力弘扬求真务实精神、大兴求真务实之风。”[③]这为新世纪坚持和发展中国特色社会主义指出明确的方向和要求。

值得一提的是，2004年《延安精神永放光芒》大型展览在北京成功举办。这次展览运用400多幅照片、459件文物、2个复原场景，充分展现了延安时期党中央和老一辈无产阶级革命家的奋斗历程和光辉业绩，如同一股红色旋风以不可抗拒的激情吸引着五湖四海的参观者。2007年12月，被赞誉为“小延安”的北京延安文化展示中心在北京市朝阳区酒仙桥驼房营正式开馆，占地27亩，总建筑面积1万多平方米。目前有延安精神展、北京知青在延安展、中共中央西北局展、陕甘边革命根据地照金精神展，举办以弘扬延安精神、“唱响时代主旋律”为主题的活动2200多场次，慕名前来参观的国内外观众越来越多，成为传承红色基因、弘扬革命传统的重要场所。

---

① 《邓小平文选》第2卷，人民出版社1994年版，第367—368页。
② 《毛泽东邓小平江泽民论弘扬和培育民族精神》，学习出版社2003年版，第319页。
③ 《人民日报》2004年4月14日。

**（三）延安精神是中国特色社会主义进入新时代，中华民族迎来了从富起来到强起来的伟大飞跃的强大精神动力**

党的十八大以来，习近平总书记反复强调“不忘初心、牢记使命”，强调延安精神是党员干部党性教育的永久教材。他回忆在梁家河的七年知青岁月，“懂得了什么是实事求是，什么是群众路线，什么是延安精神”。2014 年 5 月 5 日，习近平给梁家河村党支部的信中，怀着深切的人民情怀写道：“小康不小康，关键看老乡。让村里乡亲们和全国广大农民一起早日过上小康生活，一直是我的心愿。”① 2015 年 2 月 15 日，习近平在陕西考察期间的重要讲话中，精辟深刻论述了“全面从严治党要从延安精神中汲取力量”的重大理论和实践问题，并对陕西提出了“追赶超越”和“五个扎实”的明确要求，为陕西高质量发展精准地把了脉、定了向。2017 年 9 月，习近平在给延安大学建校 80 周年的重要批示中指出：“望不忘初心、继续前进，弘扬延安精神，勇于改革创新，把这所具有光荣历史的大学办得更有特色、更有水平。”② 延安精神在实现中华民族伟大复兴中国梦的进程中，越来越显示出强大的精神力量。

新中国 70 年的实践启示我们，“不忘初心、牢记使命”，是激励中国共产党人不断前进的根本动力。要把“不忘初心、牢记使命”作为加强党的建设的永恒课题，作为全体党员、干部的终身课题。要坚持不懈用延安精神教育全党和人民，永远保持延安时期党的光荣传统和优良作风。

## 二、弘扬延安精神的生动实践

延安精神是一种与时俱进的伟大精神。在新中国 70 年的奋斗历程中，延安精神随着时代、历史和实践的发展，不断赋予新的时代内涵，始终保持着鲜活生命力，体现了永恒价值，展现出精神魅力。

**（一）弘扬延安精神，加强理论研究是基础**

思想建党、理论强党，是我们党的政治优势。延安精神是有丰富内涵和表现形态的精神体系，具有广阔的研究空间，可谓是“说不尽的延安精神”。新的伟大实践，催生新的理论，新的理论又指导着实践的发展。改革开放以来，研究延安精神的理论队伍更加壮大，理论视野更加开阔，理

---

① 《陕西日报》2014 年 5 月 10 日。

② 《央广时评》2017 年 9 月 26 日。

论成果更加丰硕。首先，陕西省延安精神研究会建立一支以西北大学、中共陕西省委党校、解放军政治学院西安分院、陕西师范大学、延安大学等单位为主的老中青相结合的教授专家团队，坚持围绕延安精神理论和实践的重大课题加强研究，不断推动理论研究的深化和突破。其次，聘请了30多位在全国以及省内有权威性、影响力的延安精神研究专家作为特邀研究员，积极发挥他们的骨干带头作用，把学习、宣传、弘扬延安精神引向深入。“功夫不负有心人”。这些年来，陕西一批有政治意义和学术价值的研究成果相继问世，比如，《延安精神和社会主义精神文明建设》（获“五个一”工程奖，陕西人民出版社）、《中共中央在延安十三年史》（中央文献出版社）、《延安时期党的理论建设的经验研究》（党建读物出版社）、《这里是延安——中国共产党对外如何讲好故事》（人民出版社）、《话说延安精神》（陕西人民出版社）等。纪实文学作品《梁家河》真实反映了习近平在延安的成长经历，引起广大党员干部的热烈反响。再次，围绕党和国家的重大活动，陕西省延安精神研究会组织了“纪念党中央转战陕北70周年暨中国人民解放军建军90周年”“延安精神与改革开放”等座谈会和研讨会，不断深化和拓宽对延安精神的学习研究。由中国延安干部学院主办的党性教育“延安论坛”是经中共中央组织部批准举办的全国性学术会议，2009年至今，已举办六届，分别以“共产党人的忧患意识与党的作风建设”“延安时期加强党的政治建设的历史经验及当代启示”等为主题，初步形成了具有自身特色的学术品牌，提供了新时代推动党的思想理论建设的有益经验。

**（二）弘扬延安精神，铸魂育人是主线**

2015年2月13日，习近平在延安考察时强调指出：“老一辈革命家和老一代共产党人在延安时期留下的优良传统和作风，培育形成的延安精神是我们党的宝贵精神财富。”① 延安精神聚集着巨大能量，我们能够不断从中汲取信仰的力量、真理的力量、人民的力量、奋斗的力量。陕西明确并强化“用脚下的土地教育土地上的人”这一理念，采取多种方式使红色资源更好地“动”起来、“活”起来，推动红色基因代代传。习近平当年从北京来到生活条件极其艰苦的梁家河村插队时不到16岁，在7年时间里，先后写了8次入团申请、10次入党申请，终于被组织批准入团、入党，支

① 《人民日报》2015年2月17日。

撑他的就是坚定的理想信念。只要来到延安的党员、干部，置身于革命圣地，追忆艰苦岁月，就能感悟延安精神，激发爱国情怀。以“党中央在延安的十三年”“延安精神及其时代价值”“延安整风的意义和启示”等为主要内容的课堂讲授，以“张思德教学点”“南泥湾教学点”等现场教学，都以历史的穿透力、真理的说服力、强烈的感染力，使参加学习培训的同志深切感觉是“收获满满，感悟多多”。他们动情地说“延安是一个不朽的传奇”，正所谓“一次延安行，一生延安情”。为进一步落实习近平总书记“把红色资源利用好、把红色传统发扬好、把红色基因传承好”的要求，延安市整合红色资源，做大做强延安干部教育培训，开发了“历史的启示”“精神的力量”“领袖的智慧”“延安的记忆”等四个板块 30 多门特色课程，着力提高培训质量和效果。

**（三）弘扬延安精神，加强宣传是重点**

弘扬延安精神，就要努力做到历史和现实、传统和当代、延安精神和时代精神以及宣传内容和形式手段相统一。如今，弘扬延安精神，内容更加丰富，方式更加鲜活，创新更加突出。陕西省延安精神研究会的宣传形式主要以“五个一”为抓手，充分利用一个网络、一个微信公众平台，办好《源流》一个会刊，组建一个延安精神宣讲团，办好一个延安精神流动讲坛。我们处在一个变革创新的时代，唯有不断创新，弘扬延安精神才会有发展，才会有活力。比如，红色景点的现场体验式、参与式教学、激情教学等，让人们更能感悟延安精神深厚的历史底蕴和现实根基。比如，群众喜闻乐见的弹、拉、说、唱的文艺形式，有着很强的感染力、亲和力。红色经典《延安保育院》的演出，盛况空前、久演不衰。2017 年 6 月由陕西省延安精神研究会组建的延安精神宣讲团活跃在机关、厂矿、农村、学校、部队，是“行走中的宣传队”“汽车上的宣传队”。其编排的 10 多个节目以讲故事、朗诵、歌唱、陕北说书等多样形式，深刻诠释延安精神的丰富内涵和时代价值，感人肺腑，催人泪下。至今已经宣讲 100 多场，走出陕西，走向全国，现场聆听报告的党员干部超过 5 万，通过电视和网络媒体二次传播的受众人数超过百万。全国 50 多家媒体相继报道，引起广泛关注，好评如潮。同时，办好会刊《源流》，是我们一项经常性的工作。当代中国，现代传媒手段的运用是不可或缺的。2017 年开通陕西延安精神研究会网站，又上线了研究会微信公众号。2019 年 7 月与陕西数字基地共建的延安红云大数据云平台，利用先进的互联网媒体新技术，深度挖掘和激活延安厚重的红色历史文化资源、汇集海量红色文化信息，致力于将平台打造成国内领先、国际一流的红色文化传播和红色文化娱乐体验的媒体型互联网文创云平台。弘扬延安精神有着十分广阔的发展前景。

**（四）弘扬延安精神，讲好延安故事是责任**

延安精神不是地域性的，是世界性的。延安精神产生在延安，传播到全国，影响到世界，是中华民族对人类文明的重要贡献。当年外国记者到延安采访时，发出了这样的感叹：“原来还有另一个中国啊！”称延安是“思想工厂”。这些年来，到延安参观学习的外国政党、组织和各方面友人越来越多。中国延安干部学院以及中共陕西省委党校等接待了越来越多的外国政党和组织，他们对当年以毛泽东为主要代表的中国共产党人在延安从事的伟大事业、创造的伟大精神感到震撼、敬佩，对延安日新月异的变化无比兴奋和称赞。2018年5月，非洲联合工商会主席本·德·科勒克一行参观考察延安新经济发展后，激动地说：“除了惊讶，已无法用语言形容。”

**（五）弘扬延安精神，努力践行是根本**

延安精神的永恒价值在于同时代和实践的发展相结合，始终获得不竭的生命源泉。比如，延安整风就是一场马克思主义的自我教育运动，推动马克思主义中国化，坚定走具有中国特色的革命道路。这对于今天牢固树立中国特色社会主义道路自信、理论自信、制度自信、文化自信具有当代价值。比如，延安时期，我们党坚持真理、修正错误，勇于开展批评与自我批评，这对今天推进全面从严治党很有现实意义。2013年，全党开展群众路线教育实践活动，习近平提出“要发扬整风精神”。现在，全党开展“不忘初心、牢记使命”主题教育，更多的党员、干部来到延安，来到梁家河，感悟延安时期共产党人的初心使命，感悟习近平总书记的人格魅力。2018年全国到延安考察学习的党员、干部超过6000万人次，到梁家河的超过100万人次。有的同志说：“在延安，大家真切体会到，真理的味道特别甜，理想的力量特别大，革命的队伍特别牛。”新时代，国家电网陕西张思德共产党员服务队把“完全”“彻底”的张思德精神具体化为“五心”服务精神：履行职责——精心、践行承诺——真心、接待客户——热心、售后服务——诚心、志愿服务——爱心，打造了极具社会影响力的红色名片。

陕西落实习近平总书记的要求，弘扬延安精神，奋力追赶超越，取得高质量发展的显著成就。延安是革命老区，同时也是一个贫困面较大的经济欠发达地区。延安市委发出“用延安精神建设延安”的号召，艰苦奋斗、接续奋斗，选派1784名第一书记、1546个驻村工作队、3.74万名干部进村入户开展帮扶，加快培育各具特色的扶贫产业，使延安告别绝对贫困，同全国人民一起奔向全面小康，使周恩来总理1973年对延安的期望变为现实。

## 三、谱写新时代延安精神新篇章

中国特色社会主义进入新时代，新时代呼唤延安精神，延安精神在新时代更会大放光彩。新中国70年弘扬延安精神的生动实践，给我们提供了许多弥足珍贵的启示，是新时代弘扬延安精神的重要遵循。

### （一）党的坚强领导是弘扬延安精神的根本保证

学习、宣传、延安精神是一种政治担当、历史担当、责任担当，是党的意识形态工作的“主业”“主课”。当今中国，改革开放深化、社会日益多元、各种思潮激荡，加强党对意识形态工作的领导更加重要和紧迫。早在1989年12月，中共陕西省委就做出了《关于继承和发扬延安精神的决定》，明确要求“各级宣传部门要在党委领导下，协同有关部门做好调查研究、指导工作，促进延安精神教育的深入发展”。对于党组织来说，就是要把“弘扬延安精神，讲好延安故事”摆上重要议程，在工作格局、队伍建设、支持保证等方面采取有效措施。2012年陕西省委宣传部专门发出通知，扎实推进市级延安精神研究会组织建设，从编制、人员、经费等方面创造条件，提供保障。2017年召开的陕西省第十三次党代会总结过去5年工作所取得的宝贵经验时，第一条就是必须弘扬延安精神。延安精神不仅属于过去，更属于现在和未来，具有穿越时空的恒久魅力。

### （二）努力形成合力是弘扬延安精神的重要条件

弘扬和践行延安精神，是一项社会系统工程。在各级党委的坚强领导下，要靠全社会的广泛参与。1993年2月成立的陕西省延安精神研究会，发挥了中坚力量的支撑作用。陕西省委、省政府历来高度重视省延安精神研究会的建设，经过四届26年的发展，陕西省延安精神研究会在宣传、弘扬延安精神方面成效显著，为推动陕西经济社会发展和加强党的建设做出了积极贡献，受到社会的广泛关注和好评。延安精神发祥地在陕西，陕西延研会各项工作应该走在全国前列。原中国延安精神研究会会长李铁映同志曾提出殷切希望："陕西的延安精神研究会应该成为全国研究延安精神的第一研究会。"这个"第一"延安精神研究会就是要做到：宣传教育最有效、组织机构最健全、工作保障最可靠、研究成果最显著。我们正在力争创造一流的工作业绩，向名副其实的"第一"研究会不懈努力。现在陕西各地市的延安精神研究会和党校、高校的延安精神研究中心进一步完善和发展，成为弘扬和践行延安精神的坚强阵地和有生力量。

**（三）注重制度建设是弘扬延安精神的有力保障**

陕西省委将每年的10月26日确定为全省延安精神纪念日。在这一天，省上会组织开展多种多样的宣讲、座谈、参观、演出等活动。每年陕西省社会科学基金的项目中都设有延安时期和延安精神的研究课题，激励和吸引更多的理论工作者投身研究、宣传和弘扬延安精神的队伍中来。现在省上开展重大活动时，第一课就是上好延安精神课。2016年5月20日，全省"两学一做"学习教育弘扬延安精神专题党课和省委中心组集体学习会在西安举行，会议强调，要用好延安精神这一陕西特有的政治优势和政治资源，为谱写"追赶超越"新篇章提供坚强保障。目前，全党正在开展的"不忘初心、牢记使命"主题教育，为弘扬践行延安精神提供了广阔舞台。7月18日，西安市组织系统的领导干部等700余人，听取专家讲授"弘扬延安精神，牢记初心使命"专题课，反响十分热烈。大家认为"延安时期是共产党人初心使命得到充分展现和生动实践的时期"，"延安精神是共产党人初心使命的极好诠释和充实发展"。

**（四）领导干部率先垂范是弘扬延安精神的关键所在**

延安精神是以毛泽东同志为主要代表的老一辈革命家亲手培育和亲身实践的结晶。延安时期，无论在学习运动中，还是大生产运动、整风运动中，党政军的主要领导始终走在前列，树起了标杆，成为榜样。当年美国进步记者斯诺称赞在中国共产党人身上发现"东方魔力""兴国之光"。访问延安的华侨领袖陈嘉庚在回国后感慨地说"得天下者，共产党也""中国的希望在延安"。今天，大力弘扬延安精神，关键是抓好党政领导机关和"关键少数"，也就是各级领导干部。领导干部要带头学习延安精神，带头弘扬延安精神，带头践行延安精神。在陕西，无论是省委任命的领导干部，还是市区县党委任命的干部，上任的第一课就是到延安接受延安精神的专题培训，思想政治受洗礼，严以律己转作风。群众热情称赞："延安作风又回来了！"许许多多优秀党员干部表达一个共同的心声：要做延安精神的坚定信仰者和忠实实践者，用实际行动书写新时代的光彩人生。

壮丽70年，奋斗新时代。新时代呼唤延安精神，更加需要延安精神。人们的思想教育和提升，决不是“短平快”的一时之功，而要持之以恒，久久为功。学习、宣传、践行延安精神，不是学习“一下子”，而是要践行“一辈子”。必须在更广阔的范围和领域宣传和践行延安精神，让延安精神“存之于心、固之于制、见之于行”，奋力谱写新时代实现中华民族伟大复兴中国梦的精彩篇章！

（作者系陕西省延安精神研究会特邀研究员、陕西省委党校教授）

# 大力弘扬延安精神　推动陕西追赶超越

郭兴全

延安精神是党中央在延安时期为夺取新民主主义革命胜利，在局部执政的条件下和艰难困苦的革命斗争中，在党的建设实践中，精心培育形成的、体现党的先进性质和宗旨、优良传统和作风的宝贵精神财富，在中国共产党人的精神谱系中具有十分重要的地位。延安精神是党领导中国革命、建设和改革开放取得一个又一个胜利的密钥，无论过去、现在和将来，都是中国共产党人和中华民族取之不尽、用之不竭的宝贵精神财富。新中国成立70年，改革开放40多年来，陕西凭借弘扬延安精神的先天优势，抢抓发展机遇、埋头苦干，经济实现了跨越式发展，社会事业全面进步，人民生活水平大幅提升。陕西发生的巨大变化，既是弘扬延安精神结出的累累硕果，同时，不忘初心，牢记使命，实现追赶超越也需要继续从延安精神中汲取精神力量。

## 一、新中国成立70年取得的伟大成就为陕西加快发展提供了历史机遇

延安时期，中国共产党把陕甘宁边区作为局部执政的“试验区”和“示范区”，不断探索执政的各项制度，在政权建设、经济建设、社会建设、军事建设、文化建设等方面均取得重大成效，为全国范围内执政积累了丰富经验。新中国成立70年，特别是改革开放40多年，中国共产党以延安时期的局部执政经验为基础，经过艰辛探索和不懈奋斗，使古老的华夏大地发生了沧桑巨变。中国人民在党的领导下，经历和战胜了一系列来自国际国内的严峻考验和挑战，创造了举世惊叹的人间奇迹，把一个四分五裂、满目疮痍的旧中国变成了一个团结统一、前途光明的新中国，把一个积贫积弱、一穷二白的半殖民地半封建国家变成了一个繁荣昌盛、充满生机活力的社会主义国家。无论是面对新中国成立之初的百废待兴、敌对

势力的封锁挤压，还是面对历史罕见的灾害和危机，中国共产党领导全国人民始终自强不息、顽强拼搏，同心同德、艰苦奋斗，实现了从新民主主义革命到社会主义革命和建设的历史性转变，从高度集中的计划经济体制到充满活力的社会主义市场经济体制、从封闭半封闭到全方位开放的历史性转变，综合国力大幅跃升，人民生活明显改善，国际地位显著提高，中华民族巍然屹立于世界民族之林。

改革开放以来，我们党团结带领全国各族人民继续弘扬延安精神，艰苦奋斗，推动我国经济实力、科技实力、国防实力、综合国力进入世界前列，推动我国国际地位实现前所未有的提升，党的面貌、国家的面貌、人民的面貌、军队的面貌、中华民族的面貌发生了前所未有的变化，中华民族正以崭新姿态屹立于世界的东方。新中国诞生时，我国经济基础极为薄弱。1952 年我国国内生产总值仅为 679 亿元，人均国内生产总值为 119 元。经过长期努力，1978 年我国国内生产总值增加到 3679 亿元，占世界经济的比重为 1.8%，居全球第 11 位。改革开放以来，我国经济快速发展，1986 年经济总量突破 1 万亿元；2000 年突破 10 万亿元大关，超过意大利成为世界第六大经济体；2010 年达到 412119 亿元，超过日本并连年稳居世界第二。党的十八大以来，我国综合国力持续提升。近三年，我国经济总量连续跨越 70 万亿、80 万亿和 90 万亿元大关，2018 年达到 900309 亿元，占世界经济的比重接近 16%。按不变价计算，2018 年国内生产总值比 1952 年增长 175 倍，年均增长 8.1%；其中，1979—2018 年年均增长 9.4%，远高于同期世界经济 2.9%左右的年均增速，对世界经济增长的年均贡献率为 18%左右，仅次于美国，居世界第二。2018 年我国人均国民总收入达到 9732 美元，高于中等收入国家平均水平。[①] 党的十九大报告庄严宣告，经过长期努力，中国特色社会主义进入了新时代，这是我国发展新的历史方位。今天，我们比历史上任何时期都更接近、更有信心和能力实现中华民族伟大复兴的目标。中国特色社会主义进入新时代，意味着近代以来久经磨难的中华民族迎来了从站起来、富起来到强起来的伟大飞跃，迎来了实现中华民族伟大复兴的光明前景。

---

① 《沧桑巨变七十载，民族复兴铸辉煌——新中国成立 70 周年经济社会发展成就系列报告之一》，国家统计局网站统计数据栏目，2019 年 7 月 1 日发布。

## 二、陕西发展取得的辉煌成就是新中国创造奇迹的缩影

新中国成立70年来，伴随着国家的发展进步，勤劳智慧的陕西人民在党中央的坚强领导下，在历届省委、省政府的带领下，弘扬延安精神，抓住大好发展机遇，励精图治，艰苦奋斗，战胜种种艰难险阻，取得一个又一个胜利。特别是党的十一届三中全会以后，陕西人民沿着中国特色社会主义伟大道路，解放思想、探索创新，深化各项改革、扩大对外开放，三秦大地生机盎然，呈现出一派欣欣向荣的新气象。

### （一）经济总量跨越新台阶，跻身中等发达省份行列

新中国成立70年，特别是在改革开放40多年的发展历程中，陕西经济增速总体上高于全国平均水平，持续位居全国第一方阵，实现了量的跨越。1978—1994年，陕西经济保持了稳步发展态势，增速较为平稳；1995—2013年，发展驶入快车道，除2001年外，均保持两位数增长；2014年以来，陕西与全国一样进入增速换挡期，由两位数高速增长逐步换挡为个位数的中高速增长，2018年增长8.3%，仍保持高于全国的较快增长态势。改革开放以来，陕西经济年均增速10.7%，高于全国1.2个百分点。新中国成立之初，全省的经济总量不足13亿元，到1978年全省生产总值也仅为81.07亿元，17年后，到1995年突破1000亿元大关，于2001年、2004年、2006年、2007年分别跨越2000亿、3000亿、4000亿、5000亿关口，之后以年均增加1500亿元以上的水平快速发展，2010年实现历史性突破，跻身全国“万亿元俱乐部”，到2017年迈上2万亿大关，2018年，实现生产总值2.44万亿元，是1978年的300多倍。陕西GDP在全国的位次从1978年的第19位提升至2018年的第11位，在西部地区的位次由第3位提升至第2位。财政收入由新中国成立之初的不到1亿元，实现了到2018年全省地方财政收入2243亿元的跨越式发展。新中国成立70年特别是改革开放40年来，陕西综合实力全面提升，经济总量实现“追赶超越”，跻身中等发达省份行列；经济结构发生可喜变化，发展协调性不断增强；质量效益明显提高，人均GDP达到中等收入国家水平。

### （二）基础设施建设日臻完善，城乡面貌日新月异

新中国成立70年，特别是改革开放40多年来，陕西投资规模持续扩大，全社会固定资产投资由1978年的20.35亿元增加到2018年的26248.96亿元，1979年至2018年累计投资18.57万亿元，年均增长近

20%。仅从交通的发展变化可窥一斑。昔日“雨天两脚泥，晴天一身灰”“通信靠吼，交通靠走”的时代已经过去了。4 条地铁线路穿越了十三朝古都西安。17 万公里的公路串连了全省 108 个区县的所有城市和村镇，从无到有的高速公路已经可以通江达海。告别了蒸汽火车，迎来了时速 350 多公里的高速铁路，西安到郑州、西安到大同、西安到兰州和西安到成都 4 条高速铁路的建成投运让陕西进入了高铁时代。“米”字型高铁网骨架的基本形成，让陕西有了一小时的关中城市交通圈、2—3 小时的周边省会城市交通圈、5—6 小时到达京津冀和 7—8 小时到达长三角、珠三角的交通圈。“中欧班列”也可以到达“一带一路”沿线的 42 个国家和地区。陕西不仅拥有西安咸阳国际机场，还有榆林、延安、汉中、安康 4 个支线机场；航线由最初的 3 条国内航线发展到联通国内外 211 个城市的 345 条航线；旅客吞吐量由 4000 多人次增长到 4762 万人次，平均陕西所有人每年都会坐 1—2 次飞机。从西安出发，2 小时航程可以覆盖我国 70%的领土和 85%的经济资源。陕西“水陆空”齐头并进的立体式综合交通运输网络已经形成“一核多极”的枢纽布局。

**（三）改革开放不断深化，经济活力显著增强**

新中国成立 70 年，特别是改革开放 40 多年来，陕西发挥区位优势，坚持“引进来”与“走出去”相结合，对外开放的深度和广度进一步拓展，开放型经济活力日趋增强。改革开放之初，东部沿海地区凭借区位优势，成为中国对外开放的起点，走在中国向东开放、向太平洋开放的最前列。不沿边、不临江、不靠海的陕西并未一味地“望洋兴叹”，而是利用好西部大开发战略红利，苦练内功，完善公路、铁路、航空等基础设施，发挥能源、科技、教育、文化等特有优势，连续 23 年搭建国内外经贸洽谈平台，先后吸引应用材料、三星、美光、华为、中兴、京东等一家又一家全球知名企业落地生根。

特别是“一带一路”倡议提出 6 年来，将古丝绸之路起点的陕西历史性地由“幕后”推向“前台”，推向中国向西开放的最前沿。改革开放以来，陕西对外贸易规模和质量实现“双提升”，增速居全国前列。1978 年，陕西外贸出口额仅为 0. 12 亿美元，1985 年首次突破 1 亿美元。此后，陕西出口领域逐步扩大，出口结构不断优化，“拳头产品”不断增多，进出口贸易呈现稳定快速增长态势。2018 年，全年外贸进出口总值为 3513. 78 亿元，比上年增长 29. 3%。全年新批外商投资项目 283 个，实际利用外商直接投资金额68.48亿美元，增长16.2%。当前，陕西省委、省政府以“促进陆空内外联动、东西双向互济，加快构建内陆改革开放高地”为目标，及早开始了新一轮的谋划。

**（四）居民收入快速增长，生活水平大幅提高**

新中国成立70年来，陕西人民生活实现了从极度贫困到总体小康的历史性跨越。据城乡一体化住户调查，2018年陕西全体居民人均可支配收入22528元，比1990年的711元增长30.7倍，年均增长13.1%，扣除价格因素，实际增长8.7倍，年均实际增长8.4%，全体居民收入实现大跨越。

城镇居民收入水平大幅提高。全省城镇居民人均可支配收入，1988年达到1040元，突破千元大关；2007年达到10578元，突破万元大关；2012年达到20269元，突破两万元大关；2017年达到30810元，突破3万元大关；2018年达到33319元，比1978年的310元增长106.5倍，年均增长12.4%，同期城镇居民消费价格指数（CPI）增长6.1倍，扣除价格因素，实际增长14.5倍，年均实际增长7.1%。

农村居民收入持续增长。全省农村居民人均可支配收入，1996年达到1165元，迈入“千元”时代；2008年达到3373元，跨入“三千”行列；2011年达到5484元，拉开“五千”帷幕；2017年达到10265元，突破“万元”大关；2018年达到11213元，比1978年的134元增长82.7倍，年均增长11.7%，扣除价格因素，实际增长9.5倍，年均实际增长6.1%。2011年底时，全省共有贫困人口775万人，贫困发生率为28.02%，贫困县（区）共有56个。到2018年底，全省贫困人口下降到77.5万人，累计有697.5万贫困人口实现脱贫。

## 三、陕西发展取得的辉煌成就是弘扬延安精神的成功实践

延安精神是中国共产党引领中华民族实现伟大复兴的精神动力，也是党领导人民攻坚克难的精神能量。陕西是延安精神的发祥地。在党中央的坚强领导下，经过新中国成立70年来的不懈奋斗，陕西的综合实力、人民生活、城乡面貌都发生了巨大的变化。这些成就和变化，无不凝结着陕西弘扬延安精神的生动实践。党的十九大报告指出，中国共产党人的初心和使命，就是为中国人民谋幸福，为中华民族谋复兴。不忘初心，牢记使命，陕西推动新时代“追赶超越”要有新气象新作为，就必须继续弘扬延安精神，不断从延安精神中汲取新的力量。

**（一）把坚持正确的政治方向作为弘扬延安精神的根本前提，不断增强拥护党的核心、维护党中央权威的政治定力**

坚定正确的政治方向是延安精神的灵魂，具有巨大的政治凝聚力和感召力。延安时期，以毛泽东为主要代表的中国共产党人牢牢坚持民族解放的正确政治方向，顺应历史潮流和民意，历经苦难，创造辉煌，深刻改变了近代以来中华民族的命运，取得了抗日战争的伟大胜利。作为新时代的共产党人，不忘初心，牢记使命，就要坚持正确的政治方向，笃信共产主义信仰，始终对党绝对忠诚，坚持政治信仰不变、政治立场不移、政治方向不偏，增强“四个意识”，坚定“四个自信”，坚决做到“两个维护”，确保始终在政治立场、政治方向、政治原则、政治道路上同以习近平同志为核心的党中央保持高度一致。

陕西各级党组织历来有拥护党的领导、顾全党的大局的光荣传统。革命战争年代，刘志丹、谢子长、习仲勋等老一辈革命家坚持把党的利益放在第一位，坚决执行党中央指示，落实党的路线方针政策，为我们做出了维护党的权威、维护党的团结和集中统一的表率。新中国成立 70 年，特别是改革开放 40 多年来，陕西各级党组织带领全省人民坚决跟党走，把抢抓发展机遇、加快发展作为最大的政治，把弘扬延安精神融入陕西发展的全过程，陕西的面貌发生巨大变化，人民生活发生巨大变化，有力地说明陕西能够与国家的发展同步同频。

**（二）把坚持解放思想、实事求是作为弘扬延安精神第一要求，推动陕西形成全面开放新格局**

解放思想、实事求是，是马克思主义的精髓，也是延安精神的精髓。延安时期，我们党坚持实事求是，立足陕北，放眼全国，联系世界进步力量，针对国际国内发展大势，制定了正确的政治路线，为最终夺取革命的胜利奠定了基础。新中国成立 70 年，特别是改革开放 40 多年来，陕西各级党组织立足西部，紧紧抓住国家改革开放的发展机遇，推进陕西在改革中进步，在开放中发展，把解放思想、实事求是落实在加快发展的全过程，形成大开放大格局。

党的十九大立足新时代这个新的历史方位，强调推动形成全面开放新格局，为推动陕西发展指明了前进方向。不忘初心，牢记使命，就要重点解决各级党组织及领导干部在新形势新任务新要求面前思想解放不够、实事求是不够、与时俱进不够、思维狭窄封闭、观念方法陈旧、开拓创新意识不强等突出问题。当前，陕西大力发展的枢纽经济、门户经济、流动经济，为实现新时代陕西追赶超越提供强大动力，就是弘扬延安精神，坚持解放思想、实事求是的具体体现。

**（三）把全心全意为人民服务作为弘扬延安精神的本质要求，推进陕西追赶超越，脱贫攻坚取得新成就**

全心全意为人民服务是延安精神的核心，也是中国共产党的唯一宗旨。早在延安时期，我们党就深刻认识到：党的根基在人民、血脉在人民、力量在人民。延安时期，中国共产党人确定了“为人民服务”这个“过河”目标，也真正找到了“过河”的“桥或船”。党的十八大以来，习近平进一步发展了党的人民观，提出以人民为中心的发展思想。不忘初心，就要坚持以人民为中心，永远把人民对美好生活的向往作为奋斗目标。

近年来，陕西把全心全意为人民服务落实到加快发展的全过程，坚持以人民为中心的发展思想，瞄准民生领域的难点、痛点，着力破解群众反映强烈的问题，取得明显成效。一是把脱贫攻坚作为头等大事和第一民生工程深入推进。2018 年，全省 104.5 万人实现脱贫，贫困发生率下降到3.2%左右，23 个贫困县摘帽。二是把创新社会治理作为提高人民群众安全感和幸福感的重要途径。深入开展扫黑除恶专项斗争，扎实推进“平安陕西”建设，不断强化“雪亮工程”建设，为群众构筑起一道道坚不可摧的安全屏障。三是把就业作为民生之本。高校毕业生初次就业率达到89.3%，城镇新增就业 46 万人，登记失业率 3.3%。2018 年，全省新登记注册各类市场主体 90.53 万户，为吸纳更多就业打下了良好基础。四是把教育作为民生的优先工程。2018 年，全省累计创建省级标准化高中 354 所，不断加快高校一流大学、一流学科建设。五是着力破解看病难题。2018 年，全面推进紧密型医联体建设，实现省内异地就医直接结算。80%以上的养老机构在急诊救治、大病转诊等方面享受就医绿色通道服务。全省城乡居民医疗保险参保率超过 98.5%。六是着力破解养老难题。2018 年，不断完善老年人补贴制度，加快发展居家社区养老服务。目前，全省养老服务机构和设施数量、千名老人床位拥有率均位居全国第一方阵。“底线”的刻度越来越高的同时，城乡居民生活品质也大幅提升。

**（四）把自力更生、艰苦奋斗作为弘扬延安精神的基本要求，推动全面从严治党向纵深发展**

自力更生、艰苦奋斗作为延安精神的本质特征，既是中国共产党区别于其他政党的标识，也是中国共产党领导人民战胜一切困难的重要法宝。延安时期，我们党曾遭遇到一系列空前的重大考验，但是凭借坚定的信仰、顽强的意志、正确的战略和策略以及人民的拥护，在历经各种常人难以想象的苦难磨砺中，最终带领全国人民创造了历史辉煌。

新中国成立70年，特别是改革开放40多年来，陕西发展所取得每一个重大成就，无不是陕西各级党组织带领全省广大人民通过艰苦奋斗拼搏而来的。正如习近平总书记反复强调的，幸福美好的生活，不是从天上掉下来的，也不是从地下冒出来的，而是要靠艰苦奋斗创造幸福的生活。陕西发展的成就，人民生活水平的提高，也是克服了一个又一个的困难而实现的。而且，只有始终如一地发扬延安精神，坚持自力更生、艰苦奋斗，才能永远保持同人民群众的血肉联系，始终保持共产党人的政治本色。

（注：本文涉及陕西发展的各项数据均来源于陕西历年省政府工作报告和省统计局的权威发布。）

（作者系陕西省延安精神研究会特邀研究员、陕西省社科院政治与法律研究所所长）

# 论新时代如何从延安精神中汲取伟大力量

黄先禄

“天下将兴，其积必有源。”延安是中国革命的圣地，孕育出了伟大的延安精神。2009年11月，习近平在陕西调研时指出，“伟大的延安精神是党的性质和宗旨的集中体现，是党的优良传统和作风的集中体现”，“滋养了几代中国共产党人，始终是凝聚人心、战胜困难、开拓前进的强大精神力量”。2015年2月13日至16日，春节前夕赴陕西看望慰问广大干部群众时习近平总书记强调指出：“延安精神是我们党最可宝贵的精神财富。”“要继续从延安精神中汲取力量。”今天，站在新的历史起点上，中国特色社会主义进入新时代，迫切需要全党同志从当年延安这个“思想的工厂”里，汲取力量，彰显标识，增强“四个意识”，坚定“四个自信”，做到“两个维护”，不断增强党的政治领导力、思想引领力、群众组织力、社会号召力，不断增强党的创造力、凝聚力、战斗力，不断提高党的执政能力和领导水平，进一步增强党的先进性和纯洁性，激发党的积极性、主动性、创造性，确保党始终成为全国人民应对国内外各种风险和考验的主心骨，成为中国特色社会主义事业坚强的领导核心，为决胜全面小康、实现中华民族伟大复兴的中国梦提供坚强的政治保证。

## 一、新时代必须从延安精神中汲取伟大的信仰力量，并以此彰显中国共产党的理想标识

毛泽东曾经说过：“人是要有一点精神的。”① 这种精神就是信仰。这种信仰，也如法国著名思想家罗曼·罗兰在《名人传》中所说，它“不是一种学问，而是一种行为，它只有被实践的时候，才有意义”。延安时期，为抗击日本侵略者，救亡图存，建设和发展陕甘宁边区与抗日根据地，以

① 《毛泽东文集》第7卷，人民出版社1999年版，第162页。

毛泽东为代表的中国共产党人紧紧围绕“抗日救国”和“民主建国”这一主题，大张旗鼓地开展马克思主义信仰建设，起到了广泛而有效的政治动员效果，极大地调动了人民抗战的积极性、创造性，有力地显示了马克思主义信仰的伟大力量。毛泽东在党的七大上明确指出：“我们共产党人从来不隐瞒自己的政治主张。我们的将来纲领或最高纲领，是要将中国推进到社会主义社会和共产主义社会去的，这是确定的和毫无疑义的。我们党的名称和我们的马克思主义的宇宙观，明确地指明了这个将来的、无限光明的、无限美妙的最高理想。”“但是，一切中国共产党人，一切中国共产主义的同情者，必须为着现阶段的目标而奋斗。”“如果不为这个目标奋斗……而空谈什么社会主义和共产主义，那就是有意无意地、或多或少地背叛了社会主义和共产主义，就不是一个自觉的和忠诚的共产主义者。”[①] 为此，毛泽东还将马克思主义信仰诉诸革命的行动，反对空洞的、教条的、口头的坚持马克思主义信仰，对脱离实践的信仰进行指责和批判。他说：“有些青年，仅仅在嘴上大讲其信仰三民主义，或者信仰马克思主义，这是不算数的。……张国焘不是也‘信仰’过马克思主义吗？他现在到哪里去了呢？他一个小差就开到泥坑里去了。”[②] 而对于信仰马克思主义、信仰共产主义的党员干部、青年学生，毛泽东则在《在抗大应当学习什么》一文中要求他们“第一个决心是牺牲升官，第二个决心是牺牲发财，第三更要下一个牺牲自己生命最后的决心！”[③] 在陕北公学，张闻天也在《论青年的修养》一文中对战斗在抗战前线的青年进行了政治教育与引导，他说：“由于抗战规模扩大和展开，青年的责任也更加重要了……青年要有高尚的理想，是抗日救国也好，或共产主义……这种理想不断鼓舞向前进步……比如陕北公学的同学，究竟为了什么不远千里而来陕北这个比较荒凉的地区呢？陕北公学的物质条件是很困难的，住的是窑洞，吃的是小米饭，教育设备都很简陋，然而你们为什么不怕一切困难而来呢？如果你们不是为了寻找高尚的理想，我想你们是不会来的……我们知道马克思、恩格斯、列宁、斯大林、孙中山的伟大，也正是在于他们有高尚的理想。”[④]

① 《毛泽东选集》第 3 卷，人民出版社 1991 年版，第 1059—1060 页。

② 《毛泽东选集》第 2 卷，人民出版社 1991 年版，第 566—567。

③ 《毛泽东文集》第 2 卷，人民出版社 1993 年版，第 119 页。

④ 《建党以来重要文献选编（1921—1949）》第 15 册，中央文献出版社 2011 年版，第 235—237 页。

正是因为马克思主义、共产主义信仰的力量，因而中华民族处于生死存亡的关头时刻，成千上万的革命青年为了报效祖国、拯救民族危亡，排除千难万险，成群结队，千里迢迢、千辛万苦地奔赴延安寻求革命真理。他们在进军途中还斗志昂扬地高唱着自编的歌曲："割掉皮肉还有筋，打断骨头还有心。只要还有一口气，爬也爬到延安城。"并在西安通往延安的崎岖道路上形成了一道独特而又靓丽的风景线。[①] "到延安去！"一时成为那个时代青年发自肺腑的呼唤和强烈的愿望。万重山，难又险；仰望圣地上延安；延安路上人如潮，青年男女浪涛涛。面对此情此景，印度援华医生柯棣华无不感叹道："信仰的力量是巨大的，在黑暗的岁月里生活的中国人，特别是青年，终于从共产党人身上找到了希望，看到了光明。"[②]

延安时期的经验告诉我们，信仰的力量是不可抗拒的。中国共产党的崇高信仰就是马克思主义，就是共产主义。习近平在担任中共浙江省委书记时就指出，中国共产党要在"强化政治信仰上下功夫"[③]。曾经有一段时间，特别是东欧剧变、苏联解体以后，世界共产主义运动的低潮影响到中国共产党的信仰状况，扩大了对马克思主义信仰的怀疑情绪，"一些善良的人们产生了疑问和困惑，对世界社会主义的前途也存在这样那样的忧虑，甚至在我们一些党员、干部中也程度不同地产生了'信仰危机'"[④]。说到底就是一些人的政治信仰、理想信念发生了动摇，而这种动摇是最危险的动摇、最致命的动摇。为此，习近平总书记反复强调坚定理想信念的重要性，并把坚定理想信念作为党的思想建设的首要任务。他郑重指出："坚定理想信念，坚守共产党人的精神追求，始终是共产党人安身立命的根本。"[⑤] 并要求每一个共产党员都必须"坚定共产主义远大理想，真诚信仰马克思主义，矢志不渝为中国特色社会主义而奋斗，坚持党的基本理

---

① 中国延安精神研究会、延安精神研究课题组编：《论延安精神》，高等教育出版社2008年版，第41页。

② 中国延安干部学院编：《延安时期大事记述》，中央文献出版社2010年版，第175页。

③ 习近平：《干在实处走在前列——推进浙江新发展的思考与实践》，中共中央党校出版社2006年版，第15页。

④ 《江泽民文选》第3卷，人民出版社2006年版，第78页。

⑤ 人民日报社评论部编著：《"四个全面"学习读本》，人民出版社2015年版，第248页。

论、基本路线、基本纲领、基本经验、基本要求不动摇”①。“一定要保持理想信念坚定，不论时代如何变化，不论条件如何变化，都风雨如磐不动摇，自觉做共产主义远大理想和中国特色社会主义共同理想的坚定信仰者、忠实实践者，永远为了真理而斗争，永远为了理想而斗争。”②

## 二、新时代必须从延安精神中汲取伟大的思想力量，并以此彰显中国共产党的党性标识

“实事求是”，是一个古代成语。这一成语最早出自班固《汉书》中《景十三王传·河间献王传》，讲的是西汉景帝第三子河间献王刘德“修学好古，实事求是”，用以褒赏汉初古经文学派刘德的严谨态度与求实学风。唐代经学家颜师古把“实事求是”训示为“务得事实，每求真是也”。清代汉学也提倡“实事求是，不（偏）主一家”。由此可见，“实事求是”在中国沿用了两千多年，其中“实事”就是指“事实”，即事情的真实情况。他们所讲的“是”，不包含后来人们所理解的“理”或“规律”的意思，但已包含对于客观实际和人们思维活动某些正确的认识，反映了我国古代学者注意从客观实际出发，详尽占有材料的思想作风。虽然马克思、恩格斯没有直接用过“实事求是”这个词汇，但他们创立的辩证唯物主义和历史唯物主义，突出强调的就是实事求是。马克思列宁主义是科学理论，但是马克思列宁主义经典作家一贯都反对把他们的理论当成教义并“按照它来剪裁各种历史事实”③，强调“这些原理的实际运用”“随时随地都要以当时的历史条件为转移”④。同时，也一再申明“我们不打算把什么最终规律强加给人类”，⑤ 因而没有关于“共产主义的千年王国”的具体蓝图，以及“真正社会主义的秘密学说和万应药方”⑥。其中，马克思在青年时代就指出：“我不主张我们竖起任何教条主义的旗帜。”⑦ 他认为“正

---

① 《十八大以来重要文献选编》（上卷），中央文献出版社2014年版，第337—338页。

② 习近平：《在纪念红军长征胜利80周年大会上的讲话》，《人民日报》2016年10月22日。

③ 《马克思恩格斯全集》第22卷，人民出版社1965年版，第94页。

④ 《马克思恩格斯选集》第1卷，人民出版社1995年版，第248页。

⑤ 《马克思恩格斯全集》第22卷，人民出版社1965年版，第628页。

⑥ 《马克思恩格斯全集》第16卷，人民出版社1965年版，第243页。

⑦ 《马克思恩格斯全集》第1卷，人民出版社1956年版，第416页。

确的理论必须结合具体情况并根据现存条件加以阐明和发挥"①。恩格斯不仅指出："社会主义自从成为科学以来，就要求人们把它当做科学看待"②，而且还强调说："马克思的整个世界观不是教义，而是方法。它提供的不是现成的教条，而是进一步研究的出发点和供这种研究使用的方法。"③ 他批评侨居美国的德国"马克思主义者""一点也不懂得把他们的理论变成推动美国群众的杠杆"，"用学理主义和教条主义的态度对待它"，"对他们来说，这是教条，而不是行动的指南"。④ 他要求不要生搬硬套马克思和他的话，"而要根据自己的情况像马克思那样去思考问题，只有在这个意义上，'马克思主义者'这个词才有存在的理由"⑤。列宁也认为"马克思的观点极其彻底而严整，这是马克思的对手也承认的，这些观点总起来就构成作为世界各文明国家工人运动的理论和纲领的现代唯物主义和现代科学社会主义"⑥。但他又认为马克思主义给我们的是"一条指导性的线索"⑦，"马克思主义的原则决不在于背诵词句的多少，不在于必须永远遵守'正统的'公式"⑧，其"所提供的只是总的指导原理，而这些原理的应用具体地说，在英国不同于法国，在法国不同于德国，在德国有不同于俄国"⑨。如果忽视了这些，把马克思主义当作教条，"就会把马克思主义变成一种片面的、畸形的、僵化的东西，就会抽掉马克思主义的活的灵魂"⑩。而"马克思主义的精髓，马克思主义的活的灵魂"就是"对具体情况作具体分析"⑪。他认为"只有不可救药的书呆子，才会单靠引证马克思关于另一历史时代的某一论述，来解决当前发生的独特而复杂的问题"⑫。他要求

---

① 《马克思恩格斯全集》第27卷，人民出版社1972年版，第433页。
② 《马克思恩格斯选集》第2卷，人民出版社1995年版，第636页。
③ 《马克思恩格斯选集》第4卷，人民出版社1995年版，第742—743页。
④ 《马克思恩格斯选集》第4卷，人民出版社1995年版，第677页。
⑤ 中共中央马克思恩格斯列宁斯大林著作编译局：《智慧的明灯》，人民出版社1983年版，第91页。
⑥ 《列宁选集》第2卷，人民出版社1995年版，第418页。
⑦ 《列宁选集》第2卷，人民出版社1995年版，第426页。
⑧ 《列宁全集》第20卷，人民出版社1989年版，第240页。
⑨ 《列宁选集》第1卷，人民出版社1995年版，第203页。
⑩ 《列宁选集》第2卷，人民出版社1995年版，第278页。
⑪ 《列宁选集》第4卷，人民出版社1995年版，第213页。
⑫ 《列宁全集》第3卷，人民出版社1959年版，第13页。

“马克思主义者必须考虑生动的实际生活，必须考虑现实的确切事实，而不应当抱住昨天的理论不放”①。

中国共产党重视、阐释并运用“实事求是”，首先是从毛泽东这里开始的。早在1930年，毛泽东在《反对本本主义》一文中就指出：“没有调查，没有发言权”②，“马克思主义的‘本本’是要学习的，但是必须同我国的实际情况相结合”③，“中国革命斗争的胜利要靠中国同志了解中国情况”④。这些重要观点，已经是实事求是思想的初步表达。不过，那时的毛泽东还没有用“实事求是”来概括这些思想。到1938年10月，毛泽东在《中国共产党在民族战争中的地位》中就正式使用了“实事求是”的概念，要求共产党员做实事求是的模范⑤，革命性地赋予以新的内涵，并首次提出“马克思主义中国化”这一具有划时代意义的政治命题，指出：“没有抽象的马克思主义，只有具体的马克思主义。所谓具体的马克思主义，就是通过民族形式的马克思主义，就是把马克思主义应用到中国具体环境的具体斗争中去，而不是抽象地应用它。因此，马克思主义的中国化，使之在其每一表现中带着中国的特性，即是说，按照中国的特点去应用它，成为全党亟待了解并亟须解决的问题。”⑥ 从而，使得中国革命带有“它自己独有的特点”，“印上”它自己“特别”的“标记”⑦。1940年，毛泽东在《新民主主义论》中写道：“科学的态度是‘实事求是’。”⑧ 1941年5月19日，毛泽东在延安高级干部会议上做的《改造我们的学习》的报告中，明确地用“实事求是”来概括“马克思列宁主义的态度”，他说：“这种态度，就是实事求是的态度。”⑨ 也就是在这里，毛泽东对“实事求是”的含义做出了界定：“‘实事’就是客观存在着的一切事物，‘是’就是客观事物的内部联系，即规律；‘求’就是我们去研究。我们要从国内外、省内外、县内外、区内外的实际情况出发，从其中引出其固有的而不是臆造

---

① 《列宁选集》第3卷，人民出版社1995年版，第27页。
② 《毛泽东选集》第1卷，人民出版社1991年版，第109页。
③ 《毛泽东选集》第1卷，人民出版社1991年版，第111—112页。
④ 《毛泽东选集》第1卷，人民出版社1991年版，第115页。
⑤ 《毛泽东选集》第2卷，人民出版社1991年版，第522页。
⑥ 《中共中央文件选集》第11册，中共中央党校出版社1991年版，第658—659页。
⑦ 《斯大林选集》（上卷），人民出版社1979年版，第484页。
⑧ 《毛泽东选集》第2卷，人民出版社1991年版，第662页。
⑨ 《毛泽东选集》第3卷，人民出版社1991年版，第801页。

的规律性，即找出周围事变的内部联系，作为我们行动的向导。”① 即要“马克思列宁主义之箭，必须用了去射中国革命之的。这个问题不讲明白，我们党的理论水平永远不会提高，中国革命也永远不会胜利”②。这段论述至今仍然是党的文献中对“实事求是”四个大字最明确、简洁的科学阐释。

但是，由于当时党内许多高级干部对土地革命后期中央领导的错误是不是路线错误还没有一致的认识，毛泽东所做的《改造我们的学习》的报告对一些人来说竟“毫无影响”③，为此，毛泽东又开展了多方面的工作。他继续强调和阐述“实事求是”。1941 年 7 月，毛泽东在延安马列学院改组为马列研究院的成立大会上做报告，题目就是“实事求是”。④ 在《改造我们的学习》中，毛泽东已经把实事求是同共产党员的党性联系起来。他说“无实事求是之意，有哗众取宠之心”的主观主义“是党性不纯的一种表现”，⑤ 而“有实事求是之意，无哗众取宠之心”这种态度，“就是党性的表现”。⑥ 在毛泽东起草的、1941 年 8 月 1 日发布的《中共中央关于调查研究的决定》中，实事求是与主观主义的对立，再一次被提到有没有党性的高度来认识。《决定》指出：“粗枝大叶、自以为是的主观主义作风，就是党性不纯的第一个表现；而实事求是，理论与实际密切联系，则是一个党性坚强的党员的起码态度。”⑦ 为了在全党形成实事求是的唯物主义的优良作风，反对主观主义，1941 年冬，毛泽东为中央党校题词：“实事求是。”1945 年，他又为《七大纪念册》题词：“实事求是，力戒空谈。”⑧ 为了在党内形成实事求是的好风气，毛泽东还率先垂范，他一边利用一切机会搜集马列书籍，发奋攻读，一边又引导全党以马克思列宁主义为指导，研究中国历史和现状，总结中国革命的经验。在他的带动下，特别经过延安整风的洗礼，全党确立了实事求是的思想路线，形成了三大优良作

---

① 《毛泽东选集》第 3 卷，人民出版社 1991 年版，第 801 页。
② 《毛泽东选集》第 3 卷，人民出版社 1991 年版，第 819—820 页。
③ 《毛泽东传（1893—1949）》，中央文献出版社 2004 年版，第 655 页。
④ 《毛泽东年谱（1893—1949）》（中卷），中央文献出版社 2002 年版，第 315 页。
⑤ 《毛泽东选集》第 3 卷，人民出版社 1991 年版，第 800 页。
⑥ 《毛泽东选集》第 3 卷，人民出版社 1991 年版，第 801 页。
⑦ 《毛泽东文集》第 2 卷，人民出版社 1993 年版，第 361 页。
⑧ 《毛泽东著作专题摘编》（上卷），中央文献出版社 2003 年版，第 249 页。

风，在思想理论上达到了空前的统一，为中国革命的胜利奠定了重要的思想基础。正如邓小平所说："毛泽东思想的基本点就是实事求是，就是把马列主义的普遍真理同中国革命的具体实际相结合。"①

实事求是是最大的党性。延安时期以毛泽东同志为代表的中国共产党人用实事求是的思想、态度和精神，实现了马克思主义中国化的第一次飞跃，实现了中国共产党和中国革命由小到大、由弱到强、由挫折到胜利的伟大转折。这就启示我们，坚持实事求是，就能兴党兴国；违背实事求是，就会误党误国。实事求是是马克思主义、毛泽东思想的精髓，也是中国特色社会主义理论的精髓。正如习近平强调："社会主义初级阶段是当代中国的最大国情、最大实际。""坚持实事求是，最基础的工作在于搞清楚'实事'，就是了解实际、掌握实情。这就要求我们必须不断对实际情况作深入系统而不是粗枝大叶的调查研究，使思想、行动、决策符合客观实际。""敢不敢坚持实事求是，考验着我们的政治立场，考验着我们的道德品质，始终是领导干部党性纯不纯、强不强的一个重要体现。"② 坚持实事求是，是检验领导干部的政治态度、政治责任和政治胆略的重要标准，是领导干部必须具备的政治品格和道德品质。各级领导干部"要有光明磊落、无私无畏、以事实为依据、敢于说出事实真相的勇气和正气，及时发现和纠正思想认识上的偏差、决策中的失误、工作中的缺点，及时发现和解决存在的各种矛盾和问题，使我们的思想和行动更加符合客观规律、符合时代要求、符合人民愿望"③。同时，要及时总结党领导人民创造的新鲜经验，不断开辟马克思主义中国化新境界，让当代中国马克思主义放射出更加灿烂的真理光芒。

## 三、新时代必须从延安精神中汲取伟大的民主力量，并以此彰显中国共产党的政治标识

人类自从进入阶级社会以来，被压迫人民一直把民主作为崇高的政治理想来追求。然而，在马克思主义诞生之前，民主要么被作为贵族自由民

① 《邓小平文选》第 2 卷，人民出版社 1994 年版，第 126 页

② 习近平：《坚持实事求是的思想路线》，《学习时报》2012 年 5 月 28 日。

③ 习近平：《在纪念毛泽东同志诞辰 120 周年座谈会上的讲话》，新华网，2013 年 12 月 26 日。

的特权而高踞理论和法律的殿堂；要么被作为对封建法律秩序的反动和教会教义的背叛的异端邪说，而打入专制的炼狱；要么被作为金钱的奴婢披上温情脉脉的面纱而欺世盗名。只有马克思主义经典作家才赋予民主以科学的含义。在马克思、恩格斯看来，人类政治文明的发展史，就是人们为实现民主之目的而不懈奋斗的历史。为此，他们指出："工人革命的第一步就是使无产阶级上升为统治阶级，争得民主。"① "如果不立即利用民主作为手段实行进一步的、直接向私有制发起进攻和保障无产阶级生存的各种措施，那么，这种民主对于无产阶级就毫无用处。"② 就马克思而言，他毕生奋斗的最终目标，就是消灭剥削和压迫，铲除产生剥削和压迫的物质根源，解放被剥削和被压迫的劳动人民，最终解放全人类，实现人性的完全复归和个性的彻底解放。所以，马克思深刻地指出："专制制度的唯一原则就是轻视人类，使人不成其为人"③，而"无产阶级为了夺取政权也需要民主的形式"④。就恩格斯而言，1845年，他曾经写道："民主在今天就是共产主义……当各民族的无产阶级政党彼此联合起来的时候，它们完全有权把'民主'一词写在自己的旗帜上。"这样能使"各国的无产者就开始不声不响地在共产主义民主的旗帜下真正地结成兄弟"。⑤ 民主是社会主义和共产主义的本质规定，所以，恩格斯提出了"共产主义民主"的概念，他说："民主已经成了无产阶级的原则，群众的原则。"民主"就是共产主义"⑥。由此很难想象，如果无产阶级不争得民主、运用民主的话，它又怎么能够去实现共产主义的崇高目标。而列宁则直接指出："没有民主，就不可能有社会主义。"⑦

中国共产党从诞生之日起，就把民主作为一面旗帜，作为自己的政治纲领，并且坚定不移地进行反帝反封建斗争。党的一大制定的第一个《中国共产党纲领》宣告了追求民主的主张。党的二大为了促成民主主义革命

---

① 《马克思恩格斯文集》第2卷，人民出版社2009年版，第52页。

② 《马克思恩格斯文集》第1卷，人民出版社2009年版，第685页。

③ 《马克思恩格斯全集》第1卷，人民出版社1995年版，第411页。

④ 《毛泽东文集》第4卷，人民出版社1996年版，第662页。

⑤ 《在伦敦举行的各族人民庆祝大会》，《马克思恩格斯全集》第2卷，人民出版社1957年版，第664—665页。

⑥ 《马克思恩格斯全集》第2卷，人民出版社1957年版，第664—665页。

⑦ 《列宁选集》第3卷，人民出版社1995年版，第782页。

的发展，提出了工人和贫农、小资产阶级建立“民主的联合战线”思想和计划组织“民主主义大同盟”的主张，确立了用民主来联合各个阶级的策略，并认为“无产阶级在目前最切要的工作，还应该联络民主派共同对封建式的军阀革命，以达到军阀覆灭能够建设民主政治为止”[①]。延安时期，以毛泽东同志为核心的党中央，把民主看作是中国的“头等大事”，看作是“新阶段中最本质的东西”，认为当时“中国政治的第一个根本问题是抗日”[②]，陕甘宁“边区的进步主要表现在民主”[③]。中国共产党在总结民主革命两次胜利、两次失败的经验教训之后，系统地提出了指导中国革命的民主政治理论。1937 年 5 月，毛泽东在《中国共产党在抗日时期的任务》中明确指出：“为了建立真正的坚实的抗日民族统一战线，没有国内和平固然不行，没有国内民主也不行。”[④] 因此，“对于抗日任务，民主也是新阶段中最本质的东西，为民主即是为抗日。抗日与民主互为条件，同抗日与和平、民主与和平互为条件一样。民主是抗日的保证，抗日能给予民主运动发展以有利条件。”[⑤] “目前阶段里中心和本质的东西，是民主和自由。”[⑥] 1939 年 5 月，毛泽东在《五四运动》一文中，明确提出五四运动已使中国的民族民主革命“发展到了一个新阶段”[⑦]，并从革命前途上指出，这种民主革命，“它的后身是社会主义的社会”[⑧]。同年 4 月，他在《青年运动的方向》一文中又进一步阐明民主革命的性质，“我们现在干的是资产阶级性的民主主义的革命”，“但是这个革命，资产阶级已经无力完成，必须靠无产阶级和广大人民的努力才能完成”。[⑨] 1940 年 1 月，毛泽东在《新民主主义论》中对党的二大提出的最低纲领和最高纲领进行了全面的阐述。他指出：中国革命“第一步，改变这个殖民地半殖民地半封建的社会形态，使之变成一个独立的民主主义的社会。第二步，使革命向前发

---

① 中央档案馆编：《中共中央文件选编》第 1 册，中共中央党校出版社 1989 年版，第 36 页。

② 《毛泽东选集》第 3 卷，人民出版社 1991 年，第 867 页。

③ 《毛泽东年谱（1893—1949）》（中卷），中央文献出版社 2002 年版，第 103 页。

④ 《毛泽东选集》第 1 卷，人民出版社 1991 年版，第 255 页。

⑤ 《毛泽东选集》第 1 卷，人民出版社 1991 年版，第 274 页。

⑥ 《毛泽东选集》第 1 卷，人民出版社 1991 年版，第 274—275 页。

⑦ 《毛泽东选集》第 2 卷，人民出版社 1991 年版，第 558 页。

⑧ 《毛泽东选集》第 2 卷，人民出版社 1991 年版，第 559 页。

⑨ 《毛泽东选集》第 2 卷，人民出版社 1991 年版，第 562—563 页。

展，建立一个社会主义社会”①，还形象地把分两步走比作“两篇文章，上篇与下篇，只有上篇做好，下篇才能做好。坚决地领导民主革命，是争取社会主义胜利的条件”②。在1945年党的七大上，毛泽东再次论述了最低纲领与最高纲领的关系。他指出：“我们共产党人从来不隐瞒自己的政治主张。我们的将来纲领或最高纲领，是要将中国推进到社会主义社会和共产主义社会去的，这是确定的和毫无疑义的。我们党的名称和我们的马克思主义的宇宙观，明确地指明了这个将来的、无限光明的、无限美妙的最高理想。”③ 正是在中国共产党的积极推动下，在陕甘宁边区等抗日根据地都先后建立了“三三制”民主政权，形成了广泛的抗日民族统一战线，团结了最大人民的力量，取得了抗日战争的伟大胜利。正如毛泽东当时指出的那样：“这在中国革命史上开辟了一个新纪元。这将给予中国革命以广大的深刻的影响，将对于打倒日本帝国主义发生决定的作用。”④

正如列宁所指出的那样：“任何民主，和一般的任何政治上层建筑一样（这种上层建筑在阶级消灭之前，在无产阶级的社会建立之前，是必然存在的），归根到底是为生产服务的，并且归根到底是由该社会中的生产关系决定的。”⑤ 延安时期的民主，是当时的生产关系决定的。其民主的政治任务就是反对封建，反对日本帝国主义，反对蒋介石的独裁专政，而“要挽救中国，战胜日本，避免沦为殖民地的危险，唯有实行民主政治，给予人民参政的自由才能实现”⑥。显然，当时的民主显示了巨大的政治力量，成为“保证抗战胜利的中心一环”⑦，而如果“没有民主，抗日是要失败的。没有民主，抗日就抗不下去”⑧。这就启示我们，民主既是一个政治问题，又是一个现实问题，而且民主还将随着时代的发展而发展。今天，中国特色社会主义民主政治，是中国共产党人经过长期实践和反复探索，适合中国历史和国情，符合中国人民根本利益的政治体制。习近平指出：

---

① 《毛泽东选集》第2卷，人民出版社1991年版，第666页。
② 《毛泽东选集》第1卷，人民出版社1991年版，第276页。
③ 《毛泽东选集》第3卷，人民出版社1991年版，第1059—1060页。
④ 《毛泽东选集》第1卷，人民出版社1991年版，第364页。
⑤ 《列宁全集》第4卷，人民出版社1984年版，第439页。
⑥ 《建党以来重要文献选编》第14册，中央文献出版社2011年版，第224页。
⑦ 《毛泽东选集》第1卷，人民出版社1991年版，第256页。
⑧ 《毛泽东选集》第2卷，人民出版社1991年版，第732页。

“中国的社会主义民主政治建设，始终坚持以马克思主义民主理论与中国实际相结合的基本原则为指导，借鉴了人类政治文明包括西方民主的有益成果，吸收了中国传统文化和制度文明中的民主性因素，因此，中国的社会主义民主政治具有鲜明的中国特色。”① 为此，他强调“设计和发展国家政治制度，必须注重历史和现实、理论和实践、形式和内容有机统一。要坚持从国情出发、从实际出发，既要把握长期形成的历史传承，又要把握走过的发展道路、积累的政治经验、形成的政治原则，还要把握现实要求、着眼解决现实问题，不能割断历史，不能想象突然就搬来一座政治制度上的‘飞来峰’”②，并提出要求，在方向问题上，我们头脑必须十分清醒、必须旗帜鲜明，保持坚定的战略定力，坚决反对抛弃社会主义、走“西化”道路的错误主张。

## 四、新时代必须从延安精神中汲取伟大的真理力量，并以此彰显中国共产党的革命标识

马克思主义经典作家历来强调坚持真理，特别是勇于修正错误，在党的自身建设和党的事业发展中的极端重要性，同时他们用自己的言行树立了坚持真理、修正错误的典范。马克思和恩格斯对待他们的理论和著作一贯采取科学的态度，即使是对科学社会主义最伟大的纲领性文献《共产党宣言》，也是这样。在《共产党宣言》1872年德文版序言中，他们明确指出：“不管最近25年来的情况发生了多大变化，这个《宣言》中所阐述的一般原理整个说来直到现在还是完全正确的。”同时也坦诚地认为，由于大工业和工人阶级政党的发展，由于有了新的实际经验，“这个纲领现在有些地方已经过时了”，“对社会主义文献所作的批判在今天看来是不完全的”。③ 列宁说过：“一个政党对自己的错误所抱的态度，是衡量这个党是否郑重，是否真正履行它对本阶级和劳动群众所负义务的一个最重要最可靠的尺度。公开承认错误，揭露犯错误的原因，分析产生错误的环境，仔细讨论改正错误的方法——这才是一个郑重的党的标志，这才是党履行自

---

① 国务院新闻办公室：《中国的民主政治建设》，《人民日报》2005年10月19日。

② 《习近平在庆祝全国人民代表大会成立60周年大会上的讲话》，人民出版社2014年版，第15页。

③ 《马克思恩格斯选集》第1卷，人民出版社1995年版，第248—249页。

己的义务，这才是教育和训练阶级，进而又教育和训练群众。”① 正因为敢于坚持正确的认识，修正那些过时的、被实践证明不正确的论点，马克思主义才能够在社会进步的历史进程中不断丰富发展，并被用来指导世界社会主义运动的实践。

勇于坚持真理、修正错误，是中国共产党人的根本立场和一贯坚持的重要原则。到过延安、瞻仰过党的七大会址的同志都不会忘记，会场两侧挂有六个插着党旗的旗座，每个旗座上都书写着“坚持真理，修正错误”八个大字，显示中国共产党人坚守初心的使命担当。延安时期，毛泽东在张思德追悼会上所做的《为人民服务》的演讲中就明确指出：“因为我们是为人民服务的，所以，我们如果有缺点，就不怕别人批评指出。不管是什么人，谁向我们指出都行。只要你说得对，我们就改正”，“为人民的利益坚持好的，为人民的利益改正错的。”② 在党的七大上，他还指出：“共产党人必须随时准备坚持真理，因为任何真理都是符合于人民利益的；共产党人必须随时准备修正错误，因为任何错误都是不符合于人民利益的。”③ 并特别强调指出：“自我批评是马克思主义方法论中最革命的最有生气的部分，是马列主义政党进行两条战线斗争的最适用的方法，而且在目前则是反对错误思想建立正确作风的最好方法。”④ 他曾把批评与自我批评比作天天洗脸、天天打扫房子一样，用这样的方法来清除各种政治灰尘和政治微生物对党员的思想和党的肌体的侵蚀。在延安中央党校礼堂里召开的大会上，毛泽东对整风审干中所犯的扩大化错误主动承担责任，他说：“党校就犯了许多错误，谁负责？我负责，因为我是党校的校长。整个延安犯了许多错误，谁负责？我负责，因为发号施令的是我。别的地方搞错了，谁负责？也是我负责，因为发号施令的也是我。”⑤ 接着，他又说道：“现在我把帽子给你拿下来，赔一个不是，你应该采取何种态度呢？你应该还我一个礼吧！现在我向你敬礼，你不还礼，我的手放不下来。”⑥ 说到这里，他还恭恭敬敬地把手举在帽檐下，向被整错了的同志赔礼道

① 《列宁选集》第4卷，人民出版社1995年版，第167页。
② 《毛泽东选集》第3卷，人民出版社1991年版，第1004页。
③ 《毛泽东选集》第3卷，人民出版社1991年版，第1095页。
④ 《毛泽东年谱（1893—1949）》（中卷），中央文献出版社1993年版，第434页。
⑤ 《毛泽东文集》第3卷，人民出版社1996年版，第262页
⑥ 《毛泽东文集》第3卷，人民出版社1996年版，第263页。

歉。这一态度和举动赢得了台下一片掌声，许多人被党的领袖勇于自我批评的精神所感动。其间，包括周恩来、朱德、张闻天、博古、任弼时、林伯渠等在内的各级领导人都在政治局会议上，从不同角度对党的历史教训做了分析，并做了深刻的自我批评，为全党整风做出了榜样。正如谢觉哉日记所说："不肯容易放弃意见，须勇；敢于正视自己的错误，更须勇。自己意见本对或虽不对，而当时并没有觉得不对，只因大家批评，就接受其批评说：我错了错了。这是对自己意见不敢负责任。同样，自己意见错了且已经过考验是错了，而回避不谈及或强词辩护，也是对自己意见不敢负责任。老话：知耻近乎勇。知耻不掩藏耻，不掩藏耻，即敢于和耻斗，勇者的事，不是懦夫能做的。"① 所以，1946 年美国记者白修德和贾安娜在访问延安时非常感慨和震惊，事后他们在《中国的惊雷》中写道："共产党人经常在进行着自我检讨的整风工作……在各地，这种行政上的批评自由形成了中国农民从未有过的最民主的政治制度。"② 我们党在延安时期培育和表现出的坚持真理、修正错误的精神对国内外进步人士产生了巨大政治效应。

古人云："人患不知其过，既知之，不能改，是无勇也。"把党的自我革命作为实现自身长盛不衰、实现事业不断推进的重要法宝，是我们党 98 年奋斗历程取得的一条宝贵经验，也是党执政 70 年来创造无数"中国奇迹"的成功秘诀。延安时期，以毛泽东同志为代表的中国共产党人坚持真理、修正错误的精神启示我们，革命者必先自我革命，必先有更加坚定的自我革命意志和行动。习近平明确指出："勇于自我革命，是我们党最鲜明的品格，也是我们党最大的优势。"③ 中国共产党的伟大不在于不犯错误，而在于从不讳疾忌医，敢于直面问题，勇于自我革命，具有极强的自我修复能力。一部中国共产党党史，包括我们党通过自我革命坚持真理、修正错误的历史。因此，在新时代，我们一定要牢记习近平总书记关于"两个伟大革命"的重要论述，要有正视问题的自觉，要有刀刃向内的勇气，要有继续革命的精神，切实解决好为什么要自我革命、什么是自我革

---

① 《谢觉哉日记》（上卷），人民出版社 1984 年版，第 603 页。

② 王诚安：《以整风精神开展批评和自我批评》，《西安日报》2013 年 9 月 10 日。

③ 《习近平在省部级主要领导干部学习贯彻十八届六中全会精神专题研讨班开班式上发表重要讲话》（2017 年 2 月 13 日），央视网，2017 年 2 月 13 日。

命、如何推进自我革命的重大历史课题，把改革开放作为“中国的第二次革命”，把党的自我革命推向深入，不断提高自我净化、自我完善、自我革新、自我提高的能力。

## 五、新时代必须从延安精神中汲取伟大的宗旨力量，并以此彰显中国共产党的动力标识

为什么人的问题是一个根本问题，这个问题至关重要。马克思、恩格斯在《共产党宣言》中曾庄严地宣告：“无产阶级的运动是绝大多数人的，为绝大多数人谋利益的独立的运动。”① 在他们看来，人民群众是历史的创造者，“历史活动是群众的活动，随着历史活动的深入，必将是群众队伍的扩大”②。因此，马克思、恩格斯在创立世界上第一个无产阶级政党时，就指出党是无产阶级事业的领导者和推动力量，工人阶级是无产阶级政党实现领导功能的阶级基础。无产阶级政党必须依托工人阶级才能实现自己的领导作用，因为，“在当前同资产阶级对立的一切阶级中，只有无产阶级才是真正的革命阶级，其余的阶级都是随着大工业的发展而日趋没落和灭亡，无产阶级是大工业本身的产物”③。

中国共产党自创立之日起，就始终代表最广大人民群众的根本利益，特别是代表劳苦大众的利益，始终站在人民群众一边，并不谋求“自己的私利”，而只谋求“大多数人民的利益、全民族的利益、劳苦大众的利益”④，其“唯一任务，就在团结全体人民，奋不顾身地向前战斗，推翻民族敌人，为民族与人民谋利益，绝无任何私利可言”⑤。延安时期，中国共产党正处在局部执政时期。在这一个时期，党非常重视巩固和扩大自身阶级基础和群众基础，希望把自己建设成为“一个全国范围的、广大群众性的党”“一个全国人民集中仰望的党”⑥，并且把“有无群众观点”作为共产党同国民党等其他政党加强区别的显著标志，把“为了人民群众”作为党进行革命战争的出发点和归宿。早在党成立前夕，毛泽东就说过：“什

① 《共产党宣言》，人民出版社2014年版，第39页。
② 《马克思恩格斯文集》第1卷，人民出版社2009年版，第287页
③ 《马克思恩格斯选集》第2卷，人民出版社1995年版，第282页。
④ 《毛泽东年谱（1893—1949）》（上卷），中央文献出版社2013年版，第682页。
⑤ 《毛泽东文集》第2卷，人民出版社1996年版，第395页。
⑥ 《刘少奇选集》（上卷），人民出版社1981年版，第318页。

么力量最强？民众联合的力量最强。”“因为一国的民众，总比一国的贵族资本家及其他强权者要多。”[①] 到抗战时期，他又指出，“一切抗日的阶级、阶层和社会集团都属于人民的范围”[②]，“最广大的人民是农民、城市小资产阶级以及其他中间阶级”[③]。为此，他还从政权建设角度指出，“我们过去的政府（指土地革命时期的政府）是工人、农民和城市小资产阶级的政府，那么，从现在起，应当改变为工人、农民和城市小资产阶级以外，还要加上一切其他阶级中愿意参加民族革命的分子”，“不但那些只对民族革命有兴趣而对土地革命没有兴趣的人，可以参加，就是那些同欧美帝国主义有关系，不能反对欧美帝国主义，却可以反对日本帝国主义及其走狗的人们，只要他们愿意，也可以参加”。[④] 1944 年 7 月，当在延安访问的英国知名记者斯坦因提出“中国共产党是坚持共产党至上还是中国至上”这样“一个十分刁钻的问题”时，毛泽东明确地做出了回复：“你还不如这样提问题，是先有孩子还是先有父母。”[⑤] 这一生动的回答，深刻地阐释了中国共产党同最广大的人民群众的亲密联系。1944 年 9 月，在纪念张思德的演讲中，毛泽东首次提出了“为人民服务”的著名论断。在他看来，“一切问题的关键在于政治，一切政治的关键在于民众”[⑥]，“战争的伟力之最深厚的根源，存在于民众之中。日本敢于欺负我们，主要的原因在于中国民众的无组织状态。克服了这一缺点，就把日本侵略者置于我们数万万站起来了的人民之前，使它像一匹野牛冲入火阵，我们一声唤也要它吓一大跳，这匹野牛就非烧死不可”[⑦]。他认为，“共产党的路线，就是人民的路线”[⑧]，“我们这个队伍完全是为着解放人民的，是彻底地为人民的利益工作的”[⑨]，“我们的责任，是向人民负责”[⑩]。对此，他还认为，“我们共产

① 《毛泽东早期文稿》，湖南出版社 1990 年版，第 292、339 页。
② 《毛泽东著作选读》（下册），人民出版社 1986 年版，第 483 页。
③ 《毛泽东著作选读》（下册），人民出版社 1986 年版，第 682 页。
④ 《毛泽东著作选读》（下册），人民出版社 1986 年版，第 757 页。
⑤ 《毛泽东文集》第 3 卷，人民出版社 1996 年版，第 191 页。
⑥ 《毛泽东文集》第 3 卷，人民出版社 1996 年版，第 202 页。
⑦ 《毛泽东选集》第 2 卷，人民出版社 1991 年版，第 511—512 页。
⑧ 《毛泽东文集》第 2 卷，人民出版社 1993 年版，第 409 页。
⑨ 《毛泽东选集》第 3 卷，人民出版社 1991 年版，第 1004 页
⑩ 《毛泽东选集》第 4 卷，人民出版社 1991 年版，第 1128 页。

党员，无论在什么问题上，一定要能够同群众相结合”①，“共产党是为民族、为人民谋利益的政党，它本身决无私利可图。它应该受人民的监督，而决不应该违背人民的意旨”②，“共产党就是要奋斗，就是要全心全意为人民服务，不要半心半意或者三分之二的心三分之二的意为人民服务”③。对于共产党而言，毛泽东认为，“最大最严重的危险之一，就是脱离群众”④，“最大的毛病就是官僚主义”⑤。与此同时，他还把党同人民的关系比作“种子与土地”的关系，说“共产党人好比种子，人民好比土地。我们到了一个地方，就要同那里的人民结合起来，在人民中间生根、开花”⑥；把党同人民的关系比作“鱼和水”的关系，说鱼离不开水。在《愚公移山》的讲话中，毛泽东还明确地把“人民”比作“上帝”。所有这些经典的表述，都说明在毛泽东的心目中，“人民”“群众”的分量是多么地重、位置是多么地高、对他们的感情是多么地深。在延安，以毛泽东同志为代表的中国共产党人不但这样说了，而且还率先垂范，身体力行。毛泽东虽然日理万机，但在杨家岭的山脚下还耕种了一块地。朱德总司令在王家坪开了3亩地，种了10多种蔬菜，从前线回延安的同志都喜欢到他那里打牙祭。周恩来、任弼时被评为纺线能手。刘少奇吃小米胃疼，但他把撰写《论共产党员修养》所得的稿费全部缴纳作党费，依然坚持吃小米饭。三五九旅将士“背枪上战场，锄禾斗田庄”，硬是把人迹罕至的南泥湾变成“陕北的好江南”。这样的事例不胜枚举。在延安，正如朱德总司令的诗赞美的那样：“历年征战未离鞍，赢得边区老少安。耕者有田风俗美，人民专政地天宽。实行民主真行宪，只见公仆不见官。陕北齐声歌解放，丰衣足食万家欢。”这是延安时期共产党人的真实写照。对此，1946年，安娜·路易斯·斯特朗在访问延安时也写道：“党的负责干部，住在寒冷的窑洞，凭借微弱的灯光，长时间的工作，那里没有讲究的陈设，很少物质的享受，但是住着头脑敏捷、思想深刻和具有世界眼光的人。”她认为“解决远东命运的、解决中国命运的，不在于美国，不在于南京，而

① 《毛泽东选集》第3卷，人民出版社1991年版，第933页。
② 《毛泽东选集》第3卷，人民出版社1991年版，第809页。
③ 《毛泽东文集》第7卷，人民出版社1999年版，第285页。
④ 《列宁选集》第4卷，人民出版社1995年版，第626页。
⑤ 《列宁全集》第35卷，人民出版社1987年版，第552页。
⑥ 《毛泽东选集》第4卷，人民出版社1991年版，第1162页。

在延安”。这种感受如当年陈嘉庚的感受一样：“中国的希望在延安。”在延安，“那种精神，那种力量，那种欲望，那种热情……是人类历史本身的丰富而灿烂的精华”，也如斯诺称赞的那样，是“东方魔力”，是“兴国之光”。

“人民，只有人民，才是创造世界历史的动力。”这是毛泽东同志在党的七大上发出的时代最强音。延安时期，党的群众路线是政治路线，是生命线。在这一路线的指引下，显示出了强大的宗旨力量，人民群众是埋葬日本帝国主义和国民党的汪洋大海。这就启示我们，革命需要动力之源，改革更需要动力之源。革命是流血的改革，改革是不流血的革命。革命是人民的伟大觉醒，改革也是人民的伟大觉醒。今天，我国改革到了愈进愈难、愈进愈险而又不进则退、非进不可的关键时刻，能否坚定信心、凝聚共识、攻坚克难，确保各项改革举措落地生根，直接决定着改革成败。因此，习近平指出：“为中国人民谋幸福，为中华民族谋复兴，是中国共产党人的初心和使命，也是改革开放的初心和使命。”为此，我们一定要把以人民为中心的发展思想体现在经济社会发展各个环节，做到老百姓关心什么、期盼什么，改革就要抓住什么、推进什么，通过改革给人民群众带来更多获得感、幸福感。同时，把为人民谋幸福作为检验改革成效的标准，让改革开放成果更好惠及广大人民群众，并坚定不移地全面深化改革，逢山开路，遇水架桥，敢于向顽瘴痼疾开刀，勇于突破利益固化藩篱，不断将改革进行到底。

（作者系中国延安干部学院教学科研部党建教研室研究员）

# 延安精神蕴涵的红色基因及其本质特征

王今诚

人无精神不立，党无精神不强。中国共产党在新民主主义革命时期培育形成的红色革命精神，凝结着共产党人的理想追求，贯穿于党的整个历史实践中，构成了党的革命精神谱系。延安时期，是中国共产党和中国革命辉煌发展的重要历史时期。延安精神，是党在这一时期培育的伟大时代精神，是战胜敌人、夺取胜利的力量之源和精神支柱，是红船精神、井冈山精神、苏区精神、长征精神的继续和发展。延安精神教育、滋养几代共产党人，为争取民族独立、人民解放和民族复兴前仆后继，流血牺牲、艰苦奋斗、无私奉献，彻底改变了国家前途和民族命运。中国特色社会主义进入新时代，要实现“两个一百年”奋斗目标和中华民族伟大复兴，就必须继承和弘扬党的革命精神。因此，系统研究延安精神在红色精神谱系中的继承创新脉络、所蕴含的红色基因及其本质特征，对于促进党在新时代紧跟时代步伐、勇于改革创新、迎难而上、担当尽责具有重要的理论与实践价值。

## 一、红色革命精神的源起、发展与集大成

在新民主主义革命的伟大历史进程中，中国共产党培育形成的红色革命精神，与党的奋斗历程相统一，与党在革命实践中肩负的历史任务相贯通。由此可见，革命精神谱系中各红色精神之间既表现为继承和发扬的关系，又表现为创新和发展的关系。近代以来，中国革命的基本任务是反帝反封建。因此，梳理红色革命精神的源起、发展与集大成，必须准确把握三个基本要素：一是党在不同历史时期面临的国内外形势和社会主要矛盾，二是党在不同历史时期肩负的具体革命任务，三是党内思想状况与党自身建设的历程。只要把握好这三个关系，便可清楚梳理和认知红色革命精神的发展脉络，把握其继承和创新的关系。

### （一）红色革命精神之源——红船精神

晚清民国，国家灾难深重，列强欺凌、军阀混战，中国大地满目疮痍，人民生活在水深火热之中。在此时代背景下，中国共产党甫一建立，便义无反顾地肩负起实现民族独立解放、解救中国人民于苦难中的伟大使命，确立了消灭剥削阶级、剥削制度的最高纲领，党的二大又制定了反帝反封建的民主革命纲领。从此，为民族谋复兴、为人民谋幸福的初心使命，始终贯穿于党所领导的革命、建设和改革进程中。2005 年 6 月 21 日，时任浙江省委书记的习近平在《光明日报》发表署名文章《弘扬“红船精神”，走在时代前列》，首次提出了“红船精神”，并将其内容概括为“开天辟地、敢为人先的首创精神，坚定理想、百折不挠的奋斗精神，立党为公、忠诚为民的奉献精神”；将红船精神的历史地位，定义为中国革命精神之源和中国共产党的先进性之源；指出红船所代表和昭示的是时代高度、发展方向、奋进明灯，是铸就在中华儿女心中的永不褪色的精神丰碑。① 红船精神的提出，厘清了中国红色革命精神的源头，明晰了中国革命精神史的发展逻辑，从而使红色革命精神与党的奋斗历程密切关联起来，填补了建党时期革命精神的空白。红船精神自此与井冈山精神、苏区精神、长征精神、延安精神、西柏坡精神等，共同构成了党的红色精神谱系。

### （二）红色革命精神的发展——井冈山精神和苏区精神

井冈山精神和苏区精神，是以毛泽东为代表的中国共产党人把马克思主义基本原理同中国革命具体实践相结合，在创建农村革命根据地、开辟中国革命新道路的斗争实践中培育形成的革命精神。

大革命失败后，共产党人坚守初心使命、坚定理想信念，燃起“工农武装割据”燎原之火，建立了全国第一个农村革命根据地。2001 年五六月间，江泽民在江西视察工作时把井冈山精神概括为：“坚定信念、艰苦奋斗，实事求是、敢闯新路，依靠群众、勇于胜利。”这一论述揭示了井冈山精神的灵魂是“坚定信念”，核心是“敢闯新路”，本质是“依靠群众”。正因为如此，江泽民把井冈山精神历史地位定义为中国特色革命道路的开路先锋，体现的是创建根据地的开创精神，“在新世纪的征途上，

---

① 习近平：《弘扬“红船精神”，走在时代前列》，《光明日报》2005 年 6 月 21 日。

全党和全国上下始终要大力弘扬井冈山精神”①。

井冈山根据地创建后，毛泽东、朱德等老一辈革命家，又于1929年1月开辟了赣南和闽西苏区。在此基础上，于1931年形成了中央苏区，成立了中华苏维埃共和国临时中央政府，1933年扩大到地跨江西、福建、广东三省的广大地区，成为当时最大最重要的一个革命根据地。2011年11月4日，习近平《在纪念中央革命根据地创建暨中华苏维埃共和国成立80周年座谈会上的讲话》中将苏区精神概括为“坚定信念、求真务实、一心为民、清正廉洁、艰苦奋斗、争创一流、无私奉献”的精神②，指出这一精神既蕴含了中国共产党人革命精神的共性（红色基因），又显示了苏区时期的时代性和特殊性，是共产党人政治本色和精神特质的集中体现，是中华民族精神新的升华，也是我们今天正在建设的社会主义核心价值体系的重要来源。

井冈山精神和苏区精神，为延安时期实现马克思主义与中国革命实践相结合的第一次飞跃，为党的正确思想路线、群众路线和为人民服务根本宗旨的确立，进行了理论与实践两个层面的探索与积累。2016年2月，习近平视察井冈山时，从坚定执着追理想、实事求是闯新路、艰苦奋斗攻难关、依靠群众求胜利四个方面，要求全党结合新的时代条件，让井冈山精神放射出新的时代光芒。

**（三）红色革命精神的升华——长征精神**

长征精神，是党和红军在举世闻名的伟大远征中培育形成的革命精神。2016年10月，习近平在纪念红军长征胜利80周年大会上的讲话中指出，长征留给我们最宝贵的财富就是共产党人和红军将士用生命和热血铸就的伟大长征精神。“长征精神，就是把全国人民和中华民族的根本利益看得高于一切，坚定革命的理想和信念，坚信正义事业必然胜利的精神；就是为了救国救民，不怕任何艰难险阻，不惜付出一切牺牲的精神；就是坚持独立自主、实事求是，一切从实际出发的精神；就是顾全大局、严守纪律、紧密团结的精神；就是紧紧依靠人民群众，同人民群众生死相依、

① 《江泽民在江西考察工作时指出结合群众实践加强党的建设深入基层为百姓办实事好事》，《人民日报》2001年6月4日。

② 习近平：《在纪念中央革命根据地创建暨中华苏维埃共和国成立80周年座谈会上的讲话》，《人民日报》2011年11月5日。

患难与共、艰苦奋斗的精神。”长征精神以革命的乐观主义战胜了难以想象的艰难困苦，全面检验了共产党人的理想信念，表现了共产党人不怕牺牲的无畏英雄气概，彰显了共产党人独立自主解决中国革命问题的勇气。因此，习近平进一步指出：长征精神“是中国共产党人及其领导的人民军队革命风范的生动反映，是中华民族自强不息的民族品格的集中展示，是以爱国主义为核心的民族精神的最高体现。”“伟大的长征精神，作为中国共产党人红色基因和精神族谱的重要组成部分，已经深深融入中华民族的血脉和灵魂，成为社会主义核心价值观的丰富滋养，成为鼓舞和激励中国人民不断攻坚克难、从胜利走向胜利的强大精神动力。”①

**（四）红色革命精神的集大成——延安精神**

延安精神，是中国红色革命精神谱系中璀璨的明珠，是红色革命精神的集大成。延安精神形成于中华民族生死存亡的关头——全民族抗日战争时期。在经历了两次胜利、两次失败的严峻考验后，延安时期的中国共产党从正反两方面系统总结党的革命斗争经验，从思想上、理论上、政治上、组织上走向成熟，以毛泽东为核心的第一代中央领导集体逐步形成，毛泽东思想被确立为党的指导思想并写进党章。由此可见，延安时期为党从局部执政走向全国执政和新民主主义革命的最终胜利奠定了坚实基础。与之相伴，延安精神因此也成为红色革命精神的标识和集大成。2002 年 3 月，江泽民在陕西考察期间将延安精神概括为：坚定正确的政治方向，解放思想、实事求是的思想路线，全心全意为人民服务的根本宗旨，自力更生、艰苦奋斗的创业精神。②

延安精神在红色革命精神谱系中的独特地位和魅力，主要表现在以下几个方面：

第一，延安精神内涵极为丰富。延安精神表现在理想信念、思想品德、精神风貌、工作作风、政治生活等各个方面，集中反映了党的性质宗旨、思想路线、政治路线、组织路线，涉及政治、经济、军事、文化、社会，是理论与实践、最高纲领与最低纲领、目标与政策、行动与作风等内

① 习近平：《在纪念红军长征胜利 80 周年大会上的讲话》，《人民日报》2016 年 10 月 22 日。

② 单向前、孟西安：《江泽民在陕西考察工作强调：结合新实际大力弘扬延安精神，开创新世纪改革发展生动局面》，《人民日报》2002 年 4 月 3 日。

容综合统一的博大精神体系。

第二，延安精神是以往所有革命精神在理论与实践上的升华，是理论创新、理论自觉、理论成熟的结晶。经过延安整风运动，党的正确思想路线最终得以确立，从而为党的路线方针政策的制定和贯彻执行，为党的一切革命实践奠定了理论基石。实事求是的思想路线是延安精神的精髓，为全体共产党人真正认同；党的群众路线是党的生命线和根本工作方法，为全体共产党人自觉践行；全心全意为人民服务的根本宗旨是党的根本价值取向，内化为全体共产党人永恒的价值观、道德观；党的三大作风是中国共产党的显著标志，被全体共产党人视为传家宝。

第三，延安精神是党的革命性先进性纯洁性的集中体现。面对严重民族危机，中国共产党坚定革命理想信念，始终站在时代前列，代表人民根本利益，制定正确的路线方针政策，取得了抗日战争的伟大胜利，通过解放战争打出了一个新中国。延安精神，充分彰显了党的先进指导思想、崇高奋斗目标、坚定政治立场、根本价值取向，是我们党理论力量、实践力量和真理光芒的充分体现，是共产党人独特的人格魅力和精神风范的充分体现。2015 年 2 月，习近平在陕西考察时指出："党的建设必须坚持继承和创新相结合，结合时代条件发扬党的光荣传统和优良作风。老一辈革命家和老一代共产党人在延安时期留下的优良传统和作风，培育形成的延安精神，是我们党的宝贵精神财富。今天，全面从严治党要继续从延安精神中汲取力量。要把抓理想信念贯穿始终，提高辩证思维、系统思维能力，保持党同人民群众的血肉联系，始终为党和人民事业艰苦奋斗、不懈奋斗。"这一论述充分肯定了延安精神的历史地位和时代价值。

综上可知，红色革命精神共同孕育、产生于党领导的新民主主义革命伟大实践之中，均以实现共产主义远大理想为最终目标，均以坚定的共产主义理想信念为基础，均是共产主义理想信念同发展变化了的革命形势与任务相结合的产物。因此，这些革命精神蕴含着相同的红色基因，联系紧密，即精神内涵的共同性和内在统一性，它们共同构成了中国共产党人心系人民、胸怀天下的精神丰碑。

## 二、延安精神蕴含的红色基因

基因支持着生命的基本构造和性能，储存着生命过程的全部信息，是生命状态的内在决定因素。中国共产党在革命战争年代培育形成的红色革命精神，建立在马克思主义唯物史观和马克思主义科学理论之上，根源于革命检验进程之中，生长于优秀传统文化、伟大民族精神之上，蕴含着党的红色基因。红色基因，决定着中国共产党不忘初心、牢记使命的革命性，决定着党性与人民性的统一，决定着党始终保持革命性先进性纯洁性，最终决定着中华民族走出历史周期率实现伟大复兴。延安精神蕴含的红色基因，主要包括坚定的理想信念、实事求是的思想路线和追求真理的科学精神、全心全意为人民服务的根本宗旨和依靠群众为了群众的群众路线、自力更生艰苦奋斗的奋斗精神。

**（一）坚定的理想信念，是共产党人成就辉煌伟业的精神支柱和政治灵魂，是贯穿在延安精神中恒久不变的基因**

习近平指出："崇高的理想，坚定的信念，永远是中国共产党人的政治灵魂。"① 坚定的理想信念，是党始终牢牢把握历史规律、永葆先进性的基本保证，是党始终代表最广大人民群众根本利益的政治保障，是党坚持正确领导的重要体现。中国共产党自建党以来，始终坚持以马克思主义为指导，始终站在时代前列，紧紧抓住反帝反封建这一基本问题，矢志为民族独立、人民解放而奋斗，从未动摇过对理想信念的执着追求。坚持正确的政治方向，就是对理想信念的坚守。1938 年 3 月，毛泽东给抗大制定的教育方针是："坚定正确的政治方向，艰苦朴素的工作作风，灵活机动的战略战术。"② 要求抗大的学员们，要学一个正确的政治方向，就是中华民族独立和人民解放的方向、马克思主义的方向、新民主主义的方向。

**（二）实事求是的思想路线和追求真理的科学精神，是中国共产党人坚持马克思主义的认识论的基本体现，是共产党人成就辉煌伟业的基石**

思想路线，可理解为认识路线，是指认识客观事物和决定对客观事物的态度时遵循的基本原则和方法。是从实际出发，用马克思主义的立场、观点和方法去研究和解决问题，还是从主观意愿出发，将马克思主义作为僵死的教条，就是党的学风问题。学风问题，本质上区别了党究竟是实行唯物主义还是唯心主义的思想路线。延安时期，我们党在总结历史经验的基础上，所确立的正确思想路线，就是一切从实际出发，理论联系实际，

---

① 习近平：《在庆祝中华人民共和国成立 70 周年大会上的讲话》，《人民日报》2019 年 10 月 2 日。

② 《毛泽东文集》第 2 卷，人民出版社 1993 年版，第 188 页。

实事求是，在实践中检验真理和发展真理。这是我们党在半殖民地半封建社会领导中国革命，在敌我力量对比悬殊、政治环境异常复杂的斗争过程中，逐步形成的思想品格、科学精神、思维方式和价值取向。1941年5月19日，毛泽东在《改造我们的学习》中对实事求是所做的科学解释，目的就是要引导全党同志能够将马克思主义革命原理同中国革命实际相结合，解决理论与实践统一的问题，从而推进马克思主义中国化。[①] 因此，从根本上看，实事求是是代表最广大人民根本利益和保证党性的当然要求，是党的思想路线中诸内容之间最本质的联系，是共产党人初心使命、崇高风范的重要内容，是解放思想、与时俱进、开拓创新的条件与动力、目的和归宿。

**（三）全心全意为人民服务的根本宗旨和依靠群众为了群众的群众路线，是共产党人保持人民性本色的内在要求，是贯穿于革命精神中的本质要求**

全心全意这人民服务的根本宗旨，是衡量共产党员思想与行为先进性的出发点，是党成就辉煌伟业的力量源泉。张思德，因毛泽东《为人民服务》的演讲而家喻户晓；为人民服务，因毛泽东称颂张思德的平凡业绩和崇高风范而深入人心。只有真正为广大人民群众谋取根本利益，才能真正体现为人民服务的思想。毛泽东指出："共产党人的一切言论行动，必须以合乎最广大人民群众的最大利益，为最广大人民群众所拥护为最高标准。"[②] 密切联系群众，始终坚持一切从人民的利益出发，是马克思主义政党始终恪守的政治立场，党的纲领、路线和政策必须体现全心全意为人民服务的宗旨。政策和策略是为具体的政治路线服务的，路线决定政策和策略，政策和策略体现政治路线，并为路线的贯彻执行开辟道路。实践表明，政治路线正确，才有明确的政治方向和奋斗目标，才有统一的认识和行动，才能最大限度地为人民谋利益。延安时期，党的群众路线上升到党的根本政治路线与根本工作路线，被视为党的生命线，而我们党之所以取得伟大胜利，最重要的原因便在于党的政治路线的正确。全民族抗战时期，党的基本路线、方针是：放手发动群众，壮大人民力量，在我党的领导下，打败日本侵略者，解放全国人民，建立一个独立、自由、民主、统一、富强的新中国。正是在这条政治路线的指引下，中国共产党领导最广

① 《毛泽东选集》第3卷，人民出版社1991年版，第795—803页。
② 《毛泽东选集》第3卷，人民出版社1991年版，第1096页。

大的人民群众坚持抗战到底，取得了最后胜利；仅用三年多的时间，就打败了国民党反动统治集团，实现了新民主主义革命的最终胜利，建立了新中国。由此可见，党同人民群众联系问题是关系党生死存亡的问题。党的最大政治优势是密切联系群众，党执政后的最大危险就是脱离群众。因此，在党的十九大报告中习近平指出：一个政党，一个政权，其前途命运取决于人心向背。始终保持同人民的血肉联系，坚持全心全意人民服务的根本宗旨是我们党战胜一切困难和挑战的根本保证。

**（四）自力更生、艰苦奋斗，是共产党人开拓进取、成就辉煌伟业的创新精神，充分体现了自信、自立、自强、自尊的民族精神，是立党立国、立身立业的根基**

独立自主、自力更生，就是依靠自己的力量，走自己的道路，开创中国革命和建设事业的全新局面，它是延安精神整体风貌的重要标志。因此，独立自主作为无产阶级革命、建设的根本原则，包括三个相互联系的基本方面：在革命斗争和社会主义建设过程中，必须依靠本国人民力量，把立足点放在自力更生的基础上，即自身力量之上；在处理国与国以及各国无产阶级政党的关系时，必须尊重各国、各国党的独立性和自主权，求同而存异；在同中国资产阶级结成革命统一战线时，必须牢牢把握无产阶级领导权，始终把控革命发展的最终方向。

独立自主、自力更生，体现了无产阶级革命的主体精神、创新精神和民主精神，体现了无产阶级坚信依靠自身力量，可以主宰自己命运，求得自身解放、实现共产主义的主体精神；体现了无产阶级政党从本国实际出发，不断开拓进取，制定符合自身特点的路线、方针和政策，走出一条适合本国国情的革命、建设道路的创新精神；体现了共产党人坚持群众观点、走群众路线，充分发扬人民民主，从思想、政治、文化、经济等方面全方位动员和组织民众，获得深厚的群众基础的民主精神。中国共产党98年的历史，就是一部奋斗史、创业史。1938年4月1日，毛泽东在陕北公学第二期开学典礼上的讲话中指出：“共产党也有他的作风，就是：艰苦奋斗！这是每一个共产党员，每一个革命家的作风。”① 强调要永久奋斗，要奋斗到死。2015年，习近平在陕西考察时指出：“自力更生、艰苦奋斗是我们立党立国的根基，共产党人立身立业的根基。……保持党同人民群

① 《毛泽东著作专题摘编》下册，中央文献出版社2003年版，第2132—2133页。

众的血肉联系，始终为党和人民事业艰苦奋斗、不懈奋斗。”党的十九大以来，习近平反复强调“新时代是奋斗的时代”，要“切实把奋斗精神贯彻到进行伟大斗争、建设伟大工程、推进伟大事业、实现伟大梦想全过程，形成竞相奋斗、团结奋斗的生动局面”①。

## 三、红色精神谱系视域下延安精神的本质特征

红色基因，是贯彻于党的理论与思想中的内在决定因素，是内化在党的优良传统和作风中的精魂。准确认识把握红色革命精神谱系视域下延安精神的本质特征，对于进一步理解其丰富内涵、地位作用和贯穿其中的红色基因具有重要作用。整体而言，延安精神作为党在革命战争年代培育的红色革命精神，具有革命性、民族性、时代性、科学性和人民性等五个方面的本质特征。

一是具有彻底的革命性。作为马克思主义政党，中国共产党自成立之初就义无反顾地肩负起反帝反封建的历史使命，矢志不渝地为民族独立解放而奋斗。延安时期，我们党高举抗日民主旗帜为民族独立和人民解放流血牺牲，充分表现了共产党人不畏艰难险阻、不达革命目的誓不罢休的英雄气概、革命精神和阶级品性。

二是具有深厚的民族性。民族精神是时代之魂，是人民有信仰、民族有希望、国家有力量的精神基础。人民是历史的创造者，人民是真正的英雄。波澜壮阔的中国历史是中国人民书写的，博大精深的中华文明是中国人民创造的，历久弥新的中华民族精神是中国人民培育的。中国人民是具有伟大梦想精神、创造精神、奋斗精神、团结精神的人民，始终心怀梦想、不懈追求，始终辛勤劳作、发明创造，始终革故鼎新、自强不息，始终团结一心、同舟共济。延安精神的民族性，是由中国共产党的中华民族先锋队性质决定的，集中体现在坚定正确的政治方向上。正因为有着坚定正确的政治方向，国内外一切爱国人士、进步人士、友好人士才认识到中国共产党是真正抗日的，是真正为中国独立、自由、民主而奋斗的，中华民族的希望在延安。

三是具有鲜明的时代性。在反帝反封建的革命斗争中，我们党正确把握中国国情，依据历史发展的客观要求和时代前进的方向，始终代表中华

---

① 习近平：《在2018年春节团拜会上的讲话》，《人民日报》2018年2月15日。

民族和广大人民根本利益。延安时期，中国共产党将反帝反封建具体为抗日和民主的政治方向，制定正确的政治路线和方针政策，为实现国家繁荣富强、中华民族伟大复兴奠定了坚实基础。

四是具有追求真理的科学性。时代是思想之母，实践是理论之源。在领导中国革命实践的进程中，党认识到马克思主义必须中国化。延安时期，之所以成为出思想、出理论、出政策、出作风、出人才、出经验的辉煌时期，根本原因在于坚持实事求是的正确思想路线。以毛泽东为代表的共产党人坚持从中国实际出发，独立自主解决中国革命问题，同党内错误思想进行了坚决斗争，冲破了教条主义、主观主义的禁锢，形成了马克思主义中国化的理论成果——毛泽东思想，找到了农村包围城市、最后夺取全国政权的中国革命道路。为人民利益坚持真理修正错误，闪耀着马克思主义真理的光芒，体现的就是为人民服务的根本宗旨，体现的就是追求真理的科学精神。

五是具有鲜明的人民性。人民是历史的主人，历史的创造者。人民性既是党的政治立场、价值取向的集中体现，也是党的领袖、党的各级组织、广大党员和党领导下的人民军队与根据地人民群体精神风貌的整体展示。始终致力于实现最广大人民的根本利益，是马克思主义最鲜明的政治立场。由此可见，延安精神的人民性，是党的根本宗旨所赋予的。毛泽东对此曾有深刻论述："共产党是为民族、为人民谋利益的政党，它本身决无私利可图。它应该受人民的监督，而决不应该违背人民的意旨。它的党员应该站在民众之中，而决不应该站在民众之上。"

延安精神，是党在革命年代创造的红色革命精神的集大成，其所蕴含的红色基因决定着我们党与时俱进、开拓创新、执政为民的基本特性。伟大的事业需要伟大的精神，伟大的精神推动了伟大的事业。红色革命精神，为党和人民事业的发展提供了"凝聚党心、赢得民心"的不竭精神动力。人无精神不立，国无精神不强，党无精神不兴。革命精神是我们党独特的政治优势，是成就伟大事业的密码。新时代我们要一以贯之地推进中国特色社会主义这场伟大的社会革命，尤其需要我们"把红色资源利用好、把红色精神发扬好、把红色基因传承好"。

（作者系陕西省延安精神研究会特邀研究员、中国延安干部学院教学科研部副教授）

# 中华人民共和国成立70年来党的初心和使命的不断坚守与践行

张文雅

"中国共产党人的初心和使命，就是为中国人民谋幸福，为中华民族谋复兴，这个初心和使命是激励中国共产党人不断前进的根本动力。"① 党的初心和使命不仅是新时代党的建设总要求的逻辑起点，也是为中华民族谋复兴的灵魂方针，更是为人类谋和平与发展的责任担当。全面把握党的初心和使命，对于推进党的建设伟大工程，实现中华民族伟大复兴，推动构建人类命运共同体，具有非常重要的理论意义和实践价值。

## 一、党的初心和使命的理论内涵与历史回顾

初心和使命发源于马克思主义，"至今发生过的一切运动都是少数人的运动，或者都是为少数人谋利益的运动。无产阶级的运动是绝大多数人为绝大多数人谋利益的独立自主的运动"②。为绝大多数人谋利益，这个庄严的承诺是一切共产主义者的初心。

### （一）初心之"初"蕴含着自身起源的追思

中国共产党的初心源自共产党人对自我的身份定位，源自对"我是谁"的清醒认识。中国共产党是一个以马克思主义为指导思想的政党。马克思主义科学地解释了人类历史的发展规律，指出人民群众是历史的主体，是社会物质财富和精神财富的创造者，马克思主义者要为无产阶级和全人类的解放和幸福而努力奋斗。人民立场体现了马克思主义唯物史观，是马克思主义政党区别于其他政党的显著标志。马克思主义坚持无产阶级

---

① 习近平：《决胜全面建成小康社会　夺取新时代中国特色社会主义伟大胜利——在中国共产党第十九次全国代表大会上的报告》，人民出版社2017年版，第1页。

② 《马克思恩格斯选集》第1卷，人民出版社1972年版，第262页。

和人民利益的立场，它认为在资本主义社会，由于资本主义私有制和资本逻辑，导致无产阶级的极端贫困、受奴役和自身异化，“在一极是财富的积累，同时在另一极，即在把自己的产品作为资本来生产的阶级方面，是贫困、劳动折磨、受奴役、无知、粗野和道德堕落的积累”①。马克思强调通过消灭资本主义私有制，实现全面生产和公平分配，以实现人的自由全面发展和全人类的解放，作为马克思主义政党，共产党要始终为民众谋福利、谋幸福，“带领人民创造美好生活，是我们党始终不渝的奋斗目标”②。在革命、建设和改革的不同历史时期，党总能站在时代潮头，把握时代脉搏，科学分析并有效解决人民追求幸福生活和民族复兴道路上的主要矛盾，在把马克思主义与中国历史境况实事求是地结合的基础上，在形成中国特色革命和建设道路的历史实践中实现初心、完成使命。

**（二）使命之“使”散发着与时俱进的光芒**

中国共产党作为在近现代中国社会中建立、成长起来的政党，它的初心和使命有着特定的民族内涵。这个问题需要从“我从哪里来”求解，从中华民族的近现代史中答疑。“在几千年的历史发展中，中华民族创造了悠久灿烂的中华文明”③，“近代以后，逐渐成为半殖民地半封建社会，山河破碎，生灵涂炭”④，为了救民族于苦难，一代又一代仁人志士奋起抗争。中国共产党自觉地顺应了中华民族的历史夙愿，以“实现中华民族的伟大复兴”为己任。一经成立，就把坚持“人民利益高于一切”鲜明地写在自己的旗帜上，把全心全意为人民服务作为根本宗旨。在新民主主义革命时期，党的主要任务是推翻帝国主义、封建主义和官僚资本主义，实现民族独立、国家统一、人民当家做主，为实现民族复兴和人民幸福提供根本政治前提。新中国成立后，党的主要任务和使命是在全国范围内建立和完善社会主义制度，推进社会主义建设，为民族振兴和人民的幸福奠定坚实的物质基础和制度保障。党的十一届三中以后，党的主要任务是领导和

---

① 《马克思恩格斯文集》第5卷，人民出版社2009年版，第743—744页。

② 习近平：《决胜全面建成小康社会 夺取新时代中国特色社会主义伟大胜利——在中国共产党第十九次全面代表大会上的报告》，人民出版社2017年版，第45页。

③ 习近平：《在庆祝中国共产党成立95周年大会上的讲话》，人民出版社2016年版，第1页。

④ 习近平：《在庆祝中国共产党成立95周年大会上的讲话》，人民出版社2016年版，第2页。

团结全国各族人民，解放和发展生产力，通过中国特色社会主义建设，为实现人民共同富裕和民族振兴而不懈努力。随着中国特色社会主义进入新时代，党的主要任务和使命是决胜全面建成小康社会，建设社会主义现代化强国，实现中华民族伟大复兴。从“鲲鹏击浪从兹始”到“扶摇直上九万里”，中国共产党之所以能够领导中国人民取得新民主主义革命和社会主义革命胜利，到即将实现的中华民族伟大复兴，从根本上说，就是坚守了党的初心与使命。在中国共产党人身上，初心与使命是统一体，初心决定使命，使命折射初心。

**（三）初心和使命是中华人民共和国成立70年来中国共产党人砥砺前行的根本动力**

2019年是中华人民共和国成立70周年。70年来，为了人民的幸福和民族的复兴，无论是弱小还是强大，无论是顺境还是逆境，我们党在建设和改革的不同历史时期，都初心不改、矢志不渝，团结带领人民进行了艰苦卓绝的斗争，攻克了一道道难关，创造了一个个奇迹。

新中国成立后，中国共产党更加重视“改善民众生活”的任务，毛泽东指出，如果我们不能“使一般人民的生活有所改善，那我们就不能维持政权”①。在党的八大上提出社会主要矛盾，更把人民的经济文化需要作为社会主要矛盾的主要方面。但后来由于党采取的错误路线和政策，过于关注社会关系的变革，而忽视了生产力的发展和人民生活水平的提高。党的十一届三中全会以来，邓小平根据当时民众的生活状况，指出贫困不是社会主义、两极分化不是社会主义，强调社会主义的本质最终要实现共同富裕。自此，党开启了保障和改善民生、为人民谋幸福的新征程，向中华民族伟大复兴的历史使命不断努力奋斗。在新时代，国家发展目标和社会主要矛盾的变化都促使党要继续坚持人民立场。现在我们比任何时候都更靠近全面建成小康社会的节点，任务重、时间紧。怎样更扎实、更真实、更稳妥地全面建成小康社会和实现共同富裕，是我们党面临的重要问题和挑战。同时社会主要矛盾的发展变革，人民日益增长的“物质文化需要”变为“美好生活需要”，这预示着民生建设的内涵和重点、理念和方式、环境和条件、水平和要求将有大的变化。这需要党从新的历史方位、新的时代坐标下，通过党的建设来更好地满足民众多层次、多方面的生活需要。

① 《毛泽东选集》第4卷，人民出版社1991年版，第1428页。

我们党不忘初心，从根源上解答了“为了谁”的问题，把人民对美好生活的向往作为奋斗目标。这是立党为公、执政为民的生动体现，是政治灵魂、精神支柱的具体实践，这也在一个方面回答了“建设什么样的党、怎样建设党”这一历史性课题。

## 二、党的初心和使命需要不断坚守与践行

党的十九大报告强调，全面从严治党永远在路上。随着中国特色社会主义进入新时代，党的建设面临前所未有的挑战和要求。一方面，身上的担子更重了，决胜全面建成小康社会、实现中华民族伟大复兴需要掌舵引路。另一方面，面对的风险更大了，影响党的先进性、弱化党的纯洁性的各种因素更具危险性和破坏性。党面临长期的、复杂的“四大考验”和尖锐的、严峻的“四大危险”。时刻不忘初心、牢记使命，我们党一定能有新气象新作为。

### （一）四大考验

在党的十九大报告中，习近平总书记在充分肯定全面从严治党取得显著成果的同时，鲜明指出：“要深刻认识党面临的执政考验、改革开放考验、市场经济考验、外部环境考验的长期性和复杂性，深刻认识党面临的精神懈怠危险、能力不足危险、脱离群众危险、消极腐败危险的尖锐性和严峻性。”① 毋庸置疑，对于中国共产党这样一个数量庞大、即将成为“百年大党”的世界性大党，如何有效破解一系列“赶考”命题，跳出“历史周期率”，成为一个严峻的时代考题。中国历史上许多政治势力都认识到水能载舟亦能覆舟、人民群众力量重要性的道理。他们虽然在执政初期能够一定程度上为人民办好事，但由于历史和阶级的局限，执政之后不能将“为民”思想一以贯之，最终走向灭亡，无法跳出“其兴也勃焉，其亡也忽焉”的历史周期率。世界上第一个社会主义国家苏联当时是世界国土面积最大、人口第三多的超级大国，苏联共产党执政74年后于1991年解体。究其原因，邓小平同志曾一针见血地指出“问题主要出在党内”，许多苏共党员和领导干部早已丧失初心和使命，失去理想和斗志，沦为追逐名利的官僚。苏共前总书记戈尔巴乔夫曾私下表示，共产主义思想对我来说已

---

① 习近平：《决胜全面建成小康社会 夺取新时代中国特色社会主义伟大胜利——在中国共产党第十九次全面代表大会上的报告》，人民出版社2017年版，第61页。

经过时。面对当时世界的新情况和前进路上的曲折，苏联共产党人丢失共产主义信念的同时盲目崇拜西方文明，对和平演变丧失警惕，最终必然走向失败。基于历史与现实的考量，我们今天警醒反思，不论是苏共的垮台，还是当年毛泽东与黄炎培的延安“窑洞对”给出的“民主新路”，面向未来的“赶考”，这其中始终贯穿一个核心的命题——不忘初心、牢记使命，即作为先进生产力代表的无产阶级先锋队——中国共产党能否始终如一、彻底贯彻“以人民为中心”的价值理念。初心和使命持续拷问着中国共产党人的政治品格和价值追求，这是我们党安身立命的根本和得天独厚的优势。

**（二）四大危险**

不像西方政治制度通过选举产生执政党和领导人，中国共产党作为长期的执政党，随着党和人民事业的不断发展，从封闭到开放，从计划经济到市场经济，所面对的问题更多、情况更复杂。从社会发展规律和国际形势来看，我国已经步入中等收入国家行列，中国特色社会主义进入新时代，中国在国际事务中发挥着举足轻重的作用。放眼全球，我们面对的是“百年未有之大变局”，整个世界处于发展大变革大调整时期，在新时代中国特色社会主义实践中面临三大“陷阱定律”——中等收入陷阱、塔西佗陷阱和修昔底德陷阱的挑战和考验。

中国共产党与西方资产阶级政党明显不同在于：中国共产党以实现共产主义为最高纲领，承担着建设社会主义的重担，这就要求其必须实现长期执政的目标；中国共产党通过政治革命创建了一个全新的人民民主专政的国家并全面执掌政权，在拥有强大核心领导力量的同时也容易出现以党代政、官僚主义、权力缺乏监督、法制尚待健全等问题，进而容易出现精神懈怠、能力不足、脱离群众和消极腐败的危险。邓小平同志指出：“中国要出问题，还是出在共产党内部。”① “四大考验”是长期的、复杂的、严峻的。绝大多数党员干部能够坚定理想信念，但是也存在反腐倡廉、从严治党的反面案例。极少数腐败分子彻底背离了党的初心和使命，政治上堕落、经济上贪婪、生活上奢靡。他们中有的曾经是不错的领导干部，在获得权力之后忽视了对自己党性的修养。不受制约的权力会带来腐败，滥用权力的结果就是走向人民的反面。有的党员干部还不是腐败分子，但是

① 《邓小平文选》第3卷，人民出版社1993年版，第380页。

也忘记初心和使命，精神支柱不牢固，思想堤坝不坚实。还有一种当初抱着投机、功利的目的入党，实际并没有真正树立对共产主义的信仰，这些人更难经受名利美色的考验。革命时期的党员干部总体上不缺钙，因为他们入党前就想清楚了自己为什么要入党，入党是为了什么，面对奉献与牺牲毅然加入。纵观改革开放以后落马的“大老虎”“小苍蝇”，无一例外的问题就是理想信念的丧失。在20余年的市场经济体制探索和发展进程中，改革步入深水区，所面对的难度和风险空前，这就产生了对于领导干部能力的高要求与党员领导干部能力不足的矛盾，对于领导社会主义市场经济、领导改革开放会力不从心，任其发展就无法完成执政使命，被时代和人民所抛弃。脱离群众则是背离党的优良传统，“我们党的最大政治优势是密切联系群众，党执政后的最大危险是脱离群众”①。消极腐败是维护党先进性的最大敌人，是侵入党和国家机关的可怕病毒。掉以轻心、任其泛滥，就会葬送人民政权。

毛泽东说：“一个无产阶级的党也要吐故纳新，才能朝气蓬勃。不清除废料，不吸收新鲜血液，党就没有朝气。”② 纵观党史，中国共产党不是没有犯过错误，但是党总能够及时纠正错误，清除党内的不健康因素。中华人民共和国成立70年来，党在领导人民探索社会主义建设道路时曾经历过曲折，给党、国家和人民造成过损失，但同时也为党领导人民开启改革开放、走上建设中国特色社会主义的道路积累了宝贵的经验教训。考验若得不到有效应对，就有转化为风险的可能；如果应对得当，还能转化为能力。错误若得不到有效改正，就会转变为更大的危机；如果吸取教训，还能转变为本领。

## 三、党的初心和使命不断坚守与践行的实践路径

新中国成立前夕，毛泽东把我党在全国执政比作“进京赶考”，70年生动的社会主义革命和建设实践证明，我们在历史性考试中取得了优异成绩，但是“赶考”还远未结束。党的初心和使命不仅构成了新时代党的建设总要求的逻辑起点，更是提高党的执政能力和领导水平的实践遵循。为了实现这一点，中国共产党人坚持以习近平新时代中国特色社会主义思想

---

① 《江泽民文选》第3卷，人民出版社2006年版，第572页。

② 张静如：《中国共产党通志》第2卷，中央文献出版社2001年版，第210页。

武装自身，并以政治建设为统领统筹推进自身的各方面建设，推动全面从严治党向纵深发展。

**（一）价值遵循：以习近平新时代中国特色社会主义思想武装全党，树立以人民为中心的价值取向**

革命理想高于天，坚定理想信念是党安身立命的根基。中国共产党人将共产主义远大理想和中国特色社会主义共同理想作为精神支柱和力量之源。只有坚定理想信念，牢记党的宗旨，才能挺起共产党人的精神脊梁，才能完成新时代党的历史使命。所以说，落实新时代党的建设工作，首先必须把坚定理想信念确定为第一要务。在此过程当中，习近平新时代中国特色社会主义思想作为马克思主义中国化最新成果和中国特色社会主义理论体系的重要内容，是马克思主义政党学说在新时代的创造性发展，它向我们科学地说明了在新时代究竟要建设一个什么样的党以及如何建设这一历史性课题。所以全体党员都必须加以深入学习领会、准确把握其丰富内涵、精神实质和实践要求，并用其来武装自己的头脑，将远大理想和共同理想作为自己矢志不渝的信仰并忠于实践。

以习近平新时代中国特色社会主义思想武装全党，最为本质的是要树立起以人民为中心的价值理念。因为在习近平新时代中国特色社会主义思想中，人民群众的利益具有至高无上的地位，它构成党的一切工作的出发点和落脚点。正如习近平指明的："人民是历史的创造者，是决定党和国家前途命运的根本力量。必须坚持人民主体地位，坚持立党为公、执政为民，践行全心全意为人民服务的根本宗旨。"① 坚持以人民为中心就是要求全体党员必须恪守"人民为上、人民为本、人民为基"的信念，始终把人民群众作为党执政兴国的永葆牢固的根基，把贯彻群众路线作为推动新时代中国特色社会主义建设、推进实现中华民族伟大复兴中国梦的内在线索和题中之义。在此基础上进而发挥党的先锋队作用，以永不懈怠的精神状态和一往无前的奋斗姿态带领人民群众创造更美好的生活，通过加快发展和全面深化改革，奔向全体人民共同富裕的美好蓝图。从经济、政治、文化、社会、生态等方面满足人民日益增长的需要，处理好发展不平衡不充分问题，以此达到全体人民共享改革发展成果。由此可见，以习近平新时

① 习近平：《决胜全面建成小康社会　夺取新时代中国特色社会主义伟大胜利——在中国共产党第十九次全国代表大会上的报告》，人民出版社2017年版，第21页。

代中国特色社会主义思想武装全党，才能更好地贯彻新时代党的建设总要求。这是完全符合党的初心和使命的。

**（二）担当精神：以党的政治建设为统领统筹推进新时代党的各方面建设**

党和人民的事业发展到什么阶段，党的建设就要推进到什么阶段。践行党的建设总要求的核心是围绕新时代中国特色社会主义建设的需要，稳固推动党的各方面建设，着力提高党的政治领导力、思想引领力、群众组织力以及社会号召力。而党的建设本身作为一项系统性工程，其中政治建设是立党和兴党的核心所在，正如习近平指出的："旗帜鲜明讲政治是我们党作为马克思主义政党的根本要求。党的政治建设是党的根本性建设，决定党的建设方向和效果。"① 把党的政治建设作为"牛鼻子"紧紧抓住，就能带动好党的建设和党的事业的发展。加强党的政治建设，首先要坚决拥护党中央的权威，紧紧围绕在以习近平同志为核心的党中央周围，服从集中统一的领导。无论是政治立场和方向，还是政治原则和道路都同党中央保持一致。其次要严格党内政治生活。严格遵守党章，高标准执行党内政治生活若干准则，遵守政治纪律和政治规则，贯彻民主集中制，积极营造风清气正的党内政治生态。再次要强化党内政治文化建设。防范和抵制各种消极腐朽思想文化的侵蚀，推崇忠诚老实、公道正派、实事求是、清正廉洁等价值观。在加强党的政治建设的基础上，引领和推进党的制度建设、作风建设、组织建设等，从而提升党的凝聚力和战斗力。

以党的政治建设统领各方面建设，不仅可以在全党上下形成一种同心同德、同心同向的良好局面，还可以大大增强党总揽全局、协调各方的能力，使得党在新的时代条件下能够组织好和协调好各级党组织，能够调动起各方面的力量，最终凝聚成落实党的建设总要求和各方面任务的整体合力。在此基础之上，继而在更高的水平上对我国的社会主义建设事业加以科学规划、合理设计和有序推进，实现整体布局与重点突破相衔接。也就是说，主动推进全方位工作、各领域建设开展的同时，抓重点和把握主要矛盾，以此解决好创造人民美好生活过程中可能遭遇到的各种关键性和紧迫性问题。只有这样，中国共产党人才能不负人民的重托，才能无愧于历

---

① 习近平：《决胜全面建成小康社会 夺取新时代中国特色社会主义伟大胜利——在中国共产党第十九次全面代表大会上的报告》，人民出版社2017年版，第62页。

史的选择，才能带领广大人民群众完成“为中国人民谋幸福，为中华民族谋复兴”的使命担当。

### （三）鲜明品格：推动全面从严治党向纵深发展

贯彻新时代党的建设总要求，不光要树立以人民为中心的价值理念和加强党的自身建设，还要将全面从严治党推向纵深发展。之所以这样，是因为随着我国改革开放事业的不断深入和经济社会的快速发展，党内一些领导干部开始渐渐背离原有的“初心”，背离了入党之初的承诺，背离了为人民服务的根本宗旨，进而滋生贪污腐败行为，给党在人民群众中的形象和社会主义事业发展造成了不良影响。正因如此，我们务必要毫不动摇地扎实推进全面从严治党，持续提高党的自我净化、自我完善、自我革新以及自我提高能力，全面彰显党勇于自我革命、从严管党治党的鲜明品格。具体来说就是要做到以下三个方面：首先是要严肃党内政治生活，严明党的纪律，强化党内监督。按照好干部标准选拔任用干部，按照新时代、新使命和新要求教育管理干部，按照高素质专业化打造干部队伍。其次是强化责任追究，保证责任落实，开创党建新时代。知敬畏、存戒惧、守底线。敢于刮骨疗毒，勇于直面问题，习惯于监督约束。完善党建责任监督、考核、评价机制，健全党建责任清单，促使管党治党从宽松软走向严紧硬。最后是深化国家监察体制改革，健全党和国家监督体系，让人民监督权力，让权力在阳光下运转。

习近平指出：“我们坚持党要管党、从严治党，净化党内政治生态，持之以恒正风肃纪，大力整治形式主义、官僚主义、享乐主义和奢靡之风，以零容忍态度严厉惩治腐败，反腐败斗争取得压倒性胜利。”① 推动全面从严治党向纵深发展，从而使广大党员干部形成自觉抵制各种腐朽思想侵蚀的能力，确保自身的清正廉明，形成持之以恒的良好风气。在此基础上，进而坚定不移地把人民群众赋予的权力用在为老百姓谋利益、办实事上，履行好人民勤务员的职责。这样，才能维系党群联系，才能厚植群众基础，才能跳出历史周期率，确保党和国家长治久安。

（作者系北京邮电大学马克思主义学院讲师）

---

① 习近平：《在庆祝改革开放40周年大会上的讲话》，《人民日报》2018年12月19日。

# 重温《复电》再读《毛选》 从延安精神中汲取“不忘初心、牢记使命”主题教育的思想力量

侯映晖　高贵林

习近平在党的十九大报告中指出：“中国共产党人的初心和使命，就是为中国人民谋幸福，为中华民族谋复兴。”

中铁宝桥作为地处陕西渭北高原的国家交通设施骨干制造企业，其党委坚持党的理论武装工作优良传统，党员干部读原著、学原文、悟原理，从《共产党宣言》《毛泽东选集》《习近平谈治国理政》等原著中汲取营养，在三秦大地高举起企业党建研究的理论旗帜，到延安、到宝塔山、到梁家河、到照金、到会宁、到富平等地开展理想信念教育，以推进企业高质量发展实践作为检验学习成果的重要标准，深化党建理论研究，保证了新时代国有企业党建理论研究体系的严谨性和科学性。

## 一、重温《复电》再读《毛选》，能够充分认识到“不忘初心、牢记使命”主题教育是马克思主义中国化理论成果普及的重要行动举措

“我们要永远保持建党时中国共产党人的奋斗精神，永远保持对人民的赤子之心。一切向前走，都不能忘记走过的路；走得再远、走到再光辉的未来，也不能忘记走过的过去，不能忘记为什么出发。面对未来，面对挑战，全党同志一定要不忘初心、继续前进。”①

2015 年 2 月 13 日至 16 日，习近平来到陕西，看望慰问广大干部群众时强调：“我们党是一个具有长期奋斗历史和优良革命传统的党，也是一个紧跟时代步伐、善于与时俱进的党。党的建设必须坚持继承和创新相结合，结合时代条件发扬党的光荣传统和优良作风。老一辈革命家和老一代共产党人在延安时期留下的优良传统和作风，培育形成的延安精神，是我

---

① 《习近平谈治国理政》第 2 卷，外文出版社 2017 年版，第 32、33 页。

们党的宝贵精神财富。今天，全面从严治党要继续从延安精神中汲取力量。要把抓理想信念贯穿始终，提高辩证思维、系统思维能力，保持党同人民群众的血肉联系，始终为党和人民事业艰苦奋斗、不懈奋斗。”①

党中央在延安的十三年，以毛泽东同志为代表的中国共产党人，把马克思列宁主义的基本原理和中国革命的具体实践相结合，在总结建党以来党的建设经验教训的基础上，提出和成功实施了党的建设“伟大的工程”，经过延安整风运动，把党建设成了“一个全国范围的、广大群众性的、在思想上政治上组织上完全巩固的”马克思主义政党，培育了光照千秋的延安精神。

1949年10月1日，毛泽东庄严宣告中华人民共和国中央人民政府成立。10月2日，延安各界召开规模盛大的庆祝大会，之后以延安各界人民庆祝中央人民政府成立大会的名义，向毛泽东发了贺电。10月26日，毛泽东复电延安和陕甘宁边区的同志们：“接到你们的贺函，使我十分愉快和感谢。延安和陕甘宁边区，从一九三六年到一九四八年，曾经是中共中央的所在地，曾经是中国人民解放斗争的总后方。延安和陕甘宁边区的人民对于全国人民是有伟大贡献的。我庆祝延安和陕甘宁边区的人民继续团结一致，迅速恢复战争的创伤，发展经济建设和文化建设。我并且希望，全国一切革命工作人员永远保持过去十余年间在延安和陕甘宁边区的工作人员中所具有的艰苦奋斗的作风。”②

《复电》肯定了延安和陕甘宁边区从1936年到1948年对于全国人民的伟大贡献。同时，毛泽东指出，全国一切革命工作人员应永远保持过去十余年间在延安和陕甘宁边区的工作人员中所具有的艰苦奋斗的作风。《复电》指出的“过去十余年间在延安和陕甘宁边区的工作人员中所具有的艰苦奋斗的作风”精神实质就是延安精神的重要体现。

新中国成立前毛泽东指出，中国革命是伟大的，但革命以后的路程更长，更艰苦，“务必使同志们继续地保持谦虚、谨慎，不骄、不躁的作风，务必使同志们继续地保持艰苦奋斗的作风”③。

---

① 霍小光：《习近平春节前夕赴陕西看望慰问广大干部群众》，《人民日报》2015年2月17日。

② 《毛泽东年谱（1949—1976）》第1卷，中央文献出版社2013年版，第2778页。

③ 《毛泽东年谱（1983—1949）》下卷，中央文献出版社2002年版，第2569页。

1957年2月27日，毛泽东再次强调“反对贪污浪费就等于我们洗脸，人就是要经常洗脸。全国六亿人口都来提倡节约”①，再次强调“两个务必”。

2009年11月，习近平强调：“弘扬延安精神，要把坚定正确的政治方向放在第一位，牢记全心全意为人民服务宗旨，坚持解放思想、实事求是、与时俱进，始终牢记‘两个务必’，保持延安时期那么一种忘我精神、那么一股昂扬斗志、那么一种科学精神，为建设和发展中国特色社会主义不懈奋斗。”

## 二、延安精神是党的性质和宗旨的集中体现，对全面准确理解习近平新时代中国特色社会主义思想，推进“不忘初心、牢记使命”主题教育具有现实意义

“中国共产党人的初心和使命，就是为中国人民谋幸福，为中华民族谋复兴。”追根溯源，中国共产党人的初心和使命是由党的性质和党的指导思想决定的。

1937年9月，毛泽东指出：“一个共产党员，应该是襟怀坦白，忠实，积极，以革命利益为第一生命，以个人利益服从革命利益；无论何时何地，坚持正确的原则，同一切不正确的思想和行为作不疲倦的斗争，用以巩固党的集体生活，巩固党和群众的联系；关心党和群众比关心个人为重，关心他人比关心自己为重。这样才算得一个共产党员。”②

2008年全国“两会”期间，时任中共中央政治局常委、国家副主席的习近平在参加陕西代表团审议政府工作报告时说：“我69年1月去的，75年10月离开陕西，这一段时间就成为我人生的一个转折，可以说陕西是根，延安是魂，很多往事历历在目，现在有很多思维行动都和那时候有关联。就像贺敬之那个诗呢‘几回回梦里回延安’，（就是）这样的感情。”③

2004年8月14日，时任中共浙江省委书记的习近平接受延安广播电视台《我是延安人》栏目记者专访，他说：“陕北高原给了我一个信念，也可以说是注定我人生过后的轨迹，经过陕北这一人生课堂，就注定了我

---

① 《毛泽东年谱（1949—1976）》第3卷，中央文献出版社2013年版，第4767页。

② 《毛泽东选集》第2卷，人民出版社1991年版，第361页。

③ 《梁家河》，陕西人民出版社2018年版，第39页。

今后要做什么，它教了我做什么。”①

2012年，习近平就任总书记当天，表明了自己的执政理念：“我们一定要始终与人民心心相印、与人民同甘共苦、与人民团结奋斗，夙夜在公，勤勉工作，努力向历史、向人民交出一份合格的答卷。”②

1945年4月23日至6月11日，中共七大在延安胜利召开，第一次明确地把毛泽东思想确立为全党的指导思想，并庄严地写入党章。这标志着马克思主义中国化实现了第一次历史性飞跃，也标志着中国共产党在政治上、思想上和组织上达到了空前的团结、统一和成熟。

中国共产党是按照列宁建党学说建立起来的，但是，在中国的条件下究竟怎样建设这个党，则是新课题。

党的十九大报告提出，中国特色社会主义进入新时代，我国社会主要矛盾已经转化为人民日益增长的美好生活需要和不平衡不充分的发展之间的矛盾。

毛泽东思想和习近平新时代中国特色社会主义思想，是在我们党98年光辉历程中具有重大意义的两个时代所产生的马克思主义基本原理与中国具体实际相结合的理论创新。因为马克思主义中国化真正落地，党中央在延安十三年，形成毛泽东思想，这是中国共产党发展史上第一次有了成熟的中国化的思想理论。

“习近平总书记之所以能够带领党和人民披荆斩棘、攻坚克难，全面开创中国特色社会主义事业新局面，很大程度上来自他扎实的实践基础、深厚的经验积累和由此而来的深邃理论思考。梁家河七年知青岁月，无疑是他人生经历中十分重要的起点。”③ 习近平是在延安七年历练和考验中走出来的，延安精神无疑是习近平新时代中国特色社会主义思想的厚重底色和历史起点，而深蕴其中的正是马克思主义中国化在当代的又一次飞跃。

## 三、对“不忘初心、牢记使命”主题教育认识上的理论突破，是确保党员增强“四个意识”投身伟大实践的保障

在新时代，就要向中央看齐，增强“四个意识”，做到“两个维护”，

---

① 《梁家河》，陕西人民出版社2018年版，第37页。

② 《习近平谈治国理政》第1卷，外文出版社2014年版，第3页。

③ 《习近平的七年知青岁月》，中共中央党校出版社2017年版，第2页。

挤干发展水分，扎扎实实推进高质量发展。

**（一）增强做好“不忘初心、牢记使命”主题教育的责任感、使命感和紧迫感**

要把深入学习贯彻习近平新时代中国特色社会主义思想这一根本任务作为最突出的主线，落实到主题教育全过程各方面。按照“守初心、担使命，找差距、抓落实”的“十二字”总要求抓好落实，教育引导党员干部在学习教育、检视问题中悟初心、守初心，在整改落实、解决问题中勇作为、践使命，为做好企业改革发展和党的建设各项工作提供强大动力。要坚持四个“贯穿始终”抓好落实，深刻认识主题教育蕴含的理论联系实际的马克思主义学风，把学和做结合起来、把查和改贯通起来，把学习教育、调查研究、检视问题、整改落实四个方面贯穿全过程。以思想自觉引领行动自觉，以行动自觉深化思想自觉。坚持问题导向，坚持务求实效，聚焦根本任务抓好落实，以好的作风确保主题教育取得好的效果，全面提升企业党建质量。

**（二）以主题教育助推企业各项工作，以发展成果检验主题教育的实际成效**

延安精神最突出的成就是科学分析判断国内外客观形势，在抗日战争和解放战争中制定了正确的战略和策略，取得新民主主义革命胜利。毛泽东的《中国革命战争的战略问题》《论持久战》《新民主主义论》等，不只是中共党史、中国史上的战略巨著，而且成为世界战略理论名著。这种战略思维，贯彻于抗日战争、解放战争全过程，贯彻于共和国成长壮大的历史中，成为我们党执政兴国的宝贵精神财富。在国有企业加强和改进党的建设是国有企业的“根”和“魂”，是国有企业发展的独特优势，是深化企业改革的先决条件。在企业应对挑战、深化改革发展中，只有弘扬解放思想、实事求是的思想路线，才能确保企业准确判断形势、把握发展趋势，及时调整生产经营战略，落实好上级部署得到发展。

**（三）发挥党的核心领导作用，确保大型企业集团平稳运行**

“坚定正确的政治方向”构成了延安精神的灵魂，历史和现实都证明，办好中国的事情，关键在党，这也是国企改革“中国方案”的精髓。要以讲政治、守规矩，促进思想解放，从党性原则上查找制约企业发展的根深蒂固的传统体制思想，彻底总结反思，强化危机意识，促进企业自我革新，促进企业转型升级。探索国有企业特色党建工作新路子，把党的路线方针政策与企业发展战略和经营管理紧密结合，把党的思想理论优势转化为企业的科学决策优势，不断提高企业整体的决策能力，从而为企业在把握发展方向、选择发展道路、获取发展机会方面的重大决策提供科学的理论基础，通过党的组织建设，有效推进建立现代企业管理制度，助推发展质量变革。

**（四）主题教育要贯彻群众路线，确保发展成果惠及广大职工**

中国共产党是一个来自人民、植根于人民、服务于人民的马克思主义政党。党中央在延安的十三年，形成和坚持了群众路线，就是“一切为了群众，一切依靠群众，从群众中来，到群众中去”的工作路线，使革命斗争有了最深厚的力量源泉。党和人民群众的这种血肉联系，是党领导的革命和建设事业的胜利之本，这个就是共产党员的本色初心，担当使命。在国有企业就是让企业发展成果惠及广大职工和群众，凝聚职工智慧力量，实现新时代国有企业建设目标。面对职工群众利益诉求，保证党员干部职工正常福利待遇，以良好政治生态营造干事创业氛围，通过科学规范绩效激励机制，建立更有竞争力的薪酬分配制度，不断提高职工及家庭幸福指数，凝聚职工力量。要发挥党员先锋模范作用，领导干部表率作用，引导职工努力拼搏，去实现企业发展目标。

人们常说“火车跑得快，全凭车头带”。企业搞得好不好，关键靠领导，风气正不正，领导做表率。中铁宝桥是一个拥有近4000名职工、1400余名党员的大型国有企业，要坚决把作风建设当作党建日常工作首要内容，从抓“关键少数”做起，把讲政治落到实处，企业上下团结一心，进而保持职工队伍昂扬向上的精神风貌。

（作者侯映晖系中铁宝桥集团党委副书记，高贵林系原中铁宝桥集团宣传部部长）

# 《复电》精神指引延安阔步前进

石和平

70年前的10月26日，也就是新中国开国大典后的第25天，刚刚当选中央人民政府主席的毛泽东同志满怀深情地给患难与共13年的延安和陕甘宁边区人民写了《复电》。《复电》，文字不长，但内涵丰富，情真意切，意义重大，充分肯定了延安和陕甘宁边区人民对中国人民做出的伟大贡献，充分体现了新中国成立后党中央和毛主席对全党同志和党的各级干部保持艰苦奋斗作风的殷切期望。

1986年，延安在全国率先成立了延安精神研究会。1989年，陕西省委把《复电》发表日确立为全省延安精神纪念日。新中国成立70年来，延安各级党委政府始终把建设和守护中国共产党人的精神家园作为首要政治责任，始终坚持把学习《复电》精神与时代精神相结合，发奋图强，艰苦奋斗，改革创新，积极推进社会主义革命、建设和改革事业，各项事业都取得了伟大成就，城乡面貌发生了深刻变化，实现了贺敬之《回延安》中所描述的景象："对照过去我认不出了你，母亲延安换新衣。"

## 一、坚定理想信念，艰苦奋斗，坚守中国共产党人的精神家园

党中央、毛泽东在延安波澜壮阔的革命实践活动，给延安人民留下了巨大的精神财富。延安革命遗址是全国数量最多、规模最大、跨度最长、级别最高、保护最为完整、内容最为丰富，是一座典型的革命博物馆城。革命文物保护利用工作量大面宽、任务艰巨，如何保护好、利用好这些革命文物，是延安历届党委政府和延安人民一直以来的工作核心和难题。由于受地理地形条件限制，延安老城处于"三山两河"之中，许多革命旧址处于城市建设核心区域，景区景点与城市居民区、商业区、机关单位混杂，严重影响了旧址景区整体风貌，革命旧址保护与城市建设矛盾日益凸显。为破解这一难题，我们学习借鉴井冈山、贵阳、遵义等地经验，坚持

“中疏外扩、上山建城”的发展战略，启动实施新区建设、老城改造、山体居民搬迁、沟道治理、市政设施配套、城市景观提升六大工程，拉大城市框架，疏解老城密度，展示古城风貌，彰显圣地特色，妥善处理革命旧址保护与城市建设发展的关系。

20世纪三四十年代，延安人民把土窑洞腾出来给党中央和毛主席居住，现在我们延安儿女为了保护革命旧址、传承红色基因，要再次把老城旧址周边让出来。居民下山，上山建城，坚持老城区多拆少建、革命旧址周边只拆不建。目前，延安新区已初具现代城市形象，党政机关单位迁入新区办公，为革命旧址保护腾出更大空间，破解了革命旧址保护与城市建设矛盾的难题，真正做到把革命文物保护利用作为功在当代、利在千秋的基础性长远性工作来抓，将革命文物保护纳入经济社会发展总体规划，实现保护革命旧址和拓展城市空间的双赢目标。

## 二、坚持自力更生、艰苦奋斗，延安人民彻底摆脱贫困

延安时期，我们党领导根据地军民在极其艰苦的条件下，用双手和锄头开展了“自己动手、丰衣足食”的大生产运动，克服了一个又一个困难；用小米加步枪打败了强大的敌人，取得了一个又一个胜利。其根本原因是延安的党员干部形成了自力更生、艰苦奋斗的工作作风，保持了积极向上的精神状态和坚韧不拔的政治本色。新中国成立以来，自力更生、艰苦奋斗始终是延安人民谋求发展、追求幸福的精神动力。新中国成立初期，延安是典型的农业地区，只有少量的手工业，直至20世纪70年代，在周恩来总理关怀下，延安开始发展“五小工业”。但由于种种原因，到20世纪80年代，这些“五小工业”基本处于停产状态。在这种情况下，延安人民勒紧腰带，依靠自己力量开始发展石油工业。经过几十年努力，现在延安原油生产、加工能力分别达1500万吨和1000万吨，煤炭、天然气生产能力分别达5000万吨和50亿立方米。

20世纪70年代初期，延安开始因地制宜发展苹果种植业，经过40多年发展，苹果种植面积达380万亩，产量达300万吨，居全国地级市之首，产量占全省的三分之一、全国的九分之一，苹果收入占到农民收入的60%以上。2018年通过整合，带动苹果产值增加18亿元，果农人均增收2510元。

在这两大产业带动下，延安迎来了巨大发展。新中国成立初期，1949年延安生产总值仅为3431万元，1978年只有3.44亿元。2018年延安生产

总值达1558.9亿元，是1949年的4585倍；财政总收入达425.9亿元，是1952年的9950倍。

## 三、坚持以人为本、艰苦奋斗，延安人民幸福指数明显提高

延安时期，我们党把“为人民服务”写入党章，党的干部“把屁股端端地坐在老百姓的这一面”①，形成了“只见公仆不见官”的生动局面。中华人民共和国成立70年来，延安各级党委政府坚持把全心全意为人民服务作为谋事之首、执政之基、发展之要，千方百计解决贫困问题，经过几十年努力，到2018年，城镇居民人均可支配收入由1985年的519元增加到2018年的32226元，农村居民人均可支配收入由1978年的53元增加到10786元。社会就业长期稳定，城镇登记失业率保持在3.9%以内。率先在全省实现城乡居民养老保险、医疗保险制度一体化和大病保险全覆盖，城乡居民养老保险、医疗保险参保率分别达到99%和97.4%。全面实施15年免费教育，北大培文、清华附中、江苏中学等知名教育品牌落户延安。延安成功入选“2019中国最具幸福感城市”。2019年5月，延安19.5万贫困人口实现脱贫，3个国定贫困县全部“摘帽”，贫困发生率由13.2%降至0.66%，实现区域性整体脱贫，在全面建成小康社会路上迈出坚实一步。

## 四、解放思想、艰苦奋斗，延安大地由黄变绿

延安时期，我们党坚持真理、修正错误，开展整风运动，使解放思想、实事求是成为全党思想共识和党员自觉行动，推动了马克思主义中国化，形成了毛泽东思想。这一真理的力量正确指引了中国革命和建设。中华人民共和国成立70年来，特别是20世纪90年代，延安人民坚持解放思想谋发展，与时俱进谋发展，1999年延安率先在全国开展了大规模退耕还林，2013年又自筹资金在全国率先开展了新一轮退耕还林，25度以上坡耕地应退尽退，累计实施退耕还林1077.5万亩，占全市国土总面积的19.4%，占全省退耕面积的26.7%、全国退耕面积的2.1%，陕西绿色版图向北推移400公里，森林覆盖率提高至52.5%，植被覆盖度达81.3%，延安成为

① 1944年11月5日《解放日报》第二版《贯彻司法工作的正确方向》一文中，习仲勋指出：“把屁股端端地坐在老百姓这一面。”

全国退耕还林第一市。2018年城区空气质量优良天数达315天，“圣地蓝”成为延安一张亮丽名片，荣获“2018中国美丽山水城市”称号。

党的十八大以来，延安主动承担中、省改革试点，坚持问题导向，累计完成732项改革任务。深入推进“放管服”改革，营商环境持续优化，市场主体达到16.9万户，引进世界和国内500强企业42家，实现上市公司“零”突破。主动融入“一带一路”，启动国家陆港型物流枢纽承载城市建设，延安海关开关运行。举办了首届世界苹果大会和连续11届的中国·陕西（洛川）国际苹果博览会，与国内外32个城市缔结友好关系。

延安70年的发展历程告诉我们，坚持学习传承《复电》精神，首先要守护好中国共产党人的精神家园。保护好这些遗产，守护好中国共产党人的精神家园是延安各级党委、政府和全市人民义不容辞的政治责任。要认真做好保护挖掘整理工作，让每一孔窑洞、每一张桌子都开口说话，讲好延安故事，传递延安声音，彰显延安精神；要像爱护自己的眼睛一样维护延安形象，在全市范围内广泛开展评树“延安模范”，凝聚强大正能量，努力重现延安时期“十个没有”的良好社会风气。其次，要坚持用延安精神建设新延安。弘扬延安精神，首要任务就是要把延安发展好，让老百姓的日子越过越好，用实实在在的发展变化增强延安人民的幸福感和获得感。第三，要努力为全党全国提供更多的“精神钙片”。延安精神是中国革命历史最好的营养剂，党中央在延安十三年、习近平总书记在梁家河插队七年，为全国人民留下了宝贵的精神财富，正如习近平总书记所说：“梁家河是个有大学问的地方。”① 在具体的实践中，延安要充分发挥全国爱国主义教育、革命传统教育和延安精神教育三大教育基地的作用，为全党全国补足更多“精神钙片”，让广大党员、干部、群众特别是青少年了解党的历史，传承党的优良作风，实践延安精神，让延安精神不断放射出新的时代光芒。

延安今天的发展实践要求我们学习《复电》精神，推动延安发展，首先要始终坚守坚定正确的政治方向。要不忘初心，持续给精神“补钙”，不断校正思想准星，坚定理想信念，坚持对中国特色社会主义的道路自信、理论自信、制度自信和文化自信，自觉向党中央看齐，向总书记看齐。其次，要始终牢记延安精神的精髓就是解放思想、实事求是的思想路

① 2015年春节前夕，习近平回到他当年插队的梁家河村看望父老乡亲时深情感言。

线。要坚持问题导向，用改革的办法和法治的思维推进工作，要勇于削骨割肉、敢于动真碰硬，坚决破除思想、利益固化藩篱。第三，要大力弘扬自力更生、艰苦奋斗的创业精神，坚持以五大发展理念引领经济社会发展，崇尚创新、注重协调、倡导绿色、厚植开放、推进共享，着力破解生态环境脆弱的制约，积极培育发展新动能、挖掘增长新潜力，从根本上扭转石油依赖。第四，要牢固树立全心全意为人民服务的宗旨意识，要树立延安时期那种“只见公仆不见官”的良好形象，始终把人民放在心中最高位置，下决心解决企业和群众办事难的问题，着力抓好就业、教育、医疗、住房等事关群众切身利益的民生实事，坚决打赢精准脱贫攻坚战，努力使人民群众生活得更加自信、更加幸福。

（作者系延安市延安精神研究中心主任）

# 《复电》光辉耀宁夏

张树林　俱旭辉

1936 年 6 月 1 日，西征红军解放了宁夏盐池县。从此，盐池县成为陕甘宁边区 23 个县之一。盐池县代表着“陕甘宁边区”的“宁”。如果没有这个“宁”字，就不可能有“陕甘宁边区”的称谓了。

盐池处于陕甘宁边区的西北边缘，是陕甘宁边区的西部门户和前哨阵地，也是宁夏唯一的一块从土地革命时期坚持到全国解放的红色根据地。盐池盛产食盐、皮毛、甘草“三宝”，是陕甘宁边区的“经济支柱”之一。从 1936 年到 1949 年的 14 年间，盐池在防御敌人侵袭、保障边区安宁、畅通经济贸易、支援前线等方面，都发挥了重要作用。

## 一、《复电》精神唤初心

1949 年 9 月 23 日，中国人民解放军十九兵团解放了宁夏首府银川。9 月 26 日，以十九兵团司令员杨得志兼任主任，宁夏起义将领马鸿宾、中共陕甘宁边区三边地委书记朱敏、陕甘宁边区三边军分区司令员曹友参任副主任的银川市军事管制委员会成立。当时，银川市军管会不仅是银川地区临时性的最高权力机关，也是宁夏省的最高权力机关。

9 月 27 日，陕甘宁边区三边专署奉命撤销，盐池县归解放后的宁夏省领导。历史将永远铭记，作为陕甘宁边区一部分的盐池人民为抗日战争的胜利，为保卫中共中央、保卫陕甘宁边区和保护宁夏革命力量所做出的重大贡献。

10 月 18 日，中共中央批准成立了中国共产党宁夏省委员会，由解放军十九兵团副政委、政治部主任潘自力任书记，朱敏任副书记；12 月 23 日，宁夏省人民政府成立，潘自力为主席，邢肇堂、李景林、孙殿才为副主席。从此，一个由人民当家作主的新宁夏开始了新的征程。

1949 年 10 月 1 日，中华人民共和国宣告成立，占人类总数三分之一的中国人民从此站起来了。新中国的诞生，结束了中华民族自1840年以来百余年遭受帝国主义侵略和掠夺的屈辱历史，赢得了国家独立和人民解放，开启了由中国共产党领导下独立自主的发展道路。陕甘宁边区各市县人民争先恐后致电祝贺。

在9月21日至30日召开的中国人民政治协商会议第一届全体会议期间，延安人民满怀深情地给毛主席拍发了《致敬电》：

敬爱的毛主席并转北平中国人民政治协商会议：

我们听到中国人民政协开幕，真是十二万分的兴奋。陕北人民十几年来在毛主席亲自领导下，和日本鬼子与蒋胡匪帮的斗争中，战胜了一切困难，发展生产，丰衣足食，过着民主自由的生活，深深体验到新民主主义政权下人民生活的愉快和幸福。我们对被蒋胡匪帮压迫屠杀下的全国工人、农民、青年、妇女，寄以兄弟般的同情，为了帮助他们从水深火热的苦难中解放出来，我们的努力和其他兄弟解放区一样，没有一分钟松劲。现在新中国诞生了，还在蒋匪压迫、屠杀下的人民快要完全解放了，我们实在欢喜的厉害。今后我们誓在中央人民政府领导下，和大家团结起来，为建设新中国而奋斗。特电庆贺。并祝毛主席及全体代表健康！

1949年10月26日，毛主席给延安和陕甘宁边区人民发来了复电：

延安的同志们和陕甘宁边区的同胞们：

接到你们的贺函，使我十分愉快和感谢。延安和陕甘宁边区，从一九三六年到一九四八年，曾经是中共中央所在地，曾经是中国人民解放斗争的总后方。延安和陕甘宁边区的人民对于全国人民是有伟大贡献的。我庆祝延安和陕甘宁边区的人民继续团结一致，迅速恢复战争的创伤，发展经济建设和文化建设。我并且希望，全国一切革命工作人员永远保持过去十余年间在延安和陕甘宁边区的工作人员中所具有的艰苦奋斗的作风。

毛主席的《复电》里，特别使用了“陕甘宁边区的同胞们”的称谓，使人们觉得更加温暖，更加亲近，就像毛主席在陕甘宁边区人民的身边一样，勾起了陕甘宁边区人民对毛主席的更加想念、更加热爱和无限尊敬的革命感情。

值得注意的是，毛主席的《复电》不只是回复延安人民的，而是给陕甘宁边区的全体同胞们的，也不仅是说给陕甘宁边区人民的，而是谆谆告诫全体共产党人和所有干部群众的。他明确号召：“我并且希望，全国一切革命工作人员永远保持过去十余年间在延安和陕甘宁边区的工作人员中所具有的艰苦奋斗的作风。”

——这是向全国革命工作人员提出的新的要求，号召全国人民继续保持在延安时期的艰苦奋斗的作风，继续发扬光大延安精神，用延安精神来建设人民的新中国，创造人民的新社会。

——这就是我们的“初心”，这就是延安精神的真谛和精髓。

在《复电》精神鼓舞下，70年来，宁夏各级党组织和各级政府，始终牢记“站在最大多数劳动人民一边”、艰苦奋斗这个初心，始终牢记“完全彻底”为人民利益工作，实现好、发展好人民利益这个使命，带领各族人民，团结一切可以团结的力量，调动一切积极因素，迅速恢复战争创伤，巩固革命胜利果实，战胜财政经济困难，满怀胜利豪情，掀起了社会主义建设新高潮。

## 二、艰苦奋斗创新业

实行民族区域自治制度，正确把握“平等、互助、团结、进步”的民族政策，是中共中央、毛泽东主席在延安时期就已形成的既定方针。新中国成立后，根据毛主席、周总理“认真调查研究”的指示，国家民委和民政部等部门做了大量的调研工作，提出了建立“宁夏回族自治区”的方案。方案经修改完善和科学论证，1956年2月由中央提出《关于成立宁夏回族自治区的倡议》。在先后征求甘肃省委、省政府和人大意见的基础上，经全国政协大会讨论，于1957年6月7日经国务院第51次会议通过，形成了《关于成立宁夏回族自治区的议案》，报请全国人大常委会审批。1957年7月15日，在全国人大一届四次会议上通过并形成了《关于成立宁夏回族自治区的决议》，之后便进入了成立自治区的筹备阶段。

1958年10月24日至30日，宁夏回族自治区第一届人民代表大会第一次会议在银川召开。出席会议的代表208人，列席36人。会议听取了全国人大常委会副委员长林伯渠的讲话，选举产生了由35名委员组成的宁夏回族自治区第一届人民委员会，选举刘格平为主席，选举马玉槐、吴生秀、王金璋、王志强、马腾霭、郝玉山、黄执中为副主席。10月25日下午召开军民庆祝大会，听取了林伯渠副委员长做的《加强民族团结，建设社会主义》的报告，正式宣告宁夏回族自治区成立。

宁夏回族自治区成立时，设1个地区（固原专区），3个市（银川市、吴忠市和石嘴山市），16个县，全自治区总面积为66400平方公里。1957

年年底，总人口1793807人，其中回族人口593135人，占33.07%，人口总密度为27.02人/平方公里。

在1957年11月自治区筹委会成立前后，有2427位干部通过中央转调到宁夏。上海市有914名教育和医务工作者，250多名新闻工作者志愿支援宁夏；北京回民学院师生踊跃来宁；文化部将中国京剧三团整建制支援宁夏，改为宁夏京剧团，全国著名回族京剧大师马连良来宁夏慰问演出；为加快石嘴山的煤炭工业建设，煤炭工业部从山西、陕西、黑龙江、河北、江苏、甘肃等地抽调15000名煤炭职工落户宁夏；为迎接自治区成立，铁道部加快修建包兰铁路，提前5个月，于1958年7月30日全线贯通，8月1日正式通车；水利电力部于8月26日宣布，宁夏青铜峡水利枢纽工程动工兴建；国家民航局于9月15日完成中国民航客机分别从北京、兰州到银川的试航任务；由中央广播事业局支援建设的宁夏人民广播电台于10月1日成功播出；自治区新办的三所高等院校——宁夏农学院、宁夏医学院、宁夏师范学院于9月15日联合举行了开学典礼。

宁夏回族自治区成立后，在国家的大力扶持和兄弟省区的援助下，宁夏人民开始了大规模的经济建设。1958—1964年，工业基本建设投资达3.5亿元，是前9年的18倍，先后建成了贺兰山煤炭基地、石嘴山发电厂、石嘴山钢铁厂、银川通用机器厂、银川综合电机厂、青铜峡水泥厂、吴忠仪表厂等一批骨干企业。到1964年，全区拥有工业企业445个，职工队伍2.96万人，与1957年相比，国有工业固定资产增长21倍，全部工业总产值增长2.4倍，年平均递增19.1%；原煤产量增长6.6倍，达到257万吨；发电量增长18.8倍，达到10.1亿千瓦时。煤、电生产的大力发展，使宁夏丰富的能源资源得到了初步利用，并为国民经济进一步发展提供了能源保证。

1965年以后，根据国家“三线”建设决策，一批沿海工业企业陆续内迁宁夏，宁夏工业进入大发展时期。1965年至1978年的13年间，工业固定资产投资基本稳定在年均1.5亿元以上，一批内迁和新建的规模较大、技术密集度较高的工业企业陆续投产，主要有宁夏有色金属冶炼厂、青铜峡铝厂、西北煤机总厂、西北轴承厂、长城机床厂等，这些骨干企业的建成，使宁夏工业门类增多，规模扩大，技术和管理水平大大提高，为全区工业进一步上规模、上档次奠定了基础。1978年与1964年相比，工业企业单位数增加1.4倍，达到1072个；国有工业职工人数增长3.8倍，达到

14.3万人；固定资产增长6.4倍，达到20.9亿元；全部工业总产值达到13.8亿元，增长9.5倍，年平均增长18.3%。在工农业总产值中，工业所占比重由1964年的38%上升到74%；工业已成为宁夏国民经济的主导产业。经过20多年的建设，宁夏初步建立了以煤炭、电力、冶金、机械、化工、食品和纺织为主导的工业体系。

## 三、牢记使命谱新篇

推进改革开放，是新的历史条件下共产党人初心和使命的集中体现。改革开放40多年来，特别是党的十八大以来，在习近平新时代中国特色社会主义思想的指引下，宁夏自治区党委和政府团结带领全区各族干部群众，同舟共济、艰苦创业，谱写了民族地区团结进步、繁荣发展的靓丽篇章。

第一，始终坚持新发展理念，综合实力不断实现新突破。在全国一盘棋的统一安排下，在中央和兄弟省区市大力支持下，宁夏认真学习发达地区的先进经验，努力挖掘和打造宁夏自身的优势和特点，扬长避短，开拓创新。在工业上，加大投资和更新改造力度，加速区域工业发展。尤其是坚决贯彻以新发展理念为主要内容的习近平新时代中国特色社会主义经济思想，探索转型发展，实行创新发展，有力推动了高质量发展。在农业上，不断完善联产承包责任制，持续出台“改革、开放、搞活”“科技兴农”“税费改革”等政策，加强农业基础设施建设，农业的经济基础不断夯实。在基础设施建设上，先后出台“实行外向型、开放式发展模式”等举措。从1983年开始，宁夏在各行业和实体领域全方位引进资金、技术、人才和项目等，加强了招商引资和产品出口、人才出国培训等开放工作，这推动宁夏实现跳跃式发展。

目前，宁夏经济社会发展呈现了质的飞跃：一是经济总量大幅提升。2017年，全区地区生产总值达3453.9亿元，分别是1978年和1958年的266倍和1053倍；人均地区生产总值50917元，分别是1978年和1958年的138倍和289倍；地方财政收入417.5亿元，分别是1978年和1958年的132倍和720倍；固定资产投资完成3813亿元，分别是1978年和1958年的893倍和4100倍。二是基础设施日益完善。所有县市通高速、所有乡镇通油路、所有行政村通公路；中南部城乡饮水、400万吨煤制油、宁夏至浙江直流输电工程等一批事关宁夏长远发展的大项目建成投用；吴忠至中卫城际铁路、银西高铁、中兰高铁、包银高铁正在加快建设，宁夏人民期盼多年的“高铁梦”正在变为现实。三是城乡面貌发生巨变。2017 年，全区城镇化率达 58%，城镇人均住房面积达 31.4 平方米；沙化、荒漠化土地连续 20 年“双缩减”，森林覆盖率达 14%。

第二，始终坚持在发展中保障和改善民生，各族群众幸福指数越来越高。牢固树立以人民为中心的发展思想，每年将 70%以上的财力用于民生事业。尤其是率先在全国实行全区域草原禁牧封育，退耕还林还草；率先在西部实现县域义务教育基本均衡发展；通过深入推进综合医改，建立五级远程医疗服务体系等，各项民生事业取得了长足的进步和发展。一是脱贫攻坚成效突出。从 20 世纪 80 年代起，组织开展了吊庄移民、生态移民、劳务移民、教育移民、插花移民等，先后实施了六次大规模移民搬迁，累计移民 130 万人。目前累计减贫 330 万人，其中近 5 年减贫 71.9 万人，贫困发生率下降 16.9 个百分点。二是收入水平显著提升。2017 年，全区城乡居民收入分别达 29472 元和 10738 元，分别是 1978 年和 1958 年的 85 倍和 93 倍。三是社会保障更加健全。近 5 年城乡居民基本养老、基本医疗、失业、工伤和生育保险的参保人数分别增长 26.8%、10%、37.4%、41.4% 和 23.1%。四是社会事业加快发展。“互联网+教育”“互联网+医疗健康”国家级示范区获批建设，学前教育毛入园率、高中阶段、高等教育毛入学率分别达 81.5%、90.3%和 46%，医疗卫生机构、床位数、卫生技术人员分别达 4272 个、3.85 万张、4.97 万人，基本形成了覆盖城乡的公共文体服务设施网络。

第三，始终坚持与时俱进做好民族宗教工作，巩固发展了民族团结、宗教和顺、社会稳定的良好局面。全面贯彻党的民族政策和宗教工作基本方针，牢牢把握“两个共同”主题，大力推进民族团结进步事业。坚持宗教中国化方向，积极引导宗教与社会主义社会相适应。今天的宁夏，“三个离不开”“五个认同”思想深入人心，中华民族共同体意识更加牢固，各族群众手足相亲、守望相助，交流交往交融、共居共学共事共乐，形成了民族团结一家亲、同心共筑中国梦的融洽氛围，共产党好、社会主义好、伟大祖国好、改革开放好、民族团结好，已经成为全区各族群众的普遍共识。

春华秋实 70 载，沧桑巨变 70 年。宁夏解放 70 年和自治区成立 60 多年各项辉煌成就的取得，是新中国成立的丰功伟绩，是中国特色社会主义在宁夏的伟大胜利，是党的民族政策和民族区域自治制度在宁夏的成功实践，也是在《复电》和以延安精神为代表的革命精神的感召鼓舞下，历届自治区党委和政府带领全区各族人民共同团结奋斗的结果。

站在新起点、踏上新征程，习近平“建设美丽新宁夏，共圆伟大中国梦”的题词，寄予了对宁夏最美好的祝愿、最殷切的期望，为我们指明了前进方向、描绘了宏伟蓝图、提出了新的更高要求。

新时代，宁夏各族人民将进一步增强“四个意识”、坚定“四个自信”，坚定不移跟党走，深入学习贯彻习近平新时代中国特色社会主义思想和党的十九大精神，始终保持艰苦奋斗、永不懈怠的精神状态，脚踏实地走好新的长征路，努力实现经济繁荣民族团结环境优美人民富裕、确保与全国同步建成全面小康社会的目标，为建设美丽新宁夏、共圆伟大中国梦而努力奋斗！

（作者系宁夏延安精神研究会研究员、副会长）

# “不忘初心、牢记使命”，中国共产党自我革命的最新体现

李后东

党的十八大以来，从群众路线教育实践活动到“三严三实”专题教育，到“两学一做”学习教育，再到“不忘初心、牢记使命”主题教育，全面诊断、重点聚焦的管党治党问题层层深入，全程监督、狠抓实效的管党治党态势持久不断，刀刃内向、壮士断腕的管党治党决心日益彰显，久久为功、面貌一新的管党治党局面基本形成。这四场专题教育从不同方面体现了新时代中国共产党自我革命的品格、精神和能力，“不忘初心、牢记使命”则是其最新体现。

## 一、“不忘初心、牢记使命”是中国共产党自我革命的品格体现

马克思、恩格斯在《共产党宣言》中指出，“无产阶级的运动是绝大多数人的，为绝大多数人谋利益的独立的运动”，共产党人“没有任何同整个无产阶级的利益不同的利益”。[①] “心底无私”要求中国共产党不仅要彻底地进行改造客观世界的革命，也要积极地进行改造自身主观世界的革命。对此，马克思主义经典作家早有论述。马克思曾指出：“无产阶级革命，则经常自己批判自己，往往在前进中停下脚步，返回到仿佛已经完成的事情上去，以便重新开始把这些事情再做一遍；它们十分无情地嘲笑自己的初次企图的不彻底性、弱点和不适当的地方。”[②] 后来，列宁也指出：“共产党人的责任不是隐讳自己运动中的弱点，而是公开地批评这些弱点，以便迅速而彻底地克服它们。”[③] 可见，无产阶级政党及其领导的革命都不

---

① 《马克思恩格斯选集》第1卷，人民出版社2012年版，第411、413页。

② 《马克思恩格斯全集》第8卷，人民出版社1961年版，第125页。

③ 《列宁选集》第4卷，人民出版社2012年版，第235页。

是天生完美的，正是在不断地自我总结、自我批评和自我革命的过程中，共产党及其领导的无产阶级革命才能不断向前发展。中国共产党秉承了无产阶级政党这种自我革命的政治基因，在发展壮大的过程中也逐渐形成了自我革命的独特品格。这种政治品格集中体现在：思想上，中国共产党把马克思主义哲学作为看家本领，按照“实践—认识—实践”的认识路线，不断推动指导思想、思想理论发展的与时俱进；组织上，中国共产党把民主集中制作为根本原则，按照“民主—集中—民主”的组织路线，始终坚持将党内的投机分子、官僚化分子、不忠诚分子、腐败分子等种种不坚定的共产党员从党内清除出去，保持党组织的纯洁性；作风上，中国共产党把全心全意为人民服务作为根本宗旨，按照“群众—领导—群众”的群众路线，坚决同党内存在的主观主义、官僚主义和宗派主义等不良作风作斗争。正如习近平强调的：“勇于自我革命，是我们党最鲜明的品格，也是我们党最大的优势”①，“全党要以自我革命的政治勇气，着力解决党自身存在的突出问题”②。基于此，习近平在“不忘初心、牢记使命”主题教育工作会议上强调开展主题教育是用新时代中国特色社会主义思想武装全党，保持党同人民群众血肉联系的迫切需要，同时“四大考验”长期、复杂，“四种危险”尖锐、严峻，思想不纯、政治不纯、组织不纯、作风不纯等突出问题尚未得到根本解决以及形式主义、官僚主义现象依然存在等，宣告刀刃内向、刮骨疗伤的决心和勇气。

## 二、“不忘初心、牢记使命”是中国共产党自我革命的精神体现

党的十八大以来，习近平不仅多次强调勇于自我革命是我们党最鲜明的品格和最大的优势，还将自我革命上升为精神层面。2017年2月13日，他在省部级主要领导干部学习贯彻十八届六中全会精神专题研讨班开班式上指出：“党的十八大以后，我们提出全面从严治党，以敢于刀刃内向的勇气向党内顽瘴痼疾开刀，以一抓到底的钉钉子精神把管党治党要求落实落细，都贯穿着强烈的自我革命精神，体现了我们党自我革命的决心和意志。”③ 2019年6月24日，他在主持中共中央政治局“牢记初心使命，推

① 《十八大以来重要文献选编》下，中央文献出版社2018年版，第589页。
② 《十八大以来重要文献选编》下，中央文献出版社2018年版，第355页。
③ 《十八大以来重要文献选编》下，中央文献出版社2018年版，第590页。

进自我革命”第十五次集体学习时强调：“做到不忘初心、牢记使命，并不是一件容易的事情，必须有强烈的自我革命精神。”① 可见，“不忘初心、牢记使命”作为推动全面从严治党向纵深发展的最新要求，它的基本内涵、目标任务和实践要求等方面都和党的自我革命精神具有内在的一致性。

### （一）“不忘初心、牢记使命”鲜明体现了中国共产党坚持真理、修正错误的精神

1920年，列宁在《共产主义运动中的“左派”幼稚病》中曾指出：“一个政党对自己的错误所抱的态度，是衡量这个党是否郑重，是否真正履行它对本阶级和劳动群众所负义务的一个最重要最可靠的尺度。公开承认错误，揭露犯错误的原因，分析产生错误的环境，仔细讨论改正错误的方法——这才是一个郑重的党的标志，这才是党履行自己的义务，这才是教育和训练阶级，进而又教育和训练群众。”② 2013年12月26日，习近平在纪念毛泽东同志诞辰120周年座谈会上指出：“一个马克思主义政党对自己的错误所抱的态度，是衡量这个党是否真正履行对人民群众所负责任的一个最重要最可靠的尺度。我们党对自己包括领袖人物的失误和错误历来采取郑重的态度，一是敢于承认，二是正确分析，三是坚决纠正，从而使失误和错误连同党的成功经验一起成为宝贵的历史教材。”③ 这就是说，一方面，坚持真理、修正错误是中国共产党先进性的重要生成逻辑。中国共产党之所以能够始终保持并不断锤炼自己的先进性，一个非常重要的原因就在于，它敢于直面、善于分析自身的不足和欠缺，在科学总结正反历史经验中不断获得认识的升华、理论的创新和实践的进步。另一方面，坚持真理、修正错误是中国共产党人民性的内在要求。1944年9月8日，毛泽东在中共中央警备团追悼张思德大会上指出：“只要我们为人民的利益坚持好的，为人民的利益改正错的，我们这个队伍就一定会兴旺起来。”④ 1945年4月24日，毛泽东在党的七大的政治报告中再次强调：“共产党人必须随时准备坚持真理，因为任何真理都是符合于人民利益的；共产党人

① 《全党必须始终不忘初心牢记使命 在新时代把党的自我革命推向深入》，《人民日报》2019年6月26日。

② 《列宁选集》第4卷，人民出版社2012年版，第167页。

③ 《十八大以来重要文献选编》上，中央文献出版社2014年版，第693—694页。

④ 《毛泽东选集》第3卷，人民出版社1991年版，第1004—1005页。

必须随时准备修正错误，因为任何错误都是不符合于人民利益的。”① 可见，正是因为中国共产党以人民的利益为根本遵循，才能真正心底无私地检视自己，不掩饰、不回避、不退缩地将“坚持真理、修正错误”的科学精神贯彻到底。“不忘初心、牢记使命”就鲜明体现了这种“坚持真理、修正错误”的科学精神，主题教育不仅具有强烈的问题意识和明确的问题导向，更是聚焦一个“改”字，强调：“要把‘改’字贯穿始终，立查立改、即知即改，能够当下改的，明确时限和要求，按期整改到位；一时解决不了的，要盯住不放，通过不断深化认识、增强自觉，明确阶段目标、持续整改。整改落实要防止虎头蛇尾、久拖不决，防止搞纸上整改、虚假整改，防止以简单问责基层干部代替整改责任落实，防止以整改为名，层层调表报数，增加基层负担。”②

**（二）“不忘初心、牢记使命”鲜明体现了中国共产党批评和自我批评的精神**

批评和自我批评是中国共产党的一大创造，也是整风运动的一个突出特征，其本质是以思想教育为主要方式解决党内矛盾，开展思想斗争。实践证明，批评和自我批评是坚强党的组织、增强党的战斗力的有效武器。恩格斯曾指出：“各国民主主义者的团结并不排斥相互间的批评。没有这种批评就不可能达到团结。”③ 延安时期，我们党在历史性开展整风运动的过程中，开创地运用批评和自我批评的方法，积累了外部审查和自身反省有机结合、发现错误和改正错误有效衔接、发现自我和克服自我高度统一的先进经验。批评和自我批评是内在一致的，没有批评，就难以开展自我批评，而没有自我批评，也就无法真正接受批评。毛泽东在强调“批评和自我批评是一个整体，缺一不可”的同时，对自我批评予以了重点关注：“自我批评是马列主义政党的不可缺少的武器，是马列主义方法论中最革命的最有生气的组成部分，是马列主义政党进行两条战线斗争的最适用的方法”④，“也是我们和其他政党互相区别的显著的标志之一”⑤。新中国成

① 《毛泽东选集》第3卷，人民出版社1991年版，第1095页。

② 习近平：《在“不忘初心、牢记使命”主题教育工作会议上的讲话》，《求是》2019年第13期。

③ 《马克思恩格斯全集》第4卷，人民出版社1958年版，第423页。

④ 《毛泽东年谱（1893—1949）》中，中央文献出版社2013年版，第433页。

⑤ 《毛泽东选集》第3卷，人民出版社1991年版，第1096页。

立之后，批评和自我批评依然是中国共产党保持优良作风、不断提高执政能力和水平的锐利武器。1955 年 3 月，毛泽东在中国共产党全国代表会议上的讲话中指出：“定期召开会议，进行批评和自我批评，这是一种同志间互相监督，促使党和国家事业迅速进步的好办法。”“对我们工作中缺点和错误，还是要作公开的批评和自我批评。不实行马克思主义的这一条是不行的。”① 1965 年，邓小平同亚洲一位共产党领导人谈话时也强调：“没有批评与自我批评精神，就不会及时地总结经验，修正错误；也不会用正确的和错误的经验，正面的和反面的经验，来教育干部、党员和群众。毛泽东同志经常教导我们，不犯错误的党，不犯错误的人，不犯错误的领导是没有的，问题在于及时总结经验，用批评与自我批评的精神检查工作。这样，就可以不使小错误发展为大错误，发展为路线性的错误；就可以使党员和干部从正确经验中受到教育，也可以把错误变成肥料，将坏事变成好事。”② 此后，随着长期执政实践的发展，中国共产党人对批评和自我批评精神的领会与方法的运用也日益娴熟。早在福建、浙江等地方从政期间，习近平就注意运用批评和自我批评的方法解决实际问题，在《摆脱贫困》《干在实处走在前列——推动浙江新发展的思考与实践》《之江新语》等著作中都有他关于批评和自我批评的心得体会和实践经验。党的十八大以来，习近平更是将批评和自我批评运用于全面从严治党的实践，多次强调：“批评和自我批评是我们党的优良传统，是增强党组织战斗力、维护党的团结统一的有效武器。”③ “不忘初心、牢记使命”就鲜明体现了批评和自我批评的精神，习近平在部署主题教育需重点落实的措施的时候，强调：“主题教育结束前，县处级以上领导班子要召开专题民主生活会，认真开展批评和自我批评。自我批评要见人见事见思想，相互批评要真点问题，达到红脸出汗、排毒治病的效果。要有闻过则喜、知过不讳的胸襟，听得进不同意见，容得下尖锐批评。”④

① 《毛泽东文集》第 6 卷，人民出版社 1999 年版，第 406 页。
② 《邓小平文选》第 1 卷，人民出版社 1994 年版，第 346 页。
③ 《十八大以来重要文献选编》上，中央文献出版社 2014 年版，第 316 页。
④ 习近平：《在“不忘初心、牢记使命”主题教育工作会议上的讲话》，《求是》2019 年第 13 期。

## 三、“不忘初心、牢记使命”是中国共产党自我革命的能力体现

自我革命不仅是中国共产党的一种品格和精神，也是其重要能力。这种能力是以唯物辩证法为哲学基础的。马克思在《资本论》第一卷第二版《跋》中谈到所运用的辩证方法时指出：“辩证法在对现存事物的肯定的理解中同时包含对现存事物的否定的理解，即对现存事物的必然灭亡的理解；辩证法对每一种既成的形式都是从不断的运动中，因而也是从它的暂时性方面去理解；辩证法不崇拜任何东西，按其本质来说，它是批判的革命的。”① 中国共产党将此与中国的具体实际相结合，逐渐形成了一系列关于党的自我革命的思想方法和工作方法。运用这些思想方法，“我们党继承和发展马克思主义建党学说，形成了关于党的自我革命的丰富思想成果，如坚定理想信念，加强党性修养，从严管党治党，严肃党内政治生活，坚持经常性教育和集中性教育相结合，勇于开展批评和自我批评，加强党内监督，接受人民监督，不断纯洁党的思想、纯洁党的组织、纯洁党的作风、纯洁党的肌体”② 等；运用这些工作方法，我们党在从严管党、治党的实践中形成了自我净化、自我完善、自我革新、自我提高的“四自”能力。“四自”能力是中国共产党自我革命能力的具体体现：一是自我革命与“四自”能力是目标和手段的有机统一。“新时代党的自我革命，概括起来，就是从党的初心出发，坚持问题导向，以高度的主动性和自觉性，以及壮士断腕的决心和勇气，解决党内存在的诸多矛盾问题，最终实现党的自我净化、自我完善、自我革新、自我提高。”③ 自我净化、自我完善、自我革新和自我提高是自我革命的基础并最终上升为自我革命。自我革命着重强调的是党的自身建设的程度和效果，是自我净化、自我完善、自我革新、自我提高有机结合的结果。二是自我革命与“四自”能力是内化与外化的有机统一。自我革命和“四自”能力都内在统一于“自我”，而“‘自我’体现了中国共产党的主体自觉性和自觉的主体意识，强调的

---

① 《资本论》第1卷，人民出版社2004年版，第22页。

② 本报评论员：《越是长期执政，越不能丧失自我革命精神》，《人民日报》2019年6月27日。

③ 李思学、李敬煊：《“把党的伟大自我革命进行到底”——新时代党的自我革命论析》，《马克思主义与现实》2019年第2期。

是自身主观能动性和创造活力"[①],主要是指内化于心的程度和要求。相对来说,"净化、完善、革新、提高"和"革命"都是主体自觉性和自觉的主体意识适应、作用于外部世界而发生的具体实践活动,主要是指外化于行的程度和要求。三是自我革命与"四自"能力是自信和自觉的有机统一。自我革命和"四自"能力都体现了中国共产党正视自身问题的高度自觉。但在解决自身问题,积极应对"四大考验"、有效化解"四种危险"方面,自我革命不仅刀刃向内,勇于突破"革别人命容易,革自己命难"的境地,更在革故鼎新、守正出新中不断实现自身跨越,鲜明体现了高度的政治自信。自我革命的高度政治自信是以"四自"能力的高度理论自觉和实践自觉为基础的,"四自"能力的高度自觉会逐渐达到自我革命的高度自信。2019 年 6 月 24 日,习近平在主持中共中央政治局"牢记初心使命,推进自我革命"第十五次集体学习时深入阐释了自我革命的重要课题,强调了"不忘初心、牢记使命"主题教育背景下推进党的自我革命,必须做到"四个坚持":坚持"自我净化",就要不断纯洁党的队伍,保证党的肌体健康;坚持"自我完善"就要坚持补短板、强弱项、固根本、防源头、治苗头、打露头,堵塞制度漏洞,健全监督机制;坚持"自我革新",就要勇于推进理论创新、实践创新、制度创新、文化创新以及各方面创新,通过革故鼎新不断开辟未来;坚持"自我提高",就要自觉向书本学习、向实践学习、向人民群众学习,加强党性锻炼和政治历练,不断提升政治境界、思想境界、道德境界,全面增强执政本领,建设一支忠诚干净担当的高素质专业化干部队伍。[②]

(作者系陕西师范大学马克思主义学院副研究员)

---

① 陈文斌、董冰:《关于以整风精神推动党员干部"四个自我"能力提高的思考》,《理论探讨》2013 年第 6 期。

② 《"自我革命",习近平深入阐释这个重要课题》,http://www.xinhuanet.com/politics/xxjxs/2019-06/26/c_1124675401.htm(2019-06-26)。

# 新中国成立70年来我国民族工作的经验与思考

胡玉荣

70年前的10月1日，毛泽东主席登上天安门城楼，向全世界庄严宣告“中华人民共和国中央人民政府今天成立了！”从此开辟了我国历史的新纪元，中国人民站起来了！70年来，在中国共产党的坚强领导下，全国各族人民团结奋斗，战胜了一个又一个的困难与挑战，成功地走出了一条具有中国特色的社会主义道路，取得了举世瞩目的伟大成就，中华民族以崭新的面貌巍然屹立于世界舞台。简而言之，中华人民共和国成立以来的70年，中国共产党在马克思主义基本原理的指导下，结合我国民族问题的历史传统和现实国情，逐渐形成了具有中国特色的民族问题解决之路，全国各族人民和民族地区的面貌发生了翻天覆地的变化。70年的实践证明，我国探索出了一条成功的、具有中国特色的民族问题解决之路。回顾70年来我国民族工作的历程及成绩，认真梳理和总结70年来我国解决民族问题的经验，对于我们进一步做好中国特色社会主义新时代下的民族工作，具有重要的意义。

## 一、坚持打牢中华民族共同体的思想基础

我国是一个统一的多民族国家，在五千多年的文明发展史中，许多民族都曾经登上历史舞台，各民族共同开发创造了我国的锦绣河山、广袤疆域、悠久历史以及灿烂的文化。可以说，我国统一多民族国家的形成和发展经历了一个漫长的历史过程，一方面，中华民族始终是由多民族组成的，另一方面，我国各民族都为统一国家的形成和发展做出了独特的贡献，这充分体现出了汉族和各少数民族都在国家建构中遵循着“一体”与

“整体”的理念，“大一统”的思想得到了各民族的认可和拥护。费孝通先生于1988年在香港发表讲演时，系统地提出了著名的“中华民族多元一体格局”理论，以此来表述我国各民族之间关系的现状，也为我国的多民族构成提供了一个总体性的定位。费孝通先生指出，我国是一个“多元一体”的民族结构，“多元”是多个民族并存的客观状态，“一体”是对国家一体、政治一体的形象概括，具体而言，“多元是指各兄弟民族各有其起源、形成、发展的历史，文化、社会也各具特点而区别于其他民族；一体是指各民族的发展相互关联，相互补充，相互依存，与整体有不可分割的内在联系和共同的民族利益”。费孝通先生进而指出，这种“一体性”，集中表现为国家的统一完整与整个中华民族的团结，各民族坚决拥护中国共产党的领导和社会主义道路，共同关心与奋进实现国家的完全统一和繁荣发展。因此，“多元”与“一体”之间并不必然存在根本对立的矛盾，这种“一体性”，意味着“多元”的各民族中包含着不可分割的整体性，并非某个民族同化其他民族，更不是汉化。

新中国成立70年来，民族工作始终在“一体”与“多元”实践寻求平衡。事实上，国家的“一体化”是多民族国家建构和进一步发展的内在要求。因为，一个多民族并存的社会，要保障基本的政治秩序，必须依托于建立在共同认同的政治屋顶——民族国家政权——的庇佑之下。从这个意义上看，国家一体化是多民族国家得以生长的土壤和基础。同样的，多民族国家的“一体化”必须要以多元民族文化为载体，必须是充分尊重各民族文化的多样性与差异性为基本前提的，抹杀或者否定民族国家内部各民族群体文化的“多元性”特征，必然会引发民族与国家的冲突，危及国家的“一体性”。因此，多民族大一统的历史传统是我国特色，也是我国发展的有利因素和重要财富，正如习近平所指出的：“多民族的大一统，各民族多元一体，是老祖宗留给我们的一笔重要财富，也是我们国家的一个重要优势。”因此，我国各民族在长期的历史发展中，都形成了独具特色的民族文化，伟大的中华文化是由我国各个民族共同铸造的，各民族形成了休戚相关、荣辱与共的命运共同体，加强中华民族大团结，就是要“积极培养中华民族共同体意识”。

## 二、坚定中国共产党的领导和中国特色社会主义道路

新中国成立70年的实践充分证明了，如果没有中国共产党的坚强领

导，就没有中国特色社会主义，也就难以实现各民族的翻身解放以及发展进步。在中国共产党的领导下，中国发生了翻天覆地的变化，国家统一与各民族大团结日益得到巩固和发展，各族人民对平等互助、团结合作、共同繁荣的社会主义新型民族关系有着深切的体会，也表达着各民族对中国共产党和中国特色社会主义深厚的感情。历史和现实也告诉我们，中国共产党的领导和中国特色社会主义道路正是中华民族之所以保持强大凝聚力的深刻原因。尤其是在我国这样一个有着56个民族、14亿人口的社会主义大国，更加需要坚定中国共产党的领导这一核心，这也是中国特色社会主义各项事业包括我国的民族工作取得成功的根本保证。可见，坚持中国共产党的领导和坚定不移地走中国特色社会主义道路，这是新中国成立70年来党和国家各项工作包括民族工作的一条重要的经验。因此，我们在任何时候，无论任何情况，都要毫不动摇地坚持中国共产党的领导，坚定不移地走中国特色社会主义道路。当前，我国进入中国特色社会主义新时代，面临着更加复杂动荡的国际形势，风险和困难是不可避免的，我国民族地区也存在着新情况新问题，“民族关系的重要性愈加凸显，影响民族团结的因素更加复杂，涉及民族因素的矛盾纠纷易发高发”。在这样的情况下，我们更加要坚定共产主义信念，坚定社会主义道路，充分发挥中国共产党对民族工作的领导核心作用，这也是做好民族工作的根本保证。

中国特色社会主义是一项前无古人的伟大事业，也是当代中国发展进步的伟大旗帜，这面旗帜凝聚了全国各民族的共同理想，引领全国各族人民团结奋斗，共同实现发展繁荣。中国历代领导人都强调，中国特色社会主义是全国各族人民共同的事业，我国的民族问题也必须放到中国特色社会主义事业大局中来解决，简言之，中国特色社会主义道路是我国解决民族问题的根本道路。当前，在“四个全面”深入推进的历史进程中，我们要做好新时代的民族工作，有效解决好民族问题，关键是要时刻保持清醒的头脑，不惧危险不怕困难，各民族万众一心奋勇拼搏，要在中国共产党的坚强领导下，高举中国特色社会主义伟大旗帜，不断开创中国特色社会主义民族工作新局面，确保我国的民族工作更好地为进一步发展中国特色社会主义服务，这是做好我国民族工作必须牢牢把握好的正确的政治方向。新中国成立70年来民族工作的经验也表明了，中国特色社会主义道路是经过实践检验的、符合我国民族历史与现实的、正确的道路。鉴于此，习近平在中央民族工作会议上不断强调“做好民族工作，关键在党”，因为只要我们牢牢把握住了中国共产党的领导这个核心，就没有任何组织或势力能够挑拨和离间我们的民族关系，我们的国家完整统一和民族团结进步也就有了坚强有力的政治保障。因此，“坚持中国特色社会主义道路，是新形势下做好民族工作必须牢牢把握的正确政治方向”。我们只有在中国共产党的坚强领导下，只有坚定不移地走中国特色社会主义道路，才能实现中华民族的伟大复兴。

## 三、坚持民族平等团结是我国解决民族问题的根本原则

马克思主义在民族问题上始终坚持平等与联合，主张各民族不分大小，一律平等，反对民族歧视和民族压迫，坚持民族团结、反对民族分裂。坚持民族平等是中国共产党的一贯主张，也是我们党和政府一项重要的民族政策，成为我国民族工作的基本出发点和根本原则。因为，对一个多民族国家而言，民族团结与民族凝聚力非常重要，国外一些学者也因此把民族凝聚力视为衡量国家综合国力的重要指标。新中国成立70年来的民族工作的实践证明了，坚持民族平等团结是我国解决民族问题的根本原则，也是中国特色民族问题解决之路的理论基础和重要内容，显示出了强大的生命力和巨大的优越性，在民族工作、处理民族关系、实现民族发展进步中发挥着举足轻重的重要作用。一言以蔽之，我国在坚持民族平等、推进民族平等、实现民族平等这一重大问题上所进行的不懈努力及其取得的伟大成就，是有目共睹的。

全国各民族在中国共产党的领导下，经过民主改革与社会主义改造，先后都成功走上了社会主义道路。中华人民共和国成立70年来，中国共产党和政府一直十分重视民族团结，并把各民族间的团结看作各项事业取得胜利的根本保证，所以采取了一系列行之有效的措施，消除了各种不利于民族团结的各种因素，切实维护民族平等和团结。1949年11月14日，在关于西北少数民族工作的指示中，毛泽东主席明确指出：“在一切工作中坚持民族平等和民族团结政策。”此后，在中国共产党召开的历次代表大会中都明确坚持民族平等的原则，民族平等的原则也被写入了我国宪法，中国共产党党章、纲领、宣言和党代会的政治报告、党的文件中都在强调民族平等，不仅在制度和法律上都体现与保障了民族平等，并在推动民族平等的实施措施上进行了具体和深化。经过70年持续不断的发展，尤其是40多年的改革开放，我国民族地区都得到了历史上最快最好的发展，各族

人民群众的生活实现了根本性的改善。现阶段民族平等团结的原则将指引全国各族人民全面建成小康社会，共同推进中华民族伟大复兴中国梦的实现。

## 四、民族区域自治制度是解决我国民族问题的制度保障

我国是一个统一的多民族国家，“多民族是我国的一大特色”，面对多民族并存的现实，我们确立了民族区域自治制度，并将其作为我国长期坚持的基本政治制度之一，也是我国解决民族问题、维护和发展民族关系的制度保障。1954 年，民族区域自治制度被写入了新中国第一部宪法，在此后的历次修宪中，民族区域自治制度都继续保留了下来。民族区域自治制度强调在国家统一领导下，各少数民族聚居的地方设立自治机关、行使自治权，实行区域自治的制度。这一制度形式不是单纯的民族自治或者区域自治，而是在中国共产党和政府的统一领导下，充分结合了民族与区域、政治与经济、历史与现实，在各少数民族聚居的地方设立自治机关、行使自治权，实行区域自治，这也充分体现了国家对少数民族自主管理本民族内部事务权利的尊重和保障，因此得到了各族人民的衷心拥护。事实上，各民族自治地方都是我国领土不可分割的组成部分，民族区域自治制度不仅维护了我国少数民族的利益，也从根本上维护了中华民族的整体利益。可以说，我国实行的民族区域自治制度，是中国共产党在马克思主义基本原理指导下，结合我国具体国情，解决我国民族问题的基本制度，是中国人民的创举，成功地处理和解决了我国的民族问题。这一制度形式不仅成为中国特色民族问题解决之道，也得到了世界上一些国家和地区的肯定，甚至被视为处理民族问题的“中国经验”。因此，“民族区域自治，作为党解决我国民族问题的一条基本经验不容置疑，作为我国的一项基本政治制度不容动摇，作为我国社会主义的一大政治优势不容削弱”。

习近平指出：“民族区域自治是我党民族政策的源头。”民族区域自治制度经过几十年的考验，证明了它是适合我国民族结构和历史文化发展的，在实践中表现出了强大的生命力，既保证了我们多民族国家的团结统一，增强了我国的民族凝聚力，又保障了各少数民族管理本民族内部事务的权利，促进了民族自治地方经济社会的发展。实践证明，我国实行民族区域自治制度是正确的，这是解决我国民族问题的成功的形式，体现出了巨大的优越性。对此，邓小平指出：“我们中国是团结的，我们在处理民

族问题上是好的，毛主席是英明的，没有搞什么民族自治共和国。”当然，我国的民族区域自治制度本身也是需要不断完善的。从新中国成立以来的实践看，重点是要解决好两对关系：一是如何确保国家统一与民族区域自治；二是如何保障国家整体利益与民族区域利益。进入中国特色社会主义新时代，随着我国全面深化改革的持续深入和社会主义市场经济体制的不断完善，国内外形势的变化加上我国民族自治地方经济社会发展的新实际，都对我国民族区域自治制度的坚持和完善提出了新的要求。中国特色社会主义进入新时代，以习近平同志为核心的党中央对于如何坚持和完善民族区域自治制度也提出了新思路、新观点、新论断，这也是我国“制度自信”的重要方面，对实现我国各民族平等团结、促进我国各民族和民族地区的发展具有重大的政治意义。

## 五、实现“两个共同”始终是我国民族工作的主题

“两个共同”即各民族共同团结奋斗、共同繁荣发展。前者意味着要把全国各族人民的智慧和力量凝聚到中国特色社会主义伟大事业中来，后者意味着要千方百计加快少数民族群众和民族地区经济社会的发展，提高各族人民群众的生活水平。坚持“两个共同”一直是我国民族工作的主题，抓住了这个主题，我们就能在中国特色社会主义新时代的历史征程中不断开创民族工作的新局面。

我国社会主义制度的确立，消灭了民族剥削和民族压迫，实现了各民族在政治上的平等，也将各民族的发展繁荣提上了议程。毛泽东主席特别强调中国共产党要帮助少数民族的发展，他指出：“我们要诚心诚意地积极帮助少数民族发展经济建设和文化建设。”周恩来总理也指出：“各民族既要平等，又要使大家繁荣。各民族繁荣是我们社会主义在民族政策上的根本立场。”到了改革开放和社会主义现代化建设新时期，邓小平也强调：“我们帮助少数民族地区的政策是坚定不移的。”以江泽民同志为核心的党的第三代领导集体也指出：“要积极创造条件，加快发展少数民族和民族地区的经济文化等各项事业，促进各民族的共同繁荣。”胡锦涛也强调“实现全面建设小康社会的宏伟目标，就是要更好地实现各民族共同繁荣发展”。当前，中国特色社会主义进入了新时代，习近平提出了要凝聚各民族的力量实现中国梦的构想，因为中华民族伟大复兴的中国梦也是各民族的梦，“中国共产党就是团结和带领各族人民向着中华民族伟大复兴、

向着人民更加美好的生活奋斗”，为此，习近平进一步发出了“中华民族一家亲，同心共筑中国梦”的伟大号召，提出“全面实现小康，一个民族都不能少”。

新中国成立后，党和政府就采取了一系列政策和措施，致力于建立和发展平等、团结、互助的社会主义民族关系，如通过民主改革和社会主义改造消灭了民族剥削和民族压迫，通过大规模的民族考察和民族识别工作，使许多不被旧中国统治者承认的少数民族成为中华民族大家庭中的一员，将民族平等团结写入宪法，这些都为促进各民族的共同发展繁荣奠定了和谐稳定的政治局面。进入新世纪新阶段，随着我国改革开放的全面推进和社会主义市场经济的发展，我国社会各层面发生了深刻的变化，在民族关系方面也出现了一些新情况，较为集中地表现为各民族在经济、社会、文化等方面发展的差距，以及由此而引发的矛盾。归根结底，这些矛盾也必须通过发展来解决，因为我国民族地区的发展问题不仅仅是经济问题，也是政治问题，而“经济社会发展是巩固和发展各民族大团结的牢固基石”。一方面需要加强国家对少数民族和民族地区的支持与帮助，另一方面也要求少数民族和民族地区的群众发挥自身优势和潜力，自力更生，艰苦创业，提高自身发展能力，加快发展步伐，以缩小与发达民族和地区的差距，最终实现各民族共同发展繁荣。

我国是一个统一的多民族国家，民族与民族问题相伴而生，只要有民族存在，民族问题就不可避免，就要求做好民族工作。习近平指出：“我国56个民族是历史形成的客观存在，是不以人的意志为转移的存在。我国少数民族有一亿多人，处理好民族关系始终是国家政治生活极为重要的内容。”因为，民族工作事关民族团结与社会稳定，事关国家统一与边疆巩固，是关系国家长治久安和中华民族伟大复兴的大事。当前，我国社会的主要矛盾虽然发生了变化，但我国仍处于并将长期处于社会主义初级阶段的基本国情没有变，发展中国特色社会主义的客观依据，也是我们处理民族问题、开展民族工作的现实出发点。应该看到，在社会主义初级阶段，我国民族问题的存在是一个客观的历史现象，相应地，民族问题的解决也绝非一蹴而就。新中国成立70年来，中国共产党始终坚持马克思主义民族理论与我国民族问题的具体实际相结合，严格遵从民族发展的规律，制定了以民族平等、民族团结、民族区域自治和各民族共同发展繁荣为主要内容的社会主义民族政策，积累了丰富的民族工作经验，探索出了一条适合中国国情、具有中国特色的社会主义民族问题解决之道，充分展现了社会主义民族政策和社会主义制度的优越性。正如2014年习近平在中央民族工作会议上所言："同世界上其他国家相比，我国民族工作做得都是最成功的。"中华人民共和国成立70年来，中国特色社会主义的发展、我国国际地位的提高、各民族的繁荣进步，充分证明了中国共产党的民族理论和方针政策是对的，符合各个民族和整个中华民族的根本利益，中国特色民族问题解决之路是成功的。在中国特色社会主义新时代，面对国际国内民族问题的新情况，我们要深刻领会和认真贯彻习近平在中央民族工作会议上的重要讲话精神，客观认识我国的民族问题，准确地把握新时代下我国民族工作的特点和规律，牢牢把握民族工作的正确方向，切实推进我国的民族工作。

（作者系云南大学中国特色社会主义理论体系研究中心讲师）

# 新中国 70 年之协商民主实践创新、制度创新与理论创新

雷转运

中国民主政治道路是历史的选择，也是人民的选择。中华人民共和国 70 年的历史，就是一部协商建国、协商治国、协商兴国、协商发展的历史。第一届全国政协的召开，标志着协商民主在全国范围实施；历经两次重要转型并入宪，是其完善的标志；“十六字”方针奠定了坚实基础。协商民主制度和理论在长期革命、建设、改革实践中不断创新和发展，特别是党的十八大以来，正式确立了社会主义协商民主理论和制度。关于协商民主的一系列纲领性文件、习近平关于协商民主的一系列重要讲话，标志着中国特色社会主义协商民主完善，标志着中国特色社会主义协商民主进入新时代。中国特色协商民主具有独有形式和独特优势，为发展中国家提供民主范例，为人类民主政治发展开辟新的前景。

## 一、协商民主是人民共和国的伟大历史创造

中国特色社会主义协商民主在我国有根、有源、有生命力，是中国共产党领导各民主党派、无党派人士、人民团体和各族各界人士在政治制度上进行的伟大创造，是中华人民共和国的伟大历史创造，是人民民主的重要实现途径。中国特色社会主义协商民主源自中华民族长期形成的天下为公、兼容并蓄、求同存异等优秀政治文化，源自近代以后中国政治发展的现实进程，源自中国共产党领导人民进行革命、建设、改革的长期实践，源自新中国成立后各党派、各团体、各民族、各阶层、各界人士在政治制度上共同实现的伟大创造，源自改革开放以来中国在政治体制上的不断创新，协商民主在我国具有深厚的文化基础、理论基础、实践基础、制度基

础，为发展中国社会主义民主政治丰富了形式，拓展了渠道，增加了内涵。①

## 二、协商民主在共和国的实践创新与制度创新

中国共产党领导的抗日根据地“三三制”政权的建立，可以说是协商民主与选举民主的有机结合并以协商民主为鲜明特色的新型民主政治建设的一种成功尝试，形成了中国协商民主的雏形。② 协商民主是延安精神的重要内容。协商民主的丰富和发展就是延安精神的传承和弘扬，就是坚定正确的政治方向的生动体现。

### （一）协商民主的历史实践与制度创新

人民政协是协商民主的重要渠道，从人民政协的历史即可寻到协商民主发展的历史主脉。

1949年9月，中国人民政治协商会议第一届全体会议通过的临时宪法《中国人民政治协商会议共同纲领》，标志着民主联合政府诞生，标志着中国特色协商民主这种新型民主形式在全国范围实施。一届政协既承担着全国人民代表会议的职能，也是全国革命统一战线的组织形式。

中国共产党人探索新型民主的实现形式，构建了协商民主的运作平台——中国人民政治协商会议，为中国特色协商民主运作提供了制度保障。根据新中国成立初期的形势和任务，中国共产党与各民主党派、无党派人士创造了双周座谈会、协商座谈会和最高国务会议等行之有效的协商方式，在恢复和发展国民经济、巩固新生人民政权、推动各项社会改革和建设中发挥了积极而又重要的作用。

1954年9月，第一届全国人民代表大会召开，颁布《中华人民共和国宪法》。作为代行全国人民代表大会职权的第一届中国人民政治协商会议，圆满完成其历史使命而载入史册。

针对政治协商会议还有没有必要继续存在的疑惑，毛泽东为此专门召开座谈会，肯定地指出：“人民代表大会是权力机关，有了人大，并不妨

---

① 习近平：《在庆祝中国人民政治协商会议成立65周年大会上的讲话》，新华网，2014年9月21日。

② 郇雷：《“三三制”民主：社会主义协商民主制度的雏形》，《科学社会主义》2017年第5期。

碍我们成立政协进行政治协商。”“政协仍有存在的必要，而不是多余的。”毛泽东同志又强调指出，“我们政府的性格，你们也都摸熟了，是跟人民商量办事的”，“可以叫它是个商量政府”。人民政协制度是跳出“人亡政息”周期率的有效途径，继续在国家政治生活中发挥重要作用，体现了协商民主的必要性和重要性。①

从1955年至1966年的十多年里，人民政协第二、三、四届全国委员会和各级地方委员会，在团结各族人民和各界爱国力量，活跃国家政治生活，发扬人民民主，发展人民民主统一战线，以及调动一切积极因素为社会主义革命和社会主义建设服务等方面，都发挥了重要作用，推进了社会主义制度的确立、建设和发展。

1965年1月人民政协第四届全国委员会第一次会议选举毛泽东为名誉主席、周恩来为主席。1978年2月召开了政协第五届全国委员会。

在“文化大革命”时期，人民政协会议不能正常召开。周恩来千方百计保护统战对象，开展统战工作，做出了不可磨灭的贡献。

改革开放后，我国协商民主实践在新的历史进程中获得新生，经历了重新确立、发展提升和规范建设的进程。人民政协不断适应改革开放要求，不断完善协商民主形式，以开放的思想体系推进中国民主政治的发展进程，开创性地发展了中国特色社会主义协商民主，使中国特色社会主义政治的发展道路独具特色。人民政协通过自身丰富多样的民主实践和协商民主的形式发扬了中国特色社会主义民主，实现了政治系统运行的民主化。社会主义协商民主是我国政治建设的重要组成部分。

党的十八大以来，中国特色社会主义进入新时代，协商民主实践也步入新的发展阶段。习近平强调，人民政协是社会主义协商民主的重要渠道和专门协商机构②。规范政治协商，促进国策协商，优化政策协商，推进基层协商，坚决保证党的领导、不断丰富协商形式和继续拓宽协商渠道，完善协商规则程序，培育传播协商文化，这是新时代中国特色社会主义协商民主的实践特色。协商民主实现多维创新：理念创新，人民政协的功能

① 黄宝荣：《从跳出历史周期率思考加强和改进政协民主监督》，《中国政协》2019年第1期。

② 中共中央办公厅：《关于加强人民政协协商民主建设的实施意见》，新华网，2019年6月25日。

定位从咨政建言转变为建言资政；制度创新，人民政协成为国家治理体系的独特制度安排，并注重加强党的领导；功能创新，人民政协是协商民主的重要平台，是化解矛盾、凝聚共识的重要渠道，是国家治理体系中实现公共外交的重要平台；形式创新，协商民主包括政党协商、人大协商、政府协商、政协协商、人民团体协商、基层协商以及社会组织协商等多种形式，而且还在积极探索新的协商民主形式，“民主恳谈会”“参与式预算”“社区议事会”“楼院自治”，如农民工参与决策，如浙江温岭、河北邯郸的民主恳谈会就是有益探索，有力推动了基层民主实践探索和创新，将“以人民为中心”的发展思想刻写在中国特色社会主义民主政治发展道路的实践中。

实践证明，协商民主制度是与中国共产党所领导的民主实践共同成长的，不仅成就了新中国，而且成就了中国人民当家作主的权利和实践。中国特色社会主义协商民主是中国共产党和中国人民在长期的革命、建设、改革实践中顺应社会发展潮流、尊重社会发展规律并主动选择的结果，适合国情和现实，行之有效，并具有巨大优越性，是人民共和国的伟大历史创造。

### （二）人民政协的两次重要转型

人民政协曾经历两次性质和任务的重大转型。①

#### 1.第一次转型

第一次转型发生在我国从新民主主义到社会主义转变的历史关头，特别是1954年召开第一届全国人民代表大会之际。在1956年社会主义改造基本完成后，毛泽东提出“长期共存、互相监督”，人民政协在性质和任务上完成了历史性的转型，将以协商民主形式长期存在。

#### 2.第二次转型

党的十一届三中全会以后，我国社会阶级状况发生变化。各民主党派已经成为各自所联系的一部分社会主义劳动者和一部分拥护社会主义的爱国者的政治联盟，都是在中国共产党领导下为社会主义服务的政治力量。人民政协已由人民民主统一战线组织转变为最广泛的爱国统一战线组织，进一步明确了各民主党派是参政党。

历史告诉我们，人民政协作为协商民主的重要形式，深深地植根于中国基本国情这块沃土之中，独具特色和优势。

---

① 中国政协：《人民政协两次转型的历史记录》，人民政协网，2015年2月。

### （三）协商民主进入《宪法》

1.《共同纲领》阶段

1949年9月21日，中国人民政治协商会议通过具有临时宪法性质的《中国人民政治协商会议共同纲领》，这是新中国迈向民主和法制进程的第一步，奠定了基石。《共同纲领》明确规定：中国人民民主专政是人民民主统一战线的政权，中国人民政治协商会议就是人民民主统一战线的组织形式，并规定“在普选的全国人民代表大会召开以前，由中国人民政治协商会议的全体会议执行全国人民代表大会的职权”。

2.第一部宪法阶段

1954年9月，第一届全国人大通过并颁布的首部宪法指出：“我国人民在建立中华人民共和国的伟大斗争中已经结成以中国共产党为领导的各民主阶级、各民主党派、各人民团体的广泛的人民民主统一战线。”今后，“我国的人民民主统一战线将继续发挥它的作用”。中国人民政治协商会议是我国人民民主统一战线的组织形式，不再代行全国人民代表大会的职权，但将继续存在并发挥作用。

3.首次入宪阶段

1975年1月，第四届全国人大通过并颁布第二部宪法，提到“我们要巩固工人阶级领导的以工农联盟为基础的各族人民的大团结，发展革命统一战线”。

1978年3月，五届全国人大通过并颁布第三部宪法，对统一战线给予肯定：“我们要巩固和发展工人阶级领导的，以工农联盟为基础的，团结广大知识分子和其他劳动群众，团结爱国民主党派、爱国人士、台湾同胞、港澳同胞和海外侨胞的革命统一战线。”

1982年12月，五届全国人大五次会议通过并颁布第四部宪法，首次将人民政协的性质、作用郑重地载入宪法，明确肯定了人民政协是有广泛代表性的统一战线性质，肯定了重要的历史作用，更重要的是规定了人民政协可以在国家政治、经济、对外友好活动等广阔的国家事务中持续地合法地发挥重要作用，从而第一次为人民政协的合法存在和作为提供了根本大法的保证。宪法明确我国除共产党外，还有多个参政党合法存在的现实。

4.现行宪法修正阶段

1989年12月，中共中央颁布了《中共中央关于坚持和完善中国共产党领导的多党合作和政治协商制度的意见》，强调：“中国共产党领导的多党合作和政治协商制度是我国一项基本政治制度。”“人民政协是我国爱国统一战线组织，也是共产党领导的多党合作和政治协商的一种重要组织形式。”1993年3月，第八届全国人大第一次会议通过宪法修正案：“中国共产党领导的多党合作和政治协商制度将长期存在和发展。”这是第一次以国家根本大法的形式肯定了我国各民主党派和共产党领导的多党合作制存在的合法性，并从执政党意志拓展到国家意志。2004年3月，第十届全国人大第二次会议通过宪法修正案：“在长期的革命和建设过程中，已经结成由中国共产党领导的，有各民主党派和各人民团体参加的，包括全体社会主义劳动者、社会主义事业的建设者、拥护社会主义的爱国者和拥护祖国统一的爱国者的广泛的爱国统一战线，这个统一战线将继续巩固和发展。”2018年十三届人大一次会议修改宪法，明确将“致力于中华民族伟大复兴”写入统一战线性质，指出：“在长期的革命、建设、改革过程中，已经结成由中国共产党领导的，有各民主党派和各人民团体参加的，包括全体社会主义劳动者、社会主义事业的建设者、拥护社会主义的爱国者、拥护祖国统一和致力于中华民族伟大复兴的爱国者的广泛的爱国统一战线，这一统一战线将继续巩固和发展。”这是中国特色社会主义民主法治的重大实践，是中国特色社会主义协商民主完善的标志。协商民主已经成为中国人民民主的重要形式，成为中国特色社会主义的一种国家治理方式和国家制度。

**（四）“十六字方针”的演进历程**

“长期共存、互相监督、肝胆相照、荣辱与共”是中国共产党领导的多党合作和政治协商制度的基本方针，其完整提出经历了渐进的历史过程。

1.“八字方针”的提出

新中国成立初期，党内一部分同志居功自傲，表现出严重的“关门主义”倾向。为此，毛泽东同志指出，民主党派“不但要继续存在，而且还要继续发展”。

社会主义改造基本完成后，民主党派作为民族资产阶级政党留存与否，成为有待明确的问题。1956年毛泽东同志说：“我们搞两个万岁，共产党万岁，民主党派万岁。”毛泽东发表的《论十大关系》著名讲话，再次提出“两个万岁”，并指出：“长期共存，互相监督。”党的八大正式宣布以“长期共存，互相监督”作为共产党同民主党派关系的基本方针。

2.从“八字方针”到“十六字方针”

1982年1月，胡耀邦关于《开创统战工作新局面》的讲话指出：“在新的历史时期中，我们一定要同党外朋友真正建立起肝胆相照、荣辱与共的关系。”同年9月，党的十二大报告明确指出：我们党要继续坚持“长期共存，互相监督”，“肝胆相照，荣辱与共”的方针。反映多党共存，地位平等，开诚布公，患难同当，荣誉共享，标志着中国共产党与各民主党派关系“十六字方针”正式确立。

**（五）协商民主理论的创新、丰富和发展**

从理论视野观察中国特色社会主义协商民主，可见“协商民主”概念来自西方协商民主理论，尤其是西方马克思主义理论家尤尔根·哈贝马斯的批判理论。但究其实质，可以看到，协商民主是中国社会主义民主政治中独特的、独有的、独到的民主形式，它源自中华民族长期形成的天下为公、兼容并蓄、求同存异等优秀政治文化，源自近代以后中国政治发展的现实进程，源自中国共产党领导人民进行革命、建设、改革的长期实践，源自新中国成立后各党派、各团体、各民族、各阶层、各界人士在政治制度上共同实现的伟大创造，源自改革开放以来中国在政治体制上的不断创新，具有深厚的文化基础、理论基础、实践基础、制度基础。

新中国成立后，以毛泽东同志为核心的党的第一代中央领导集体高度重视人民政协作用的发挥。1956年，毛泽东主席和党的八大提出的“长期共存，互相监督”的方针，奠定了协商民主的制度和思想基础，缔造了中国特色协商民主的思想理论。

改革开放特别是党的十八大以来，协商民主得以传承和弘扬，协商民主制度建设持续推进并不断优化，协商民主实践从政治领域扩展到整个社会生活领域，从国家层面扩展到地方和基层，逐步走向制度化、规范化、程序化，协商民主概念和理论逐步形成。

党的十三大报告表述为“长期共存、互相监督，肝胆相照、荣辱与共”。1989年中央颁布的《关于坚持和完善中国共产党领导的多党合作和政治协商制度的意见》明确完善基本方针为：“长期共存、互相监督、肝胆相照、荣辱与共”，不仅在形式上增添了八个字，而且在“互相监督”的性质上也发生了变化，即由原来带有处理阶级矛盾的性质，改为中国共产党领导的社会主义协作和民主协商——协商民主，这是对协商民主理论的丰富和发展。

党的十五大将“坚持和完善中国共产党领导的多党合作和政治协商制度”纳入社会主义初级阶段基本纲领，确定为我国基本政治制度。

党的十六大以后，协商民主进入机制化、体系化、规范化发展阶段，表现在中国共产党领导的多党合作和政治协商制度走上了程序化和规范化轨道，形成政治协商于决策之前、决策之中的制度化操作程序。

2006年，《中共中央关于加强人民政协工作的意见》首次明确提出“选举民主”和“协商民主”是中国特色社会主义民主政治的两种形式。2007年，国务院发布的《中国的政党制度》再次重申了两种民主形式的论断，首次确认了选举民主和协商民主概念，并视之为中国民主政治的一大特色。

2012年，党的十八大首次明确提出“社会主义协商民主是我国人民民主的重要形式”，庄严宣告确立“社会主义协商民主制度”，做出了“健全社会主义协商民主制度”的战略部署，明确了主要协商渠道、协商目的、基本原则和多种协商形式，标志着中国特色社会主义协商民主理论和制度的正式确立。

2013年党的十八届三中全会《中共中央关于全面深化改革若干重大问题的决定》明确提出了“构建程序合理、环节完整的协商民主体系”，“协商民主是我国社会主义民主政治的特有形式和独特优势，是党的群众路线在政治领域的重要体现。在党的领导下，以经济社会发展重大问题和涉及群众切身利益的实际问题为内容，在全社会开展广泛协商，坚持协商于决策之前和决策实施之中。”对推进协商民主广泛多层制度化发展做了全面的规划和部署，展现出中国民主制度建设和发展的新境界。

2015年2月，中共中央印发的《关于加强社会主义协商民主建设的意见》指出，推进协商民主广泛多层制度化发展，建设社会主义政治文明，推进国家治理体系和治理能力现代化。坚持和完善我国根本政治制度和基本政治制度，保证人民当家做主。明确了社会主义协商民主的本质属性和基本内涵，阐述了加强社会主义协商民主建设的重要意义、指导思想、基本原则和渠道程序，对新时代开展协商民主做出全面部署，是指导社会主义协商民主建设的纲领性文件。

2015年5月，颁布的关于统战的首部法规《中国共产党统一战线工作条例（试行）》，将民主党派职能拓展为“参政议政、民主监督，参加中国共产党领导的政治协商”，并对支持民主党派履行职能的内容、程序、形式等做了进一步规范。同时，将无党派人士定义完善为“没有参加任何政党、有参政议政愿望和能力、对社会有积极贡献和一定影响的人士，其主体是知识分子”，进一步明确并规定了发挥民主党派在政治协商中的作用。搞好民主监督，习近平总书记引用邓小平同志的一句话——“在中国来说，谁有资格犯大错误？就是中国共产党。”① 中国共产党怎么避免犯大错误，就是要让人民监督共产党，这就需要政治协商。政治协商已成制度。

2015年6月，中共中央办公厅印发《关于加强人民政协协商民主建设的实施意见》，明确指出：“人民政协是社会主义协商民主的重要渠道和专门协商机构，是国家治理体系的重要组成部分。”人民政协协商民主是在决策之前和决策实施之中广泛协商、凝聚共识的重要民主形式，大力推动关于人民政协协商民主的理论研究，推进人民政协协商民主建设。

2015年9月，习近平在人民政协成立65周年大会上的讲话明确指出：“社会主义协商民主，是中国社会主义民主政治的特有形式和独特优势，是中国共产党的群众路线在政治领域的重要体现。”“民主不是装饰品，不是用来做摆设的，而是要用来解决人民要解决的问题的。找到全社会意愿和要求的最大公约数，是人民民主的真谛。”中国共产党领导人民实行人民民主，就是保证和支持人民当家作主。保证和支持人民当家作主不是一句口号、不是一句空话，必须落实到国家政治生活和社会生活之中，保证人民依法有效行使管理国家事务、管理经济和文化事业、管理社会事务的权力。人民政协以宪法、政协章程和相关政策为依据，以中国共产党领导的多党合作和政治协商制度为保障，集协商、监督、参与、合作于一体，是社会主义协商民主的重要渠道。讲话系统而又精辟地论述了社会主义协商民主的优势作用、性质定位和目标任务，要求切实落实推进协商民主广泛多层制度化发展的战略任务，指明了中国特色社会主义协商民主的发展方向，这是中国民主政治的战略设计。

2016年12月30日，习近平在全国政协新年茶话会上寄语人民政协：努力寻求全社会意愿和要求的最大公约数、画出民心民愿的最大同心圆，广泛凝聚实现中华民族伟大复兴的正能量。

2017年10月，习近平在党的十九大报告中再次强调：“发挥社会主义

---

① 习近平：《在河北调研指导党的群众路线教育实践活动时的讲话》，中国共产党新闻网，2016年8月22。

协商民主重要作用。有事好商量，众人的事情由众人商量，是人民民主的真谛。中国式商量是指有事多商量、有事好商量、有事会商量。政治协商制度，就是在全民参与、充分协商、共同憧憬的基础之上，构建中国式商量的最佳途径。发展社会主义协商民主是深化政治体制改革的重要内容和途径，是夺取新时代中国特色社会主义伟大胜利的有效方略和重要保障。协商民主是实现党的领导的重要方式，是国家治理体系的重要组成部分，是我国社会主义民主政治的特有形式和独特优势。要推动协商民主广泛、多层、制度化发展，保证人民在日常政治生活中有广泛持续深入参与的权利。”“发展社会主义协商民主是深化政治体制改革的重要内容和途径，是夺取新时代中国特色社会主义伟大胜利的有效方略和重要保障。”系统阐述了协商民主的重要地位和作用，为推动协商民主广泛、多层、制度化发展指明了方向。

2019年9月20日，习近平在中央政协工作会议暨庆祝人民政协成立70周年大会上的讲话，站在党和国家事业发展全局的高度，深情回顾人民政协70年的光辉历程，高度评价人民政协在建立新中国和社会主义革命、建设、改革各个历史时期所做的重要贡献，全面总结党的十八大以来对人民政协工作提出的一系列新要求，深刻阐述新时代人民政协工作的使命任务、总体要求、着力重点，为新时代人民政协事业发展进一步指明了方向，提供了根本遵循。强调指出，新时代加强和改进人民政协工作，要把坚持和发展中国特色社会主义作为巩固共同思想政治基础的主轴，把服务实现“两个一百年”奋斗目标作为工作主线，把加强思想政治引领、广泛凝聚共识作为中心环节，坚持团结和民主两大主题，提高政治协商、民主监督、参政议政水平，更好凝聚共识，把人民政协制度坚持好，把人民政协事业发展好。

坚持为人民服务和坚持党的领导是中国特色协商民主的前提条件和牢固基础，形成了独特优势。习近平用五个“广泛”予以概括：可以广泛达成决策和工作的最大共识，有效克服党派和利益集团为自己的利益相互竞争甚至相互倾轧的弊端；可以广泛畅通各种利益要求和诉求进入决策程序的渠道，有效克服不同政治力量为了维护和争取自己的利益固执己见、排斥异己的弊端；可以广泛形成发现和改正失误和错误的机制，有效克服决策中情况不明、自以为是的弊端；可以广泛形成人民群众参与各层次管理和治理的机制，有效克服人民群众在国家政治生活和社会治理中无法表达、难以参与的弊端；可以广泛凝聚全社会推进改革发展的智慧和力量，有效克服各项政策和工作共识不高、无以落实的弊端。[①] 这是区别于其他国家其他政党政治的一个显著特征和制度优势，其机制灵活有效，孕育着中国特色协商民主的无穷动力和发展潜力。

协商民主在我国具有深厚的文化基础、理论基础、实践基础、制度基础，丰富了民主的形式、拓展了民主的渠道、加深了民主的内涵。把协商民主和选举民主有机结合起来，在民主进程中始终体现“公民有序的政治参与”[②] 这一现代民主精神，并把它作为民主和法治的重要内容，引导群众以理性合法的形式表达利益诉求、解决利益矛盾，共同推进中国特色社会主义发展，为实现民族复兴凝心聚力。通过协商“万物并育而不相害”，持续凝聚内涵发展动力，坚持民主“道并行而不相悖”[③]，高度统一民众复兴目标。

新时代中国特色社会主义协商民主理论的丰富和发展标志着中国特色社会主义协商民主的完善和成熟。协商民主思想继承和发扬马列主义、毛泽东思想和中国特色社会主义理论体系，着眼源远流长的中华优秀政治文化，着眼我国革命、建设、改革的实践和创造，汲取中华优秀传统文化和制度文明的有益成分，科学回答了协商民主建设的一系列重大理论和实践问题，深刻揭示、科学概括了协商民主的丰富本质内涵，精确阐述协商民主独特意义，精准阐释协商民主主体价值，对协商民主进行战略设计；阐明了协商民主同国家治理的内在联系，既体现了国家利益至上的国家情怀，又体现了寻求共识的独特智慧；阐明了协商民主是中国特色社会主义制度的重要体现和重要内容，揭示了人民民主的真谛，揭示了“中国之治”同中国政治制度的逻辑联系，充分体现了“四个自信”，凝结着坚持好、发展好协商民主的深邃思考，是对我们国家政治体制改革和民主制度建设实践的总结和提炼，奠定了新时代协商民主发展的重要理论基础，是历史唯物主义民主观在中国的具体体现和实践，是对历史唯物主义民主观的继承、丰富和发展，构成了习近平新时代中国特色社会主义思想的重要

① 习近平：《在庆祝中国人民政治协商会议成立65周年大会上的讲话》，新华网，2014年9月21日。

② 习近平：《在庆祝全国人民代表大会成立六十周年大会上的讲话》，新华网，2019年9月15日。

③ 习近平：《在中法建交50周年纪念大会上的讲话》，新华网，2014年3月28日。

组成部分，为我们更好发挥协商民主的独特优势提供了基本遵循，是提升党的执政能力和国家治理能力的行动指南，为中国特色社会主义民主思想增添了新内容新成果，是马克思主义中国化最伟大成果之一。

中国特色社会主义协商民主，是在中国革命、建设和改革的长期实践中发展起来的，具有鲜明的中国特色：独特，不同于西方，独一无二，实践创新；独有，独自具有，制度创新；独到，与众不同，理论创新。

## 三、协商民主的中国价值与世界意义

70年的革命、建设、改革，70年的社会主义发展，证明了中国特色社会主义协商民主是中华人民共和国的伟大历史创造。中国特色协商民主是中国民主政治的实践创新、制度创新和理论创新，是马克思主义理论在中国的具体运用和实践，是中国共产党和中国人民的智慧结晶，是中国和世界优秀文明成果的提炼和凝结，是中国共产党协商民主思想的继承和发展，是改革开放以来我国政治体制改革的伟大探索和突破，是人类政治文明的共同成果，是对人类政治文明的重大贡献。① 协商民主丰富了中国现代治理体系，增强了现代治理能力，为当代中国民主政治的合法性提升及其维护奠定了坚实基础，具有里程碑意义。

人民民主则是社会主义的生命，不断地走向民主、发展民主，是不可逆转的中国民主政治发展道路。协商民主代表着中国民主政治实践发展的新方向，协商民主孕育了中国民主政治改革与建设的具有创新性与可操作性的民主实践方式，是全面深化改革的内容和途径，不断推进协商民主的普及与深化，是现实需要和必然选择。中国共产党人庄严宣告："推进协商民主广泛多层制度化发展"，将为人民有序政治参与的民主政治发展开拓广阔道路，为发展中国家提供了民主新模式，为世界民主政治的发展开辟了新前景。

（作者系渭南市延安精神研究会副秘书长、渭南市委党校教授、渭南市延安精神研究会刊物编辑部主任）

---

① 林尚立：《协商民主是对人类政治文明的重大贡献》，《人民日报》2015年8月21日。

# 新中国成立70年以来延安精神的传承和发展

崔怡静

延安精神以“坚定正确的政治方向，解放思想、实事求是的思想路线，全心全意为人民服务的根本宗旨，自力更生、艰苦奋斗的创业精神”①为主要内容，是以中国共产党为核心的中华民族优秀分子，在抗日战争和解放战争时期，在争取民族独立和人民解放事业的不懈奋斗中，在陕北延安极其艰苦的环境下，所体现出来的理想信念、精神风貌、思想品德、工作与生活作风的精华和结晶，是党的性质和宗旨的集中体现，是党的优良传统和作风的集中体现。

2019年，站在新中国成立70周年的节点回望，延安精神从未随着时代变迁而褪色，反而于时光磨砺中历久弥新，于岁月积淀中与时俱进，在各个阶段均源源不断地为中国革命、建设和改革提供着坚强的思想保证和强大的精神动力。正如习近平所述：“伟大的延安精神教育滋养了几代中国共产党人，始终是凝聚人心、战胜困难、开拓前进的强大精神力量。”本文对新中国成立以来各个时期我们党继承和弘扬延安精神情况进行全面回顾，进一步明晰延安精神的时代价值和实践意义，以期为新时代延安精神继往开来、薪火相传提供借鉴和参考。

## 一、新中国成立初期，延安精神为除旧布新提供正确指引

新中国成立伊始，面对百废待兴、百业待举的复杂局面，面对西方阵营孤立遏制政策、军事威胁，如何建设新中国成为摆在中国共产党人面前的巨大难题。年轻的执政党如何永葆先进性和纯洁性，新生的人民政权怎样实现长治久安？这些问题的答案要从我们党在艰苦卓绝奋斗历程中积累

---

① 《江泽民论有中国特色社会主义（专题摘编）》，中央文献出版2002年版，第400页。

的经验里探寻，延安精神是题中应有之义。

1949年3月，新中国成立前夕，毛泽东在党的七届二中全会上要求全党在胜利面前保持清醒头脑，在夺取全国政权后要经受住执政的考验，提出“务必使同志们继续地保持谦虚、谨慎、不骄、不躁的作风，务必使同志们继续地保持艰苦奋斗的作风”①。

1949年10月26日，新中国刚刚成立26天，毛泽东就在给延安的同志们和陕甘宁边区的同胞们的复电中，希望“全国一切革命工作人员永远保持过去十余年间在延安和陕甘宁边区的工作人员中所具有的艰苦奋斗的作风”②。

这一时期，我们党对延安精神的传承和发展主要体现在：

一是在坚定正确的政治方向方面，为实现和加强党中央对人民政府的领导，从而统一并贯彻中央的政治路线和政策的执行，党中央明确要确立、维护和不断加强中央权威，从而保证民主革命取得最终胜利及恢复和建设工作沿着正确方向有序展开。

二是在贯彻解放思想、实事求是的思想路线方面，我们党领导人民在巩固新生政权、开展社会民主革命、进行抗美援朝的基础上，适时制定过渡时期总路线，创造性地开辟了适合中国特点的社会主义改造道路，实现了中国历史上最伟大、最深刻的社会变革。

三是在加强和改进党的作风建设方面，我们党相继于1950年、1951年开展整风运动、整党运动，进一步推动了党的作风建设、思想建设和组织建设，保证了党组织的纯洁性，保持了党同人民群众的血肉联系，巩固了新生政权，推进了除旧布新各项事业建设。

## 二、社会主义建设时期，延安精神为迂回曲折探索纠正局部偏差

社会主义基本制度建立后，领导社会主义建设成为党的中心任务。面对全新的事业，能否探索一条适合中国国情的社会主义建设道路，是对我们党新的重大考验。我们党提出以苏为鉴，对社会主义建设道路进行不懈探索，积累了重要经验，但也发生了把阶级斗争扩大化和在经济建设上急躁冒进的错误，教训十分深刻。如何在观察分析解决面临的主要矛盾过程

---

① 《毛泽东选集》第4卷，人民出版社1991年版，第1438页。

② 《毛泽东文集》第6卷，人民出版社1999年版，第17页。

中制定出符合国情实际的纲领路线方针政策，如何正确把握引导人民群众急于改变一穷二白落后面貌的积极性和创造性，这要求我们党必须处理好弘扬延安精神过程中的局部偏离问题[①]，为补救弊端提供可靠的精神支撑。

1956年11月，毛泽东在八届二中全会上指出，“一定要警惕，不要滋长官僚主义作风，不要形成一个脱离人民的贵族阶层”[②]。

1961年1月，毛泽东在中央工作会议上强调：“我们党是有实事求是传统的，就是把马列主义的普遍真理同中国的实际相结合。”“现在我们看出了一个方向，就是同志们要把实事求是的精神恢复起来了。”[③]

1975年7月，恢复工作不久并主持中央日常工作的邓小平在对中央读书班第四期学员讲话时要求：“要好好地读延安整风时的文件，七大的报告。”[④]

1976年5月，邓小平在与王震、邓力群谈话中指出：“民主作风是个党风问题、军风问题、学风问题。总的说来是党风问题，是毛主席培养起来的延安作风、延安精神。延安作风、延安精神要恢复，要继承和发扬起来。”[⑤]

这一时期，我们党对延安精神的传承和发展主要体现在：

一是在加强和改进党的作风建设方面，为克服党内新滋长的脱离群众和脱离实际的官僚主义、宗派主义和主观主义，1957年4月，在社会主义改造基本完成、社会主义建设即将全面展开的历史转折关头，全党开展了一次普遍深入的整风运动，以适应社会主义改造与建设的需要。

二是在坚定正确的政治方向，为了总结“大跃进”以来的经验教训、统一认识并加强党的集中统一领导，1962年初，中央召开了著名的七千人大会，全党达到认识上的统一，即调整国民经济、争取迅速扭转经济困难局面，仍需要坚持民主集中制、坚持党中央的统一领导、全面贯彻中央提出的调整国民经济的方针。

三是在弘扬自力更生、艰苦奋斗的创业精神方面，我们党领导广大人

---

① 郝凤年：《新中国成立以来弘扬延安精神的基本经验及主要启示》，《中华魂》2011年第4期，第62—67页。

② 《毛泽东选集》第5卷，人民出版社1977年版，第325页。

③ 《毛泽东文集》第8卷，人民出版社1999年版，第237页。

④ 《邓小平文选》第2卷，人民出版社1994年版，第13页。

⑤ 《邓小平年谱（一九七五—一九九七）》上，中央文献出版社2004年版，第160页。

民群众以极大的劳动热情投入社会主义建设事业，在一穷二白的基础上建立起了独立的工业体系和国民经济体系，以延安时期自力更生、艰苦奋斗的创业精神为立足基点，大庆精神、红旗渠精神、“两弹一星”精神等应运而生，成为革命精神在社会主义建设时期的延续和实践。

## 三、改革开放和社会主义现代化建设新时期，延安精神为继往开来变革奠定思想基础

十一届三中全会后，我们党坚定不移地恢复了解放思想、实事求是的思想路线，把马克思主义普遍真理和中国实际相结合，提出了建设具有中国特色社会主义道路的理论，开创了改革开放的新局面。这一过程中，延安精神发挥了重要作用，如果没有延安精神精髓的奠基，没有对解放思想、实事求是的思想路线进行全面恢复、重新确立和始终坚持，就不会成就改革开放的丰硕成果。

1978年12月，邓小平在党的十一届三中全会前夕发表的重要讲话《解放思想，实事求是，团结一致向前看》指出：“只有解放思想，坚持实事求是，一切从实际出发，理论联系实际，我们的社会主义现代化建设才能顺利进行，我们党的马列主义、毛泽东思想的理论也才能顺利发展。”①

之后召开的党的十一届三中全会上，实事求是的思想路线得以重新确立，各方面的拨乱反正得以顺利进行，中国改革开放的大幕徐徐开启，党的中心工作转移到了社会主义现代化建设上来。此后，在改革发展的关键时刻，每逢遇到各种干扰，延安精神都发挥了指导实践的重要价值和精神驱动的关键作用。

1980年12月，邓小平在中共中央工作会议上强调：“我们一定要宣传、恢复和发扬延安精神，解放初期的精神，以及六十年代初期克服困难的精神。”②

2002年3月江泽民在陕西考察工作时的讲话强调：“无论过去、现在和将来，延安精神都不能丢。全党同志，一定要结合新的实际，大力弘扬延安精神，使延安精神成为我们党在新世纪团结和带领人民不断开创有中

---

① 《邓小平文选》第2卷，人民出版社1994年版，第116页。

② 《邓小平文选》第2卷，人民出版社1994年版，第369页。

国特色社会主义事业新局面的强大精神动力，使延安精神永放光芒。”①

2006年1月，胡锦涛在延安考察工作时指出：“革命战争年代需要大力弘扬延安精神，和平建设时期也需要大力弘扬延安精神。在全面建设小康社会的伟大征程中，我们要把延安精神作为凝聚人心、团结奋进的强大动力，作为战胜困难、夺取胜利的重要法宝，让延安精神放射出新的时代光芒。”②

这一时期，我们党对延安精神的传承和发展主要体现在：

一是在坚定正确的政治方向方面，改革开放的探索和实践中，我们始终坚持党的集中统一领导，使党始终成为中国特色社会主义事业的坚强领导核心，充分发挥我们党强大战略定力、思想活力、组织动员能力、制度建设能力，为改革开放伟大变革指明了正确方向、提供了科学理论、注入了强大动力、提供了制度保障。③

二是在贯彻解放思想、实事求是的思想路线方面，我们党始终坚持与时俱进、求真务实，坚持马克思主义指导地位不动摇，坚持科学社会主义基本原则不动摇，持续推进理论创新、实践创新、制度创新、文化创新以及各方面创新，不断赋予中国特色社会主义以鲜明的实践特色、理论特色、民族特色、时代特色。④

三是在加强和改进党的作风建设方面，我们党积极应对在长期执政和改革开放条件下面临的各种风险考验，坚持党要管党、从严治党，净化党内政治生态，持之以恒正风肃纪，大力整治“四风”，以零容忍态度严厉惩治腐败，保持党的先进性和纯洁性，保持党同人民群众的血肉联系。⑤

四是在弘扬自力更生、艰苦奋斗的创业精神方面，我们党带领人民群众积极投身改革开放的伟大社会革命和社会主义现代化建设的伟大征程，青藏铁路精神、特区精神、抗洪精神、抗击非典精神、抗震精神以及载人航天精神等，与延安精神一脉相承，成为我们持续奋斗、勇往直前的强大

① 江泽民：《在陕西考察工作时的讲话》，新华网，2002年4月2日。

② 胡锦涛：《在延安考察工作时的讲话》，新华网，2006年1月30日。

③ 习近平：《在庆祝改革开放40周年大会上的讲话》，新华网，2018年12月18日。

④ 习近平：《在庆祝改革开放40周年大会上的讲话》，新华网，2018年12月18日。

⑤ 李后东：《延安精神与全面从严治党的逻辑相通性》，《中国延安干部学院学报》2018年第1期，第116—120页。

精神动力。

## 四、中国特色社会主义进入新时代，延安精神为缔造宏图伟业夯实精神支点

当前，全面建成小康社会进入决胜期，经济发展进入新常态，全面深化改革进入深水区，面对改革攻坚期的各项问题矛盾、国际国内的各种风险挑战、党内党外的各类痼疾隐患，以及预料之中之外的各个挫折困难，特别需要重温延安精神，充分发挥其凝聚作用、导向作用、感召作用和激励作用，使之成为我们党进行伟大斗争、建设伟大工程、推进伟大事业、实现伟大梦想的力量之源。

2009 年 11 月，习近平在陕西调研时强调："伟大的延安精神是党的性质和宗旨的集中体现，是党的优良传统和作风的集中体现。"他指出："弘扬延安精神，要把坚定正确的政治方向放在第一位，牢记全心全意为人民服务宗旨，坚持解放思想、实事求是、与时俱进，始终牢记'两个务必'，保持延安时期那么一种忘我精神、那么一股昂扬斗志、那么一种科学精神，为建设和发展中国特色社会主义不懈奋斗。"

2015 年 2 月，习近平在陕西考察时指出："老一辈革命家和老一代共产党人在延安时期留下的优良传统和作风，培育形成的延安精神，是我们党的宝贵精神财富。"他强调："我们党是一个具有长期奋斗历史和优良革命传统的党，也是一个紧跟时代步伐、善于与时俱进的党。党的建设必须坚持继承和创新相结合，结合时代条件发扬党的光荣传统和优良作风。"

这一时期，我们党对延安精神的传承和发展主要体现在：

一是在坚定正确的政治方向方面，习近平强调"政治方向对一个党、一个党的组织、一个党员干部来说都极端重要"，"坚定正确的政治方向，必须有坚定理想信念作支撑"。全面从严治党，从延安精神中汲取信仰的力量，就要如党的十九大报告所指出的"把坚定理想信念作为党的思想建设的首要任务"。这也是站在新的历史方位，我们党一再强调要遵循"不忘初心、牢记使命"要求的深刻内涵所在。

二是在贯彻解放思想、实事求是的思想路线方面，以习近平同志为核心的党中央深刻把握党和国家发展面临的历史性课题，敏锐洞察社会主要矛盾的变化，紧密贴近人民群众对美好生活的向往，以全新的视野深化对共产党执政规律、社会主义建设规律、人类社会发展规律的认识，在继承

的基础上创立了习近平新时代中国特色社会主义思想，推动党的理论与时俱进的同时促进思想再解放、改革再深入、实践再创新。

三是在加强和改进党的作风建设方面，自2013年起，我们党先后开展了党的群众路线教育实践活动、“三严三实”专题教育、“两学一做”学习教育等。尽管时代背景和具体内容与延安整风截然不同，但这些活动均“借鉴延安整风的经验”，尤其是在活动形式上，既集中学习，深刻领会中央文件精神，提高马克思主义认识水平，又认真开展批评和自我批评，狠抓整改落实，一改以往集中教育活动的形式主义弊病。

党的十九大以后，基于中国特色社会主义进入了新时代这一对我国发展新的历史方位的科学判断，弘扬延安精神同样要与时俱进、传承创新。目前全党“不忘初心、牢记使命”主题教育正在深入开展，我们要以此为契机，传承红色基因，弘扬延安精神，深入发掘其精神实质和丰富内涵，更加坚定信心、激发潜能，努力寻求新的思想解放，奋力探寻新的理论创新，竭力谋取新的实践发展，为开启全面建设社会主义现代化国家新征程找到坚实的精神支点和不竭的力量源泉。

（作者系西安市自然资源和规划局主任科员）

# 新中国建立70年来延安生态环境建设及其成效

赵　煜

延安位于陕北南半部，古称肤施、延州，曾为陕甘宁边区首府，有“塞上咽喉”“军事重镇”之称，也是中国革命的圣地，在革命斗争年代为中国新民主主义革命做出过重大贡献。在社会主义建设的新时代，和平与发展已经成为时代的主题，历史和时代寄予延安革命老区更大的期望和机遇。在这块革命热土上，要树立人与自然和谐相处的理念，控制人类对自然资源的过度开发，只有遵循自然科学规律，才能实现生态、经济与社会效益三重优化，实现人与自然的持续和谐发展。

## 一、延安革命老区发展中的环境问题

新中国成立以来，在国家工业化的建设进程中，由于长期强调以经济增长为重点，使得在经济建设过程中粗放式的发展加重了延安革命老区原本就比较脆弱的生态环境，在较长一段时期，老区的自然生态环境呈现出一定程度的恶化趋势，出现了“经济增长主要以大规模的资源投入为特征，传统的经济发展方式付出了巨大的生态代价”① 的类似情况。

### （一）水土流失严重

延安地区在20世纪80年代初，水土流失面积达2.88万平方公里，占地区总面积的78.4%，每年流入黄河的泥沙达2.58亿吨。其中宝塔区水土流失率就达88%，群众形容这里“山是和尚头，沟里干丘丘，三年两头旱，十种九难收”。②

20世纪80年代，延安地区每年向黄河输沙总量为2.54亿吨，其中绝大部分是从洛河上游和清涧河、延河流域流失的。也就是说，延安以北七县区

① 任保平：《低代价的西部大开发》，《宁夏社会科学》2003年第5期。

② 周万龙：《陕西山川秀美建设探索与实践》，陕西人民出版社2003年版，第4页。

是全区水土流失的重点区，其水土流失面积在90%以上。[①]

造成水土流失的主要原因是人类过度滥垦、滥牧、滥伐、滥采。砍掉乔木砍落木，割掉草后铲草皮，造成了水土流失，土地贫瘠。严重的水土流失不仅给本地的经济发展和生态环境保护带来了巨大障碍，而且也给下游地区带来了灾难。黄土高原的水土流失，加剧了黄河下游河道的淤积，致使黄河下游成为地上悬河。

恶劣的环境是老区人贫困的主要原因，生态环境的日益恶化加剧了经济和社会发展的压力，如果不能有效地遏制水土流失和土地荒漠化，将严重影响老区经济的可持续发展。

**（二）耕地资源贫乏，土地承载能力脆弱**

延安革命老区地处沟壑纵横的黄土高原，水土流失严重，耕地的生产力也不高。因此，尽管土地资源丰富，但坡地面积大，耕地承载能力偏弱，70%以上的耕地分布在山塬梁峁上，耕作不便。土地贫瘠，加上气候干旱、生态环境恶化，粮食产量持续徘徊在较低的水平上，土地供养能力很低。宝塔区枣花流域，当地群众说，在20世纪80年代生态治理前，亩产粮食仅有40—50公斤，人均产粮300斤，人均纯收入不足400元。[②]

大面积的森林破坏也给农业带来了灾难性后果，使农业失去了生态屏障，耕地的肥沃程度逐步下降，每年有大量的耕地不能耕作而被“轮歇”或废弃，耕地变成荒废地，然后再在垦殖大面积的草原来补充耕地，从而使农业陷入越垦越穷、越穷越垦的恶性循环的深渊。

土地承载人口的下降，迫使人们继续拓展耕地，致使草原、林地、丘陵坡地都成了耕地，耕地在掠夺式经营和自然灾害的双重作用下又变成沟壑陡坡和土阜。许多地方干旱少雨，草场植被稀疏，水源稀少，风蚀强烈，不宜开垦。

生态环境恶化，耕地承载能力弱，耕地资源质量差，开发难度大，效益低，可开发潜力小，这是农业资源开发和农业经济发展的一个现实问题，也直接关系到延安革命老区脱贫的关键问题。

---

① 《延安地区林业志》编纂委员会编：《延安地区林业志》，陕西人民出版社2000年版，第57页。

② 周万龙：《陕西山川秀美建设探索与实践》，陕西人民出版社2003年版，第4页。

### （三）水资源缺乏，水污染趋势上升

延安革命老区所在区域降水量少，并且不同的季节差异比较大。这些情况造成了老区水资源的地域和季节性缺乏。据陕西省民政厅所编纂的《陕西省设市预测与规划》中的数据，延安地区水资源总量16.53亿立方米，水资源模数为每平方公里4.5万立方米，居全省倒数第一。其中2010年全区需水量3.01亿立方米，供水量仅为1.97亿立方米，缺水形势非常严峻。

然而，由于赶超性的工业化发展，工业性废水等得不到及时有效的处理，也造成了水资源的污染等生态环境问题。水污染严重制约了老区经济的发展。由于水质变坏，导致某些工业产品的质量下降，同时用不符合农业灌溉标准的污水灌溉农田，造成了土地板结和盐碱化，降低了农作物的产量和质量。

### （四）植被破坏退化严重

森林担负着制造氧气、防风固沙、蓄水保田、改善环境等艰巨任务。但是由于历史原因和建设中的长期忽视，延安革命老区的森林资源遭到严重破坏，生态环境受到严重影响。

安塞县纸坊乡大范家沟，总面积0.3平方公里，1938年前林草繁茂，植被覆盖度达56%。在以后的几十年里，历经开荒和破坏，昔日良好植被被毁坏殆尽。到1984年，植被覆盖率降到3%，[①] 可见破坏程度之大。

草场质量退化严重。延安地区的草地面积占全省草地面积的25%，在20世纪90年代初草地总面积近1900万亩，是陕西草场的主要分布区。[②] 随着近年人口增长、追求短期效益、过度放牧等，草场质量严重退化。加上人口增长，城市扩张，经济发展，不合理的人为活动，植被惨遭破坏，土地荒漠化面积也随之不断扩大。

### （五）工农业污染严重

老区在工业发展的过程中，人类对矿产等自然资源的盲目开发和大量废弃物的排放造成了严重的环境污染。在农业生产中，过度使用高毒、高害性的农药化肥，西部地区生态环境的承载能力也逐步下降，造成了严重的工农业性污染。大气生态、水生态和地表生态环境等问题日益凸显。

---

① 周万龙：《陕西山川秀美建设探索与实践》，陕西人民出版社2003年版，第567页。

② 陕西省地方志编纂委员会编：《陕西省志·环境保护志》，陕西科学技术出版社2007年版，第11页。

延安市志丹县仅石油开发一项，1990—1995年间倾倒废土944.45万立方米，损坏原地貌植被352.27万平方米，导致局部区域年水土流失量达到190940吨/平方公里。[①] 显而易见，工农业建设对环境的破坏不能低估，而恶劣的生态环境，又是阻碍工农业持续发展的头号大敌。

## 二、新中国成立后的环境治理方针

为了改善延安革命老区的环境状况，使环境规划的目标得以实现，党和政府从老区的实际情况出发，促进生态大治理，采取了有针对性的环境保护对策和措施。

### （一）控制人口增长，科学化管理环境

严格控制人口增长，使人口数量保持在环境容量以内，这是自然环境保护的重要途径。在人口既定的条件下，合理开发利用自然资源尤为重要，必须遵循自然规律，合理地、有节制地开发利用自然资源，节约自然资源，并注重培育自然资源的再生能力。

加强对自然环境的管理，对尚未开发的自然资源进行探索；正确地利用，对正在开发的自然资源进行维护；促其永续，对已经开发的自然资源进行改造、恢复生机，并在开发自然资源的过程中综合利用。

### （二）将自然环境保护纳入法制化的轨道

通过经济、法律、行政等手段，促使经济与环境协调发展，把环境问题同经济政策和社会效益结合起来。认真贯彻执行环境保护法规，做到有章可依、违法必究是防治污染、保护环境的基本保证。

### （三）依靠科学技术促进环境保护

积极开发综合利用技术，推广节水技术，推广并逐步提高工业固体废物的利用率。对城市垃圾，当前主要采取分类收集、高温堆肥的处理方法，不能利用的工业固体废物和城市垃圾，应安全填埋，然后复田造林。研究开发采伐剩余物制造纸浆、纤维板和林化产品的技术，提高林木的利用率。

### （四）加强环保教育

新中国成立以来，老区根据不同层次的需要，进行环保教育。针对环境问题组织各类报告、讲座和研讨，运用各种微媒体、新媒体介绍国内外

---

① 周万龙：《陕西山川秀美建设探索与实践》，陕西人民出版社2003年版，第582页。

环境保护、环境治理的经验，通过宣传教育增强广大群众环保意识，使他们自觉参与环境保护活动，从而保证环境规划目标的实现。

## 三、老区生态环境建设成效

新中国成立70年来，延安革命老区社会环境意识和公众参与环境保护程度不断增强，老区在污染防治、生态保护及管理方面均取得令人瞩目的进展。

### （一）环境法律体系逐步完善

老区重视环境法制建设，基本上形成比较完整的环境法律体系，工业污染防治的政策法规体系初步形成。为有效地防治工业污染，老区党和政府制定了相关环境保护政策，以及资源综合利用政策、结合技术改造防治工业污染政策、城市环境综合整治政策、环保技术政策、环保产业政策等。在颁布的环境保护法律法规中，也对工业污染防治做出了明确规定。

### （二）水污染治理成效初显

由于水污染严重制约着延安革命老区经济和社会发展，因此，不断加强对于区域水资源的保护和治理，水污染的治理是必然结果。

2014年，延安市饮用水源水质达标率达到100%，延河、洛河、秀延河达到Ⅳ类水质标准，仕望河、沮河、葫芦河水质达到Ⅲ类标准。[①]

### （三）工业污染防治取得成效

延安革命老区实现工业污染防治的战略转变。通过调整不合理的工业布局、产业结构和产品结构，结合技术改造，强化环境管理等政策和措施，来改善工业污染。20世纪90年代至今，在建立社会主义市场经济体制的过程中，转变传统的发展战略，逐步推行清洁生产，走可持续发展道路。

2014年，延安地区采油废水处理回注率达到95%，原油管输率达到60%，污油泥综合利用率达到90%。[②] 2017年，一般工业固体废物产生量264.34万吨，综合利用量132.53万吨；危险废物产生量19.79万吨，处

---

① 延安市地方志编纂委员会编：《延安年鉴2015》，中国文化出版社2015年版，第214页。

② 延安市地方志编纂委员会编：《延安年鉴2015》，中国文化出版社2015年版，第214页。

置量19.77万吨；工业废水处理量4008.14万吨。[1]

**（四）城市环境综合整治成绩斐然**

新中国成立后，随着延安革命老区城市化进程加快，对于在城市化进程中的环境污染问题，老区各级政府不断加强控制，逐步改善城市环境质量。

编制城市总体规划，调整城市功能布局。把保护和改善城市生态环境、防治污染和其他公害等环境保护内容纳入城市总体规划。根据总体规划的要求在城市老区改造和新区开发中，按照城市功能分区，调整工业布局，加大工业污染防治力度，改变工厂和居民混杂状况，从生产和生活两个方面控制城市环境污染。通过加强城市的基础设施建设，有效提高了污染的防治能力。开展城市环境综合整治，改善城市环境质量。

**（五）水土流失治理取得较大成就**

延安革命老区组织开展大规模的植树造林，加强了森林资源培育、保护和管理，在合理利用森林资源方面有了较大进展。老区造林步伐加快，实现了森林年生长量超过年消耗量，初步扭转了长期以来森林蓄积量持续下降的局面，使部分地区的生态环境逐步得到改善。

1999—2005年，延安完成人工造林58万公顷，飞播造林8万公顷，封山育林3.7万公顷，人工种草保留面积25万公顷，加上其他工程措施，治理面积达0.7万公顷，水土流失治理程度由1998年的20.7%提高到45%，生态环境不断恶化的趋势得到有效遏制，生态建设出现了历史上从未有过的良好局面。[2] 2010年，延安完成造林面积85.95万亩，封山育林34.5万亩，飞播造林9万亩，中幼林抚育132.7万亩。[3]

草地建设取得阶段性成果。根据《草原法》规定，政府加强对草地资源的保护与管理，严禁乱垦滥挖滥牧，实行国家、集体、个人相结合的形式，加大草场建设和治理草地沙化、退化的力度，为干旱、荒漠、水土流失严重地区发展畜牧业以及生态环境保护开辟新路。

延安通过在全市分区域、分步骤实行“封山禁牧、舍饲养畜”的决定，在2003年已有139个乡镇实行了全禁牧，占到乡镇总数的82.7%，

---

① 陕西省统计局：《陕西统计年鉴2018》，中国统计出版社2018年版，第245页。
② 高鹏：《生态延安的实践与探索》，科学技术文献出版社2009年版，第15页。
③ 高鹏：《延安林业大事记》，中国文化出版社2013年版，第245页。

有效保护了林草植被，促进了自然恢复。[①] 1995 年底，刘世杰在家乡进行退耕还林还草和治理水土流失的实践，经过四年奋斗，退耕种草 12000 亩，修建基本农田 300 亩。[②]

### （六）环境科学技术和环境宣传教育效果明显

延安革命老区针对一些重大环境科研课题制定了环境保护科研规划和计划，同时，还开展区域环境影响评价、环境管理与环境经济、环境监测技术及仪器设备、自然生态保护、环境与人体健康等多方面的研究，为环境管理、污染防治和生态保护提供了科学依据和技术支持。

老区通过发行和推广环境保护科普读物，广泛介绍环保知识，起到了很好的宣传作用。老区的新闻媒体也在不断加强对环境保护的宣传报道，同时动员全社会广泛参与环境宣传教育活动。近年来，老区环保部门、教育部门、文化部门、新闻单位、妇女组织等都组织开展了各具特色的环境宣传教育活动。各地还普遍开展了中小学的环境教育，培养孩子们从小热爱大自然的优良品质和保护环境的责任感。

## 四、关于老区生态环境建设的建议

### （一）统筹经济发展和生态环境保护

延安革命老区一定要在大力发展社会经济的同时，把生态环境建设放到更加重要的位置，正确处理经济发展与环境保护的关系，坚持环保优先，积极统筹经济发展和生态环境保护，坚决走绿色发展、循环发展、低碳发展之路，在发展经济中保护生态，在生态保护中推动发展，实现经济发展与生态环境保护和谐统一。

### （二）加大环保资金投入和管理力度

延安革命老区要充分利用国家和政府所给予的资金和政策扶持，积极开发和利用本地优势资源，加快本地经济发展，从而尽量满足或增加公共财政对生态环境保护和建设资金的投入。此外还应积极完善环保投资管理方式，进一步增强延安革命老区生态环境保护和建设资金投入，从而有效推动老区生态文明建设。

---

① 周万龙：《陕西山川秀美建设探索与实践》，陕西人民出版社 2003 年版，第 611 页。

② 周万龙：《陕西山川秀美建设探索与实践》，陕西人民出版社 2003 年版，第 435 页。

**（三）建立和完善相关制度和机制**

“只有实行最严格的制度、最严密的法治，才能为生态文明建设提供可靠保障。”① 革命老区应该积极推动生态文明建设的发展，完善考核制度，加强环保绩效考核。应该建立重要水源地生态补偿、矿产开采生态补偿等多样化生态补偿政策，加快生态补偿机制的建设。建立和完善生态补偿机制，有效推进生态文明建设。

**（四）注重生态科技的引进和推广**

科技可以为老区提供强大的解决生态环境问题的物质技术手段，而相关环保人才则可以直接或间接利用科技服务于生态环境建设，为老区有效解决生态环境问题提供强大的人力支撑和智力支持。因而在推进生态环境建设的过程中，切不可忽视科技和人才的作用，一定要注重环保科技的引进和应用，并同时加强环保队伍人才建设，从而依靠科技和人才有效解决生态环境问题。

**（五）加强生态文明建设的宣传教育**

延安革命老区的生态环境问题主要源于群众受短期利益驱使，对自然资源和生态环境的不合理使用和破坏，而这种无视生态环境的破坏，甚至牺牲生态环境来牟取一时经济利益的短视行为是与老区群众对生态环境缺乏正确认识不无关联。因此，加强生态文明建设的宣传和教育，提高老区相关主体生态文明意识，也是解决老区生态环境问题，提高生态文明建设水平的一条重要途径。

**（六）建立循环经济**

老区要注重大力发展循环经济，通过循环经济能改变传统的线性发展模式，促进产业结构的合理调整和优化布局，并充分利用资源和能源，最大限度地减少污染物的产生和排放，降低经济发展和保护环境的社会成本和经济成本，能够从根本上解决老区在发展过程中遇到的经济增长与资源环境之间的尖锐矛盾，协调社会经济与资源环境的发展。

**（七）实行可持续的消费方式**

延安革命老区必须大力提倡可持续的消费方式，使消费既能满足现实需求，保证身心健康，又能兼顾长远需要，尽量满足人们日益增长的物质

---

① 习近平：《坚持节约资源和保护环境基本国策，努力走向社会主义生态文明新时代》，新华网，2013年5月25日。

文化需求，促进人的全面发展。在发展的同时最大限度地减少生产和消费过程中对自然资源的消耗和对环境的污染及对生态的破坏，确保资源的持续利用。

**（八）树立科学的发展观**

延安革命老区要以科学的发展观做指导，尊重生态规律和经济发展的客观规律，结合地区实际情况，以人为本，用理性和科学的态度想问题、办事情、做决策，防止一味追求和盲目攀比经济增长速度。这样才可以达到在经济发展水平不断提高的同时，相应地将环境能力保持在较高的水平上。

（作者系西安工业大学马克思主义学院教师）

# 新时代做好延安精神的弘扬和传承

王　立

延安精神是毛泽东等老一辈革命家在延安时期培育形成的优良作风和革命精神，是马克思主义与中国革命实践相结合的产物。立足新时代，弘扬延安精神，要在深刻理解延安精神丰富内涵的基础上，坚定理想信念，为共产党人提供不竭动力；坚持实事求是，开展作风建设，落实好党的群众路线；弘扬艰苦奋斗精神，提高创新水平。我们必须长期坚持高举延安精神的旗帜，继续从延安精神中汲取力量，一代一代接替有序，全面推动新时代中国特色社会主义事业不断发展。

## 一、延安精神与新时代中国的内在传承

延安精神是以毛泽东为代表的中国共产党人在延安时期培育起来的一种革命精神，也是新时代全面从严治党的源头。延安精神的形成过程就是中国共产党在民族解放战争中先锋模范作用的凝练和升华过程。面对全面建成小康社会这一新形势、新任务，回顾和重温延安精神，有助于我们深刻领会中华民族伟大复兴的历史进程，以及中国特色社会主义道路的历史必然性。

对于勇立潮头，立足于发展新时代中国特色社会主义事业的共产党员来说，最重要的是要传承好延安精神的红色基因，始终保持坚强的党性，沿着正确的政治方向前进。延安精神是中华民族的精神脊梁，是我们党及中华民族的宝贵精神财富，它是中华民族实现伟大复兴的精神支持和动力源泉。结合新时代中国特色社会主义发展实际，大力弘扬延安精神，就是要能够把延安精神与习近平新时代中国特色社会主义思想结合起来，从“出发点”“落脚点”“转折点”和包涵的深刻意义，我们就能够真真切切地感受到马克思主义中国化永不枯竭的理论创新活力，为新时代中国特色社会主义建设做出新贡献。

延安精神是中国共产党在长期艰难困苦的斗争环境中，把马克思主义与中国实践相结合，将理想、作风、纪律等方面的优良传统凝聚成的一种精神财富。它扎根于传统的民族精神形态之中，是对传统民族精神的一种继承和发展。同时，由于时代的变迁和指导思想的优化而超越传统精神，并升华为一种新的民族精神形态。正是在这种精神力量的感召和鼓舞下，无数优秀中华儿女树立起了社会主义和共产主义的远大理想，前赴后继，奋不顾身，以极大的热情投入伟大的民族复兴洪流之中，最终夺取了新民主主义革命、社会主义革命的胜利，社会主义建设取得了巨大的成就。

当然，延安精神不是静止的、凝固不变的，党和人民群众在中华民族复兴的实践中不断地赋予延安精神以新的内涵。诚如抗美援朝精神、大庆精神、抗洪精神、抗击非典精神，无一不是民族精神的继承和发展。可以说，延安精神既是创新的成果，又是创新的一种体现和诠释。

深入开展以实现中华民族伟大复兴为主要内容的实践活动，实质就是弘扬延安精神等精神谱系，以延安精神等精神谱系武装广大人民群众的头脑，使马克思主义中国化的优秀理论成果转化成教育内容，彰显社会主义核心价值观的感染力、说服力和战斗力。新时代应结合新的实际继续弘扬延安精神，为加强和改进党的建设提供强大精神动力，为推动科学发展、促进社会和谐提供坚强组织保证。

## 二、延安精神与新时代中国的本质联系

实现中国梦，必须弘扬包含延安精神在内的精神谱系，团结和动员最广大的人民群众，在具体实干中推动中华民族伟大复兴的历史进程。学习、继承和发扬延安精神为推进党和国家事业不断取得成功提供精神动力，新时代要继续，坚持解放思想、实事求是的思想路线，坚持全心全意为人民服务的根本宗旨，坚持自力更生、艰苦奋斗的创业精神。进入新时代，要不断从中汲取理想信念的力量、人民至上的力量、追求真理的力量、矢志奋斗的力量，以自信自强的精神追求，以百折不挠的坚强毅力，把焕发动力、党性修养、忠诚担当转化为坚定信念、锐意进取、攻坚克难的强大动力。

坚持正确的政治方向，是延安精神的政治灵魂，也是实现中国梦的核心问题。延安时期，国民党实行封锁后，面对中日民族矛盾迅速激化并上升为主要矛盾，中国共产党“以兄弟阋于墙外御其侮”的民族大义，努力

倡导并促成抗日民族统一战线的建立，以实际行动发出了最明确的时代呼声。毫无疑问，中国共产党把抗日救亡、实现民族独立作为新的历史阶段的政治方向，代表了中国社会的发展方向，是对时代脉络的一种把握。中国特色社会主义道路，是党和人民群众把握时代脉络的探索成果，凝结着实现民族复兴的伟大梦想，体现着近代以来中华儿女对社会主义的美好追求和不懈探索。中国梦要想实现，就必须坚定地走中国特色社会主义的发展道路，不能走封闭僵化的老路及改旗易帜的邪路。

实事求是是延安精神的本质特征和精髓，是实现中国梦的关键所在。没有实事求是的态度，就不会有延安精神。当前，社会主义现代化建设取得了极大的成就，但我国仍处于并将长期处于社会主义初级阶段的基本国情没有变，我国是世界最大发展中国家的国际地位没有变。因而，要实现中国梦，必须始终坚持实事求是的思想路线，牢牢把握社会主义初级阶段这个最大国情，推进任何方面的改革发展都要立足社会主义初级阶段这个最大实际。

全心全意为人民服务是延安精神的内在本质，也是实现中国梦的落脚点。“为人民服务”是延安时期最常见的座右铭，“我们一切工作干部，不论职位高低，都是人民的勤务员，我们所做的一切，都是为人民服务”，“不解决要不要民众的问题，什么都无从谈起”①。中国梦归根到底是每个中国人的梦，没有人民群众的参与和支持，没有人民群众的智慧和力量，不可能实现中华民族的伟大复兴。因而，践行伟大中国梦，必须让广大人民群众参与进来，坚持人民群众的历史主体地位，保障人民的各项权益，促进人的全面发展。

艰苦奋斗是延安精神的重要内容和突出特点，也是实现中国梦的内在要求。延安时期，国民党实行封锁后，“我们曾经弄到几乎没有衣穿，没有油吃，没有纸，没有菜，战士没有鞋袜，工作人员在冬天没有被子。国民党用停发经费和封锁经济来对待我们，企图把我们困死，我们的困难真是大极了”②。中国共产党人依靠“艰苦奋斗、自力更生”的精神，战胜了强大的国内外敌人及严重的自然灾害。当前，我国的经济发展仍处于较低

---

① 《一切政治的关键在民众》（1944年8月），《毛泽东文集》第3卷，人民出版社1996年版，第202页。

② 《毛泽东选集》第3卷，人民出版社1991年版，第892页。

水平，不全面、不平衡的问题客观存在。而“国家富强、人民生活幸福”的中国梦的实现，需要强大的物质基础作为保障，这就要求我们必须大力弘扬艰苦奋斗的作风，防止拜金主义、享乐主义、奢靡之风在党员干部队伍中的滋生、蔓延，认真解决部分党员干部理想信念动摇、宗旨意识淡薄、奢侈浪费较为严重的现象。

## 三、延安精神与新时代中国的坚持发展

坚定理想信念，为共产党人提供不竭动力。理想信念是中国共产党人的精神之“钙”。老一辈无产阶级革命家、志士仁人投身革命，奉献热血青春乃至生命，都是为了救国救民，为全国人民谋幸福。

习近平指出：陕西是根，延安是魂。革命圣地延安，不仅是红军长征胜利的落脚点，也是赢得抗日战争胜利，进而夺取全国胜利的解放战争的出发点。立根铸魂，坚定理想信念。就是要不忘初心、牢记使命，立稳马克思主义信仰之根，铸牢中国特色社会主义信念和共产主义远大理想之魂。

坚定理想信念，要将理想信念教育摆在首位。理想信念是战胜一切困难、经受各种诱惑与考验的精神支柱。当年，共产党人在延安那样的艰苦环境下，战胜艰难险阻，创造丰功伟绩，靠的就是心中坚守的马克思主义信仰和共产主义理想。习近平在梁家河村插队的七年里，先后写了 8 次入团申请、10 次入党申请，才最终被批准入团、入党，支撑他的正是坚定的理想信念。要让广大党员干部坚定理想信念，必须开展常态化教育培训，让他们全面把握历史发展规律和现阶段我国基本国情，深刻理解和运用党的理论创新成果尤其是习近平新时代中国特色社会主义思想；始终倡导用延安精神固本强基，教育党员干部增强“四个意识”，坚定“四个自信”，在政治上思想上组织上同以习近平同志为核心的党中央保持高度一致，始终坚持党的基本路线不动摇，做到公私分明、大公无私、廉洁守法、以民为先，争当模范典型，以实际行动践行对党的忠诚。

坚持实事求是，开展作风建设，落实好党的群众路线。我国正处在全面建成小康社会的决胜期，全面深化改革、转变经济发展方式的关键阶段，国内外环境错综复杂。因此，既要明确客观实际中的“实事”，也要以实践为基础，探索“求是”的过程，逐渐认识和改造世界。调查研究是谋事之基、成事之道，要全面开展好调研工作，掌握工作进展情况和实际

存在的问题；坚持全心全意为人民服务的宗旨，深入群众，倾听群众心声，让制定的工作政策符合群众要求。同时，领导干部要以身作则，率先垂范，做勤政廉政的“带头人”。

开展作风建设，密切党同人民群众的血肉联系。只有不断加强党的作风建设，我们党才能完善自身，为民造福，赢得人民群众的信任。新时代的广大党员领导干部，要系统学好马克思主义基本理论，明确肩负的责任是为人民谋幸福、为民族谋复兴；认真贯彻落实好党的群众路线，做到理论与实践紧密结合，即在具体工作中加强自身建设，在服务群众的实践中，总结先进经验做法，发现新问题并及时解决，切实转变工作作风，提升服务群众水平；主动接受群众监督，发挥舆论监督效能，虚心接受群众的意见建议，不断改进工作、提升服务群众效率。

弘扬艰苦奋斗精神，提高创新水平。艰苦奋斗是我们党的优良传统，也是党始终保持先进性、纯洁性的原因。党团结带领全国各族人民发扬艰苦奋斗精神，取得了新民主主义革命的伟大胜利，并在社会主义建设和改革开放阶段，取得了令世人瞩目的成就。但我们必须清醒地认识到，我国目前正处于社会主义初级阶段的基本国情没有变，同发达国家的差距还比较大，全国各族人民只有劲往一处使，继续发扬艰苦奋斗精神，才能为全面建成小康社会、实现中华民族伟大复兴开创更好局面。弘扬艰苦奋斗精神，要加强监督机制建设，通过发挥党内监督、司法监督、社会监督、媒体监督等的综合作用，实现以外力助推艰苦奋斗精神内化的目标，操作层面上，要通过颂扬艰苦奋斗的先进事迹，曝光批评骄奢淫逸、奢侈浪费等不良生活作风和行为，努力营造积极健康的社会生活新风尚。

提高创新水平。创新是一个民族进步的灵魂，是一个国家兴旺发达的不竭动力。延安时期中国共产党在异常恶劣的环境下，形成或完善了新民主主义理论等思想，这些思想成为中国革命取得胜利的重要法宝。新时代更要大力弘扬创新精神，提高创新能力，实施创新驱动国家战略，推进创新型国家建设。一是坚持创新的价值理念。努力将科技进步、创新性国家建设和中华民族伟大复兴紧密结合起来，积极创新，并在实现创新中创造价值，提升科技发展水平和能力，更好服务国家和人民。实际上，鼓励创新，就是鼓励竞争，就是要在竞争中实现创新。竞争是社会团体、个人追求进步的不竭动力，而只有坚持不懈地创新，才能在个人、团体竞争中获得明显竞争优势，提升发展后劲。二是必须加大创新人才的培养力度。创新离不开人才。要注重从提高青少年创新能力入手，加大创新教育力度。青少年不仅要学习创新方面的理论知识、基本方法，更要通过参加挑战杯、创新大赛等科技实践活动进行历练，提升自身综合素养。

## 四、延安精神与新时代中国的历史启迪

以史为鉴，可以知兴替。在重大的转折关头进行思想教育，借以整顿队伍，统一思想，发扬中国共产党经常性教育与适当的集中教育相结合的优良传统，必将推动中华民族伟大复兴的历史进程。

我们要时刻重实际、讲实话、做实事，力戒形式主义、官僚主义。必须坚持与时俱进、与时代同步，超前谋划、创新发展，在开拓创新中增长才干，在继往开来中发挥基层党组织战斗堡垒作用和党员先锋模范作用。

第一，注重精神教育，营造学习延安精神、实现中国梦的社会氛围。时代变了，主客观的环境和条件变了，面临的任务和目标变了，人们的思想认识也有了重大的发展。这就要求我们针对当前实际，营造以延安精神为核心又具鲜明时代特点的社会主义核心价值体系，使广大人民群众在潜移默化中学习领会延安时期共产党员的那么一股劲、那么一股革命热情、那么一种拼搏精神，进而形成追随共产党、实现中国梦的全民认同感。

第二，将创新精神融入自己的事业中。中国共产党是以马克思主义为科学理论指导的无产阶级政党，但马克思主义不是万能的，它不可能也不必要为世界上所有国家或同一国家的所有历史阶段，都提供出相应的模式或方法。处在半殖民地半封建的中国，更是面临着许多国际共产主义运动前所未有的课题。事实证明，马克思主义中国化是解决这一难题的唯一途径。延安时期，是毛泽东思想成熟并在多方面得到发展的时期，也是遵循中国革命实际和发展马克思主义理论的时期。形成于这一时期的延安精神，同样带有这种理论创新的色彩和内容。实现中华民族的伟大复兴，就必须坚持延安精神蕴含的创新思维，自觉地把思想认识从那些不合时宜的观念、做法和体制的束缚中解放出来，从对马克思主义错误的和教条式的理解中解放出来，从主观主义和形而上学的桎梏中解放出来，在总结实践经验和借鉴人类文明成果的基础上不断扩展理论新视野、做出新概括。

第三，维持社会公平，倡行延安时期“同志式的平等”关系。延安时

期，物质非常艰苦，但平等的社会氛围使得“精神上极为满足和快乐”①，“上自总司令下至伙夫，待遇相同……人人平等”②。“延安是在中国当时仅有的、存在着真正的自由与和谐、人与人之间人格上真正平等的集体。”③改革开放以后，经过30余年的经济高速增长，贫富不均、社会不公的现象开始困扰社会，“到了强调公平公正的时候了”。只有社会公平，广大人民群众才能“过上有尊严的生活”，才能享有人生出彩、梦想成真的机会。

第四，大兴学习之风。延安精神是中国共产党人在延安时期开展学习运动的产物，“全延安都弥漫在浓厚的学习和研究空气中”④。“人人学习，时时学习”成了延安时期的时代记忆，“那种畅所欲言，敢于暴露思想，虚心探讨，相互学习，理论联系实际的学风，给了我难忘的记忆”⑤。和延安时期相比，当今世情、国情、党情均发生了显著变化，但建设马克思主义学习型政党这一推动党和人民事业发展的成功经验不能变。只有大兴学习之风，向书本学习、向实践学习、向群众学习，全党的本领才能不断增强，“两个一百年”奋斗目标才能实现，中华民族伟大复兴的中国梦才能梦想成真⑥。当然，学习应该是全面的、系统的，并注重学习与实践相结合，学以致用、用以促学、学用相长。

第五，强化理论研究。中国梦，是党和国家关于未来发展的政治宣言。强化中国梦的理论研究力度，构建中国梦的理论体系，深入阐释中国梦的重大意义、精神实质和实践要求，讲清楚实现中国梦的现实路径、精神支撑和动力源泉，使之成为团结和凝聚海内外中华儿女的一面精神旗帜，加快新时代中国梦的实现步伐。

（作者系西北大学马克思主义学院博士）

---

① 华君武：《主客问答》，《补丁集》，学林出版社1997年版。

② 《毛泽东致文运昌函》，《毛泽东书信选集》，人民出版社1983年版。

③ 黄钢：《第一次见到毛主席》，刘昌亮：《魂牵梦绕忆延安——〈延安一日〉征文选》，中共党史出版社1994年版。

④ 何方：《从延安一路走来的反思——何方自述》（上册），邢小群录音整理，明报出版社2007年版。

⑤ 孟波：《延安马列学院回忆片段》，见吴介民：《延安马列学院回忆录》，中国社会科学出版社1991年版。

⑥ 习近平：《在全党大兴学习之风 依靠学习和实践走向未来》，《人民日报》2013年3月2日。

# 从人际称呼热词的演变看中国70年来的社会发展

高慧琳

新中国成立70年来，通过人际称呼热词，可以清晰看到中国社会发展的脚印。从20世纪60年代的“同志”，到70年代的“师傅”，到80年代的“先生”“小姐”和“经理”，90年代的“老板”，新世纪的“老师”，以及近十年的快速多变、多样丰富的人际称呼，记录了中国社会的进步与发展，尽管其中可能有的有不健康的偏向，但也反映了社会进步并非一帆风顺。未来党内将统一称“同志”，而社会层面的热门人际称呼将会更加不稳定，更加多变，但仍然会记录下社会发展的脚步与痕迹。

## 一、新中国社会转型：从“同志”到“师傅”

从1949年中华人民共和国成立后，在中国大陆社会最普遍的称呼，就是“同志”。

实际上，自从根据孙中山遗嘱提炼的“革命尚未成功，同志仍需努力”① 这个对联传播，“同志”的称呼就成为党派政治下人际关系最常用、最基本的称呼。在战争年代，在尖锐复杂、生死搏斗的战场上，“同志”一词泾渭分明地分出了人际关系。无论是共产党还是国民党，在党内都是相互称“同志”。这个传统，到了20世纪50年代，就有了泛化的倾向，因为新中国的成立，人们普遍认同中国共产党领导中国革命的合法性，因此，一般的社会人际称呼，都是“同志”。在陌生的人们之间需要对话，开口的称呼，不管对方的实际身份是什么，都称“同志”。比如顾客与商店营业员：“同志，您好，请问这肥皂多少钱一块?”公交车售票员对乘客：“同志，上车请买票。”这是当时社会的总体氛围所决定，也是新社会

① 孙中山1923年在国民党恳亲大会上题词。该词最早出现于《国语. 晋语四》：“同德则同心，同心则同志。”

下人际交往的现实需要：称“同志”，表示彼此政治立场相同，都是共产党领导的，都认同新社会。彼此之间如果不称“同志”，那就存在政治身份、阶级立场的疑问了。只有那些已被确认不属于“人民”，而属于别的阶级，也就是“非无产阶级”的人，才不能被称为“同志”。比如，一个农村的地主，他在当地人们了解的情况下，一定不会被称为“同志”，但是有一天，他来到了某个城市，没人知道他的真实身份，那时他就会被称为“同志”。如果他在路上被要求让一下路，人们就会对他说：“同志，请让一下路，谢谢。”

在那个时代，陌生人之间称“同志”，正如西方社会在街头与不相识的人打招呼时，称“先生”“小姐”“女士”一样普遍和自然。

但到了“文化大革命”期间，情况又发生了很大变化。这时候，由于“斗争”的激化，对于“同志”称呼的使用，更加敏感。因为很多人被打成“走资本主义道路的当权派”，很多人被“挖出”为“历史反革命”，很多人被扣上“地、富、反、坏、右”帽子，即所谓“黑五类”，后来又加上“资”，变成“黑六类”，再加上“黑”变成“黑七类”。最多时达到“黑九类”。当然，还有大量由于“造反派”帮派斗争而产生的特定贬义称呼，例如“小爬虫”“坏头头”“黑干将”等，五花八门，不一而足。

但这时候，“同志”的称呼不但仍然使用，而且更加严肃、更加必须。因为在当时，是否是“同志”，是“革命的首要问题”，如果不是“同志”，就很可能是“敌人”。一旦不把对方称为“同志”，就表示与对方政治面貌、态度的切割，就是一个严重的问题，也就立刻面临政治上的警戒和对立情绪。

还有一些被认为存在“历史问题”或者有“资产阶级”身份的人，在有人称其为“同志”的时候，会感激涕零，而不被称为“同志”时，会感到憋屈、耻辱，甚至胆战心惊，因为这意味着被打入另册。

从20世纪70年代初开始，情况悄悄发生了变化。由于“文化大革命”激烈期逐渐过去，很多被“打倒”的人们重新被“解放”，很多“靠边站”的干部重新被“三结合”进入干部队伍，很多原来被列入各种“黑”，各种“类”的人们，逐渐得到“落实政策”。当一个“走资派”，在某种条件下，得到了“解放”，被重新称呼为“某某同志”的时候，意味着他重新回到了无产阶级的、革命的队伍中，也就意味着他的政治、社会地位的恢复。

但在同时，由于中国社会发展进入新的时期，“抓革命、促生产”[①] 开始成为社会重要议题。由于工人阶级在革命中的地位极高，“清理阶级队伍”，“甄别”过程中，工人的地位更加凸显，在重新开启“四个现代化”进程的氛围中，原本流行于工厂的“师傅”[②] 这个称呼逐渐向社会领域扩展。

大约从20世纪70年代初开始，人际称呼最流行的是“师傅”。在那段时间，人们发现，对于陌生人最好的称呼是“师傅”。因为，首先这代表了对对方政治面貌的认可，不在意对方实际上是否一个传统意义上传授工厂技艺的“师傅”；其次，这代表对对方的尊重。“师傅”不仅是技术上的能者，在社会地位上也较高。年龄在这里已经退居次席。对年龄大的，可以加上一个“老”字以表尊重，对特别年轻的，可以加上“小”字，以表示对对方的重视。对男对女都可以用。除了在学校称老师、在医院称医生等特定单位人群之外，一般人都可以被称为“师傅”。哪怕是到一家小杂货店买东西，顾客也会称店主为“师傅”。

“师傅”称呼的流行，表明它所代表的工人阶层在社会上的地位之高。但是为什么在这个时期特别流行？其原因大致有如下三个：

第一，这一时期社会从疾风暴雨式的政治运动时期，进入了相对平稳的工业生产时期，原来对“同志”特别敏感的状况，已经有所改变。在政治运动中，“同志”之所以特别敏感，其中含有一种焦虑情绪。如果不被称为“同志”，将是一件严重的事。但到了以生产为社会关注焦点的时期，社会氛围平稳，又经过长时期的政治运动，社会人对“同志”的身份认同越来越普遍，在人们的感觉中，更多的人已经成为“同志”，原来比较敏感的人际政治关系，相对不敏感了。因此，对于“同志”称呼敏感性，在一定程度上有所弱化，使其他新的热门称呼上升为第一热门成为可能。

第二，“师傅”没有“同志”那样敏感。在当时“以阶级斗争为纲”的社会氛围中，对人（特别是陌生人）称呼“同志”事实上是有一定风险的。假如对方的真实身份恰好属于“牛鬼蛇神”，那就有“认敌为友”的

---

① “抓革命，促生产”的提法最初出现于1965年9月30日《人民日报》的一篇报道，后在“文化大革命”后期成为整顿社会秩序、促进经济发展的重要指导方针。

② “师傅”一词，早在春秋《穀梁传》（昭公十九年）说：“羁贯成童，不就师傅，父之罪也。”最初是“太师”和“太傅”简化的统称，地位十分尊贵，后来逐渐普及。

嫌疑了，称“师傅”就没有这个风险。

第三，在以工业生产为中心的社会中，社会需要工人的踏实苦干精神和作风，“师傅”在工业生产上更能凸显价值，“师傅”是工业生产中的主导力量，称“师傅”更能得到人们的尊重。

## 二、改革开放初期：“先生”“小姐”盛行

1978年党的十一届三中全会后，进入改革开放时期。随着改革开放的进程，人际称呼热词也出现了新的变化。

改革开放像一股洪流，冲刷着社会人际关系。最初，是在改革开放的前沿阵地广东和深圳特区，流行叫“先生”“小姐”。① 广东本来华侨众多，传统上与港澳地区、海外的联系广泛。在改革开放和特区建设中，大批外商来华投资洽谈，很多台港澳商人在大陆居住，从暂住到长住，带来了人际关系上的新因素。与此同时，相当数量的西方人士，也大量涌入大陆。这样，人际称呼就必然带来新的变化。在广东和深圳，几乎是毫无阻碍、毫无过程，“先生”和“小姐”的称呼就迅速遍及大街小巷，甚至偏远小村。接着，在南部沿海地区流行起来，同时向中部、北部地区不断扩展其影响圈。

在这些地方，在任何场合，对任何陌生人，都是用“先生”“小姐”来称呼，而基本不会用“同志”，也基本不会用“师傅”。而且，分出了男女。之前的“同志”“师傅”，都是不分性别的。在学校里，对男老师当然称“先生”，对女老师，当她作为老师的时候，还是会称“老师”，而当她出了学校，或在其他场合，她也常常被称为“小姐”。

当然，女士的称呼情况略微复杂。因为“小姐”本身是只适合称呼年轻女士的，如果对方这个女士明显年龄较大，就要换用别的称呼了，例如“大姐”“老板”“同志”等等。但因为在社交场合多的是年轻女性，特别是服务行业，以及公共机构对外服务窗口，其工作人员往往以年轻女性为多。在这些地方，称呼“小姐”是极其自然的。

---

① “先生”是一个古老的词语，《论语·为政》：“有酒食，先生馔。”注解是：“先生，父兄也。”字面意思是“先我而生”者。《孟子》：“先生何为出此言也。”此“先生”则是指有学问的长辈。清代赵翼《陔余丛考》说“宋时闺阁女称小娘子，而小姐乃贱者之称”，而近代因外来词“miss”翻译成“小姐”，逐渐在上流社会演变为尊称。

这种称呼的流行，当然与外商和外方人士大批来华后，对当地礼仪习惯的影响有关。在西方，一般陌生男士之间的称呼就是“sir”，即“先生”，一般对年轻女性则是“miss”。对成家了的女士，则用“Mrs”带夫姓，或称“madam”。“gentlemen”和“lady”[①]一般用于正式场合。

事实上，在西方，“小姐”是只适合未婚女性的。当然在年轻女性面前，在不了解对方婚姻状况，而又不便打听的情况下，宁愿相信对方是未婚的小姐，而不是“大姐”。很明显，这一时期从中国南方兴起并蔓延全国的最热门人际称呼“先生”“小姐”，显然是受到了来自西方的称呼习惯，其传播途径，首先是台港澳人士，其次是西方来华人士。

这样，这一套区分男女的人际称呼热词逐渐在中国占据了最广大社交场合，而且被视为很时尚，有品位。虽然这些称呼并不是什么新鲜事物，早在20世纪前期，就早已在中国（特别是城市）广泛使用，但实际上在1949年后就很快在中国失去了市场，而被“同志”所取代。改革开放使中国重新与世界接近，而这些似曾相识的称呼重回中国，让人感觉到一种新的气息：这是全社会沉入政治斗争的时候所没有的，是改革开放带来的新感觉。

但是，后来这套称呼逐渐弱化了。尤其是“小姐”，它已经被人为涂抹上了一层暧昧的色彩，似乎跟从事色情行业的“出台小姐”挂上了钩。因此，大约从新世纪到来不久开始，“小姐”一词已经只在非常局限的范围内使用了。

## 三、经济腾飞起步的表征：“经理”的高光时代

随着改革开放的日益推进，中国的经济飞速发展，开始呈现腾飞之势。在这过程中，邓小平以其雄才大略高屋建瓴地提出“让一部分人先富起来”的观点，推动了改革开放快速打开局面，取得第一批成果。在其中，一批“敢于吃螃蟹”的人，就成了改革的弄潮儿。这时候，由于政策的开放，很多人走上了经商的道路，开设了无数的公司，当上了大大小小

① Mrs：（某）太太，（某）夫人；madam：已婚成熟女士；lady：妇女，女士。

的经理。大约从20世纪80年代中期起，“经理”① 逐渐成为最时尚、最热门的人际称呼。

曾经有一个时期，社会上流传着这样的说法：“深圳一片树叶掉下来，可以砸死三个经理。”还有各种更夸张的说法，但其实都只在说明一个现象：到处可以听到有人在自称或称别人为“经理”。这就是后来被描述为“全民经商”的改革开放初期的现象。这样一来，“经理”就无形中成为最流行的人际热门称呼。无论走到哪里，遇到初次打交道的人，称对方为“经理”总没错的。有很多人，其实真实的职务也就是业务员，但对外基本上都称“经理”。这个职务，却并不是假的，因为他的名片上可能就印着“某某公司经理”，但实际上是他的老板或者上级，为了方便他对外开展业务而安的虚名。这还不妨视为有事实依据的，还有更多人，纯粹只是服务人员，例如商店营业员，但顾客还是宁愿称他为“经理”，这样虽然实际上多少有些讽刺意味，但对方的自我感觉可能会好些。即使彼此都明白不是那样，但顾客只是为了表示尊重，也希望因此对方态度好一些，而服务员则明白对方的心意，而不会在意自己的名不副实，却也不去澄清。只有少数人会当场声明：“我不是经理!”但当这样声明的时候，往往就是表示“不领情”，已经预示着双方关系后续可能不睦。

一时间，中国各行各业，各个场合，“经理”成为最常见的社会角色。但其中鱼龙混杂，良莠不齐，一个大企业的经理人，是经理，一个大商场的当家人，是经理，一个个体户，也是“经理”，一家小杂货铺，甚至一个小商贩，你还真不能不说他们也是“货真价实”的“经理”。“经理”称呼的流行和泛化，使得真正大企业、大商行有实力、有分量的经理们，被混同于小商小贩，感觉“经理”的称呼已经成色不足。因此，凡是实力比较强，规模比较大，内部有层级之分的商家负责人，就在“经理”之上另加一个“总”字，成为“总经理”。

但“总经理”仍然是“经理”，虽然与一般的“经理”多少有些区别，但是仍无法拉开距离，于是出现了“总裁”，简称“×总”。于是，对某个单位担负一定责任的人，尤其是“一把手”，不管实际职务是什么，

① “经理”也是古词语。《荀子·正名》：“道也者，治之经理也。”杨倞注：“经，常也；理，条贯也。”后来发展成“管理”，再后来变成“经营管理”，最后变成“经营管理者”。

都被简称为“×总”。

之后又出现了“董事长”。很显然，“总裁”“董事长”不仅在字面意思上显得更加高大上，而且事实上反映了企业、商家规模的扩大。没有一定的规模，没有对于做大企业的雄心，就不一定会使用这些称呼。这些名称，也就是在中国企业的成长壮大中开始流行的。它的增多和流行，正是中国改革开放、经济迅速发展的写照。

在改革开放的大潮中，之前近30年交替流行的“同志”“师傅”称呼都悄然降温了。“同志”更多用于正式场合，或者党内生活，“师傅”逐渐回归工厂车间，在改革开放大潮中，“师傅”的光芒被“经理”所掩盖了。直到近年在一些技术性、操作性强的行业，以及“非遗”传承领域，“师徒相授”方式得到重视和倡导，才使“师傅”的称呼重新绽放光彩，但也只限于部分行业和领域。

但正因为“经理”一词被灌入了更多的水分，使它成色下降，后来，称“经理”就未必真让人肃然起敬了；甚至只是最底层业务员的代称了。因此，用这个称呼，有时候甚至有讽刺和嘲笑意味了。

## 四、思想解放的分水岭：从“经理”到“老板”

随着改革开放程度的日益加深，从20世纪90年代，开始流行另一个称呼“老板”①。“老板”这个称呼，在20世纪上半叶之前，是司空见惯的。特别是在一些大城市，被视为有钱人的代名词。但在1949年后，在中国大陆听到“老板”二字，有如听到瘟疫一般，人见人怕。因为它代表了资本家、剥削者，是新社会中的另类，往往是社会打击的对象，从20世纪50年代到70年代，一直是历次政治运动中的负面形象。实际上，同样是“剥削阶级”的代名词，“老板”比“资本家”更加低俗，更加不堪。“老板”及其家人，都是受到歧视的。但到了90年代，却突然“爆红”，适用人群，从私营企业主，扩展到国营企业负责人，扩展到一切具有经营性质的企事业单位，例如医院、学校、新闻出版、文化艺术机关，最后，连政府机关也开始流行。只要是在某个实体内担任第一把手的，都被称为“老板”，甚至如大家所熟知的：大学教授常常被其弟子称为“老板”。因为他

① “老板”这个称呼，据认为起于五代十国时期，有人铸钱用的“钱板”，大钱被称为“老官板”，经商者、店主常掌握“老官板”钱，逐渐演变为对他们的称呼。

手上掌握着资金、掌握着学生的前途，掌握着对学生前途的“生杀大权”，也可能包括由此而来的行事作风上的“老板化”。在一个大型的集团公司内，每个相对独立的部门，机构、实体，其负责人都可以被称为老板，而总公司的负责人则被称为“大老板”。在有的超级大公司内，还会有更上一级的“大大老板”。

这是一个令人深思的现象：为什么在1949年以前吃香，而在1949年后被视为罪恶、污秽、耻辱而弃如敝屣的陋俗称呼，在近半个世纪后的20世纪末，却会重新蹿红呢？分析其原因，大约有这样几个：

第一，民营企业蓬勃发展。中国民营企业在20世纪90年代得到了充分的发展，而国企则遇到了发展瓶颈，企业“三角债”问题严重，国民经济面临“硬着陆”风险，企业实行“减员增效”，还出现了“民进国退”的说法。在这一进程中，也出现了一些偏向和乱象，包括国营企业整体低价出售给私人等等。这样，企业的私有化倾向出现了。在民营企业中，企业负责人实际上是企业的完全拥有者，跟1949年以前的“老板”具有一定的相似性。

第二，人们的思想更加解放。对于从20世纪50年代到70年代讳莫如深甚至厌恶的“老板”称呼，具备了足够的免疫力。对于过去几十年不甚光彩、不受待见的这个称呼，抛开了成见，欣然接纳，并坦然使用，显示一种改革开放的态度和气氛，也更加具有一种新鲜感。

第三，改开力度加大，企事业单位管理者自主性增强。在这一时期，国有单位普遍实行行政首长负责制，党组织承担保障功能。这意味着单位主要负责人的决策权加大，出现了主要负责人一言堂，甚至独断独行，类似“老板”那样的行事格局与做派，让人依稀看到了私企老板的身影。

但这并非一种健康向上的良性症候。伴随着“老板”称呼的流行，企事业单位中的各种问题也滋生起来，包括贪污腐化问题、思想作风问题、工作方式问题、群众关系问题，都日益严重。面对党风廉政问题日益严峻的挑战，中共中央及时提出了整顿党的作风、反腐倡廉、开展“三个代表”学习、科学发展观学习、群众路线教育、反四风等一系列的教育活动，在这过程中，党内的不健康氛围得到遏制，社会上的人际不健康称呼受到抑制。同时，随着中国社会与国际的接轨度不断增加，对于人际称呼的低俗现象日益遭鄙薄，“老板”的声浪逐渐低落。

## 五、深化改革与品格提升：从“老板”到“老师”

大约从21世纪初开始，“老师”① 开始成为最热门的人际称呼。走到任何地方，都可以听到“老师”的称呼。当然，特别是在一些更具有文化氛围的单位。在学校，称“老师”本来是天经地义的，但相比早些年把班主任、研究生导师、系主任等都称为“老板”的不健康氛围，叫“老师”可说是回归本色。在一些社会文化机构内，也存在类似情形，例如博物馆，早前也有叫馆长甚至部门负责人“老板”的，改称“老师”，特别增加了一种尊重人才、尊重知识与经验的含义，让人在对比之下，更加体悟“老师”的尊严与可敬。在医院，过去有称职务的，也有称“医生”的，一些科室负责人、项目负责人、团队负责人也被称为“老板”，现在回归“老师”，更加感觉尊严。

如果说，在这些文化机构内，称“老师”本来很正常，那么在一些社会群体中，“老师”的称呼流行，可以更加说明问题。例如，在居民小区居委会，各位工作人员几乎都被称为“老师”，虽然作为社会工作者，在“经理”“老板”流行的时候，也并没有被称为“经理”“老板”，可能是被称为“师傅”“阿姨”，或者称为“先生”“大姐”，但是“老师”的称呼热起来后，居委会工作人员被称呼“老师”却显得格外自然。此外，只要是具有一定文化知识内涵的地方，工作人员基本上都被称为“老师”。例如银行，虽然是典型的社会服务机构，但因为工作人员一般都具有较高的学历，所以，叫“老师”也是顺理成章的。虽然他们在早前也曾被称为“师傅”“经理”。

“老师”成为社会最热门人际称呼，凸显了社会对文化知识的尊崇，对文化底蕴的追求，和民族文化自信的体现。最凸显的变化，是曾经被“老板”称呼所异化的大学教授、博士生导师，回归教师本位，更加凸显了知识立国、教育立国的社会共识。这既显示了中国经济发展的巨大进步，也彰显社会发展的良性上升。

但当然，由于“老师”的泛化，使一些本来不足以被敬称为“老师”

---

① “老师”一词，最早见于《史记·孟子荀卿列传》：“齐襄王时，而荀卿最为老师。”后凡教学生的人均称“老师”，金元好问《示侄孙伯安》诗：“伯安入小学，颖悟非凡儿。属句有夙性，说字惊老师。”

的人，特别是一些从事与文化艺术沾点边的工作的人，略有一些地位，也喜欢把自己打扮成很有文化的模样，愿意别人称其为“老师”，貌似文化底蕴一下子深了很多。于是，“老师”的成色也开始褪色。

## 六、新世纪的多元呈现：从“专家”到“网红”

进入新世纪，人际称呼有了更多的变化。总体呈现更加多元，更加细分，更加具有攻击性。最出名的是“专家”。① 在新世纪开始的时候，由于世界经济向着一体化发展，中国要跟上国际社会经济技术的高速发展，急需各类专家。因此，各类专家走到台前。他们各以自己的学业专长为社会提供智力辅助。按照改革开放初期的概念：“科学技术是第一生产力。”②“知识就是力量。”各类专家得到了社会普遍的认同和尊重。

但随着社会发展的急剧变革，一方面，各类专家人手有限，就难免泥沙俱下、鱼目混珠；另一方面，专家的知识更新跟不上时代的要求，淘汰率很高。于是，专家往往成了“砖家”，就是其学业专长成了“敲门砖”，进入专家队伍后，知识结构逐渐老化，不能真正地、持久地起到专家的作用，造成了很多笑话。很多所谓专家的话，后来被证明是过时的、故步自封的书生之见，或者简直就是糊弄人的。于是，“专家”被嘲笑为“砖家”，往往带有讽刺意味。无独有偶，另一个与之相似的称呼，就是“公知”。开始时，一批自诩为“社会良心”的“社会公共知识分子”（简称“公知”），在网上发表一些颇能打动人心的言论，人们开始普遍感到新奇和佩服。但后来人们渐渐发现，有些“公知”的言论，其实是蛊惑人心，其说法似是而非，其用意令人怀疑。于是，“公知”的光环迅速退化，甚至变成“负资产”，成了恶名。尽管心怀鬼胎的“公知”并非多数，但是，无论如何，“公知”的名声已经一落千丈。基本上，只要被人称为“公知”，后面准没好话。

与“专家”“砖家”不同的是，基本上“公知”已经是网络专用名词了。在社会生活中使用这一称呼的情形极少。

---

① “专家”称呼最早出现于南朝梁沈约的《到著作省表》：“臣艺不博古，学谢专家。”意思是学问逊于学有专长的人。

② “科学技术是第一生产力”是1988年9月邓小平依据马克思关于“固定资本的发展表明，一般社会知识，已经在多么大的程度上变成了直接的生产力”的提法，鉴于当代科学技术发展的趋势和现状，在全国科学大会上提出的观点。

在网络上与“公知”相对应的，是“五毛”。当人们普遍认为“公知”是“反体制”的，同时却有很多人把维护体制的人们称为“五毛”。“五毛”的来历，是有人在网上散布一种说法：即维护体制者找人在网上为体制说话，每写一条给五毛钱，这些专门为体制写帖的人，就被称为“五毛党”，简称“五毛”。这个说法，开始也有人信，于是，凡是为体制说话，就被称为“五毛”，让很多人不敢说话。但久而久之，人们发现，这一招原来是“公知”们的论辩伎俩：先给你扣上“五毛”的帽子，你可不就不战而败了吗？所以，在辩论中说人“五毛”，就等于扣屎盆子。于是，“五毛”的称呼也逐渐减少了。

还有一个与“五毛”有“血缘关系”的网络称呼：“水军”。这也是一个类似于“五毛”的群体，不同的是它服务于特定群体，包括特定的个人。有些名人，或明星，或企业，花钱雇佣一个群体为之摇旗呐喊，凡是赞成自己这一派的，就群起点赞，所谓“顶”；凡是反对自己这一派的，就群起而攻之，所谓“踩”。这批人在网上犹如军队，又是用大量灌水的方式履行自己拥趸的角色，所以被称为“网络水军”，简称“水军”。

在这些利用“水军”的人们中，有不少是所谓“大V”①，就是在网络上经过注册认证的微博博主，拥有较多的粉丝（fans②）。有的“大V”可以有几十万甚至几百万粉丝，影响力很大。但其实，有些“大V”的粉丝是虚假的，是花钱雇来的“水军”。

由于网络传播的速度极快，网上的人际称呼变化更快，已经不像20世纪那样变化缓慢，一个热门称呼可以流行很多年，现在则只能流行几年，甚至一年半载，就很快被新的热门称呼所取代。还有一个经常被提到的网络热门称呼就是“网红”，这是指那些在网络上被热搜、热议的人物或故事，有时候是一个地点，一栋建筑，一只动物等。但“网红”的持久程度，决定于其内容的热度有多高，有多深，以及是否有后续话题。如果没有后续话题，则很可能是昙花一现。

此外，还有一些更加局限的称呼，例如“学霸”“小鲜肉”等，基本上是在特定人群中使用。“学霸”主要在学习成绩优异的人群中使用，而“小鲜肉”相对普遍，主要指年轻帅气的小伙子。

---

① “大V”指微博“VIP”（贵宾）用户。

② “fans”：英语原意为复数的“扇子”，表示煽惑、鼓动人气的力量。

由于当今网络传播极其迅捷的特点，可以预见，未来人际热门称呼，会产生得越来越快，也替换得越来越快。这同样反映了社会的进步，同样反映了国家的进步与发展。

考察中国社会近70年来人际热门称呼的演变历史，可以发现，一个时代的人际热门称呼，其产生、爆红与衰退，其内涵与特点，都与相应时代的社会经济发展密切相关。中国社会从20世纪50年代的“同志”，到70年代的“师傅”，到80年代的“先生”“小姐”和“经理”，90年代的“老板”，新世纪的“老师”，以及近十年的快速多变、多样丰富的称呼，在凸显了社会的每一个进步与发展，尽管其中可能有的有不健康的偏向，也正反映了社会进步并非一帆风顺。党的十八届六中全会通过的《关于新形势下党内政治生活的若干准则》强调，坚持党内民主平等的同志关系，党内一律称同志。相信“同志”一词很快又会成为热词。当然，这是在党内，但必然也会折射到社会上。而在社会层面，未来的热门人际称呼将会更加不稳定，更加多变，但仍然会记录下社会发展的脚步与痕迹，则是可以肯定的。

（作者系延安市延安精神研究中心研究员）

# 西部大开发彰显改革创新的奋斗精神

史天社

今年是国家西部大开发战略实施20周年。20年来，在党中央的坚强领导下，勤劳质朴的陕西人民紧紧抓住西部大开发的历史机遇，深化改革，扩大开放，开拓创新，锐意进取，追赶超越，加强生态环境保护，加快基础设施建设，培育优势主导产业，协调区域发展，提升经济文化实力，促进社会民生事业进步，城乡居民生活实现了由温饱不足到总体小康并向全面小康快速迈进。同时，西部大开发深入人们的精神世界，激发人们的进取精神，充分彰显陕西广大干部群众与时俱进、戮力同心、攻坚克难、开拓进取的精神风貌，生动诠释三秦儿女追求小康富裕、振兴发展陕西的初心使命，充分体现习近平新时代中国特色社会主义思想在陕西大地上的成功实践，为奋斗精神再添改革创新本色，鼓舞激励我们争做新时代的奋斗者。

记载这段辉煌的历史，《陕西省志·西部大开发志》即将出版发行。作为副主编、总纂稿人，我谈些感受体会，以表达庆祝中华人民共和国成立70周年、纪念毛主席给延安和陕甘宁边区人民《复电》发表70周年的崇敬之情。“新时代是奋斗者的时代。”① 全省党员干部群众是新时代改革开放的奋斗者。我们要继承发扬延安精神、《复电》精神，永远保持艰苦奋斗的作风，勇于改革创新，以昂扬的姿态和坚定的意志，发挥优势，担当作为，加快发展，用奋斗谱写新时代陕西更加出彩的绚丽篇章。

## 一、开发西部的夙愿追求

“中华民族充满变革和开放精神。”② 回望历史，开发西部，是自古以

---

① 《新时代是奋斗者的时代》，《光明日报》2018年02月15日01版。

② 习近平：《在庆祝改革开放40周年大会上的讲话》，新华网，2018年12月18日。

来西部地区人民的一个强烈夙愿，更是近代以来中华民族的一个宏伟梦想。传承周秦以来历史赋予陕西人的精神品格基因，以强烈的文化自信而构建创新奋斗精神，体现当代陕西人的精神追求，在西部大开发中彰显着巨大的价值和意义。

广袤的西部地区自古就自然环境艰苦、生存条件恶劣，但居住于兹的先民们，世世代代热爱家乡，建设家园，追求幸福，向往美好的未来。他们养成的攻坚克难、拓荒自立的精神，与中华先民锻造的革故鼎新、自强不息的民族精神一脉相承，延宕于今。

陕西是中华民族的重要发祥地，自西周伊始，到秦、汉、隋、唐，先后有14个王朝在陕西建都。居住于黄土高原、山野陆海的先祖，为了生存，面对洪荒开发不辍。由狩猎、采摘到农耕、桑织，他们养成励精图治、开疆拓土、攻坚克难、永不懈怠的创业精神，滋养了丰厚的地域文化。这种地域文化是古代周人、秦人在长期生存、发展、壮大过程中形成的，也是华夏文化的重要基因之一。承袭厚重博大的姜炎文化、岐周文化，弘扬兼容并蓄的大汉文化、隋唐文化，陕西人既有知足守成的自信，又有大气豪爽的襟怀，历来不乏兼容并蓄、图强进取的精神。

正是这种地域文化的激励和支撑，兴周灭商，席卷天下，秦国崛起，一统六合。可以肯定地说，陕西在历史上的多次辉煌也都与这种地域文化有关，都与陕西人自古以来的开拓精神和生存魄力有关。正是这种文化所体现的创新图强精神和英雄豪迈气概，使得民族每当处在危亡或灾难的历史关头，总能够力挽狂澜，化解危机。

延安是革命圣地，延安精神在这里孕育而成。自力更生、艰苦奋斗的延安精神是井冈山精神、长征精神、抗战精神的继承和发展，也是后来的西迁精神、国测一大队精神、航天传统精神直接来源。艰苦奋斗的延安精神和改革开放精神、实业精神、英模精神、工匠精神融合一起，凝聚成巨大的正能量，使敢作、敢为、敢担当、敢为天下先的开拓创新精神，成为新时代奋斗精神的突出特征，为西部大开发和改革开放提供了强大的精神力量。

现代陕西处于中国内陆中心，是全国陆上交通、信息大通道的重要枢纽，也是全国举足轻重的教育大省、科研和装备制造业基地和交通枢纽中心，作为西北地区的门户，在西部大开发中担负承东启西、连接南北的传导和辐射作用。陕西也是全国举足轻重的矿产资源大省。陕西这种开发优势、文化张力，历史地位、使命担当，化作千载机遇，激励奋斗精神，使陕西人勇于开发、善于开发的精神基因进一步延续和弘扬。

## 二、西部开发的历史进程

中国历史上，周、秦、汉、隋唐、清朝时期都形成过西部开发的高潮。在秦汉至唐中叶近千年的历史长河中，西部的黄河流域中游、关中平原及四川成都平原一带，经过人民的辛勤开发，形成璀璨的西部文明。

当夏商在中原立国时，西周的势力在关中平原积蓄壮大，使中国西部的开发向四周拓展开来。周族祖先后稷封于有邰（今武功县），教民稼穑。其后公刘迁豳（今彬州市）复修祖业，大兴农耕。

春秋时期西部弱小的秦国依靠变法图强，成了诸侯国中的佼佼者。西周后，秦国占据关中平原，在周人长期经营的基础上，使用铁器农具和牛耕，提高了农业生产力。商鞅变法，号召秦民开垦荒地，使秦国四境之内的许多草茅之地，尽被耕种。秦国在泾水瓠口开凿郑国渠，“溉泽卤之地四万余顷”①。从此，关中泽卤之地，尽成沃土良田。秦国不断发展、以至统一六国的进程，即是西部开发的结果。

后来，西汉统治者汲取秦短命而亡的教训，轻徭薄赋，实行无为而治。通过屯田制，将先进的中原农耕技术及水利技术推广到西垂边地，巩固了边疆。汉武帝时，张骞两次出使西域，从长安将丝和丝织品传入西域，又从西域将苜蓿、葡萄、胡桃、石榴和汗血马等农、牧品种带回长安，大大促进了文明交流。以长安为起点，7100 多千米的丝绸之路商旅如流，不仅联通亚洲东、中、西部，而且把亚、欧、非大洲连接起来。

唐时长安人口殷繁，京师耗费巨大。为了充实京畿实力，重视兴修水利，使耕地灌溉面积增至 200 万亩。唐代是关中蚕桑生产的兴盛时期，京师长安成为丝织品的集散地。丝绸之路进一步促进长安与西域诸国的经济文化交流，使长安更加繁荣，关中成为全国最为富庶的地区之一。

隋唐时期的西部开发，是中央政府的统一行为，具有较重的国际色彩。隋炀帝派遣重臣裴矩前往河西地区与西域，对各族、各国的使节、商

① 司马迁：《史记·河渠书》，岳麓书社 1938 年版，第 225 页。

人进行调查采访，写成《西域图记》4卷。[①] 公元609年，隋炀帝去张掖主持互市，召见27国使节，前往贸易的商人不计其数。西北地区的经济贸易活跃起来，隋炀帝被周边少数民族政权称为皇帝可汗，朝贡者接踵而至。唐朝在隋的基础上，丝绸之路更为畅通。唐太宗李世民在西北少数民族中享有“天可汗”之尊称。唐玄宗时“天下称富庶者元如陇右”。

清王朝对西部的开发，是在内有民族矛盾、外有经济侵略的双重压力下实施的，是兼内外力共同作用的特殊开发。它主要包括在西部进行大规模的移民和屯垦、以茶马互市为主要内容的民族贸易两大方面。通过移民屯垦，有效地促进了该地区的农业及畜牧业生产，使承受沙俄帝国主义侵略压力的边疆因西部经济发展而有了较充分的物资保障。清代初期，为建立统一政权的战争不断，对马匹的需求十分迫切。同时为了对西北地区少数民族表示抚慰，清政府一开始就对茶马互市尤为看重。茶马互市在清朝十分兴盛，维系时间很长。[②]

时至19世纪40年代，闭关自守的清王朝，被西方列强敲开大门。由于帝国主义侵略和战乱的影响，全国经济处于一种停滞不前的状态。与此同时，以左宗棠为代表的洋务派在西部建立近代意义的工业，如在兰州建立中国第一家机器织呢局等，对于改变这里的经济格局起了不可忽视的作用。[③]

100多年前，民主革命先行者孙中山曾满怀豪情地在《建国方略》里勾画了开发西部的蓝图；90多年前，南京国民政府也曾推出“西部计划”，尝试建设西北，但都未能真正实施。[④]

中华人民共和国成立后，百废待兴，为了改变西部地区落后状况，随着国民经济的恢复和发展，国家在第一个和第二个五年计划中安排实施的重点建设工程，重点布局在了西部。20世纪60年代开始的“三线”建设，

---

① 魏明孔：《历史上西部开发的高潮及经验教训》，《中国经济史研究》2000年第3期。

② 魏明孔：《历史上西部开发的高潮及经验教训》，《中国经济史研究》2000年第3期。

③ 李清凌：《西北经济史》，人民出版社1997年版；杨重琦主编：《兰州经济史》，兰州大学出版社1991年版。

④ 任仲平：《中国现代化建设的“新支点”——写在西部大开发十周年》，《人民日报》2010年7月5日。

国家向西北、西南等三线地区布设了一批技术密集型企业、高校和科研基地，加快了西部地区工业化的进程。

世纪之交，在经济全球化进程加快和科技进步日新月异的条件下，面对中国经济体制和经济增长方式的根本性转变还没有完成，地区之间的发展水平又有很大差别的现状，如何完成工业化和现代化重任，无疑成为建成富强民主文明和谐美丽的社会主义现代化强国目标的一个重大课题。1999 年，与深化改革开放、加快小康社会建设、建设中国特色社会主义、实现中华民族伟大复兴的历史进程相适应，中共中央、国务院做出了西部大开发的战略部署。

中国西部地区地域辽阔，自然资源丰富，发展潜力巨大，战略位置重要。由于自然、历史、社会等原因，历史上西部地区相对落后。迫切需要加快改革开放和现代化建设步伐。实施西部大开发，加快中西部地区发展，是党中央贯彻邓小平关于我国现代化建设“两个大局”战略思想、面向新世纪所做的重大决策。这对于扩大内需、推动国民经济持续增长，对于促进各地区经济协调发展、最终实现共同富裕，对于加强民族团结、维护社会稳定和巩固边防，都具有十分重要的作用和意义。

陕西处在西部大开发桥头堡和第一阶梯的龙头地位，经过前 10 年奠基发展阶段，西部大开发具备了深入发展的坚实基础；后 10 年，深化改革，扩大开放，取得了巨大的成就。其中，生态环境改善、基础设施建设加快、经济社会发展较快，人民群众得到实惠最多，城乡面貌发生历史性变化，广大干部开拓创新意识明显增强，各族群众精神风貌昂扬向上。谋发展、促和谐、奔小康成为社会思想主流，创业、创新、创优成为人们自觉行动，自我加压、跨越发展、争创一流成为群众的共同意愿。

思想是行动的先导。陕西各界最早在全国倡议开发西部并积极进行先行研究，提议将西部大开发作为国家战略，加快相应政策制定和立法保障步伐。陕西在西部大开发中，注重意识形态和思想文化建设，在思想、观念、意识、理论、风尚、思路、方略等方面的认识研究及其建树成果相当丰厚。其中，政府和市场合力开发造就的诸多陕西经验，是经过实践检验的精神文化成果之一。如，抓好政策落实和规划制定，做到目标明确、措施具体、进展有序；突出重点、抓好主线，即以基础设施建设为基石和重点，以优化产业结构、做大做强特色优势产业为主线，实现经济的跨越发展；坚持以改革开放为动力，以保障和改善民生为出发点，以“三农”、扶贫和城镇化建设为重心，抓短板、攻难点，齐心聚力促发展；积极实施科教兴陕和人才强省战略，充分利用省域人文、地域资源优势，不断提升区域竞争力；坚持把改善投资环境放在首位，着力打造良好的政策环境、法治环境、人文环境、生态环境和工作生活环境，以创造更高层次的开放格局，等等。

理想信念是精神力量的源泉，精神的力量是无穷无尽的。陕西在西部大开发中积累了宝贵的精神财富，尤其是发扬西部大开发所彰显的奋斗精神，必将支撑陕西在中国特色社会主义新时代迈开坚实步伐，跨上高质量发展的更高台阶。

## 三、西部大开发的趋势要求

习近平将中国人民在长期奋斗中培育、继承、发展起来的伟大民族精神，概括为伟大创造精神、伟大奋斗精神、伟大团结精神和伟大梦想精神。[①] 陕西已经站在新的起点上，推进西部大开发形成新格局，陕西迎来难得的发展机遇。坚持大保护、坚持大开放、坚持高质量发展，西部大开发将是一个长期的历史进程，需要继续发扬伟大民族精神，继续保持和发扬艰苦奋斗的延安精神，不断弘扬和发展改革创新的奋斗精神。

按照党的十八大战略部署，从 2012 年起的 10 年及其此后一个时期，迎接建党 100 周年，全国将全面建成小康社会，实现第一个百年奋斗目标，进而向第二个百年奋斗目标阔步迈进。党的十九大提出，从 2020 年到 2035 年，在全面建成小康社会的基础上，再奋斗 15 年，基本实现社会主义现代化；从 2035 年到 21 世纪中叶，在基本实现现代化的基础上，再奋斗 15 年，把我国建成富强民主文明和谐美丽的社会主义现代化强国。

党的十九大报告提出："强化举措推进西部大开发形成新格局。""建立更加有效的区域协调发展新机制。"这既是对前一轮西部大开发战略实施工作的肯定，又是对新时代西部大开发提出的新要求。可以预见，陕西在从 2020 年到 2035 年的加速发展时期，跟随着新时代中国特色社会主义建设的步伐，必将融合于国家区域协调发展大局和"一带一路"建设之中，开创崭新的局面。

---

① 习近平：《在十三届全国人大一次会议闭幕式上的讲话》，新华网，2018 年 3 月 20 日。

建设经济繁荣、社会进步、生活安定、民族团结、山川秀美的西部地区，是西部大开发的奋斗目标，更是广大人民群众的美好愿望。实现东西部地区协调发展，实现西部地区共同富裕，是新时期党领导经济工作的一条重要方针，也是新时代我国全面推进社会主义现代化建设的一个重大战略部署，更是国家实施西部大开发战略的初心使命。

依据西部大开发未来10年新阶段的新特征新形势，新一轮西部大开发必须以新发展理念为统领，以大保护为前提，以大开放为手段，以高质量发展为目标，加快形成大保护、大开放、高质量发展的新格局。这也是西部大开发新趋势对于弘扬创新奋斗精神的客观要求。为此，在西部大开发中，应从新发展理念的创新、协调、绿色、开放、共享五个方面着力提炼、丰富新时代奋斗精神，使之焕发出更大光彩，发挥更大的能动作用。

一是创新理念。求实、创新是鲜明的时代精神。在西部大开发中，创新作为理念和方式方法，已深度融入奋斗精神之中。大道至简，实干为要。重要的是增强紧迫感，增强创新意识，发掘陕西突出的比较优势，坚定勇气毅力，立足实干苦干，戮力拼搏奋斗，加快推动现代化产业体系建设，积极培育经济发展新动能，大力推动重点领域改革，加大体制机制创新，培育区域创新能力，开创构筑西部大开发创新发展的新格局。既要坚持从实际出发，统筹规划，科学论证，积极进取，量力而行，按客观规律办事，充分做好长期艰苦奋斗的思想准备，把开发的主要任务落到实处，有效地推进西部大开发；又要进一步解放思想、开拓创新，扩大开放，转变发展方式，优化经济结构，增强自主创新能力和自我发展能力，同步够格全面建成小康社会，奋力谱写追赶超越新篇章。

二是协调理念。创新奋斗精神离不开明确的方向目标，离不开协调发展的大局观念。提倡敢为人先，勇于担当，也应强化机遇意识，知己知彼，扬长避短，科学规划，有所侧重，有所取舍，注重质量和效益。新时代推进西部大开发形成新格局，坚持质量第一、效益优先，转方式、调结构、促升级。通过实施产业基础再造工程，打好产业基础高级化、产业链现代化的攻坚战，不断提升经济整体素质和发展水平。为此，新一轮陕西西部大开发，大力发展战略性新兴产业，完善产业布局，使关中、陕北、陕南三大区域的发展更协调、活力更强劲。应力争使基础设施和生态环境建设有更大的进展，科技教育、特色经济、优势产业有更大发展，人民生活得到更大改善，开创改革开放和现代化建设新局面。特别是应抓住以

“一带一路”建设为核心的机遇，在国家西部区域协调发展新机制中，承担新时期我国向西开放的重要战略任务，在区域间融通补充中，做“一带一路”建设的先锋，冲上国际经济合作新亚欧大陆桥经济走廊的主战场，在向西开放中推动陕西经济实现高质量发展。

三是绿色理念。绿水青山，就是金山银山。陕西生态环境条件依然脆弱，大保护是大开发的前提条件。必须坚持绿色高质量发展，把实现人与自然的和谐发展作为最高理念。在新一轮西部大开发中，启动实施新一轮退耕还林工程，打赢生态环境治理与污染防治攻坚战，推动形成全方位、多层次的生态文明示范建设格局。

四是开放理念。“改革开放铸就的伟大改革开放精神，极大丰富了民族精神内涵，成为当代中国人民最鲜明的精神标识!”① 新时代推进西部大开发形成新格局，要深化改革开放，以开放促改革、促创新、促发展。开放也是改革，以开放促改革、促发展是我国发展不断取得新成就的法宝。开拓、开放、创新是奋斗精神的基本内涵，应该进一步发扬光大。陕西是内陆不发达省份，经济发展、市场发育相对滞后，开放是根本出路。应充分利用市场机制，将扩大对内和对外开放相结合，打造内陆开放高地和开发开放枢纽。不断拓展西部地区对外交流渠道，促进西部地区与外商交流与合作。以“培育新动能、构筑新高地、激发新活力、共建新生活、彰显新形象”五新战略任务为目标，抓住“一带一路”机遇，站到对外开放的前沿，提高对外开放水平，建成富有活力的向西开放开发新经济带，进一步推动经济结构调整，转变发展方式，提高核心竞争力，构建新的发展大格局。

五是共享理念。提高人民的生活水平，缩小城乡差距，实现西部地区的共同发展、共同富裕，不但关系着中国现代化全局，也是西部大开发战略实施的初心。要将协调区域与城乡发展作为重要目标，鼓励先富带动后富，逐步推进共同富裕。继续打好“三大”攻坚战，决胜全面建成小康社会。坚决打赢脱贫攻坚这场硬仗，实施乡村振兴战略，提升城乡基础设施建设水平和公共服务质量，促进城市化与现代化发展。人民群众共享西部大开发成果，人民群众是西部大开发的主体力量，应充分发展社会文化事业，提高人民群众的责任感、荣誉感和幸福感，组织动员全体人民群众参

---

① 习近平：《在庆祝改革开放40周年大会上的讲话》，新华网，2018年12月18日。

与、支持西部大开发，在西部大开发中争做深化改革开放的奋斗者。

（作者系陕西省地方志办公室一级巡视员，陕西省延安精神研究会特约研究员）

# 自我革新：中国共产党在陕甘宁边区成功执政的重要法宝

孙卫春

自我革新，是自觉适应时代发展要求，正视自身的问题与不足，不断实现自身扬弃与创新进步的行为或过程。党的自我革新能力，就是党自觉更新思想观念，坚持与时俱进，突破传统束缚，不断推陈出新，始终保持自身生机与活力的能力。中国共产党98年的奋斗实践充分证明，增强自我革新能力是保证党始终走在时代前列的必然要求，是提高党的执政能力的迫切需要，是保持党的先进性和纯洁性的根本保证。

列宁曾指出："一切革命的根本问题是国家政权问题。"① 在新民主主义革命时期，党的自我革新能力较为突出地体现在政权建设与执政实践方面。在近20个根据地中，陕甘宁边区是唯一经历过苏维埃政权、抗日民主政权、人民民主政权的根据地，堪称党局部政权建设的示范区、新中国政权建设的试验田，政权形态最为丰富也最为典型，为1949年全国政权建设提供了宝贵的经验历练②。毛泽东曾指出："陕北已成为我们一切工作的试验区，我们的一切工作在这里先行试验。"③ 本文以中国共产党在陕甘宁边区局部成功执政为例，对党的自我革新能力做一粗浅探讨，以期对新时代党的自我革新提供一些历史经验。

## 一、自我革新的主观动力：建设模范政权

1937年5月，陕甘宁边区改制伊始，中共全国代表会议就明确提出，

---

① 《列宁选集》第3卷，人民出版社1995年版，第19页。

② 李智勇：《陕甘宁边区政权形态与社会发展：1937—1945》，中国社会科学出版社2001年版，第1—2页。

③ 《毛泽东文集》第3卷，人民出版社1996年版，第297页。

要把陕甘宁边区“造成抗日和民主的模范区”[①]。1938年7月2日，毛泽东在被问到“边区的意义和作用”时指出：“边区的作用，就在做出一个榜样给全国人民看……这就是边区在全国的意义与作用。”[②] 1939年1月，陕甘宁边区政府主席林伯渠指出：“边区在全中国说来，是个政治上先进的地区……边区实在是一个模范的抗日根据地。”[③] 1938年10月，中共扩大的六届六中全会赋予陕甘宁边区的任务是“在全国起模范与推动的作用”。1944年12月，林伯渠又指出，边区政府要“建设出一个很好的地方，协同整个中国解放区，为全中国人民作出榜样”[④]。1946年4月，陕甘宁边区第三届参议会，提出了把边区建设成为“模范自治省区”的口号，并制定了《陕甘宁边区宪法原则》作为建设“模范自治省区”的基本法则。

为确保“三三制”政策的落实，党采取增聘、举荐和“反保证”等方式保证非党人士参加政权机关。1941年10月15日，中共中央西北局发出《关于边区政府聘请非党人士为边区参议员的通知》，强调“边区政府决定聘请落选的非党候选人为边区参议会正式参议员”，“各县党委须指定专人代表边区政府将此决定转达各非党候选人，详细地说明我党实行‘三三制’原则的决心和诚意”[⑤]，聘请了落选的46名非党候选人为边区参议会正式参议员，并保证他们有职有权。1944年，一位英国记者采访李鼎铭是否真正有职有权时，李鼎铭笑着回答有职有权，这位记者后来说，李鼎铭副主席真正有职有权，他在回答我的问题时，面笑心也笑了。[⑥]

纵观延安时期的政治文献以及中共领袖的著作，把陕甘宁边区建设成为模范政权的论述不胜枚举。因此，把陕甘宁边区建设成为模范政权，是中国共产党矢志不渝的一个崇高追求，既是党在政权建设上不断自我革新的主观动因，也是党自我革新的内在品质。

---

① 《毛泽东选集》第1卷，人民出版社1991年版，第261页。

② 中国人民解放军政治学院党史教研室编：《中共党史参考资料》第八册，第159页。

③ 《林伯渠文集》，华艺出版社1996年版，第90页。

④ 《林伯渠文集》，华艺出版社1996年版，第459页。

⑤ 宋金寿、李忠全主编：《陕甘宁政权建设史》，陕西人民出版社1990年版，第228页。

⑥ 杨永华：《陕甘宁边区法制史稿》，陕西人民出版社1992年版，第379页。

## 二、自我革新的根本目的：服务革命事业

毛泽东指出："世界上一切革命斗争都是为着夺取政权，巩固政权，而反革命拼死同革命势力斗争，也完全是为着维持他们的政权。"① "枪杆子里面出政权"，中国革命的基本特点是以革命的武装反抗反革命的武装。武装斗争的成败决定着政权建设的成败，政权建设要在根本上服务于武装斗争的开展。毛泽东指出："军队是国家政权的主要成分，谁想夺取国家政权，并想保持它，谁就应该有强大的军队。"② 因此，军队建设也就成了陕甘宁边区政权建设的核心工作。从工农红军到八路军再到人民解放军，这三支革命军队的锻造始终伴随着陕甘宁边区政权建设。"政权建设的根本任务和目的是保障革命战争的胜利。在革命战斗年代，政权建设必须围绕革命战争而进行，为着争取尽可能的物质条件，去保障革命军队的给养和供给，实现革命战争的胜利。"③ 陕甘宁边区的土地改革、发展经济、民主建设等都是为了实现这个目的。

同时，积极争取、大胆使用、关心照顾知识分子，教育引导他们为革命事业服务。1939 年 12 月 1 日，毛泽东为中共中央起草的《大量吸收知识分子的决定》指出："在长期的残酷的民族战争中，在建立新中国的伟大斗争中，共产党必须善于吸收知识分子，才能组织伟大的抗战力量，组织千百万农民群众，发展革命的文化运动和发展革命统一战线。没有知识分子的参加，革命的胜利是不可能的。"④ 中央组织部部分人才分配工作，由李富春、林伯渠亲自负责安排。陕甘宁边区第二届参议会有 20 多名知识分子当选参议员，并担任交通、农业、医疗、教育等专业领域的领导干部，许多重要工厂厂长、学校校长都由专家担任，理工科大学毕业生大多成为工厂的工程师和技师。1940 年 4 月 13 日，陕甘宁边区政府举行政府委员会议，主要讨论了优待技术人员问题，决定改善办公条件，增加津贴。1941 年 11 月的陕甘宁边区二届一次参议会上，专门对知识分子问题进行了讨论，通过了发展边区科学事业的提案，规定学术自由，保障作家

---

① 《毛泽东年谱（1893—1949）》上卷，中央文献出版社 2002 年版，第 411 页。
② 《毛泽东选集》第 2 卷，人民出版社 1991 年版，第 547 页。
③ 宋金寿、李忠全主编：《陕甘宁政权建设史》，陕西人民出版社 1990 年版，第 501 页。
④ 《毛泽东选集》第 2 卷，人民出版社 1991 年版，第 618 页。

健康，帮助解决文化人、艺术家及其家属生活困难问题。1942 年 5 月，中共中央书记处专门制定了《文化技术干部待遇条例》，并指示各地各部门认真贯彻执行。边区政府根据条例规定，先后制定和颁布了《陕甘宁边区政府关于建设厅技术干部待遇标准的命令》《陕甘宁边区卫生处关于所属各类技术人员待遇规定的通知》《陕甘宁边区 1943 年度技术干部优待办法的说明》《陕甘宁边区财政厅关于技术干部待遇标准的通知》等法规。这些政策的落实，从根本上调动了知识分子的积极性，为边区的经济文化建设发挥了巨大的作用，为抗战做出了应有的贡献。

## 三、自我革新的保障基础：注重改善民生

恩格斯指出：“‘思想’一旦离开‘利益’，就一定会使自己出丑。”[①] 易劳逸教授在研究了 1937—1949 年的国民党后指出，国民党被打败的真正原因是“背弃了民生主义”[②]；相反，“边区是实施三民主义最为彻底的地方”[③]。1937 年 12 月召开的瓦窑堡会议，党做出了建立抗日民主统一战线的策略，并对新形势下的民生工作做了定调，“反日战争中的广大民众，应该满足他们基本利益的要求（农民的土地要求，工人、士兵、贫民、知识分子等改良生活待遇的要求），只有满足了他们的要求，才能动员更广大的群众走进反日的阵地上去，才能使反日运动得到持久性，才能使运动走到彻底的胜利。也只有如此，才能取得党在反日战争中的领导权”。[④] 从这个定调可以看出，陕甘宁边区的民生工作还是为战争服务的。

平衡民生与战争，是衡量党自我革新能力的重要标准。西安事变和平解决以后，陕甘宁边区来自国民党军队的进攻压力明显减少。晋西北抗日民主根据地的建立阻断了日军与边区的直接接触，成为保卫边区的屏障。由此，陕甘宁边区获得了宝贵而短暂的安宁，边区政府抓住有利时机休养民力，“1937 年至 1940 年，边区每人公粮负担平均 1 升多，负担最多的也

---

① 《马克思恩格斯文集》第 1 卷，人民出版社 2009 年版，第 286 页。

② 〔美〕易劳逸：《毁灭的种子：战争与革命中的国民党中国（1937—1949）》，王建朗等译，江苏人民出版社 2009 年版，第 196 页。

③ 转引自宋金寿、李忠全主编：《陕甘宁政权建设史》，陕西人民出版社 1990 年版，第 158 页。

④ 《中央关于目前政治形势与党的任务决议》，中共中央书记处编：《六大以来——党内秘密文件》（上），人民出版社 1980 年版，第 737 页。

不超过七升。1937年7月至1938年10月，边区政府取消了过去42种苛捐杂税，实行统一税制，并减轻税率”。[①] 但1940年至1942年，陕甘宁边区的战事又骤然加重，休养民力不得不转向服务战争，边区群众的生活陷入困境，引发了民意的不满，甚至出现了“雷公打死毛泽东”[②] 的怨恨情绪。“我们曾弄到几乎没有衣穿，没有油吃，没有纸，没有菜，战士没有鞋袜，工作人员冬天没有被盖。”[③] 1941年12月，中共中央发出“精兵简政”的指示，要求切实整顿党、政、军各级组织机构，精简机关，提高效能，节约人力物力。这是边区政府减少自身消耗、减轻民力负担的一个新思路，是“克服物质困难的一个重要的政策”[④]。“精简之后，减少了消费性的支出，增加了生产的收入，不但直接给予财政以好影响，而且可以减少人民的负担，影响人民的经济。”[⑤] 经过三次“精兵精简”，1943年延安县动员民力28000多个，大大低于1942年的60000多个，1944年节约粮食15000石[⑥]。要解决物质的困难，终究还是要靠民力，“不注意全面地发动群众生产运动，只注意片面地以少数经济机关组织少数人从事生产的观点，是错误的”[⑦]。为了调动民众的大生产积极性，边区政府于1942年冬至1943年春实行了减租减息。首先“清算”1939年减租条例公布以来到1942年未执行减租而多交了的租额；然后根据“清算”结果，确定应退租的数量，并由地主将多收租子如数退给佃户；最后租佃双方，进行“换约”，实行保佃，这既增加了农民的收入又保障了佃权，农民的生产积极性得到显著提高。同时，边区又发动了大生产运动，放活商业贸易，这些措施都极大地休养了民力、改善了民生。

面对抗日根据地大量的难民、灾民，中国共产党在《抗日救国十大纲领》中提出：“救济失业，调节粮食，赈济灾荒。”陕甘宁边区政府在施政纲领中，把救助工作作为边区政府的重要任务。一方面，通过组织垦荒、

---

① 中共陕西省委党史研究室编，梁星亮、杨洪、姚文琦主编：《陕甘宁边区史纲》，陕西人民出版社2012年版，第161页。

② 《毛泽东文集》第3卷，人民出版社1996年版，第403—404页。

③ 《毛泽东选集》第3卷，人民出版社1991年版，第892页。

④ 《毛泽东选集》第3卷，人民出版社1991年版，第881页。

⑤ 《毛泽东选集》第3卷，人民出版社1991年版，第895页。

⑥ 刘景范：《陕甘宁边区的政权建设》，中共庆阳地委党史资料征集办公室编：《陕甘宁边区时期陇东民主政权建设》，甘肃人民出版社1990年版，第762页。

⑦ 《毛泽东选集》第3卷，人民出版社1991年版，第912页。

发放农贷、创办义仓、恢复民间借贷等鼓励灾民互济自救；另一方面，通过植树造林、卫生防疫、兴修水利等加强灾害防治，以帮助灾区群众渡过灾荒。①

## 四、自我革新的智力支持：实施民主政治

中国共产党在边区实施的民主建设，极大地调动了民众参政议政的积极性，为党的自我革新提供了源源不断的动力源泉。“激荡全中国的民主运动的浪潮，其发源地就是陕甘宁边区。”② 瓦窑堡会议召开后，中共中央为建立抗日民族统一战线，把苏维埃工农共和国改为苏维埃人民共和国，进一步开放民主，为向抗日民主政权转变奠定了基础。1937 年 2 月 10 日，中国共产党在《中共中央给中国国民党三中全会电》中对边区的民主建设做出了郑重承诺：“在特区政府区域内，实施普选的彻底民主制度。”③ 1940 年 3 月，中共中央决定建立“三三制”政权，在陇东、绥德两个分区试行。1941 年 1 月 30 日，陕甘宁边区中央局印发了《关于彻底实行三三制的选举运动给各级党委的指示》，以“三三制”为主要形式的抗日民主政权逐步建立起来，陕甘宁边区的民主建设达到了一个历史新高度。据 1944 年底统计，党外人士担任边区政府副主席、厅长、县长、科长、乡长、乡文书以上的行政职务的有 3592 人，参加经济文化工作的有 2210 人。④ 抗战胜利前夕，抗日民主政权向人民民主政权的转变被提上议事日程。1945 年 8 月，毛泽东在延安干部会议上提出，抗日战争胜利后，主要任务就是要“建立一个无产阶级领导的人民大众的新民主主义的国家”⑤。同年 9 月，陕甘宁边区第三次民主选举正式启动，将边区参议会改为边区人民代表会议，老区改选各级政权和新区建立各级政权时，均实行了人民代表大会（会议）制度。苏维埃政权的工农苏维埃代表大会制度、抗日民

① 邹腊敏、张欢：《抗日战争期间陕甘宁边区政府救济赈灾研究》，《延安大学学报（社会科学版）》，2016 年第 4 期。

② 刘树发主编：《陈毅年谱》上卷，人民出版社 1995 年版，第 437 页。

③ 《中共中央给中国国民党三中全会电》，中共中央书记处编：《六大以来——党内秘密文件》（上），人民出版社 1980 年版，第 798 页。

④ 李忠全、王振中：《“三三制”在陕甘宁边区的实施及其意义》，《理论导刊》1987 年第 7 期，第 21 页。

⑤ 《毛泽东选集》第 4 卷，人民出版社 1991 年版，第 1130 页。

主政权的参议会制度、人民民主政权的人民代表大会制度的递进，充分说明陕甘宁边区的民主形势日趋完善，民众的民主权利得到了有效保障，激发了民众对于党自我革新的合法性认同，“华池有个地主感激地说‘37年选举，咱们没有选举权，现在共产党、八路军、边区政府看得起咱们了，又给咱们选举权，咱今后一定要选好人。’”① 一位外国人这样评价：“现在中国有两个中心，一个封建的中心，在重庆；一个民主的中心，在延安。”②

毛泽东指出：“国事是国家的公事，不是一党一派的私事。因此，共产党员只有对党外人士实行民主合作的义务，而无排斥别人、垄断一切的权利。”③ 在与党外人士的民主合作中，党的自我革新获得了重要的智力支持。在陕甘宁边区第二届参议会上，参议员李鼎铭等11名民主人士提出了“精兵简政”的提案。毛泽东不仅把“精兵简政”作为克服物质困难的一项根本政策，而且把它作为边区和各敌后抗日根据地政权建设的基本政策。1943年10月1日，中共中央政治局又把“精兵简政”作为各根据地“最切要”十大政策之一，位列“对敌斗争”之后，排第二。

毛泽东提出了以民主新路打破历代统治者兴衰周期率的著名论断，强调只有让人民来监督政府，政府才不敢懈怠，才不会人亡政息。民主监督成为陕甘宁边区民主政治的形式，是党自我革新的一种纠偏机制。正如谢觉哉所说：“防止官僚主义有效的药剂是发动人民自下而上地批评、监督、控告以至要求罢免（对上级人员）或直接实行罢免（对乡村人员）。”④

毛泽东曾说：“难道我们还欢迎任何政治的灰尘、政治的微生物来玷污我们的清洁的面貌和侵蚀我们的健全的肌体吗？”⑤ 但党诞生的土壤的特殊性、肩负的使命的艰巨性以及自身的特殊性，决定中国共产党必须进行自我革新。纯洁性是马克思主义政党的本质属性，是马克思主义政党的生

---

① 林伯渠：《陕甘宁边区三三制的经验及其应该纠正的偏向》，中共延安地委统战部、中共中央统战部研究所主编：《抗日战争时期陕甘宁边区统一战线和三三制》，陕西人民出版社1989年版，第474页。

② 转引自李忠全、王振中：《陕甘宁边区三三制简述》，中共延安地委统战部、中共中央统战部研究所主编：《抗日战争时期陕甘宁边区统一战线和三三制》，陕西人民出版社1989年版，第394页。

③ 《毛泽东选集》第3卷，人民出版社1991年版，第809页。

④ 《谢觉哉文集》，人民出版社1989年版，第610页。

⑤ 《毛泽东选集》第3卷，人民出版社1991年版，第1097页。

命所系、力量所在。新形势下，党面临着执政考验、改革开放考验、市场经济考验和外部环境考验，面临着精神懈怠危险、能力不足危险、脱离群众危险和消极腐败危险。要经受考验、化解危险，最根本的是借鉴党史的宝贵启示，加强党的建设，不断增强自我净化、自我完善、自我革新、自我提高的能力。只有这样，才能始终保持党的纯洁性，推动中国特色社会主义事业不断前进。

（作者系中共榆林市委理论讲师团教学研究科科长）

# 坚定正确的政治方向使党永立时代潮头

孙跃纲

延安精神是中国共产党的伟大创造，是中国革命最为宝贵的精神财富之一，也是新时代坚持和发展中国特色社会主义，实现“两个一百年”奋斗目标和中国梦的强大精神动力。延安精神最鲜明的标志、最核心的内容就是坚定正确的政治方向。中国共产党始终坚持坚定正确的政治方向，不断推进党的自我革命，保持先进性、纯洁性，使党始终站立时代潮头，引领时代的发展。

中国特色社会主义进入新时代，面对各种挑战与考验，我党高举中国特色社会主义伟大旗帜，必须始终保持坚定正确的政治方向，坚定进行具有许多新的历史特征的伟大斗争，才能夺取新时代坚持和发展中国特色社会主义的伟大胜利。

延安精神是马克思主义中国化、本土化、实践化的生动成果，是马克思主义大众化的突出成就。新时代高举马克思主义中国化的旗帜，需要加快马克思主义大众化、实践化的历史进程，运用大众化推进马克思主义中国化和时代化。始终坚持坚定正确的政治方向，动员最广大的人民群众，凝聚强大的政治力量，推动广大人民群众自觉地创造他们的历史。始终坚持为人民服务、以人民为中心的政治方向、政治立场，引导广大人民群众全面系统地学习、掌握和运用马克思主义，提高自身的马克思主义理论素养，自觉地推进社会的改革与文明的发展，必将创造更加美好未来，创造更加幸福的生活。

## 一、延安精神的根本标志就是坚定正确的政治方向

中国共产党十五六年的艰苦斗争，历经万千曲折，经历反反复复，经历第五次反“围剿”失败，被迫进行战略转移，北上长征，来到陕北延安。当时日本帝国主义扩大对华侵略，建立和发展广泛的抗日民族统一战

线，成为党和人民、国家和民族命运攸关的根本，成为党的根本政治立场，党领导全国人民共同奋斗的政治方向。

马克思主义讲阶级斗争，而当时中日民族矛盾上升为主要矛盾，民族存亡关系着每一个中华儿女的切身利益，阶级矛盾与民族矛盾紧密结合，混为一体，而且民族矛盾转化为主流、主导、主题。这使得中国共产党人必须将马克思主义紧密结合中国的客观实际，切合人民大众的现实利益，把马克思主义大众化推向新的阶段、新的境界。

马克思主义大众化与中国化、时代化是密切统一不可分割的整体，是紧密相连的统一进程。马克思主义中国化、时代化最终要落实到大众化上，落实和实现在无产阶级与广大劳动人民改造旧世界、创造新世界的历史性实践之中。如果没有大众化，没有广大人民群众掌握和运用马克思主义去现实地创造无产阶级解放的伟大事业，马克思主义的中国化、时代化就是一纸空文，就不会有真实的结果和现实的意义，就不能实现它的应有价值。从发展的进程上来看，马克思主义大众化是马克思主义中国化、时代化的必然趋势、最终体现和综合结果。延安精神的产生发展就是马克思主义大众化的生动写照。

马克思主义中国化、时代化的时间延伸与空间转换，必须逻辑地体现和实现为主体的范围扩展，现实地表现为最广大无产阶级与劳动人民真实地掌握和运用马克思主义的实践进程。马克思主义历史观是人民史观，任何理论的产生发展与真实意义，都必须体现在对人民生产生活实践的具体影响上，体现为对人民实践的实际推动作用。马克思主义中国化、时代化的时间延伸和空间扩展的终极意义与现实价值，只能被人民的创造性历史活动来说明、丰富和充实。

实现和推进马克思主义中国化，最终要解决中国社会发展的现实问题，也就是要组织和动员最广大的人民群众，进行改造旧世界、建设新世界的伟大斗争。人民大众能不能被动员起来，能不能投入到创造性的社会实践之中，现实地推进社会的进步和文明的发展，也就是马克思主义大众化的核心问题。

马克思讲，理论在一个国家的实现程度决定于这个国家对理论的需要程度，这个理论干预到这个国家社会活动的程度，也就是人民对这个理论的需要和掌握的程度。中华民族的伟大复兴、国家的强盛、人民的幸福绝不是某个阶级、某些阶层、某一部分人的事情，而是全体中国人，是人民群众的事业，马克思主义中国化的完成和实现，最终要落实在马克思主义的大众化上来，努力使人民群众都能够比较系统完整地掌握和运用马克思主义，最后能够解决当代中国社会发展所面对的实际问题。

总结中国共产党人的革命斗争历程，经历第一次国共合作，共推北伐大业，到十年土地革命战争，共产党人的革命斗争精神和基本思想倾向，由井冈山精神到长征精神，经过在陕北延安的艰苦斗争，形成了伟大的延安精神。延安精神正是井冈山精神、长征精神的继承和发展，是马克思主义中国化、大众化的历史性延续连接，是我党领导人民在革命斗争实践中运用马克思主义来解决所面对的具体的实际问题过程中的伟大创造，是马克思主义基本精神在新的历史时期、新的具体历史条件下的具体运用和创新性再现、创造性成果。

毛泽东给抗大的题词，高度浓缩、高度概括地总结了在延安特殊的自然地理人文条件下，在延安特别艰苦的革命斗争实践中，党领导人民创造性地形成的独特精神气质，这就是坚定正确的政治方向，艰苦朴素的生活作风，灵活机动的战略战术，其中坚定正确的政治方向则构成为延安精神的核心与根本。

延安精神的全部内容来源于群众，来源于实践，来源于党领导人民的艰苦实践和创造性智慧，是人民实践的产物。坚定正确的政治方向尤其是关系党和人民伟大斗争成败的关键，关系革命根据地生死存亡的根本和灵魂，决定着党、人民和革命事业的未来与命运，成为延安精神的核心和标志。延安精神是马克思主义大众化的集中成果，这一成果具有鲜明实践性、创新性、综合性。

马克思主义大众化的综合性表现为，在理论上，全面综合地体现了马克思主义中国化的所有优秀成果，概括了马克思主义中国化进程中的所有环节，把马克思主义中国化、时代化的每一步创新、每一个成就都准确地全面地概括起来，总结起来，实现了理论创新的彻底性、继承性、包容性与完全性。

在实践上，马克思主义大众化的综合性体现为紧密切合人民大众现实的生产生活问题，紧密切合人民大众生存发展问题，紧密切合人民大众追求真理正义、创造自由幸福的历史潮流，把马克思主义具体运用于解决人民大众面临的各种复杂实际问题的过程。马克思主义大众化所面对和解决的不只是人民眼前的、个别的、单独的、具体的零碎的表面的枝节问题，而是要整体地、全面地解决无产阶级和人民大众的自由解放问题，在解决这些实际的整体性问题的实际进程中，发挥出马克思主义的真理功能和道义功效。

在理论形态上，马克思主义大众化的综合性更鲜明地表现为理论与实践的具体历史的统一，体现为理论的实践化与实践的理论化的双向互动与逻辑的融合，在内容的丰富性进程中，人民大众对马克思主义理解和运用的空间极大地得到拓展，使得马克思主义理论的解释力说服力动员力鼓动力在日益扩展的形态上不断延伸不断进化，实现理论的融合与实践的推进①。

在延安，当时最迫切最根本的问题就是党领导人民，打败日本侵略者，取得抗日战争的伟大胜利。解决这一问题，必须运用和坚持马克思主义的基本理论与科学方法，从当时中国与世界的基本实际出发，找到正确的政治原则、政治立场、政治方向，这就是组织动员一切力量，建立广泛的抗日民族统一战线，从这一政治方向出发，动员和发动最广大的人民群众，进行胜利的全民抗战。这就实现了马克思主义的大众化。

延安精神的产生发展进程充分说明，马克思主义大众化不是简单的进程。从总体上和历史发展的角度看，马克思主义大众化与中国化、时代化是一个统一的历史性创造过程，其中中国化是先导，时代化是指向，大众化是目标、实现和完成。从理论本身的逻辑进程来看，经历反复曲折的历史性实践，中国化马克思主义的形成可以看作马克思主义中国化的完成；从历史和社会发展的整体角度看，只有将马克思主义运用到解决中国社会变革社会发展所面临的具体现实问题之中，广大人民群众掌握和运用马克思主义，现实地推动了问题的解决，才能看作是马克思主义中国化的阶段性完成。因而，切实地将马克思主义转化为人民大众的强大思想武器和精神力量，推进马克思主义的大众化，才是马克思主义中国化的真实目标和最终归宿，也才是检验马克思主义中国化成效的客观标准。

## 二、坚定正确的政治方向是党的政治建设的根本

延安精神是马克思主义大众化的必然结果，是马克思主义在当时十分

① 《习近平总书记系列重要讲话读本》，学习出版社、人民出版社 2016 年版，第 281 页。

特殊条件下中国化、本土化、实践化的集中再现，是马克思主义与当时延安具体特殊现实相结合的产物。对党的建设来讲，延安精神的显著特征和基本要求，就是始终保持坚定正确的政治方向。加强党的建设，最重要最关键的根本就是加强党的政治建设。

加强党的政治建设最基本的要求就是坚定正确的政治方向。这就必须在新的形势下不断推进马克思主义的中国化、大众化、实践化，打好坚定正确政治方向的思想理论基础。党的政治建设的使命就是组织和动员最广大的民众，朝着马克思主义指明的目标奋斗，把亿万人民组织在党的旗帜之下，不断提升全体人民的思想觉悟和整体素质。

现实地推进党的政治建设，实现和推进马克思主义大众化是一个十分艰巨的社会工程。这一艰巨工程既是一个理论工程，更是一个实践工程。马克思主义大众化体现为受众面不断拓宽，是一个层次不一、程度不同、需求各异的社会主体在各个层面复杂的整体进程，必须有区别、有层次、分阶段地系统推进。人民群众区分为不同的阶级、阶层，各个部分都有很不相同的具体状况。一两个人甚至一两百人成为马克思主义者并不很困难，而要使广大人民群众都接受马克思主义，那实在是非常不容易的事。

党的政治建设，就是要把人民组织引导到党的旗帜之下，引导到人民的解放与自由发展的旗帜之下。这一坚定正确的政治方向，是马克思主义政党坚定不移的根本政治立场，是社会发展进步的伟大事业赋予共产党人的历史使命。在中国特色社会主义新时代，党的政治方向也就是我们党的初心，就是为国家谋富强，为民族谋复兴，为人民谋幸福。习近平总书记反复强调，共产党人必须不忘初心、牢记使命，始终保持顽强奋斗的革命精神。

2018年6月29日，十九届中央政治局第六次集体学习重点讨论了党的政治建设，习近平强调，马克思主义政党具有崇高政治理想、高尚政治追求、纯洁政治品质、严明政治纪律。党的政治建设是一个永恒主题。要把准政治方向，坚持党的政治领导，夯实政治根基，涵养政治生态，防范政治风险，永葆政治本色，提高政治能力，为我们党不断发展壮大、从胜利走向更大胜利提供重要保证。习近平指出，党的十九大明确提出党的政治建设这个重大命题，强调党的政治建设是党的根本性建设，要把党的政治建设摆在首位，以党的政治建设为统领。

习近平强调，政治方向是党生存发展第一位的问题，事关党的前途命运和事业兴衰成败。他指出，我们要坚持的政治方向，就是共产主义远大理想和中国特色社会主义共同理想、“两个一百年”奋斗目标，就是党的基本理论、基本路线、基本方略。加强党的政治建设就是要发挥政治指南针作用，引导全党坚定理想信念、坚定“四个自信”，把全党智慧和力量凝聚到新时代坚持和发展中国特色社会主义伟大事业中来；就是要推动全党把坚持正确的政治方向贯彻到谋划重大战略、制定重大政策、部署重大任务、推进重大工作的实践中去，确保党和国家各项事业始终沿着正确政治方向发展；就是要把各级党组织建设成为坚守正确政治方向的坚强战斗堡垒，教育广大党员、干部坚定不移沿着正确政治方向前进。

在中国特色社会主义新时代，加强党的政治建设，确保坚定正确的政治方向，一定要坚持以人民为中心的发展，时刻紧扣民心这个最大的政治。把赢得民心民意、汇集民智民力作为首要着力点。站稳人民立场，发展党内民主，落实和完善民主集中制，集中全党的智慧和力量，贯彻群众路线，充分调动、动员和团结一切积极因素，努力推进民生建设，不断增进人民福祉，努力让人民获得更多的发展实惠，享受更多更实在的获得感、幸福感、安全感，进而激发人民的更大激情与动力。

加强党的政治建设，坚定正确的政治方向，人民最关心营造良好的政治生态。这是党的政治建设的基础性、经常性工作，养正气、固根本，锲而不舍，久久为功。通过艰苦细致的全面建设，使党内政治生活的政治生态能有较大改观，使党的基层组织和每个党员都得到极大的尊重和提升，党的生活生气勃勃，朝气蓬勃，努力形成又有自由又有纪律，又有统一意志又有个人心情舒畅那样一种生动活泼的政治局面，进而激发起人民大众对中国特色社会主义的发展的坚实自信和更大希望。①

加强党的政治建设，始终坚持正确的政治方向，必须坚持问题导向。提高人民大众的马克思主义觉悟，推进马克思主义大众化，绝不仅仅是理论本身的宣传、扩展、传播问题，而且首先是无产阶级政党坚持、运用和发展马克思主义，解决社会发展中的实践问题。只有在社会发展的实践中，马克思主义的运用具备了实际的条件，得到了实际的推进，取得了显著的实效，极大地推进了社会的进步，创造了文明的发展，给人民群众带来了实际的利益和现实的发展，带来了无比广阔的未来前景和丰富多彩的

---

① 《习近平谈治国理政》第二卷，外文出版社2017年版，第180页。

美好可能性空间，人民群众才会自然地会汇集在马克思主义的旗帜之下，逐步成为马克思主义者。

延安时期是坚持坚定正确的政治方向的典范，是党与人民良好关系的榜样，是党把人民的问题、把人民具体的生产生活问题当作最大政治的典型。每一个来延安考察的记者与学者、政府官员、国外人士，都留下了一个深刻的印象：这里真正是人民的天下、人民的政府干部是人民的公仆。人民大众真正成了主人，人民大众的任何问题都成为党的关注，成了政府的命令。

问题是时代的声音，是人民最直接最紧迫最急切的利益，也是任何社会活动的中心环节和根本性基础。坚定正确的政治方向，推进马克思主义大众化，最显著的特征就是直面问题，始终坚持问题导向的思维，直接对接人民大众生存发展中的现实问题，直接对应人民群众生产生活中的实际困难和复杂障碍，把马克思主义的真理与道义价值充分展示出来，引领人民集中力量，克服困难，化解矛盾，推进发展。马克思主义大众化的最高境界和基本要求就是人民群众在社会变革的实践中自己教育自己、自己提高自己、自己发展自己、自己解放自己，构成马克思主义大众化最深厚、最强大、最持久的力量。

加强党的政治建设，坚定正确的政治方向，推进马克思主义中国化、大众化是一个曲折反复的历史进程，有时也会走到半途，也会出现错误，不能继续推进下去的情况。这个时候就需要有伟大的马克思主义者来纠正历史的航向，发现和纠正马克思主义中国化、时代化进程中的问题，运用马克思主义大众化进程中的具体成果，运用从中国化实际过程中得到的新思考、新思想、新观念、新总结、新发现，纠正和指引中国化时代化过程中的曲折与错误，把马克思主义中国化、时代化统一到大众化的历史进程中，使中国无产阶级与劳动人民继续沿着马克思主义的正确航向前进。毛泽东、邓小平在马克思主义中国化历史中都曾发挥出这样重大的历史性创举作用。

## 三、坚定正确的政治方向必须进行新的伟大斗争

党的政治立场、政治方向，是党的政治路线内在价值的集中体现，是决定党的全部事业的根本和灵魂。只要党的政治方向明确了，我们的全部工作就有了政治的保障和方向的指引。在党的全部工作中，党的政治方向

不能有任何的动摇，不能有些许的怀疑，不能打任何的折扣。

延安时期，我们党正确的政治立场、政治方向就是团结人民一致抗日，这是全体中国人民的共同的根本利益，也是中国共产党的根本政治立场和政治方向。中国特色社会主义新时代，坚持坚定正确的政治方向，关键就是要坚持党的基本路线不动摇，始终坚持以经济建设为中心，坚持改革开放，坚持四项基本原则，坚持把我国建设成为富强民主文明和谐美丽的社会主义现代化强国的目标不动摇。在这些方面，在这些方向上的怀疑与动摇，那就成了严重的政治问题。

以经济建设为中心的政治路线，以人民为中心的政治立场，以实现"两个一百年"奋斗目标和中国梦为政治目标，构成当代中国共产党人的基本政治形象、政治面貌①。充分展示这种政治形象，完整准确体现这种政治面貌，要求始终保持坚定正确的政治方向，同各种错误的甚至是反动的政治方向进行坚决的斗争，在新时代，尤其需要强化自我革命，强化责任与担当，面对各种挑战和风险考验，保持清醒的政治定力，坚决进行具有许多新的历史特点的伟大斗争，把共产党人的政治立场与政治方向坚定地坚持下去。

新时代的伟大斗争，行动目的和政治目标是要努力完成我们党担当的历史使命，实现"两个一百年"奋斗目标，这也是千百万共产党人与人民群众的共同理想。推进新时代的伟大斗争，必须紧紧围绕党的政治目标，牢牢坚持党的基本路线，团结带领全国各族人民，朝着建设一个富强民主文明和谐美丽的社会主义现代化强国的目标矢志不移，艰苦奋斗，努力创新。

推进新时代的伟大斗争，习近平要求立足于中国特色社会主义新时代的客观实际，正确面对各种重大矛盾、积极化解各种重大风险、努力排除各种重大困难、冷静应对各种重大挑战。新时代有新的机遇，更有新的风险、新的挑战、新的矛盾、新的困难，各种可以预料和不可预测的复杂问题，会跟我们保持正确的政治方向、完成新的政治任务造成阻碍。我们必须高举旗帜，团结一心，凝聚力量，开拓创新，不断把新时代的伟大斗争进行下去。

推进伟大斗争是党在新时代的重大政治任务、政治使命和政治担当。

---

① 《习近平谈治国理政》第二卷，外文出版社 2017 年版，第 26 页。

要和各种反对、阻碍和影响党的政治任务、政治立场、政治方向的现象进行坚决的斗争。在重大政治方向、重大政治原则问题上立场坚定、毫不动摇，始终保持共产党人的政治形象。

胜利推进新的伟大斗争，第一要坚持党的基本路线，坚持从社会主义初级阶段的具体国情出发，坚持经济建设这个中心不动摇①。第二要坚持以人民为中心不动摇，始终坚持人民立场，为人民的利益而坚持真理，为人民的利益而改正错误，坚持党的群众观点和群众路线，团结带领人民艰苦奋斗，克服各种困难，推进伟大事业。第三要坚持改革开放，坚持求实创新，运用市场经济的手段，大力解放和发展生产力，活跃市场，繁荣经济，不断创造社会主义发展的旺盛活力。第四要坚持科学真理，遵循客观规律，坚持程序原则，依法治国，依法治党，运用科学民主的力量，调动一切积极因素，不断创造科学发展的新局面。

按照习近平新时代中国特色社会主义思想，正确的政治方向，是遵循事物发展客观规律的发展方向，是遵从人民群众根本利益的发展方向，是维护国家主权、保障国家核心利益极大推进民族复兴的发展方向，是最大限度地维护和扩展人类命运共同体的发展方向。这些正是世界潮流，人类大势，发展的规律，人民的期望，这种世界潮流，浩浩荡荡，顺之者昌，逆之者亡。

坚定正确的政治方向，推进新时代的伟大斗争，党的领导是基本的前提和保障。要始终坚持党的全面领导，强化党的政治领导，坚定党的政治方向。在此，关键的少数担当着极为重大的历史责任。习近平反复强调，要充分发挥各级领导干部这一关键少数的重要作用，通过党的领导干部，把党的政治纲领、政治路线、政治主张宣传下去、执行下去、贯彻下去，贯彻到底。

延安时期毛泽东就预示和希望我们党有一百个到二百个系统地全面地深入彻底地把握马克思主义的理论家，那我们的事业就会非同寻常了。人民群众通过艰巨复杂的社会变革实践进行的自我革命、自我教育、自我发展成为马克思主义大众化的强大力量。充分挖掘和深入激发这一无穷力量，尤其需要关键少数的责任与担当，需要对这一进程做认真的探索与研究，遵循其中的内在规律，把马克思主义大众化不断推向新的更高阶段。

---

① 《习近平谈治国理政》第二卷，外文出版社2017年版，第258页。

关键少数在坚定正确的政治方向、推进新时代伟大斗争进程中具有鲜明而强大的历史责任。

第一是系统全面地学习宣传中国化马克思主义理论成果，把毛泽东思想、邓小平理论、“三个代表”重要思想、科学发展观、习近平新时代中国特色社会主义思想学习好宣传好，把习近平新时代中国特色社会主义思想的精神实质核心要义和学说体系理论框架宣传给群众，让群众完整准确掌握新世纪马克思主义的创新成果，进而不断，增强“四个意识”，坚定“四个自信”，在思想上理论上走向成熟。

第二是实践上坚决贯彻执行党的理论路线、方针、政策，通过模范实践21世纪中国化马克思主义，带领群众在新时代正确应对各种挑战和危险，化解各种风险和考验，使人民大众亲身感受到马克思主义的巨大威力，从而坚定对马克思主义的政治信仰和实践自觉。

第三是顶层设计组织领导。各级党的领导干部，掌握着组织权力，正确运用这种权力，组织和引导人民大众朝着马克思主义指引的方向前进，就会极大地动员广大的力量，推动伟大的事业，取得明显的效果，从而教育和组织起更加宏大的群众大军，形成马克思主义的强大阵营。关键的少数举旗定向，四两拨千斤，大力挽狂澜，号角聚群力，决策定胜败。

第四是理论引领，价值引导。理论是旗帜，价值是导向。各级领导干部作为关键的少数，可以充分拓展功能，充分发挥种子一样的功效，高举马克思主义的旗帜，弘扬社会主义核心价值观，引导人民朝着自由解放的大道不断创新、不断前进。

坚定正确的政治方向，推进新时代的伟大斗争必然面对着许多的阻碍和困难，首先是各种反马克思主义、各种非马克思主义思想的影响，国外资本主义意识形态的渗透。其次还有传统文化中的各种落后的陈旧的思想观念，有些还在严重地干扰着人们的思想意识，影响到人民现实的价值选择。再就是各种封闭保守僵化的思维方式、思维定式，排斥和阻挡着马克思主义的传播和人民对马克思主义的学习掌握与运用，成为马克思主义大众化进程中的消极因素。

坚定正确的政治方向，需要正确面对人民群众具体复杂的生产生活与思想实际。人民大众的日常生产生活实践形成了普遍存在根深蒂固的日常经验思维，形成了各个领域的习惯传统，有的已经固化为封闭保守的规则，对开创中国特色社会主义伟大事业造成了极大的消极阻碍作用。关键的少数学习运用马克思主义科学世界观与方法论，运用科学思维的力量，能够极大地打破经验思维的顽固性、普遍性、保守性，引导人民大众走上科学思维的光明大道，走上马克思主义真理的创新大道。

关键的少数能够最有效地坚定正确的政治方向，带领人民进行新的伟大斗争。这里应然地先前设计关键少数的高素质、高能量、高效应，在实然的实践进程中必须强化对关键少数的跟踪研究与科学管理，通过各种有效措施，努力保障关键少数的素养与功能，确保关键少数能够切实担当自己的历史责任，高质量完成自身的宏伟使命。

马克思在《共产党宣言》中号召无产阶级坚决实行“两个决裂”，动员最广大的力量，同各种阻挡历史前进的制度、传统作坚决的斗争①。习近平反复要求全党清醒认识国情党情世情，始终准备进行具有许多新的历史特点的伟大斗争，运用马克思主义指导现代化建设。现实地推进马克思主义大众化，要求正视种种的消极阻碍因素，在各级领导干部的带领下，引导人民不断解放思想，破除迷信，追求科学，弘扬真理，不断把马克思主义大众化推向新的阶段。

中国共产党人近百年的英勇奋斗，书写了人类历史发展的绝妙篇章，建立新中国和改革开放的伟大历史性实践已经创造了人类历史的奇迹，成为马克思主义发展史上的经典事件。这其中以坚定正确的政治方向为标志的延安精神做出了重要贡献。用这一经典的内在精神宣传和武装人民，提升人民大众的马克思主义素养，是新时代马克思主义中国化、时代化的使命，是持续推进马克思主义大众化的重要任务。

近百年来，党领导人民创造了马克思主义大众化的新经典。延安精神就是这种经典的集中体现。延安精神把马克思主义的基本原理与基本精神中国化、时代化、大众化，形成为人民奋斗的持续动力。新时代我们要创造马克思主义中国化的新成就，书写马克思主义时代化的新篇章，推进马克思主义大众化的新实践②。人民大众始终是历史的主人，是社会文明的实践者、创造者，试想，十几亿中国大众真正地深入地全面系统地学习掌握和运用马克思主义，我们党在总体上推进和基本实现了新时代马克思主义的大众化，那将是一种什么样无穷无尽的创造性力量，将会是一种什么

① 《马克思恩格斯文集》第二卷，人民出版社2009年版，第57页。
② 《习近平谈治国理政》第二卷，外文出版社2017年版，第342页。

样的宏伟状况啊！新时代坚持和发展中国特色社会主义的伟大实践，尤其要切实推进马克思主义大众化的艰巨事业，通过党和人民的艰苦创造与持续创新，通过关键少数的持续努力，必将创造更加辉煌的马克思主义大众化新成就、新辉煌。

总体来看，坚定正确的政治方向是延安精神的根本和核心，是坚持和加强党的政治建设的基础，也是新时代确保实现“两个一百年”奋斗目标和中国梦的强大精神力量。新时代坚持和弘扬以坚定正确的政治方向为标志的延安精神，必须极力推进马克思主义大众化进程，极大地提高人民群众的思想觉悟与精神境界，努力形成党带领人民艰苦奋斗的强大精神力量。结合历史的实践进程，相对而言，大众化是坚持和发展马克思主义、坚持和发展中国特色社会主义最为艰难、最为基础、最为彻底、最为迫切也是最终的历史性社会工程，需要集全党之力，挖掘人的智慧，通过全面系统细致持久的努力，不断推进，久久为功，才能争取更大的成效。

（作者系陕西渭南市委党校教授）

# “延安”铸魂筑梦，砥砺初心使命
## ——延安精神与共产党人的初心和使命

张美彧

1935年，巍巍宝塔山下还是一片贫瘠黄土。有这样一群人，他们在这片黄土地上苦战了13个春秋，以艰苦奋斗的不屈信念和勇于开拓的创业实践，在救亡图存和解放人民的斗争中缓缓托着近代饱受欺凌的中华民族站了起来，培育和铸造了中华民族的振兴奋进之魂——延安精神。

1956年，新中国成立之初，西安城外还是一片丰收在望的麦田。有这样一群人，他们手持一张张印有“向科学进军，建设大西北”字样的乘车证，告别上海“十里洋场”，完成了1600多公里的西迁，用长达一个甲子的艰苦奋斗，建成了西安交通大学这所闻名中外的高等学府，铸就了“胸怀大局、无私奉献、弘扬传统、艰苦创业”的西迁精神①。

2019年1月18日，西安市市场主体总量突破了150万户，西安跻身2018年中国城市营商环境综合排名十强，全市企业平均开办时间压缩至2.7天。这背后也有一群人，他们是市场监管系统成百上千个窗口、成千上万名执法人员，他们用“5+2”“白加黑”“365天不打烊”的意志在政务大厅、在市场一线铸就了更优质的营商环境，也叫响了市场监管“店小二”精神。

70余载春秋，延安精神从来都没有凋零，它被赋予了更多形式和内涵。如今，时代赋予我们使命，需要我们深刻全面地理解延安精神的内涵及时代价值，更好地守住共产党人的初心，更责无旁贷地担负起共产党人的使命。

---

① 张圣华：《西迁：人才开发西部的壮丽史诗》，《中国人才》2018年1月刊。

## 一、延安精神与共产党人初心和使命的统一内涵

延安精神是中国共产党践行初心的精神高地，是广大党员干部继承传统、汲取力量的红色熔炉。从嘉兴红船到万里长征，从井冈山到西柏坡，从梁家河岁月到西迁精神，它承载在张富清赫赫战功的勋章上，标记在黄文秀两万五千公里的仪表盘中，书写在赵一曼送给儿子的遗书里，握紧在焦裕禄种下焦桐的双手间。它生发出无数个名字，在千万个默默无闻的基层岗位上闪耀着不同的光芒。

2019年是中华人民共和国成立70周年，七十载栉风沐雨，几代人薪火相传，时代巨变，而中国共产党人的初心和使命从未改变。为中国人民谋幸福、为中华民族谋复兴，源自马克思主义政党的政治基因，在血与火的斗争中铸就和凝练，体现着我们党的性质和宗旨，是激励共产党人不断砥砺前进的动力，其核心和内涵正是延安精神在新时代的不绝回响。旗帜鲜明讲政治、实事求是勇担当、全心全意为人民、艰苦奋斗创事业，其出发点和落脚点，就是为中国人民谋幸福、为中华民族谋复兴。在这个意义之上，二者的内涵和根本价值取向是统一的，弘扬延安精神正是砥砺初心使命的保障和必经之路。我们要充分认识了解延安精神的内涵实质和时代价值，将其融入守初心、担使命的事业中去，这是以习近平同志为核心的党中央统揽伟大斗争、伟大工程、伟大事业、伟大梦想的迫切需要，是保持党同人民群众血肉联系的迫切需要，对党的建设有着重要意义。

## 二、坚定全心全意为人民服务的根本宗旨，为中国人民谋幸福

伟大的时代呼唤伟大的精神，崇高的事业需要崇高的追求。中国共产党自成立之日起就摒弃利己主义，把为中国最广大人民谋利益作为自己的根本宗旨，全心全意为人民服务，这既是延安精神的本质，也是共产党人执政的价值取向，是千千万万共产党员近百年来始终追求的初心。

当年的延安“只见公仆不见官”、干群团结如一人，才为抗日战争、解放战争的彻底胜利打下了坚实的群众基础；而百年奋斗中，也正是千千万万的共产党员饱含为民情怀，用血肉之躯才得以托起如今钢铁一般坚固的中国。弘扬延安精神并不只是空洞的口号，为人民服务也不只是写在笔下的宣言，共产党人的初心和使命理应体现在走向人民群众的双腿上，理应照射在伸向田间地头的触角中，理应不忘初心、牢记使命，把人民的福

祉作为自己的根本追求。

## 三、坚定正确的政治方向，解放思想、实事求是的思想路线，坚定自力更生、艰苦奋斗的创业精神，为中华民族谋复兴

2019年2月，习近平在会见探月工程嫦娥四号任务参研参试人员代表时发表重要讲话，提出伟大事业“始于梦想”“基于创新”“成于实干”。[①]坚守共产党人的初心，在新的历史条件下弘扬延安精神，对于深刻理解和全面把握习近平新时代中国特色社会主义思想，贯彻落实党的十九大精神，为实现中华民族伟大复兴的中国梦提供强大精神动力，具有重要意义，更需要我们勇担使命，在奋力奔跑中成就梦想，为中华民族的伟大复兴增添奋斗底色。

旗帜鲜明讲政治，把握政治方向。延安时期，坚定正确的政治方向是公开树起的一面旗帜、一座灯塔，是我们党的精神动力和支撑，也是革命斗争取得胜利的政治保证，坚定理想信念是延安精神的灵魂。习近平指出：“英雄模范之所以能够赴汤蹈火、舍生忘死，之所以任劳任怨、鞠躬尽瘁，之所以能够洁身自好、光明磊落，最根本的就是他们对理想信念有执着追求和坚守，他们选定了主义，站定了队伍，就终身为此不懈奋斗。”诚然，延安精神是坚定广大党员干部实现中国梦政治信仰的精神动力，坚守初心、对党忠诚，坚决站稳人民立场，坚持以党的旗帜为旗帜、以党的方向为方向、以党的意志为意志，始终做到在党言党、在党忧党、在党为党，才能进而实现我们的使命。

坚持解放思想，实事求是。在延安时期，实事求是的思想贯穿于整个延安整风运动，也为我们党的发展提供了思想路线。墨守成规搞不好发展，好高骛远也无法在时代的洪流中立足。党的十八大以来，以习近平同志为核心的党中央带领全党和全国人民攻坚克难，勇涉“深水区”，啃下“硬骨头”，靠的就是解放思想、实事求是，坚持问题导向，不断对中国特色社会主义这一历史课题做出新回答，拓展新境界，结出新成果，这也正是共产党人的初心和使命。

在艰苦奋斗中孕育实干精神。艰苦奋斗是延安精神的重要组成部分，

---

① 《习近平会见探月工程嫦娥四号任务参研参试人员代表》，新华社，2019年2月20日。

体现着一种不屈精神，是中国共产党的政治本色。当今社会经济飞速发展，物质生活水平发生了颠覆性变化，但艰苦奋斗之风如有更改，将势必“四风”横行，党风不正，初心不再。为此，我们必须弘扬艰苦奋斗的精神，发扬在“小米加步枪”中不断奋进的精神，清清白白做人，干干净净做事，永远保持同人民群众的血肉联系，始终保持共产党人的政治本色。

## 四、弘扬延安精神，践行初心使命，优化市场环境，在奋斗中推动大西安追赶超越

如今的市场监管人，是商事制度改革的先行者、市场公平竞争的维护者、消费者权益的保护者、高效监管的实践者，作为西安市旅游市场监管执法干部，还应是全域旅游建设的开拓者、大西安追赶超越的奋进者，人民日益增长的美好生活需要正是我们基层市场监管执法干部的初心和使命。

“长安何处在，只在马蹄下”，作为基层执法干部，我们必须明确，弘扬延安精神，守初心、担使命，绝不能够成为一句口号，空谈误国、实干兴邦。伟大梦想不是等得来、喊得来的，而是拼出来、干出来的。① 作为基层干部，我们更要坚定理想信念，敢于吃苦奉献，既要有“一枝一叶总关情”的热心，也要有“零落成泥碾作尘”的境界，在基层工作中不怕苦不怕累，有“功成不必在我”的浩然之气，成就我们的初心和梦想。

七十载沧桑巨变，四十一年改革开放，今天，我们站在了全面建成小康社会、为实现中华民族伟大复兴的中国梦而努力奋斗的新的历史节点上，延安精神与共产党人的初心和使命依然是带领我们走向胜利的重要法宝。延安精神记载着共产党人的理想和传统，是一本读不尽的书，饱含着方方面面的执政思考和建设经验，是大西安追赶超越的不竭精神源泉。在这个节点上，我们更要满怀为祖国和人民奉献一切的激情，努力从延安精神中追根溯源，寻找共产党人的初心和使命，永葆奋斗精神、永怀赤子之心，自觉把个人幸福融入国家富强、民族振兴的征程，以全新的姿态和不变的追求，不忘初心、牢记使命，砥砺前行、追赶超越！

（作者系西安市市场监督管理局旅游分局临潼稽查队科员）

---

① 《习近平：在庆祝改革开放40周年大会上的讲话》，新华网，2018年12月18日。

# 延安精神的人民情怀及其当代价值

侯　蕊

从1935年10月19日中共中央率领中国工农红军陕甘支队到达陕北吴起镇起，到1948年3月23日中共中央东渡黄河、离开陕北进入华北，是中共中央在陕北奋斗的13年，延安成为红军长征胜利的落脚点、抗日战争的出发点以及解放战争时期的指挥中心。中国革命之所以能在这一时期获取如此巨大的胜利，一个非常重要原因就是，以毛泽东同志为主要代表的中国共产党人，在这一特殊历史阶段孕育出了独具特色的延安精神。延安精神是延安时期中国共产党领导中国革命及局部执政中形成的性质和宗旨的集中体现，是中国共产党的精神瑰宝。学习、弘扬延安精神，对当下坚持以人民为中心的发展思想具有十分重要的借鉴意义。

## 一、延安精神的本质：全心全意为人民服务

毛泽东同志曾表示，希望“全国一切革命工作人员永远保持过去十余年间在延安和陕甘宁边区的工作人员中所具有的艰苦奋斗的作风”①。面对如何开创新局面，邓小平同志旗帜鲜明地指出：“民主作风是个党风问题、军风问题、民风问题、学风问题。总的说来是党风问题，是毛主席培养起来的延安作风、延安精神”②，要继承和发扬延安精神。1989年9月，刚刚当选为总书记的江泽民离京考察的第一站就选择了孕育延安精神的革命圣地——延安。1990年4月，江泽民同志为陕西省委主编的杂志《共产党人》题词“延安精神永放光芒”。2006年1月，胡锦涛同志提出了“让延安精神放射出新的时代光芒”。2015年春节前夕，习近平来延安视察时强

① 《毛泽东文集》第6卷，人民出版社1999年版，第17页。

② 北京辉煌前程图书发行有限公司编：《邓小平生平》（上），学苑音像出版社2004年版。

调，要从延安精神中吸取全面从严治党的力量。

历史实践一再证明，延安精神具有穿越时空的恒久价值和旺盛的生命力，始终是中国共产党人战胜困难、开拓前进的强大动力，是资政育人的一座取之不尽、用之不竭的富矿。而延安精神之所以是资政育人的一座富矿，是一种智慧、一种力量，就在于延安精神的固有特质。

**（一）延安精神是与时俱进的，符合中国社会特殊规律**

长征落脚陕北之后，首要的问题就是中国革命的前途究竟在哪里？延安精神就是对这一问题回答的结果，即遵循坚定正确的政治方向，在中国共产党的领导下，吸取大革命时期和土地革命战争时期的经验、教训，遵循人类社会发展的普遍规律，特别是中国社会的特殊规律，即经过新民主主义走向社会主义。正如毛泽东同志在1939年《五四运动》一文中所讲的，“若问一个共产主义者为什么要首先为了实现资产阶级民主主义的社会制度而斗争，然后再去实现社会主义的社会制度，那答复是：走历史必由之路”①。中国共产党第一代领导集体就是从延安走出的，毛泽东思想也是在这里形成并不断成熟的。延安精神使中国共产党突破政治、军事、经济、文化、社会等重重困境，由弱变强、转败为胜，走出一条光明的、正确的道路。

**（二）延安精神是求真务实的，处处展现实干品质**

什么是马克思主义，如何运用马克思主义，将马克思主义基本原理与中国革命实际结合起来，是摆在延安时期中国共产党人面前的主要问题。从党的六届六中全会毛泽东同志强调“共产党员应是实事求是的模范”②，到《改造我们的学习》中他以马克思主义的观点对“实事求是”的科学含义进行界定，再到他为党的七大纪念册的题词——“实事求是，力戒空谈”，以及中共中央机关报《解放日报》社论《打碎旧的一切》，都清晰地展现出解放思想、实事求是的思想路线。

是因为树立了这一思想路线，通过深入系统的学习，尤其是学习最新的中国化马克思主义，通过调查研究、增强党性以及铁的纪律、严的规矩建设等路径和方式方法，中国共产党人摆脱了主观主义、宗派主义、教条主义以及经验主义的错误。进而能够一切从实际出发，一切从实干、落实

① 刘书林：《高举共产主义信仰的旗帜》，《前线》2016年第6期。

② 史寿山：《改革实践中的理性思考》，广东人民出版社2002年版。

出发，全党团结一致、同心同德，将中国革命事业推向全新的境界。

### （三）延安精神是充分自信的，在开放包容中发展

近代以来，中国不断抗争、探索，积极寻求民族独立、人民解放的出路。然而，正如《解放日报》中《国民党缺少什么》一文所说的，国民党最缺少的就是民族的信心，不能彻底贯彻民族独立战争。而中国共产党则一直坚定民族独立、人民解放的理想信念。即使在白区工作几乎全部停滞，苏区丧失90%的情况下，在中共中央落脚较为落后的西北革命根据地后，这一理想信念也没有改变。

在延安，不管是与国民党全力推动建立和维系抗日民族统一战线，还是1940年面对陕甘宁边区出现的财政经济危机进行凸显革命浪漫主义色彩的大生产运动，1941年为吸纳一切支持抗日又赞成民主的人们而建立“三三制”抗日民主政权，抑或1947年国民党大军进攻延安时中共中央坚决留在陕北不东渡黄河，都体现了中国共产党对自己的道路、理论、制度、文化的自信。这种自信，让中国共产党在团结了一切可以团结的力量的基础上，坚信“我们中华民族有同自己的敌人血战到底的气概，具有在自力更生基础上去光复旧物的决心，也具有立于世界民族之林的信心”。更为重要的是，坚信中国共产党人前进的道路上绝不是“一人向隅，满座为之不欢”，而是团结带领着千千万万人民一同迈进。这也孕育出中国共产党人独立自主、直面困难、勇于担当的品性，使中国共产党人最终能够担负起实现中华民族伟大复兴的历史重任。

### （四）延安精神是为民的，处处体现出人民至上的理念

全心全意为人民服务是延安精神的本质。不管是毛泽东在延安文艺工作座谈会的讲话，在西北局高干会上强调的“一切空话都是无用的，必须给人民以看得见的物质福利”，在《为人民服务》的讲话中提到的中国共产党人“是彻底地为人民利益工作的”，还是中共七大会场里面挂出的标语“坚持真理，修正错误”，处处将马克思主义的群众观点贯穿于延安十三年始末，展现出中国共产党人的根本宗旨就是为人民服务。

## 二、延安精神的当代价值

### （一）坚守人民立场：人民利益至上

中国共产党人矢志不移的情怀就是坚守人民立场、奉行人民利益至上。2016年7月1日，在建党95周年庆祝大会上习近平强调：“中国共产

党的根本政治立场是人民的立场。"[①] 2017年党的十九大报告中指出："全党必须牢记，为什么人的问题，是检验一个政党、一个政权性质的试金石。带领人民创造美好生活，是我们党始终不渝的奋斗目标。必须始终把人民利益摆在至高无上的地位，让改革发展成果更多更公平惠及全体人民，朝着实现全体人民共同富裕不断迈进。"当前，改革开放正在向纵深发展，社会矛盾更加凸显，社会利益日趋复杂化，为了实现中华民族伟大复兴的历史使命，我们党必须坚持发展为了人民、发展依靠人民、发展成果由人民共享的价值导向。站稳人民立场，牢固树立起人民利益至上的价值观，向人民交出满意的答卷。

### （二）积极回应人民期盼：人民对美好生活的向往

延安时期的历史经验告诉我们，中国共产党能够从胜利走向胜利是因为中国共产党是一个"整体利益党"，始终代表了最广大人民的根本利益。始终不忘解决人民群众最现实、最直接、最关心的实际问题。中国特色社会主义进入了新时代，中国共产党为了实现新时代的奋斗目标，就必须顺应时代潮流，牢记人民对美好生活的向往就是我们的奋斗目标。坚持党的基本路线不动摇，以新发展理念更好解决我国社会发展过程中所出现的各种经济、社会、民生问题，更好推动人的全面发展、社会全面进步，始终坚持以人民为中心的发展思想，推进全体人民共同富裕。2017年10月25日，习近平在十九届中共中央政治局常委同中外记者见面时强调指出，我们要牢牢把握人民群众对美好生活的向往，坚持以人民为中心的发展目标，努力抓好保障和改善民生的各项工作，不断增强人民的获得感、幸福感、安全感，带领人民创造美好生活。

### （三）尊重人民主体地位：发展社会主义协商民主

保证人民当家作主、尊重人民主体地位，是中国共产党一以贯之的准则和目标。时光荏苒，初心不忘。新时代坚持和发展中国特色的社会主义民主，不断完善社会主义民主政治，是尊重人民主体地位的具体表现。新时代，社会主义协商民主是我国社会主义民主政治的特有形式和独特优势。坚持有事好商量、有事会商量、众人的事情由众人商量的重要原则。党的十九大报告指出："有事好商量，众人的事情由众人商量，是人民民主的真谛。"新时代，要发挥社会主义协商民主的独特优势，统筹推进政

---

① 习近平：《在庆祝中国共产党成立95周年大会上的讲话》，人民出版社2016年版。

党协商、人大协商、政府协商、政协协商、人民团体协商、基层协商以及社会组织协商，构建程序合理、环节完整的协商民主体系，丰富有事好商量、众人的事情由众人商量的制度化实践。发挥社会主义协商民主的独特优势，可以有效避免人民群众在国家政治生活和社会治理中缺少话语权、缺乏参政议政热情的情形，从而形成人民群众广泛参与国家与社会治理的制度化实践，构建全社会共同参与社会主义民主政治的同心圆。

**（四）厚植党的执政根基：作风建设要久久为攻**

党在延安的实践表明，作风建设至关重要。延安精神中所体现出的优良作风是我们实现革命事业胜利的根本保证。只有保持党同人民群众的血肉联系，坚持全心全意为人民服务的根本宗旨，中国共产党才能长久立于不败之地，执政基础和长期执政才能获得根本保证。[①] 历史已成为过去，但延安精神所包含着的丰富内容，所体现出的优良作风，为新时代净化政治生态提供了深刻的经验启示和时代价值。每个党员干部都应从延安精神中汲取力量、滋养初心、淬炼灵魂，无论过去、现在还是未来，延安精神都是中国共产党的营养剂。依托延安精神，我们党实现了救亡图存的历史重任；传承延安精神，我们党也必将创造中华民族伟大复兴的新的辉煌。

（作者系中共宝鸡市委党校讲师）

① 蔡雄杰：《延安精神的人民情怀及其时代意义》，《福州党校学报》2019年第1期。

# 政治自觉、政治追求、政治担当
## ——中国共产党政治生命力之所在

陈　菊

“政治”一词，古已有之，立意各异，各有侧重。用马克思主义观点看，政治是经济的集中体现，是建立在特定经济基础之上的上层建筑，是为维护特定阶级的根本利益、整体利益而谋求行政国家权力，并以国家权力为核心而确立的思想、建立的制度、形成的机制、架构的关系、开展的活动等诸方面的综合与有机统一。在现代国家政党制度下，国家政治就体现为政党政治。当代中国共产党的政治，就是以共产主义远大理想和中国特色社会主义共同理想为政治灵魂，实现马克思主义与中国实践的结合与创新，以民族复兴、国家强盛、社会文明、人民幸福、世界共赢为政治追求，以严以治党、科学理政、依法治国为政治规范，推进国家长治久安与社会稳定繁荣的协调与共进。这个政治追求是全中国人民的根本利益之所指，必然是中国共产党人共同意志之所向。中国共产党的政治自觉不但带领中国走到今天，更是引领中国走向未来的要旨所在。在庆祝中华人民共和国成立 70 周年之际，从历史与现实的联系中，从现实与未来的衔接中，深刻思考领悟党的政治自觉于国家之未来、于人民之福祉的关系无疑更具价值。

### 一、历史鉴证：国之所立源于党的政治自觉

#### （一）党的马克思主义武装带来了解决中国问题的新方案

中华民族，源远流长，曾辉煌一时，耀眼世界，曾积贫积弱，任人宰割。1840 年的鸦片战争，帝国主义列强用坚船利炮轰开了中国闭关锁国的大门。政治腐败、经济凋敝、民不聊生，中国从此沦为封建腐朽统治下的半殖民地半封建社会。皮之不存毛将焉附，众多有识之士艰难探索救国救民的道路，寻求解决中国问题的方案。先后出现了洋务运动实业救国、戊

戊变法制度改良、武装起义建立共和等历史性尝试，其历史作用不可低估，其英雄壮举可歌可泣，但终因其阶级局限、思想局限、历史局限始终没有找到从根本上解决中国问题的方案。在民族危难不断加深，国家危机此起彼伏、社会四分五裂、人民苦不堪言的深重灾难中，十月革命一声炮响给中国送来了马克思主义。马克思主义与中国工人运动的结合诞生了中国共产党，马列主义成为破解中国问题的思想指导和行动指南。马克思主义特别是辩证唯物主义和历史唯物主义的思维视角成为观察和分析中国问题的基本遵循；关于人类社会发展基本规律的揭示成为分析和解决中国社会问题的基本指针；政治经济学的深刻剖析提供了认识资本主义本质、建立未来社会制度的理论依据；科学社会主义的逻辑论述则为中国社会未来发展指明了方向。由此孕育出了解决中国问题的新方案：必须按照社会基本矛盾运动规律寻求推动中国社会发展的动力，通过废除封建制度的民主革命建立人民共和国，通过反对帝国主义的民族革命实现民族独立。这个新方案的基本主旨就是必须以辩证唯物主义和历史唯物主义为指导，遵循社会发展规律，顺应时代发展潮流，立足本国革命实践，把马克思主义与中国实际相结合，才能走出一条具有本国特色的革命道路。

**（二）党的马克思主义中国化开创了中国革命的新道路**

在中国共产党成立后28年艰辛斗争的岁月中，以毛泽东同志为代表的中国共产党人把马克思主义的指导思想同中国革命的具体实践相结合，与中国的具体国情相统一，开创出一条中国革命的新道路。结合中国资本主义不发达，民主制度未建立，中国反动统治力量强大，帝国主义弱肉强食侵吞中国的实际，坚定走武装夺取政权的道路。结合中国现代工业不发达、现代工人阶级人数少、自然经济占统治地位、农民深受封建压迫且革命性很强的实际，坚定走主要依靠农民阶级革命的道路。结合帝国主义践踏中国的根源是封建统治腐朽无能，而封建制度根深蒂固是基于封建土地所有制，坚定进行以打土豪、分田地为目标的土地革命，只有解决农民的土地问题才能摧毁封建制的根基，进而调动农民的革命积极性，壮大革命力量。结合中国地域辽阔，反动统治力量不平衡，且大都集中于城市，而落后的农村统治力量相对薄弱，革命回旋余地大的实际，中国革命只能走建立农村革命根据地，农村包围城市的道路等。这条以土地革命为中心，以武装斗争为主要形式，以农村革命根据地为战略阵地的农村包围城市、武装夺取政权的道路，标志着马克思主义中国化迈出了历史性的一步，中国共产党坚定举起了以马列主义为指导的理论旗帜，奠定了毛泽东思想体系形成的基础，为中国未来发展拉开了具有开创意义的序幕。

### （三）党的初心和使命决定着中国社会制度的新架构

中国共产党的诞生是危难深重的旧中国呼唤出来的，更是中国革命发展的客观需要。中国共产党诞生之时就确立了为中国人民谋幸福、为中华民族谋复兴的初心和使命，并把它作为肩负的历史使命，永恒的奋斗目标。至此共产党的初心宗旨与国家民族的命运有机统一，融为一体。肩负民族独立、人民解放大任的中国共产党，在毛泽东同志的带领下完成了新民主主义革命，建立了新中国，进而完成了社会主义革命，成功实现了中国历史上最深刻最伟大的社会变革。愈发明晰未来要建立的社会主义社会的制度架构：建立工人阶级领导的、以工农联盟为基础的、对人民实行民主对敌人实行专政的国家制度；在少数民族聚居地区建立少数民族区域自治制度；通过对农业、手工业和资本主义工商业的社会主义改造，建立以生产资料公有制为主体，按劳分配为主要分配形式的基本经济制度等。这个制度框架为新中国的发展奠定了基础，提供了政治保障。由此可见，中国共产党的政治自觉是中华民族求独立、谋复兴的思想之基，使中国革命走向新的历史阶段，是民之所幸，国之所兴。

## 二、现实写照：国之所兴系于党的政治追求

### （一）走中国特色社会主义道路的自信坚定无比

新中国建立后，如何把社会主义制度架构变为制度现实，推进社会主义不断发展成为摆在中国共产党面前现实而紧迫的课题。以毛泽东同志为代表的中国共产党人走出了适合中国特点的社会主义改造的道路：对农业的社会主义改造，以建立集体所有制为目标，坚持积极领导、稳步推进的方针，按照循序渐进、自愿互利、典型示范的步骤，把农民组织起来走互助合作的路，建立生产资料农民集体所有制，完成了农业的社会主义改造，使农业的发展步入社会主义轨道；对手工业的社会主义改造，采取说服教育、示范引导和国家帮助的方法；对资本主义工商业的改造则采用和平赎买的方法，把私有制逐步改造成为社会主义集体所有制和公有制。这既有利于国民经济的发展，保障民生，也有利于团结和争取民族资本家、各民主党派、各界爱国人士，巩固和发展统一战线。到1956年底社会主义改造的基本完成，标志社会主义基本经济制度的建立，其间所实现的深刻

社会变革及在此变革中所保持的社会稳定令世人惊叹。在政治上，坚持党的领导与人民当家作主的实践探索与制度创新，建立了具有中国特色的政党制度、民族区域自治制度和政治协商制度，提出正确处理人民内部矛盾的基本要求和方法等。在文化上坚持马列主义、毛泽东思想的主导地位，坚持“双百”方针和“双为”方向，繁荣社会主义文化等。国家的面貌出现了历史性的变化，人民扬眉吐气、精神焕发，国家自立自强、蒸蒸日上，标志着社会主义建设的征程正式启航，为当代中国一切发展进步奠定了根本政治前提、制度基础，积累了实践经验。方向决定前途，道路决定命运，要把命运掌握在自己手中，就要有志不改、道不变，坚定走中国特色社会主义道路的自信。

**（二）改革不停顿、开放不止步的决心毫不动摇**

在新中国成立近30年的社会主义建设中，“文化大革命”导致我国经济发展受到极大阻碍。人民群众强烈期盼生活改进、经济放活、思想解放、社会繁荣，这就必须破解面临的一系列难题。经济放活不只是经营方式的转变，更涉及经营机制乃至整个国家的经济体制的变革，进而涉及政治体制、社会管理体制的相应变革。在人口众多、经济落后、历史包袱沉重、民生欠账很多、现实问题复杂、多重矛盾交织、国际风云多变、发展道路迷茫的历史考验面前，在党和国家面临何去何从的重大历史关头，党的政治自觉表现在勇于自我纠正、勇于开拓创新。适应人民期盼，尊重人民创造，顺应时代潮流，在深刻总结国内外社会主义建设经验教训的基础上，在紧紧依靠人民群众实践创新的过程中冲破思想牢笼，重回实践是检验真理唯一标准的思想轨道；冲破体制束缚，步入社会主义市场经济发展轨道；冲破僵化模式，探索物质文明与精神文明相互促进协调发展的新路径；积极探索建立经济社会诸方面新体制的实践创新等。实现新中国成立以来党的历史上具有深远意义的伟大转折，开启了改革开放和社会主义现代化建设的伟大征程。邓小平指出：“我们要赶上时代，这是改革要达到的目的。”开放是党的一次伟大觉醒，正是这个伟大觉醒孕育了我们党从理论到实践的伟大创造。开创了从经营方式到经营体制再到经济体制，从经济体制又到政治体制再到社会体制，从农村、农业到商业、工业再到其他多个行业全面系统深入的历史性大变革。中国共产党以对人民高度负责的政治担当，坚持横向拓宽与纵向深入并举，破除旧制与建立新制共行，体制改革与机制创新同进的改革路径，使人民生活水平不断提高，进而带来了人们精神面貌的极大改观、社会活力的极大增强、民族力量的空前凝聚、国际地位的空前提高，干出了一片新天地。这些都源于中国共产党为民谋幸福的政治夙愿，源于尊重人民创造精神的政治品质，源于把人民放在心中最高位置的政治追求。[①]

### （三）为实现中华民族伟大复兴的初心从未偏移

中华民族以其悠久的历史、灿烂的文化和对人类文明的贡献而享誉世界。但是近代以来由于政治腐败、经济落后、列强入侵，中华民族陷入空前危难之中。因此中国共产党一成立，就把实现共产主义作为党的最高理想和最终目标，义无反顾肩负起为人民谋幸福、为民族谋复兴的初心使命。建立中国共产党、成立中华人民共和国、推进改革开放和中国特色社会主义事业，是近代以来实现中华民族伟大复兴的三大里程碑。而今，我们比历史上任何时候更接近、更有信心和能力实现中华民族伟大复兴的目标，但是我们面临的任务仍然艰巨，挑战更加严峻。在以习近平同志为核心的党中央的正确领导下正以“四个伟大”统揽全局，为着力应对风险挑战、开创新局面、建立新制度、打造新环境提供强大的政治保障、造就民族中坚、形成社会脊梁，呈现出中华民族伟大复兴的新局面、新态势：党肩负的历史使命与社会发展趋势高度同频，民族复兴与国家强盛、人民幸福融为一体，政治领导力、思想引领力、群众组织力、社会号召力、全民执行力空前一致。

## 三、未来擘画：国之所强借以党的政治担当

### （一）以全面从严治党的政治魄力打造坚强领导核心

注重党的建设，始终是中国共产党克敌制胜、开创事业的重大法宝。实践启示我们：中国共产党领导是中国特色社会主义最本质的特征，是中国特色社会主义制度的最大优势。正是因为始终坚持党的集中统一领导，才能实现伟大历史转折、开启改革开放新时期和中华民族伟大复兴新征程，才能成功应对一系列重大风险挑战、克服无数艰难险阻，才能既不走封闭僵化的老路也不走改旗易帜的邪路，而是坚定不移走中国特色社会主义道路。坚持党的领导，必须不断改善党的领导，让党的领导更加适应实践、时代、人民的要求。党的十八大以来，以习近平同志为核心的党中央

① 《邓小平文选》第3卷，人民出版社1993年版，第242页。

秉持新的治党理念，全面加强党的领导和党的建设，坚决改变管党治党宽松状况，以历史“赶考”永无止境的追求，以党建事关全局决定未来的政治视野，以坚定理想信念为根本，以尊崇党章为总规矩，以抓住领导干部为关键，以打造良好政治生态为导向，走出了一条以党的政治建设为统领，以规范党内政治生活为总抓手，以集中整饬作风为切入点，以推进纪律建设为着力点，以严惩腐败为突破口，以加强党内监督为重点，以强化责任落实为保障线的党建新路子。坚持用时代发展要求审视自己，以强烈忧患意识警醒自己，以改革创新精神加强和完善自己，在应对风险挑战中锻炼提高，在解决党内存在的突出矛盾和问题中净化纯洁，不断提高管党治党水平，确保全党统一意志、统一行动、步调一致向前进。必须深刻理解党的政治担当是国家强盛的政治保障，能够聚合民族力量，谋求人民幸福，建设强大国家，是人民幸福的政治福音，是民族复兴的政治脊梁。

**（二）以民心所指为导向的全面深化改革为持续发展注入强大动力**

基于对人民群众期盼和需要的深刻体悟是中国开启改革的基点之一，顺应民意、适应民愿、依靠民力是改革能够逐步推开和深入的社会基础。党的十八大以来，习近平反复强调全党必须牢记，为什么人的问题是检验一个政党、一个政权性质的试金石，人民对美好生活的向往是我们党始终不渝的奋斗目标。党中央把不断保障改善民生作为改革的基本指向和要求，坚持把人民拥护不拥护、赞成不赞成、高兴不高兴作为制定政策的依据，顺应民心、尊重民意、关注民情、致力民生，始终把人民利益摆在至高无上的地位。保障和改善民生要抓住人民最关心最直接最现实的利益问题，必须多谋民生之利、多解民生之忧，在幼有所育、学有所教、劳有所得、病有所医、老有所养、住有所居、弱有所扶上取得新进展，不断促进社会公平正义，形成有效的社会治理、良好的社会秩序，使人民获得感、幸福感、安全感更加充实、更有保障、更可持续。

**（三）以科学治国理政的战略谋划为长治久安建规立制**

党的十八大以来，以习近平同志为核心的党中央在科学理政上坚持解决现实问题与长远战略谋划相统一，坚定政治信仰不动摇，战略谋划不摇摆，工作力度不减退，强化顶层设计。以发展出题目，改革做文章，稳定为前提，全局与局部配套，治标与治本结合，渐进与突破互促，体制与机制衔接，实践探索与机制创新融合，把党的领导贯彻和体现到改革发展稳定、内政外交国防、治党治国治军等各个领域，形成了治国理政的新理念新思想新战略。坚决贯彻创新、协调、绿色、开放、共享的发展理念，努力实现更高质量、更有效率、更加公平、更可持续的发展。蹄疾步稳推进全面深化改革，全面发力、多点突破、纵深推进，着力增强改革系统性、整体性、协同性，坚决破除各方面体制机制弊端。推进全面依法治国，党的领导、人民当家作主、依法治国有机统一的制度建设全面加强，党的领导体制机制不断完善，社会主义民主不断发展。加强党对意识形态工作的领导，广泛弘扬社会主义核心价值观和中华优秀传统文化。生态文明制度体系加快形成，主体功能区制度逐步健全。倡导构建人类命运共同体，促进全球治理体系变革，实施共建“一带一路”倡议等。上述布局和谋划深刻而系统地指明了中国社会实现现代化的总体布局、战略部署，为国家的长治久安提供了基本遵循，必将服务人民、造福民族、惠泽世界。

（作者系安康市委党校哲学文史教研室主任、教授）

# 习近平新时代中国特色社会主义思想对延安精神的传承与弘扬

任 妍

在延安这片革命热土上，以毛泽东同志为代表的共产党人在奋斗实践中铸就了延安精神。延安精神是我党极其重要的精神财富，习近平曾两次来延安考察，都强调了延安精神始终是我党凝心聚力、战胜困难的强大精神动力①。新时代更要坚持传承延安精神，饮水思源，滋养初心，淬炼灵魂，善于从革命历史中汲取智慧与力量。延安精神唯有代代传承，才能放射出新的时代光芒。党的十八大以来，以习近平同志为核心的党中央经过理论与实践的艰辛探索，形成了习近平新时代中国特色社会主义思想，并将其确立为党的指导思想，实现了党的指导思想的历史性飞跃。②

习近平新时代中国特色社会主义思想与延安精神虽形成于不同的历史时期，面临的国际背景、历史任务以及实现目标也不同，但该思想的整个思想脉络将延安精神一以贯之，并赋予了延安精神新的时代要义。

## 一、筑理想信念之魂

正如毛泽东同志所说："主义譬如一面旗子，旗子立起来了，大家才有所指望，才知所趋赴。"③ 坚定对马克思主义及共产主义的信仰，对社会主义的信念，是我党独特政治优势。它亦是共产党人的精神之"钙"，没有坚定的理想信念，共产党人将会得"软骨病"。

中国共产党自诞生之日起，就把马克思主义镌刻在了党旗上，立下了

---

① 《把革命老区发展时刻放在心上——习近平总书记主持召开陕甘宁革命老区脱贫致富座谈会侧记》，《人民日报》2015年2月14日。

② 中共中央宣传部：《习近平新时代中国特色社会主义思想三十讲》，学习出版社2018年版。

③ 《毛泽东年谱（1893—1949）》上卷，中央文献出版社2013年版，第70页。

为人民谋幸福、为民族谋复兴的初心和使命，肩负起了实现共产主义远大理想的历史重任。延安时期，面临外敌入侵和国民党顽固派的双重夹击，中国共产党人不退缩、不畏惧，始终坚定打倒帝国主义和推翻封建主义，实现共产主义的理想信念。以毛泽东同志为代表的共产党人，通过学习马列主义经典著作，努力用马列主义的基本原理解决了中国革命所面临的实际问题，实现了“山沟沟里能出马克思主义”的目标，毛泽东思想顺势而生，也造就了延安精神。其中，延安精神中强调的坚定正确的政治方向，就是对坚持马克思主义和共产主义最好的诠释。

习近平新时代中国特色社会主义思想，蕴含着坚定理想信念的思想，充满着对马克思主义的坚定信仰，对社会主义、共产主义的坚定信念，更突显了“革命理想高于一切”的深厚情怀。具体而言，新思想中强调了两个“一”，“一个方向”，即坚持中国特色社会主义的发展方向。我们党带领人民在革命、建设、改革中取得的巨大成就，中国由弱变强有力地驳斥了“社会主义失败论”“社会主义过时论”等错误言论，有力地证明了我党始终高举的社会主义旗帜是完全正确的。如今，中国特色社会主义进入新时代，新的历史方位，赋予了党和人民新的使命与担当，只有继续将这一根本方向一以贯之，才能实现中华民族伟大复兴，进而实现共产主义理想。“一个梦想”，即中国梦。中国梦与共产主义理想二者是相辅相成、密不可分的，中国梦是共产主义理想的前提条件，共产主义理想是中国梦的最终目标。中国梦映照了共产党人始终坚持的初心与使命，体现了共产党人对党和人民的庄严承诺与责任担当，使新时代坚持和发展中国特色社会主义有了崭新的内涵，亦将为未来实现共产主义理想奠定坚实的基础。

总而言之，习近平新时代中国特色社会主义思想中强调的坚定理想信念，与延安精神中坚定正确的政治方向不谋而合。同时，它汲取了延安精神之魂，纠正了当前党内存在的一些党员理想信念不坚定、思想上松懈的问题，及时补足了共产党人的精神之“钙”。

## 二、稳实事求是之基

解放思想、实事求是是马克思主义中国化理论的精髓，亦是延安精神的思想精髓。马克思主义是立场、观点和方法，而不是教条。马克思、恩格斯一再强调，“随时随地都要以当时的历史条件为转移”①。

习近平多次强调，实事求是，是马克思主义的根本观点，是中国共产党人世界观和方法论的基石。② 延安时期，为了彻底去除党内出现的主观主义特别是教条主义，毛泽东等人从马克思主义经典著作中，提炼出实事求是这一重要理论品质。在《改造我们的学习中》第一次对实事求是做了科学的解释，并赋予其以马克思主义新的科学内涵。在《反对本本主义》一文中明确阐述了党的思想路线的重要内容，并强调实事求是就是立足中国革命的实际，用马克思主义科学的世界观、方法论解决中国革命所面临的实际问题。后来，实事求是成为毛泽东思想的活的灵魂，更成为延安精神的思想精髓，传承至今。

党的十八大以来，以习近平同志为核心的党中央坚持实事求是的思想路线，进一步发扬解放思想、与时俱进、求真务实的工作作风。习近平新时代中国特色社会主义思想是坚持和运用辩证唯物主义和历史唯物主义的典范。更重要的是，实事求是，即遵循规律的科学性，亦成为习近平新时代中国特色社会主义思想的一大理论特色。具体而言，新思想中强调我国主要矛盾的转变，即中国特色社会主义已进入新时代，新的历史定位，我国的主要矛盾已经变为人民日益增长的美好生活需要同不平衡不充分的发展之间的矛盾。“美好”一词突显了人民群众的需要已经超出了物质文化的范畴，更是基于我国当前的客观实际而得来的。其次，新思想中所强调的总体布局从“四位一体”到“五位一体”，将生态文明建设纳入其中，既表明我国推进生态文明建设决心之大，又开创了生态文明建设和环境保护的新局面。着重强调坚持生态文明，建设美丽中国，关乎千秋万代，是基于我国改革发展中面临的现实问题而提出，也凸显了我党敢于直面改革中存在的问题，坚持求真务实的工作作风。再者，新思想中指出，在改善民生中要坚持量力而行的原则。民生改善不是一朝一夕、一蹴而就的，而是从低层次到高层次、从不均衡到均衡的发展过程。唯有充分认识到我国仍处于社会主义初级阶段这一具体实际，在改善民生中不能脱离实际，刻意夸大而提出过高的目标，而是要依托我国经济发展和财力状况，从实际

① 《马克思恩格斯选集》第1卷，人民出版社2012年版，第376页。

② 中共中央宣传部编：《习近平新时代中国特色社会主义思想三十讲》，学习出版社2018年版，第326页。

出发，制定契合的目标。此外，新思想还强调在脱贫工作中要坚持精准扶贫、精准脱贫，充分体现了一切从实际出发，具体问题具体分析。通过弄清在“帮扶谁”，找对“为何贫”，解决“谁来扶”，确定“怎么扶”等一系列问题，才能真正做到扶真贫、真扶贫，确确实实向贫困地区倾斜，真真正正使贫困群众受惠。最后，新思想中提到了在对外交往方面，倡导“一带一路”国际合作。该倡议是为顺应时代潮流、适应发展规律、造福沿线各国人民，解决当前世界发展中存在的实际问题而提出的。由于当前世界处于大变革大发展大调整的时期，各国相互联系和依存日愈加深，共同面临的一系列问题此起彼伏。在这样的背景下，以习近平同志为核心的党中央带领中国积极唱响与沿线国家的“交响乐”，勇于担当、主动作为，为破解人类发展难题提供中国智慧和中国方案。

总而言之，习近平新时代中国特色社会主义思想将延安精神中实事求是的思想精髓贯穿始终，赋予了实事求是新的时代内涵，即坚持与时俱进。实践证明，我们党之所以能够克服艰难险阻，取得一个又一个伟大成就，根本原因在于始终践行解放思想、实事求是的思想路线，不断调整改革发展中的战略方案，以契合实际情况。新的历史时期，改革发展之路将会面临更多的新问题，只有进一步解放思想、与时俱进、坚持真理、勇于创新，才能不断解决新问题、攻克新难关。

## 三、守人民中心之本

一个政党只有具有鲜明的政治立场，才能在革命斗争中发展壮大。马克思、恩格斯在《共产党宣言》中指出：过去的一切运动都是少数人的，或者为少数人谋利益的运动。无产阶级的运动是绝大多数人的，为绝大多数人谋利益的独立的运动。① 中国共产党一经成立，就代表了广大人民群众的利益，将为人民谋求幸福生活作为奋斗目标。

习近平总书记指出：“必须牢记我们的共和国是中华人民共和国，始终要把人民放在心中最高的位置，始终全心全意为人民服务，始终为人民利益和幸福而努力工作。”② 延安时期，以毛泽东同志为代表的中国共产党

① 《马克思恩格斯选集》第1卷，人民出版社2012年版，第411页。

② 中共中央宣传部编：《习近平新时代中国特色社会主义思想三十讲》，学习出版社2018年版，第85页。

人以唯物史观为指导，在深入总结中国革命“两次胜利、两次失败”的基础上，站在世界观、人生观、价值观的高度，系统地、完整地提出了为人民服务的理论和观点。[①] 共产党人在领导人民进行革命时，时时刻刻注意给人民以看得见的物质福利，始终践行着全心全意为人民服务这一宗旨。譬如，土地革命战争时期制定并颁布了《井冈山土地法》《兴国土地法》等。经济上，进行“打土豪、分田地”的土地革命运动。抗日战争时期，提出减租减息政策使农民得到切实的实惠；为改善人民生活，进行大生产运动；政治上，实行“三三制”政权，建立民主的政府等。一系列利民政策都为党在革命中赢得了民心，凝聚了群众力量，好的群众基础终成中国共产党的强大力量，成为党的革命事业取得胜利的根本保证。

党的十八大以来，习近平始终把人民放在心中最高位置，从黄土高坡到青藏高原，从甘肃定西到四川大凉山，从沿海发达地区到特困山区，他的足迹遍布大江南北，以行动践行“我将无我，不负人民”的赤诚之心。在习近平新时代中国特色社会主义思想中，将为人民服务贯穿始终，有学者将其总结为“人民中心论”。具体而言，首先强调要把人民对美好生活的向往作为奋斗目标，朝着实现全体人民共同富裕不断迈进。毛泽东曾说：“为什么人的问题，是一个根本的问题，原则的问题。”[②] 而新思想从根本上回答了“为了谁”的问题，站在人民的立场上想问题、办事情，最终回归于努力实现最广大人民的根本利益。这体现了对人民群众是历史创造者的深刻认识，亦是马克思主义政党区别于其他政党最显著的标志。其次，强调依靠人民奋力实现中国梦。正如“水能载舟，亦能覆舟”，我们中华民族从站起来、富起来再到强起来不是上天赐予的，也不是归功于个人，而是靠所有中国人民齐心协力奋斗得来的。只有在思想上牢牢树立人民群众的主体地位，时常听民声、解民忧，提高人民群众的满意度及幸福指数，才能真正凝心聚力实现中国梦。最后，强调要坚持打赢脱贫攻坚战，充分体现了小康路上“一个都不能少”的思想。毛泽东曾对警卫员说：“我们共产党的干部战士，就是为人民服务的。”[③] 习近平总书记强调：

---

① 张金锁：《延安精神》，中央党史出版社2017年版，第109页。

② 《毛泽东选集》第3卷，人民出版社1991年版，第857页。

③ 中共陕西省委党史研究室编：《毛泽东在陕北》，陕西人民出版社1993年版，第261页。

“以人民为中心的发展思想，不是一个抽象的、玄奥的概念，不能只停留在口头上、止步于思想环节，而要体现在经济社会发展各个环节。”① 正所谓“治国有常，而利民为本”，旨在强调发展过程中要始终把增进民生福祉、维护人民根本利益放在第一位，应始终坚持发展为了人民，以发展改善民生、以民生促进发展，实现发展与改善民生之间的良性循环。诚然评判小康不小康的关键标准还在于贫困老乡能否脱贫。为了消除贫困，改善民生，党中央实施精准扶贫、精准脱贫，加大投入人力物力财力，创新优化扶贫方式，使扶贫工作呈现新局面。如今，在全国扶贫一线党员干部的努力下，我国的贫困发生率迅速下降，贫困地区摘帽，贫困人民的生活有了基本保障，做到脱真贫、真脱贫。脱贫攻坚这场硬仗体现了党以人民为中心的根本政治立场，有力地向世界证明了党的领导和社会主义制度的优越性。此外，新思想中还强调要抓住人民最关心最现实的利益问题，统筹做好教育、就业、医疗等工作，要努力把“蛋糕”做大分好等都体现了人民至上的思想。

总而言之，习近平新时代中国特色社会主义思想赓续了延安精神中全心全意为人民服务这一根本宗旨。在新的历史时期，对党坚守以人民为中心这一根本立场，提出了更多新的要求，使人民至上思想融入党的治国理政各个方面，致力于提高人民群众的满意度与幸福感。

## 四、践艰苦奋斗之行

自力更生、艰苦奋斗是延安精神的集中体现，也是中国共产党优良传统和作风的重要组成部分。它既是一种思想，也是一种行为；既是一种精神状态，也是一种工作作风。② 历史表明，中国共产党是靠艰苦奋斗起家的，也是靠艰苦奋斗成长壮大的。

习近平在梁家河的七年知青岁月，不仅使他坚定了当好人民公仆的信念，亦将艰苦奋斗的足迹深深地印在了黄土地上。延安时期，面对外敌入侵，毛泽东强调“我们中华民族有同自己的敌人血战到底的气概，有在自

① 中共中央宣传部编：《习近平新时代中国特色社会主义思想三十讲》，学习出版社 2018 年版，第 224 页。

② 赵耀宏：《延安精神及其当代价值》，人民出版社 2017 年版，第 288 页。

力更生的基础上光复旧物的决心，有自立于世界民族之林的能力”①；面对“联俄问题”，毛泽东指出：“中国人的事要自己干，相信自己。”② 当党领导的人民军队面临日军的重点进攻、国民党的经济封锁及前所未有的严重自然灾害等困境时，共产党人毫不畏惧、迎难而上、自力更生，掀起了轰轰烈烈的大生产运动，涌现了一大批英雄模范人物。美国记者埃德加·斯诺谈及初到延安的景象，延安是他见过的中国最贫苦的地方，但这里的士兵是他在中国看到的真正感到快乐的无产者。的确，共产党人在艰苦奋斗中培育了真正的乐观主义精神和革命的豪迈之情。广为传颂的南泥湾精神就是党在大生产运动中努力践行艰苦奋斗精神而生，它成为激发共产党人及其领导下的人民军队在困境中崛起的强大精神力量，也是延安精神的重要组成部分。

习近平在党的十九大报告中强调，全党一定要保持艰苦奋斗、戒骄戒躁的作风，以时不我待、只争朝夕的精神，奋力走好新时代的长征路。③他始终坚持发扬艰苦奋斗精神，把能否坚守艰苦奋斗精神，作为关系全党事业兴衰的大事。习近平曾多次强调努力践行艰苦奋斗精神的重要性。勉励青年人要树立正确的奋斗观，年轻人要到祖国条件最艰苦的地方磨练意志，当好新时代艰苦奋斗精神的传承者，让奋斗为青春添彩，最终实现人生价值。在新思想中，习近平更是旗帜鲜明地强调坚持艰苦奋斗精神的重要性。具体而言，一是他指出，新的时期，我们更接近、更有信心和能力实现中国梦。但中国梦并不是轻轻松松、敲锣打鼓就能实现的，我们必须要清醒地认识到，我国仍是世界上最大的发展中国家，仍会面临复杂多变的国际国内环境带来的各种挑战与困难，共产党人只有继续保持艰苦奋斗精神，才能让全国人民过上美好生活，使中国梦变为现实。二是他强调，在改革中要发扬钉钉子精神。当今，我国改革的复杂性、敏感性、艰巨性更加凸显，面对一些难啃的“硬骨头”，只有继续保持艰苦奋斗精神，攻坚克难，狠抓落实，改革才能取得突破性进展与显著成效，成为引领新时代发展征程的强大动力。最后，他也强调，要将艰苦奋斗精神融入党的建

① 《毛泽东选集》第1卷，人民出版社1991年版，第161页。
② 《毛泽东年谱（1893—1949）》中卷，中央文献出版社2013年版，第524页。
③ 习近平：《决胜全面建成小康社会　夺取新时代中国特色社会主义伟大胜利——在中国共产党第十九次全国代表大会上的报告》，《人民日报》2017年10月28日。

设中。今天我们判断党员干部理想信念坚定与否的标准是他能否吃苦在前、享受在前，能否勤奋工作、廉洁奉公；把清正廉洁的政治本色纳入评判好干部的标准之中；坚决摒弃享乐主义和奢靡之风，使党员干部真正做到将勤俭节约、艰苦奋斗的优秀品质化于心、固于本、践于行。

总而言之，习近平新时代中国特色社会主义思想汲取了延安精神中自力更生、艰苦奋斗的优秀品质，不仅塑造了我们党的精神气质，成为我们党化危为机的制胜法宝，亦成为推动中国人民实现中国梦的强大精神力量。

（作者系西北大学马克思主义学院思想政治教育专业在读研究生）

# 新时代传承和弘扬延安精神面临的新情况与新对策

苗生顺

延安精神是以毛泽东同志为代表的中国共产党人和无数革命志士，在延安13年的生活和战斗中，抛头颅、洒热血，用生命铸造的革命精神，是中国共产党人政治品格、理想信念、精神风貌与工作作风的精华和结晶。习近平2009年11月在陕西考察时强调："伟大的延安精神滋养了几代中国共产党人，始终是凝聚人心、战胜困难、开拓前进的强大精神力量。"这一论述充分指出，延安精神具有超越时空的恒久价值和旺盛生命力。

新时代，国际国内发生着很多深刻而复杂的变化，传承弘扬延安精神面临前所未有的各种各样的新情况、新问题和新阻力。怎么破解这些难题？寻求解决对策，从而突破面临的困境，是我们亟待解决的问题。

## 一、新时代传承弘扬延安精神面临的新情况

新时代，面对决胜全面建成小康社会，实现中华民族伟大复兴的历史使命，延安精神的时代价值体现得尤为重要，传承和弘扬延安精神面临的任务更加艰难和挫折，遇到的问题更加复杂和困难。具体表现在以下四个方面。

### （一）新时代的形势发生了变化

新时代，是一个思想开放的时代，世界上各种思想相互交流、相互渗透、相互斗争。国际上，一些西方发达国家凭借经济、科技优势，利用经济交往、文化交流等方式灌输自己的意识形态、社会制度、发展模式、价值观，对发展中国家进行意识形态方面的渗透和冲击，以此加强他们的霸权地位。在这样的时代背景下，以资产阶级利益为主的个人极端思想对我国意识形态产生了强大的冲击和负面影响。部分人在价值取向和目标追求上一味地追求金钱至上。拜金主义、享乐主义、个人主义、奢靡之风等腐

朽思想大范围地滋长蔓延，投机心理和消极腐败现象不断增长。很多人存在片面狭隘认识：现在环境好了，生活好了，追求和过去截然不同。以自力更生、艰苦奋斗的创业精神为主要特色的延安精神早已过时，甚至与之对立起来。部分党员干部嘴上讲奉献、讲勤俭节约，暗中搞享乐主义、贪污腐败。一些青少年学生受各种不良环境的影响和熏陶，沉沦于物质追求与享受中，功利主义思想极度膨胀，社会责任担当意识严重弱化，完全丧失了践行和弘扬延安精神的主动性，有的甚至背离理想信念，走向犯罪的深渊。这些对传承和弘扬延安精神带来极大的阻力。

**（二）对延安精神内涵和时代价值理解上出现偏差**

新时代，社会和生活发生了翻天覆地的变化。艰苦岁月转变为幸福时代，战乱年代转变为和平时期，党的中心任务由夺取革命政权转变为全面建成小康社会和实现社会主义现代化。时代和条件的变化，使得很多人对新时期传承与弘扬延安精神产生疑惑，理由是：延安精神产生于艰苦的战争年代，那时不仅环境恶劣，而且物质也极度匮乏，环境和现实迫使人们不得不自力更生、艰苦奋斗，不如此，就无法生存。现在环境变了，生活好了，在这种情况下，再提延安精神就不合时宜，再讲艰苦奋斗就没有必要了。事实确实如此，延安时期是过去了，但延安精神是永存的，是不受时间、条件限制的。如果仅仅把延安精神简单地、肤浅地理解为穿草鞋、吃忆苦饭、住土窑洞，那是片面无知的，那是曲解了延安精神的真正内涵。延安精神作为优秀共产党人理想信念、精神风貌、思想品德、工作作风和生活作风的结晶，是中华民族优良传统的继承和发展，是我们党的性质和宗旨的集中体现，是民族、国家、企业、个人战胜一切困境和阻力的强大精神和智慧力量，是人类在任何艰苦的环境条件下，在创业的过程中，敢于斗争、敢于胜利的那么一种英雄气概，那么一种大无畏精神。延安精神历久弥新，对于推进中国特色社会主义事业、实现中华民族伟大复兴具有重要时代价值。如果不真正理解延安精神内涵和时代价值，就会在传承与发扬延安精神过程中产生动摇，不够坚定。

**（三）延安精神理论研究队伍出现短缺**

新时代，市场经济的快速发展，使得利益最大化成为人们追求目标。如今，延安精神有关研究机构在全国各大院校和省、市、县都有成立，覆盖面比较广泛，但大都属群众性团体，退休老同志多，研究队伍多数是一些大专院校、党校和延安精神研究会的一些理论工作者，年轻理论工作者极其缺乏。有部分年轻同志参与研究，但对社会意识形态领域的研究兴趣不浓，不能够理解延安精神研究的使命感和荣誉感，不能够理解新时代弘扬的延安精神重要性。很多研究学者只顾眼前利益和经济效益，忽视学习和理论研究。

其次，很大一部分研究者对延安精神的研究局限于基础理论研究，从理论到理论，由概念到概念。注重对延安精神的产生、形成、发展、实质、内涵的研究，注重对延安精神的基本概念及所包含基本内容的研究，而对所涉及和延伸的内容研究较少；注重当时时代背景研究，而对延安精神与改革开放、社会主义现代化建设、全面建成小康社会、社会主义核心价值观、全面从严治党的关系研究不够深入。这使得研究理论成果对实践指导不尽如人意，缺乏针对性、实践性，影响质量效果。

**（四）对延安精神传承对象的地位和作用认识不够**

新时代，党和国家对传承弘扬延安精神非常重视，党的十八大以来，习近平多次强调弘扬延安精神的重要性。在论述发挥党的政治优势时强调指出："历览前贤国与家，成由勤俭败由奢。这是古今中外治国理政的一条共有的警世箴言，我们共产党人更应该引为鉴戒。"这一论述从治国理政的高度为我们党员干部特别是各级领导带头弘扬延安精神提出了新的要求。

现在，全国各地陆续都成立了延安精神研究会，通过各种形式开展延安精神宣传教育活动，在机关、基层、社区、农村、学校、军营进行延安精神宣传，覆盖面比较广泛。但多年来，活动开展得并不理想，看似范围广，但针对性不强，没有抓住重点。宣传和弘扬延安精神是全社会的工作，但首先应该是党员和干部作风建设范畴的工作。因此，做好这项工作不仅要有党委和政府的重视、领导，而且还必须发挥各级领导和党员干部的模范带头作用。这是由他们所处的地位和具有的影响力所决定的。领导干部是否能够率先垂范对于能否真正把延安精神弘扬起来具有决定性影响。

同时，在传承弘扬延安精神进程中，要注重青少年这一基础性群体。从青少年个体来看，青少年时期是人生发展过程中承上启下的一个重要阶段，是人生观、价值观、世界观不断成熟的一个关键时期，因此，在对青少年的人生观、世界观、价值观以及灵魂塑造中革命传统教育有着重要意义，就需要大力弘扬延安精神。

## 二、新时代传承弘扬延安精神的新对策

针对上述面临的问题和挑战，我认为不同历史阶段，有不同的对策。今天，建设社会主义现代化强国，是规模更大、范围更广、程度更深、情况也更复杂的时代，比延安时期复杂得多。正因如此，我们既要大胆探索，同时要深刻认识新时期弘扬延安精神面临的新情况和新问题，深入分析问题产生的根源，找出解决的对策，从而使延安精神在新时代放射出更加灿烂的光芒。

### （一）传承弘扬延安精神必须做到心中有信念

理想和信念的问题是世界观和人生观的问题。延安精神博大精深，内涵丰富，但最根本的就是坚持坚定正确的政治方向，这是延安精神的灵魂，也是党的事业无往而不胜的根本保证。

延安时期，面对国民党的军事包围和经济封锁，面对国民党要困死我们、饿死我们、消灭我们的极其艰难困苦的恶劣环境，我们党倘若没有坚定正确的政治方向，我们的军队、我们的人民倘若没有共产主义必胜的坚定信念，要克服困难，渡过难关，彻底战胜敌人是绝对不可能的。

当前，决胜全面建成小康社会，要用延安精神教育我们的党员干部，树立坚定正确的政治方向，树立正确的世界观、人生观、价值观，继承和发扬延安时期广大军民矢志不移的革命精神，要在任何错综复杂的环境下，政治敏锐，头脑清晰，立场坚定，旗帜鲜明。党的十八大以来，习近平在不同时间、不同场合反复强调党员领导干部要坚定理想信念。2012 年 11 月 17 日，习近平在十八届中共中央政治局第一次集体学习时强调："坚定理想信念，坚守共产党人精神追求，始终是共产党人安身立命的根本。对马克思主义的信仰，对社会主义和共产主义的信念，是共产党人的政治灵魂，是共产党人经受住任何考验的精神支柱。"理想信念动摇是最危险的动摇，理想信念滑坡是最危险的滑坡。一个政党的衰落，往往从理想信念的丧失或缺失开始。我们党是否坚强有力，既要看全党在理想信念上是否坚定不移，更要看每一位党员在理想信念上是否坚定不移。因此，党员干部必须切实加强理想信念教育，深入学习马列主义、毛泽东思想、邓小平理论、"三个代表"重要思想、科学发展观、习近平新时代中国特色社会主义思想，坚定共产主义远大理想和中国特色社会主义共同理想，实现"两个一百年"奋斗目标，不断增强政治意识、大局意识、核心意识、看

齐意识，不断加强实践锻炼，不断增强驾驭各种复杂局面的能力，以适应国际、国内的新形势，适应新时期社会经济、政治、文化生活新变化，为建设社会主义现代化强国贡献力量。

### （二）传承弘扬延安精神必须深刻理解延安精神的内涵和时代价值

延安精神是哺育一代又一代共产党人成长的精神财富，它既是历史的，又是现代的，也是未来的；既具有厚重的历史内涵，同时又有新的时代价值。现在，只要提到弘扬延安精神，有一些人就认为是过艰苦的生活，妨碍人们去享受生活，显然是误解。延安精神包括艰苦朴素、自力更生、厉行节约、反对铺张浪费，但并不是不要提高生活质量和水平。相反，我们党提倡并领导人民艰苦奋斗、发展生产，就是为了使人民群众的物质、文化生活水平不断提高，就是为了解决人民日益增长的美好生活需要和不平衡不充分的发展之间的矛盾，使人民能够过上安居乐业、幸福美满的生活。

在艰苦的延安时期，以毛泽东为首的中国共产党人逐步发展、完善并经受过考验的产物——延安精神。它不是一个僵硬、死板的教条，它是一种发展的精神，是一种创新的精神，是一种克服困难的精神，是指导我们如何更好地思想、工作、生活的良师益友。它继承和发展了中华民族的优良传统，继承和发展了井冈山精神、长征精神等革命传统，经过长达13年的革命斗争实践逐步形成。它不是固定不变的，它随着时代的发展被赋予了新的内涵和价值，对社会发展的各个时期具有普遍现实意义。新中国成立后涌现出的大庆精神、“两弹一星”精神、改革开放精神、抗洪精神、载人航天精神、老西藏精神、抗震救灾精神等，都是延安精神的延续和发展。

因此，可以确切地说，延安精神是中国共产党和中国人民的伟大创造，是马克思主义先进文化与中华民族优秀文化的融会贯通和传承升华，是我们宝贵的精神财富，是战胜一切艰难险阻的强大武器，世代相传，永不过时。

### （三）传承弘扬延安精神必须做到理论与实践相结合

理论研究最终目的是为了更好地指导实践，如果将理论束之高阁不去应用，再精辟的理论也会失去其实际意义。

毛泽东早在1937年时说过：“对于马克思主义的理论，要能够精通它、应用它，精通的目的全在于应用。”延安时期是我党科学总结正反两方面经验，成功地推进马克思主义中国化，在理论上实现第一次历史飞跃的时期。毛泽东思想正是在延安时期逐步成熟并正式写在了党章上。我党关于新民主主义革命的一整套正确的战略、策略、纲领和方针政策，也是在延安时期确立起来并不断得到完善的，可以说没有理论联系实际和开拓创新，既不会产生延安精神，也不会产生毛泽东思想。

现在，我国已进入全面建成小康社会，加快推进社会主义现代化建设的历史关键时期，有许多困难和危险不比战争年代简单，有许多新的矛盾和问题需要面对和解决，有许多未知的领域需要认识和探索。弘扬延安精神仅靠简单的传承是远远不够的，不能局限于讲几段延安时期艰苦奋斗、勤俭节约、为人民服务的感人故事，演几场红色主题为内容的文艺节目。必须根据变化了的新情况，结合新的实际需求，不断赋予它新的时代内容，不断创新弘扬延安精神的理念、组织、制度以及方法。应具体深入探讨延安时期共产党人、人民群众为争取民族独立、人民解放所表现出理论修养、道德品质、优良传统等优秀品质的特点及其形成的规律，进一步阐明延安精神在夺取革命胜利方面的历史经验，特别要认真研究延安精神在新时期的运用和发展问题，使延安精神在党的思想建设、组织建设、作风建设、制度建设、反腐倡廉建设等方面充分发挥巨大作用。

**（四）传承弘扬延安精神必须以青少年为基础，积极发挥党员先锋模范作用**

延安精神是我们党培育起来的，青少年是我们未来社会的接班人，在弘扬传承延安精神的过程中，党员和青少年这两个群体有着重要地位和作用。

延安时期，党的领导干部，特别是党的高级领导同志身体力行，带头践行延安精神，才使得延安精神有如此强大的感召力和凝聚力。新时代，党的领导干部只有带头践行党的宗旨，做出弘扬延安精神的表率，从延安精神中汲取从严治党力量，汲取处理问题、解决问题的途径，汲取全面建成小康社会的动力，这样延安精神才会在新时期再现光芒。现在，我党约有 9059.4 万名党员，是一个庞大的群体，是全面建成小康社会、建设社会主义现代化强国的领导者和推动者。各级党员干部能不能走出精神懈怠、能力不足、脱离群众、消极腐败“四大危险”，能不能经受住执政能力、市场经济、改革开放、外部环境“四大考验”，关系党的生死存亡，关系到社会主义现代化建设的成败。因此，弘扬传承延安精神应重点放在全体党员干部中，这既是现实的需要，也是关乎党的事业兴衰成败的长期需要。党的领导干部应当成为继承和发扬延安精神的表率，成为弘扬传承延安精神的倡导者、示范者和推动者，使弘扬延安精神在全党、全社会都蔚然成风。

其次，抓住青少年这一传承和弘扬延安精神的主力军。习近平在纪念五四运动100周年大会上指出：“青年是整个社会力量中最积极、最有生气的力量，国家的希望在青年，民族的未来在青年。”青年时期，不仅是长身体的主要时期，而且也是世界观、人生观、价值观开始萌芽并逐步形成的关键时期。这一成长阶段，不加强思想道德教育，不加强价值观引领，青少年就难以明事理，辨是非，将来也难以担大任、做大事。当代青少年的生活成长环境较之以往更加纷繁复杂。面对当前经济社会的快速发展，特别是信息网络化，让广大青少年接触外部知识和思想的机会大大增加。但由于人生经验不足，思想不够成熟，缺乏社会实践，一些青少年的思想动态、价值取向、行为方式、生活方式受外界不良思想的影响发生了很大变化，理想淡薄、思想空虚、精神困惑、价值缺失，有的甚至走上违法犯罪道路。2019年3月19日，习近平在全国思想政治理论课教师座谈会上强调：“青少年阶段是人生的‘拔节孕穗期’，最需要精神引导和栽培。”这里所说的“精神”，就是指革命战争年代的伟大建党精神、井冈山精神、长征精神、延安精神、西柏坡精神等。因此，在青少年中迫切需要用延安精神这样的主流价值观来引导、规范、培养健全的人格、健康的心理、高尚的情操，树立正确的世界观、人生观和价值观。另一方面，延安精神也只有赢得青少年，才会赢得未来，才会拥抱青春。

总之，不论生产力如何先进，社会发展到何等高度，都必须传承弘扬伟大的延安精神。认为弘扬延安精神已经过时的观点，认为不再需要延安精神，而专等过好日子、享清福的人，与我们整个国家发展格格不入。我们将面对新时代传承弘扬延安精神的困难与挑战，以持之以恒的精神，使延安精神在新时代放射出闪耀光芒！

（作者系延安市延安精神研究中心干部）

# 新时代传承弘扬延安精神的新认识新思考

李　季

伟大的延安精神是时代的产物，历史的产物。延安精神形成在革命战争年代，是马克思主义与中国革命实践相结合的结晶，是对中国优秀精神文化的创造性传承、创新性发展，是井冈山精神、苏区精神、长征精神的继承和发展。新中国成立70周年之际，重温延安精神，不仅提醒我们不能忘记革命历史、淡化革命精神，更要在新时代大力传承弘扬延安精神，这就要求深化对延安精神的认识和理解，在学习革命历史的同时也塑造新时代的历史文化精神。

目前我国社会上，对于革命历史、革命领袖、革命英雄以及革命精神的看法呈现多元状态，虽然积极的正确的认识仍是主旋律，但还存在一些杂音噪音，这方面的问题一般称为热点问题、难点问题。如何正确面对这些问题，主动做出正面而有效的回应，这是弘扬革命精神，继承和发扬延安精神的重要价值和意义所在。对于延安精神的传承和丰富，是建设好我们这个党、实现中华民族伟大复兴中国梦的历史性课题，也是每位党员的义不容辞的政治责任。人类的思维有一种习惯性的定势，在人们回顾历史的同时，人的心理方面也会回到之前的历史环境中去，并且以传统历史为起点，结合一系列的历史事件而前进，这样就很容易使得回顾活动失去其本来含义。我们应该在学习和把握历史的基础之上，在现实阶段反观历史，并且将现代社会中的优秀精神和文化内容融入革命精神中，促进革命精神的不断进步和发展，实现新时代的革命精神的发展和进步。我们研究和学习延安精神，感悟中华人民共和国成立70年来延安精神的丰富和发展，这不但能够帮助我们更好地了解历史，同时也在很大的程度上能够促进延安精神与新时代新使命的紧密结合，实现革命精神的新生。

## 一、延安精神的本质内涵

延安精神的最本质内涵是马克思主义精神，它是马克思主义在延安革命时期与中国的革命实践活动相结合的重要产物，在中国共产党人的精神谱系中，延安精神也体现着井冈山精神、长征精神等多种历史文化精神和革命精神。在对于延安精神的研究方面，尽管专家学者在表述的内容和方式上有些差异，但是其精神实质是一致的，延安精神的基本内容是：坚定正确的政治方向，解放思想、实事求是的思想路线，全心全意为人民服务的根本宗旨，自力更生、艰苦奋斗的创业精神。具体来说，延安精神的这些内容充分体现了马克思主义的科学精神、革命精神。

### （一）追求真理、献身真理的精神

“革命理想高于天。”坚定的理想是指引和鼓励人们不断奋斗、前行的基础动力，也是人们前行路上的明灯，坚定的理想是促进和激发人斗志的重要基础。延安精神首先强调坚定正确的政治方向，就是坚定对马克思主义的信仰，对实现共产主义的信念。正是由于有坚定理想信念的支撑，当年的延安才能像磁石一样，吸引着一批又一批优秀的热血青年奔赴延安。他们为了实现心中的理想，顶住了来自家庭、社会和国民党政权的种种压力，不断克服艰险，纷纷朝着圣地延安前行，为心中的光明和理想——为实现共产主义而奋斗前行，不少人并且扎根于此。在革命队伍中，无论是生活在大城市的知识分子，还是出身贫苦、受到残酷剥削的农民，抑或是在部队中的指挥员或战士，他们都在圣地延安，以平等的身份为了自己的理想而不懈努力奋斗。在这里革命军民将自身的热情和鲜血都奉献给了人民的解放事业。显然，如果没有追求真理的决心和为真理献身的信心，就难以坚持和奋斗。

### （二）革命英雄主义精神

在长征期间，红军战士们“一不怕苦，二不怕死”的革命精神被广泛地传颂和发扬，在这样的英雄革命主义精神的激励之下，红军战士们冲破国民党的层层封锁线、越过一座又一座高高的雪山、跨过荒无人烟的草地，最终实现了三大主力红军的胜利会师。这样的革命主义精神，在延安精神中得到充分体现和发扬。在延安时期，革命前辈们将革命的利益置于一切利益之上，不断为革命事业奉献自身的能力，为了革命事业的胜利奉献自己的赤胆忠心，完全不计个人的得失，为了大我牺牲小我。在这种革命英雄主义精神的鼓舞和激励下，平型关战役中，八路军一一五师虽然武器装备简陋、子弹弹药不充足，但仍以不畏强敌的英雄气概，歼灭了日军精锐师团的1000多个士兵，狠狠打击了日本侵略者的嚣张气焰。也是由于革命英雄主义精神的鼓舞，面对着日军的大“扫荡”，狼牙山五壮士拼尽了自己的弹药之后，采取投掷石块的方式继续战斗，最后为了不当俘虏，毅然决然跳下悬崖。革命英雄主义精神也激励着我们取得了三大战役的胜利，最终彻底消灭国民党反动势力，奠定了我们推翻三座大山，建立新中国的坚实基础。没有英雄革命主义精神，这一伟业就难以完成。这是建立新中国，巩固和发展社会主义的重要依据，更是新时代我们建设幸福美好生活的重要保证。

**（三）革命乐观主义精神**

革命乐观主义精神，是为了更好地完成革命事业和实现人民对于幸福生活的追求，虽然处在恶劣的斗争形势下，但是革命先烈不轻易放弃、不产生悲观情绪、始终坚信革命事业终将取得胜利，并且为之不断努力奋斗前行的精神。革命乐观主义精神具有较强的感染力和传播力，不但能够激励自身不断进步，而且还能够在很大程度上影响和鼓励他人。延安时期的自然环境、生活条件及物资供应等方面都存在极大的困难，需要时刻警惕日本侵略者的围困，还需要打破国民党顽固势力的封锁和打压。1939—1943年，除了要应对这些人为因素之外，自然灾害的发生使得延安地区的生活条件更是雪上加霜。面对这样的困境，延安军民仍然以昂扬的斗志、饱满的热情来面对生活，这是革命乐观主义的作用，更是革命乐观主义的实际展现。在抗战前线，虽然战士们时时刻刻面临艰苦的战斗，再加上时常缺水断粮的苦难，尽管如此，战士们依然斗志昂扬，他们自行组织文工团，利用战争间隙举行文艺活动，恶劣的环境中却充满着欢声笑语。这种革命乐观主义精神，是对于中国革命必将取得胜利的坚定信念，是对于中国革命事业的极大热情，这些始终如一的希望、奋勇直前的革命乐观主义精神，像是一团热烈的火焰，能够烧毁一切的畏惧、灾害、人力等方面的阴暗。也正是这种革命乐观主义精神，促进和激励着中国革命者们不断前行，创造了中国革命的人间奇迹。

### （四）艰苦奋斗精神

艰苦奋斗精神，是一种依靠自身能力去增强自身的实力的精神，正如毛泽东同志所说："我们能够依靠自己的组织力量，打败一切反动派。"艰苦奋斗精神，能够使得人们处在极其艰难的境地之下，仍然能够保持高昂的奋斗热情，在面临着巨大的困难的时候，不是一味地放弃和妥协，而是主动寻找出路、尝试不同的解决方案，最终取得成功。延安精神所内含的艰苦奋斗的精神尤为突出，最具示范性和典型性。面对着国民党顽固派的围堵、日本侵略者的进攻以及恶劣的自然环境条件，共产党人没有轻言放弃，而是塌下心来苦干实干，发动人民群众一起，开垦良田、打凿水井，组织民间武装力量抵抗侵略者的袭扰。正是由于艰苦奋斗精神的激励作用，新中国成立以后，面对百废待兴的局面，党和人民团结奋斗，没有向困难妥协，积极恢复生产、扫除全国匪患，稳扎稳打，逐步前进，用我们的双手建设起日益繁荣昌盛的社会主义国家，令全世界赞叹不已！

## 二、延安精神的传承弘扬

进入新时代，牢记初心使命，推进自我革命，创造历史辉煌，更加需要传承弘扬革命年代的那么一股热情，那么一种精神，那么一种干劲，尤其需要大力弘扬延安精神。但还有的人认为延安精神是"过去式"，不适于今日的社会生活，甚至产生了不需要提倡发扬延安精神的错误认识。实际上，延安精神是一种与时俱进的伟大精神，它的内容和要求并不是一成不变的，而是随着时代和实践的发展不断获得新的证明和发展。新时代，在以习近平同志为核心的党中央的领导下，全党和全国人民正为实现中华民族伟大复兴的中国梦而共同奋斗。在这样的历史时期和发展背景之下，延安精神更是我们前行道路上的指明灯，而研究和分析在这70年间延安精神的代代相传，也更加显得有现实意义。

首先，传承延安精神，对中国共产党这样一个长期执政、全面执政的百年大党来说，更加需要践行全心全意为人民服务的根本宗旨，才能巩固壮大我们党执政的阶级基础和群众基础。党的各级领导干部要关心群众、爱护群众，党员也要切实为人民的幸福努力工作，为老百姓能够过上好日子积极奋斗。在这方面涌现出一批杰出人物和先进典型，比如，有为人民而奋斗的吴金印、全心全意关心社区人民生活的吴雅琴，更有扎根基层的尼玛江村……这些优秀的党员、干部及先进集体所体现出来的美好品质和精神都是延安精神的传承。

其次，传承延安精神，要在坚持实事求是的作风和精神上下功夫。实事求是是党的生命线和灵魂，更是党的思想路线的精髓所在。坚持实事求是，是一件“说易行难”的事情，需要我们锤炼党性，端正态度，改进作风。只有真正做到实事求是，才能够与群众保持血肉联系，才能永远立于不败之地。新时代，我们有“一辈子坚守初心，不改本色”的张富清，有“对党忠诚、无私忘我”的廖俊波书记，也有“共产党人就是让人民过上好日子”的党员龚全珍，他们在为人处世中保持着共产党人的赤诚之心，说实话、办实事，为群众谋幸福、为百姓做实事。这是新时代延安精神实事求是内涵品质的继承和体现。

再次，传承延安精神，就要深刻理解延安精神的艰苦奋斗的内涵，新中国成立以来的70年时间里，人民的生活水平有了显著提升和改善。同时，当年陕甘宁边区军民中所具有的艰苦奋斗作风依然得到极好的传承弘扬。在我国的江苏地区，“守岛夫妻哨”面临着缺少淡水、蔬菜供应不足、粮食短缺，衣物、照明、取暖等方面的不足的艰苦条件，王继才夫妇并没有被困难所吓倒，坚持每晚巡岛、观察和报告海平面情况、协助社会治安工作、为遇险船只提供帮助等。“一座岛、一双人、三十二年”，他们是艰苦奋斗精神在新时代的最真切的体现，也赋予延安精神以时代的新内涵新要求。习近平强调，我们依靠艰苦奋斗走到今天，还要依靠艰苦奋斗走向未来。艰苦奋斗永远是我们的传家宝。

## 三、新时代大力弘扬延安精神

新时代，在改革开放不断向纵深推进，社会主义市场经济趋向完善的背景下，如何将传统的延安精神在新的市场环境下发扬光大，保证延安精神为人民的生活、工作指明方向，已经成为一个重要而紧迫的时代课题。因此，新时代如何更好发挥延安精神的时代价值，成为中国共产党人义不容辞的政治责任和神圣义务。只有解决好这一课题，才能够让延安精神永远绽放光芒。

加强党的先进性和纯洁性建设是弘扬延安精神的根本要求。加强党的先进性和纯洁性建设，制度是保证，是全党前行奋斗的遵循，也是不能够触碰的底线。延安精神与党的先进性和纯洁性建设的结合，还要正确处理党内外的矛盾问题，做到以史为鉴，以史为师，要在理解和把握延安整风的宝贵经验的基础之上，弘扬延安整风精神，将一些正确的、有效的处理党内外矛盾的理念、方式和方法上升为党内同志的生活规则，形成一套完整的党内矛盾的防范和解决机制。为了进一步弘扬好延安精神，更需要密切联系群众，促进党群、干群关系的改善和发展，不断增强党的凝聚力、战斗力和创造力。在这些方面，深入研究和借鉴延安整风的经验是十分必要的，特别是延安时期开展马克思主义的群众观点和群众路线教育的做法和举措，以及加强党的建设的伟大工程的历史经验，也是促进延安精神在新时代获得放射出新的时代光芒的重要保证。

深入学习贯彻习近平新时代中国特色社会主义思想是弘扬延安精神的迫切需要。习近平多次讲过，“陕西是根，延安是魂，梁家河是第二故乡”，他对延安和延安精神有深厚情结。习近平的七年知青生活，是他人生成长的重要阶段，是习近平新时代中国特色社会主义思想的历史起点。习近平新时代中国特色社会主义思想赋予延安精神丰富的思想内容和时代要求。弘扬延安精神，才能更好展现习近平新时代中国特色社会主义思想的理论魅力和精神力量。学习贯彻习近平中国特色社会主义思想与弘扬传承延安精神在某种意义上是统一的。我们传统优秀的革命精神与党的创新思想的融合与发展，正是发扬传统精神的最好体现和现实要求，也是我们学习历史、感悟历史的重要印证。传承弘扬延安精神，就是要坚持中国共产党的领导，就是要立足于新时代的现实发展，就是要坚定“四个自信”，就是要为中国社会的发展变革提供科学指引和强大精神动力。

紧跟历史潮流，走在时代前列是弘扬延安精神的必然要求。延安精神不仅属于中国，也属于世界。注目世界，经济全球化浪潮不可阻挡。我国正在决胜全面建成小康社会，让延安精神放射出时代光芒、引领我国经济发展的新方向，构建人类命运共同体，促进“一带一路”的建设和发展，这是时代发展的客观趋势，也是延安精神新的时代要求。经济全球化的发展，就会大大促进不同的社会制度、不同的文明形态、不同的民族之间的相互合作和共同发展。因此，如何正确利用全球经济化的发展趋势，在世界民族之林中帮助和促进中华民族的发展和进步，并且不断吸收外在的优秀资源，不断巩固和发展我国新时代的社会主义制度，这是中国共产党人面临的一个重大课题。市场经济化的发展，也要求我们在传承弘扬延安精神的过程中，更加深层次地运用和发展现代社会经济发展中的市场机制，切实提出解决缩小城乡差距、贫富差距方面的有效途径，不断缓解就业压力，促进社会公平正义的发展和进步，加强公益事业的发展、推动政府职能的转变，这是我们党在新时代的发展大背景下必须着力解决的重要问题。最后，新时代的社会发展方式促进了社会结构多样化的变革趋势，这也为我们发展延安精神提出了新的时代要求，加强延安精神与时代进步和发展的结合，在实际运用中进一步挖掘延安精神的时代内涵，这是让延安精神不断获得新生的重要方式和手段，也是时代发展的必然趋势和要求。

时代在变化，人类在进步。中国特色社会主义进入新时代，我们仍然需要进一步传承弘扬延安精神，研究和挖掘延安精神的思想“富矿”，成为我们继续前进的思想之旗、精神之魂，永远放射共产党人的理想之光、信仰之光！

（作者系陕西省延安精神研究会办公室副主任）

# 从延安精神中汲取坚守政治信仰的力量

于 姣

信仰是一个内涵十分丰富的话题，也是一个永恒的、常新的课题。有一位叫萨特的哲学家说过，世界上有两样东西是亘古不变的，一个是高悬在我们头顶上的日月星辰，一个是深藏在每个人心底的宝贵信仰。对于一个人来说，信仰与信念是管方向的，是左右前进目标与行动的。不同的信仰和信念，决定着每个人不同的人生追求和境界。信仰信念的动摇，还会导致前进方向的迷失。对于一个国家和民族来说也是这样，人民有信仰，民族就有希望。对马克思主义的信仰，对实现共产主义的信念，永远都是我们中国共产党人的政治灵魂和精神支柱。

而今天被我们广为传颂的延安精神就是以延安为地理坐标，以中国共产党在延安十三年为时间跨度的一个特殊历史阶段，在争取中华民族独立和人民解放事业的伟大斗争实践中，培养、形成和发展起来的崇高革命精神和优良革命传统。坚定的理想信念是延安精神的重要内涵，以毛泽东同志为核心的第一代中央领导集体将马克思主义的基本原理同中国具体实际相结合，以中华民族独立为己任，以革命必胜的信念，不怕流血牺牲，克服一切困难，团结一切可以团结的力量，自始至终坚持抗战。我党为全军和抗日根据地以及广大爱国进步青年树立了正确的政治方向，并逐渐演变成为一种坚定的信仰，为抗日民族统一战线的形成提供了最重要的思想保障，核心在于他们有共产主义理想的坚定信念。这就是延安精神的思想精髓，也是中国共产党的灵魂。

## 一、坚定的理想信念是延安精神的政治底色

正如习近平一再强调的，没有理想信念，理想信念不坚定，精神上就会缺“钙”，就会得“软骨病”。理想信念是中国共产党人的精神之“钙”。老一辈无产阶级革命家、志士仁人投身革命，奉献热血青春乃至生

命，都是为了救国救民，为全国人民谋幸福。90 多年来，正是马克思主义信仰和共产主义理想，鼓舞了一代又一代的共产党人。为了这个信仰，为了这个主义，为了民族的解放，为了人民的幸福，殚精竭虑，勇往直前，谱写了壮丽的诗篇。战争年代，中国共产党人为了共产主义远大理想和民族独立、人民解放，抛头颅、洒热血，自强不息，奋斗在敌人的枪口之下，做好了“把最后一滴血献给民族和国家”的准备。就是在敌人的严刑拷打面前，也“面不改色心不跳”，坚贞不渝，矢志不移，涌现出了像李大钊、方志敏、夏明翰等一大批仁人志士。全党上下前仆后继，众志成城，生命不息，战斗不止，彰显了对信仰信念的坚定捍卫和执着坚守。新中国成立以来的建设时期，中国共产党人为了自己的信仰和信念，为了人民过上幸福的生活，默默战斗在各自岗位上，自强不息，开拓进取，顽强拼搏，无私奉献，建功立业，涌现出了像雷锋、焦裕禄、时传祥、王进喜、孔繁森等一大批英模人物，他们都以自己的实际行动，证明了自己对马克思主义信仰和共产主义理想的坚定性，证明了自己是坚定的共产主义者。

尤其值得一提的是，延安十三年，全党对马克思主义信仰的坚持、对共产主义信念的坚定，达到了前所未有的新境界和新高度。面对日本帝国主义的疯狂侵略，面对国民党顽固派的严密封锁，面对自然条件的艰难困苦，全党上下仍然意气风发，斗志昂扬，生命不息，战斗不止。无数共产党人为了保家卫国，抛头颅、洒热血，全身心投入抗日救国斗争中。在这一精神的感召下，无数仁人志士怀着满腔的热血，从五湖四海、汇聚到延安的大旗帜下，投身到为实现共产主义远大理想的大浪潮中，谱写出了一曲曲坚守信仰的英雄赞歌。一些国民党人也舍去自己富裕安逸的生活条件和国民党方面给予的优厚待遇，义无反顾地加入中国共产党。是什么力量让他们放弃升官发财、发家致富、光宗耀祖、福泽亲友的机会，最终选择了为抗日救亡、民族独立和人民解放而不惜抛头颅、洒热血？是理想信念，是坚定不移的共产主义理想信念，为他们朝着民族救亡图存和人民独立解放不懈奋斗提供了源源不断的精神原动力。

理想信念是战胜一切困难、经受各种诱惑与考验的精神支柱。当年，共产党人在延安那样的艰苦环境下，战胜艰难险阻，创造丰功伟绩，靠的就是心中坚守的马克思主义信仰和共产主义理想。习近平在梁家河村插队的七年里，先后写了 8 次入团申请、10 次入党申请，才最终被批准入团、入党，支撑他的正是坚定的理想信念。要让广大党员干部坚定理想信念，就要让他们全面把握历史发展规律和现阶段我国基本国情，深刻理解和运用党的理论创新成果尤其是习近平新时代中国特色社会主义思想；始终倡导用延安精神固本强基，教育党员干部增强“四个意识”，坚定“四个自信”，在政治上思想上组织上同以习近平同志为核心的党中央保持高度一致，始终坚持党的基本路线不动摇，做到公私分明、大公无私、廉洁守法、以民为先，争当模范典型，以实际行动践行对党的忠诚。

## 二、崇高的政治信仰是延安精神的思想高地

说到延安精神，坚定正确的政治方向是第一位的，这也是延安精神的灵魂所在。坚持走中国特色的社会主义发展道路，将全国人民紧密团结在一起，为实现共产主义理想不懈努力，始终心系群众，制定反映社会发展现实诉求的方针政策。这是我们党长期坚持的政治策略。同时，还要随着世情、党情与国情的变化，将马克思主义基本原理与我国实际紧密结合在一起，不断推进马克思主义中国化，并用发展着的马克思主义指导新的社会主义实践。

中国共产党人在争取民族独立和人民解放事业中所培育和形成的延安精神，是党的性质和宗旨的集中体现，是党的优良传统和作风的集中体现，也是共产党人从严治党的伟大成就，蕴藏着凝聚人心、战胜困难、开拓前进的强大精神力量。习近平在陕西考察时强调：“老一辈革命家和老一代共产党人在延安时期留下的优良传统和作风，培育形成的延安精神，是我们党的宝贵精神财富。今天，全面从严治党要继续从延安精神中汲取力量。”① 坚定正确的政治方向是延安精神的灵魂，它集中体现在共产党人坚定不移的共产主义理想信念上，而坚定的理想信念则是共产党人永不枯竭的精神原动力。

信仰的内涵是十分丰富的，信仰的作用也是非常巨大的。政治信仰就是管方向的，管灵魂的“总开关”。这是我们共产党人的传家宝，也是一笔不可多得的精神财富。习近平近年来反复强调，要把这一“红色基因一代代传下去”。特别是对我们这一代改革开放后成长起来的青年来说，就

---

① 《习近平春节前夕赴陕西看望慰问广大干部群众向全国人民致以新春祝福　祝祖国繁荣昌盛人民幸福安康》，《人民日报》2015年2月17日。

更需要榜样力量的感召。习近平从小立志要报效国家，他在梁家河村以对党的崇高信仰和顽强意志克服生活的不适应和体力劳动的辛苦，带领群众改变落后面貌。七年知青岁月培养了他宝贵的政治品质和强烈的进取精神。无论生活多么艰辛，父亲多么冤屈，他都始终坚持信仰共产主义，从来没有对党产生过怀疑和动摇。在这一过程中最基本的特征就是坚定信念、不怕吃苦、心向人民，跟着党走。我们今天要实现中华民族的伟大复兴，实现追赶超越，我们广大青年朋友就一定要坚定信念，服务大局，把国家的需要当成自己的责任，忠诚于党的事业，将个人的奋斗步伐深深镌刻到新时代民族复兴和国家进步的伟大征程中，使理想实现最大值。

## 三、永恒的初心使命是延安精神的不竭动力

全面从严治党，加强党性修养，坚定“四个自信”，补足精神之“钙”，用信仰塑造灵魂，解决好理想信念动摇、信仰迷茫、精神迷失、党性修养缺失、不讲党的原则等问题，需要从延安精神中汲取力量。毛泽东讲过，陕北是两点：“落脚点”和“出发点”。从“出发点”延伸，还可以再成为“转折点”和“试验田”。“转折点”就是经过延安十三年的奋斗发展，我们的党、我们的军队、我们的根据地，实现了由小到大、由弱到强的转折点。这不仅仅是革命胜利的规律，也是对事物发展规律的总结和概括。实践证明，中华民族从站起来、富起来到强起来就是这样一个发展规律。“试验田”就是共产党领导下的陕甘宁边区政府进行了局部执政的实验，并且按照实事求是、解放思想的思想路线，进行了一系列的创新。陕甘宁边区政府被称为有史以来最廉洁的政府，为建立和建设新中国，为建立社会主义制度进行了实验。可以说，延安是中国革命当之无愧的圣地，是共产党人的精神家园。

习近平在延安考察时强调，我们党是一个具有长期奋斗历史和优良革命传统的党，也是一个紧跟时代步伐、善于与时俱进的党。党的建设必须坚持继承和创新相结合，结合时代条件发扬党的光荣传统和优良作风。老一辈革命家和老一代共产党人在延安时期留下的优良传统和作风，培育形成的延安精神，是我们党的宝贵精神财富。今天，我们仍要继续从延安精神中汲取力量，要把抓理想信念贯穿始终，提高辩证思维、系统思维能力，保持党同人民群众的血肉联系，始终为党和人民事业艰苦奋斗、不懈奋斗。

当前，全党上下正在进行“不忘初心、牢记使命”主题教育，从延安精神的探索与研究中挖掘理论资料和真实素材正当其时。这既有利于党员干部和在校大学生的“信仰、理想和信念”教育，切实收到“入脑”“入心”的实际效果，同时对各级领导和党员干部履职尽责、党性修养等方面，也有许多可以借鉴的地方。延安精神是党和国家的宝贵精神财富，在我国革命、建设和改革事业中发挥着巨大的精神动力作用。随着时代的发展，延安精神被注入新的活力，将为实现中华民族伟大复兴的中国梦提供精神支持。因此，新时代应结合新的实际继续弘扬延安精神，为加强和改进党的建设提供强大精神动力，为推动科学发展、促进社会和谐提供坚强组织保证。

（作者系西北大学马克思主义学院在读博士生）

# 延安精神与共产党人的初心、使命

赵 莉

“不忘初心、牢记使命”正式提出是在党的十九大，它深刻阐明了我们党是从哪里来、立党为了什么、如何一路走来、又将往何处去等一系列重大历史课题，是我们党对人民做出的郑重承诺，也是对全党发出的继续“赶考”动员令。延安是中国革命圣地，是中国共产党人的精神家园，党中央、毛泽东在延安领导中国革命13个春秋，建立了红色政权，领导军民夺取了抗日战争和解放战争的伟大胜利，孕育了宝贵的延安精神。延安精神内容丰富、内涵深刻、源远流长，它既是5000多年中华优秀传统文化的继承和发扬，又是红船精神、井冈山精神、长征精神的发展和升华。[①] 正如习近平所说：“延安精神是中华民族优良传统的继承和发展，是我们党的性质和宗旨的集中体现。”从根本上说，延安精神就是中国共产党人的精神，一直激励着我们共产党人砥砺前行。党的十八大以来，习近平就什么是延安精神、为什么要弘扬延安精神、怎样弘扬延安精神等问题，发表了一系列重要论述。新时期，我们大力弘扬延安精神，就是要让广大党员领导干部在延安精神中追根溯源，进一步坚定不忘初心的信念，汲取不忘初心的力量，肩负起实现中华民族伟大复兴的历史使命。

## 一、弘扬延安精神，有利于筑牢历史之“根”

我们党是从井冈山、延安、西柏坡这些地方一路走过来的。习近平强调，走得再远、走到再辉煌的未来，也不能忘记走过的过去。因为这是我们党的历史之“根”。“求木之长者，必固其根本”，如果忘记了我们党是从哪里走来的，就会迷失前进的方向；如果忘记了我们党的历史之“根”，执政之树就难以长青。当前，一些党员领导干部身上之所以还存在不严不

① 赵耀宏：《延安精神及其当代价值》，人民出版社2017年版。

实、“四风”现象，甚至陷入腐败泥潭，就是因为忘记了我们党的历史之“根”，忘了我们党的精神血脉，也忘记了自己入党时的初心和使命。不忘初心，方得始终；不忘本来，才有未来。大力弘扬延安精神，让党员干部重温那些苦难辉煌的伟大历史，经常接受精神上、思想上的洗礼，以精神纽带连接历史和现实，强固历史之“根”，为我们党溯到源、找到根、寻到魂，可以使新形势下党的建设不断获得源头活水，永远保持生机活力。

## 二、弘扬延安精神，有利于补足精神之“钙”。

我们共产党人的初心和使命就是为中国人民谋幸福、为中华民族谋复兴，因此，对共产党人来说，理想信念的滑坡最危险，精神支柱的坍塌最致命，习近平反复强调理想信念的极端重要性，把理想信念比作共产党人精神上的“钙”。当前，面对各种诱惑和冲击，一些党员干部精神之“钙”流失严重，得了“软骨病”。而延安精神的形成正是以坚定的理想信念作为基础和支撑的。当年，为什么那么多仁人志士千辛万苦奔赴延安？因为延安是一个有理想信念、可以实现理想信念的地方。美国记者埃德加·斯诺称之为“东方魔力”、陈嘉庚先生则得出结论“中国的希望在延安”。他们所说的“魔力”和“希望”，反映的正是延安精神的巨大力量，延安精神不仅属于过去，更属于现在和将来，具有穿越时空的永恒魅力。新时代，大力弘扬延安精神，有利于我们共产党人补足精神之“钙”，以坚定的理想信念坚守中国共产党需要我们像当年一样坚定理想信念，用延安精神打扫思想上的灰尘，挺起精神的脊梁。

## 三、弘扬延安精神，有利于凝聚力量之“源”

始终保持党同人民群众的血肉联系，是中国共产党完成执政使命的力量源泉。习近平指出：“我们党来自人民、植根人民、服务人民，党的根基在人民、血脉在人民、力量在人民。失去了人民拥护和支持，党的事业和工作就无从谈起。”我们党历来把为人民服务作为党的根本宗旨。中国共产党一经成立，就义无反顾地肩负起实现中华民族伟大复兴的历史使命，就把坚持“人民利益高于一切”鲜明地写在自己的旗帜上，把全心全意为人民服务作为我们党的根本宗旨。无论是革命战争年代，还是社会主义建设时期，以及改革开放进程中，这个初心和使命都是激励中国共产党人不断前进的根本动力。全心全意为人民服务既是我们党的根本宗旨，同时也是延安精神永葆生机活力的关键所在。毛泽东1942年在延安窑洞里写就的《论联合政府》一文中指出："共产党区别于其他任何政党的一个显著标志，就是和最广大人民群众取得最密切的联系，全心全意为人民服务。"延安时期我们党形成的这种毫不利己、专门利人、全心全意为人民服务的崇高品质和情操，一直激励着一代又一代人。为谁革命？为谁服务？今天，我们开展"不忘初心、牢记使命"主题教育，就是要让全体党员始终牢记，把伟大事业继续推向前进，必须从延安精神中回望初心、不忘初心、坚守初心，把为民当使命，把服务当事业，乐于奉献，不计得失，用共产党人的初心和大爱为广大人民群众尽责服务。

## 四、弘扬延安精神，有利于强化务实之"风"

坚持解放思想、实事求是是延安精神的精髓。延安时期，我们党坚持真理，修正错误，开展整风运动，使解放思想、实事求是成为全党的思想路线和行动自觉，推动了马克思主义中国化的第一次飞跃，确立了毛泽东思想在全党的指导地位。经验和教训反复证明，什么时候坚持解放思想、实事求是的思想路线，革命就取得胜利，建设就取得成效；反之，就会犯错误，革命就会受挫折，事业就会受损失。[①] 习近平指出："实事求是，是马克思主义的根本观点，是中国共产党人认识世界、改造世界的根本要求，是我们党的基本思想方法、工作方法、领导方法。"他在回忆梁家河的下乡岁月时说："在陕北七年，最大的一个收获就是懂得了什么叫实际，什么叫实事求是。"十八大以来，党中央带领全党和全国人民攻坚克难、砥砺前行，解决了许多长期想解决而没解决的难题，办成了许多过去想办而没办成的大事，靠的也正是一切从实际出发、实事求是，并在此基础上形成了习近平新时代中国特色社会主义思想。今天我国社会发展所处的历史方位，是新中国成立特别是改革开放以来我国不断发展的结果。站在新的历史起点上，我们要向何处去？首先就是到2020年全面建成小康社会，实现第一个百年奋斗目标。这是我们党向人民、向历史做出的庄严承诺，更是我们党所肩负的历史使命。2020年全面建成小康社会后，我们要激励全党全国各族人民为实现第二个百年奋斗目标而努力，踏上全面建设社会主义现代化国家的新征程，让中华民族以更加昂扬的姿态屹立于世界民族

---

① 中国延安干部学院编：《党中央在延安13年》，中央文献出版社2010年版。

之林，这些充分体现了新时代我们共产党人的使命与担当。因此，我们应当从延安精神中汲取真理的力量，坚持一切从实际出发，把中国特色社会主义事业不断推向前进。

## 五、弘扬延安精神，有利于坚守自强之“本”

自力更生、艰苦奋斗，是延安精神的本质特征，是中国共产党人永不变色的政治根本。延安时期的延安交通闭塞、经济落后、条件艰苦，特别是抗日战争进入相持阶段后，面对着日本侵略者的疯狂进攻及国民党顽固派的军事包围和经济封锁，加之自然灾害侵袭，陕甘宁边区出现了空前严重的物质困难，党中央、毛泽东号召边区军民开展“自己动手、丰衣足食”的大生产运动，广大边区军民积极响应，毛泽东等中央领导带头参加劳动，带头节衣缩食，克服了一个又一个困难，铸就了延安军民的铮铮铁骨和艰苦奋斗的精神。改革开放以来我们的生活水平、工作条件、物质基础虽然已经发生了翻天覆地的变化，但是我们仍然不能忘“本”，还要自觉继承和弘扬“自力更生、艰苦奋斗”的创业精神，将其作为改革创新动力，砥砺意志，陶冶情操，自觉为实现中华民族伟大复兴的中国梦不懈奋斗。

延安精神孕育和滋养了几代中国共产党人，在新的历史时期，我们必须继承和发扬延安精神，在延安精神中汲取精神力量，进一步筑牢历史之“根”、补足精神之“钙”、凝聚力量之“源”、强化务实之“风”、坚守自强之“本”，始终牢记共产党人的初心和使命，为决胜全面建成小康社会、夺取新时代中国特色社会主义伟大胜利、实现中华民族伟大复兴的中国梦、实现人民对美好生活的向往而不懈奋斗。

（作者系灞桥区委党校培训处副主任）

# 延安时期中国共产党党风廉政建设的历史经验与启示

唐巾媛

党风廉政建设是无产阶级政党加强和规范党内政治生活，确保党的先进性和纯洁性的重要任务。腐败破坏党的凝聚力，削弱党的战斗力。坚定不移反对腐败，努力实现干部清正、政府清廉、政治清明是中国共产党历来坚持的鲜明政治立场。延安时期的党风廉政建设是中国共产党党风廉政建设史上的光辉典范，为新时代的反腐败斗争提供了极为丰富的有益的历史经验，这些经验涵盖了制度、教育、监督、惩治、群众监督、廉洁行政等各个方面，确立了廉洁政治目标，健全法制，加强监督，严厉惩处，拔掉莠草，成效显著，营造了良好的政治生态，受到社会普遍赞誉。

党的十八大以来，以习近平同志为核心的党中央从事关党和国家生死存亡的高度进行反腐败斗争，以壮士断腕的决心与信心坚决严惩腐败，坚持反腐败无禁区、全覆盖、零容忍，坚定不移“打虎”“拍蝇”“猎狐”，成效卓越，不敢腐的目标初步实现、不能腐的笼子越扎越牢、不想腐的堤坝正在构筑，反腐败斗争压倒性态势已经形成并巩固发展。但腐败问题是人类政治的顽疾和“毒瘤”，必须汲取历史经验，对反腐倡廉的复杂性、长期性、艰巨性保持清醒的认识，要在制度建设、惩治力度以及自律慎行等方面继续加强，强化不敢腐的威慑，扎牢不能腐的笼子，增强不想腐的自觉。知来路方能启新程，认真总结延安时期党的廉政建设在思想建设、民主建设、制度建设以及政治生态建设方面的经验，给新时代全面从严治党背景下的党风廉政建设所面临的新考验和新问题以启示。

## 一、思想建设：开展“积极的思想斗争”，注重思想教育

延安时期对党员的思想教育，是开展党风廉政建设的关键。毛泽东在

《反对自由主义》中提出："我们主张积极的思想斗争，因为它是达到党内和革命团体内的团结使之利于战斗的武器。每个共产党员和革命分子，应该拿起这个武器。但是自由主义取消思想斗争，主张无原则的和平，结果是腐朽庸俗的作风发展，使党和革命团体的某些组织和某些个人在政治上腐化起来。"从唯物主义世界观上看，强化思想教育是党员真正从思想上入党的根本途径和重要保证。

**（一）加强马克思主义理论的学习**

中国共产党建党以来历来比较重视马克思主义理论的学习，始终把马克思主义理论武装作为党在政治上坚定的基础和前提。建党初期由于革命任务的紧迫性，只能一边学习理论一边投身革命，马克思主义理论功底不够扎实，运用马克思主义的理论和方法来解决中国革命道路中的实际问题还不够深入和灵活。

1937年1月党中央进驻延安后，以毛泽东同志为核心的党中央领导集体高度重视学习马克思主义理论及其在中国的具体运用，开始全党学习马列主义，提升党员理论修养。1938年10月，党的六届六中全会上毛泽东又着重强调党员干部学习马列主义理论的重要性："普遍地深入地研究马克思列宁主义的理论的任务，对于我们，是一个亟待解决并须着重地致力才能解决的大问题。……在担负主要领导责任的观点上说，如果我们党有一百个至二百个系统地而不是零碎地、实际地而不是空洞地学会了马克思列宁主义的同志，就会大大地提高我们党的战斗力量"。1941年9月，为研究马、恩、列、斯的思想方法论与党的20年历史，为帮助党员干部深入学习，一批领导人先后撰写了很多重要文章，如：毛泽东的《改造我们的学习》《整顿党的作风》《反对党八股》《关于调查研究的决定》，刘少奇的《论共产党员的修养》《人的阶级性》和陈云的《怎样做一个共产党员》《关于党性的问题》《增强新党员新干部的党性》等，这些理论研究及实践经验，为党内学习和运用马克思主义理论奠定了厚实的基础。

**（二）增强共产党员的党性修养**

党风廉政建设必须要有良好的党风，培养良好的党风说到底就是增强党员的党性修养。1941年针对党内存在的各种不良倾向和非无产阶级的思想，及时总结皖南事变的经验教训，为保证党的高级干部整风能够顺利进行，中央政治局正式通过并颁布了《中央关于增强党性的决定》。毛泽东根据抗战的形势，要求中国共产党要在思想、政治、组织上成为一个完全巩固的布尔什维克的党，要求全体同志和党的各个组成部分都在统一意志、统一行动之下成为有机的整体，以应对革命过程中的激烈的斗争，实现党所担负的伟大的历史任务。随后刘少奇、周恩来、朱德、任弼时等中央领导都在不同场合有过精辟独到的阐发，提出了测量党性的四个标志，加强党员党性的五个方面，制止违反党性的六个办法以及如何增强党性的十个要求等。关于如何做到保持共产党员的纯洁性，刘少奇曾在《论共产党员的修养》中强调，无论革命失败、受挫或者顺利、成功都要在革命的实践中不断地锻炼自己，加紧自身修养，防止腐化堕落，保持革命性。

延安时期的党风廉政建设总体上比较好，特别是陕甘宁边区堪称全国廉洁奉公的模范，究其原因就是提高了党员的素质，增强了党员的党性，涌现出一大批德才兼备的领导干部，不仅思想觉悟高，自己不搞腐败，还能自觉地抵制腐败，因此增强党性是由内而外地提高党员的修养，是廉政建设的根本。

**（三）倡导艰苦奋斗、勤俭节约的思想教育**

中国共产党是靠艰苦奋斗起家并不断发展壮大的。延安时期，以毛泽东为首的党中央，特别注重党员的艰苦奋斗、勤俭节约的思想教育。1938年毛泽东在陕北公学第二期开学典礼上的讲话中指出："共产党也有他的作风，就是：艰苦奋斗！这是每一个共产党员，每一个革命家的作风。"1939年5月30日，毛泽东在《新华日报》发表文章，为抗大确定的教育方针是："坚定正确的政治方向，艰苦奋斗的工作作风，灵活机动的战略战术。这三者是造成一切抗日的革命的军人所不可缺少的。"① 在延安，毛泽东、朱德、周恩来、刘少奇、任弼时、王稼祥、林伯渠、徐特立等老一辈革命家也都是发扬艰苦奋斗的光辉典范，处处严格要求，始终保持共产党员的简朴、清廉本色，每个人都积极参加生产运动，开荒种地。续范亭老人在延安时被徐特立老人艰苦朴素的作风所感动，写道："延安诸公唯公特，生活简单如老卒。粗布征衣常补绽，自煮瓜果充粮食；少骑公马多徒步，不要随从来照顾，携带两个冷馍馍，一天开会好几处。"②

---

① 中央档案馆丛刊编辑部：《中央档案馆丛刊》，1986年第1期。

② 李龙如：《一代师表徐特立》，岳麓书社1998年版，第71页。

长期的革命战争中，在毛泽东等老一辈革命家的大力倡导和率先垂范，精心培育下，艰苦奋斗的确成为根据地党政军民的一种优良作风。正是在党中央坚定不移的思想教育下，在老一辈革命家言传身教的感召下，延安时期艰苦奋斗蔚成风气，深入人心，这不仅是中华民族高尚道德情操的传统美德，是无产阶级的政治本色及世界观、人生观最集中的生动表现，更是中国共产党人廉洁奉公的光辉典范。

## 二、民主建设：坚持“人人起来负责”，厚植执政根基

1945 年 7 月，毛泽东听了黄炎培关于历史周期率的问题后，回答说：“我们已经找到新路，我们能跳出这周期率。这条新路，就是民主。只有让人民来监督政府，政府才不敢松懈。只有人人起来负责，才不会人亡政息。”延安时期，中国共产党在边区和各个抗日民主根据地实行民主政治，把边区政府建成廉洁奉公的民主模范政府，有效预防了党和政府出现“懈怠”并逐渐滑向“衰亡”、重蹈周期率覆辙的悲剧。

### （一）建立人民群众为基础的民主监督体制

监督是根据地党和权力机关自我控制、自我调节、自我完善的重要手段。延安时期，边区政府以人民群众为主要形式的监督在监督过程中发挥过重要作用。

延安时期的人民群众监督主要有两个渠道：一是参议会的监督；二是人民群众的直接监督。边区参议会是民意机关，是人民的代表机关，同时又是边区的最高权力机关，它超乎政府之上，有选举、罢免、创制、否决权，又有监察和弹劾边区各级政府之政务人员的职权。实行人民群众对政府和公务人员的直接监督，体现了政府给予人民的权力真实有效，广大人民群众当家作主后就敢于控告公务人员的违法行为，甚至直接到边区政府反映问题，起到了把公务人员真正置于广大群众的监督之下。

让人民群众监督，不仅调动了创造历史的人民群众的能量和智慧，顺应了社会历史发展的规律，还有效地克服了各种监督形式的天然缺陷和弱点，成为最先进、最科学、最有效的监督形式。所以，毛泽东说：“让人民起来监督政府，才不会人亡政息。”这是延安时期廉政建设的一条成功的经验。

### （二）实行人民群众民主平等的普选制度

“选举是组织民主政治的头一件事”①，即“民主政治，选举第一”②。选举和被选举是公民最基本的政治权利，是人民当家作主的重要标志和参政议政的基础和保证，也是一个国家民主化程度的最集中和最根本的体现。

延安时期边区政府实行普遍、直接、平等的选举制，使广大人民群众都能参加选举活动，行使自己的权利。通过选举，从人民中产生优秀代表，组成各级政府，直接参加各级政权的管理，人民真正成为国家的主人，边区政府也成为中国有史以来最民主的政府。正如边区政府对民众所教育的那样：“民主和不民主的区别一是持枪霸占政权，不许老百姓说话，老百姓一点权力都没有。二是凡事交由老百姓做主，老百姓直接出来议事管事，我们的革命为的是推翻那些不民主的政府，建立民主政府。”③

通过选举，不仅有力地推动了边区民主化的进程，而且大大地促进了反腐倡廉建设。抗战时期，国民党政权的人员，一般都有相当程度的贪污。腐败的根源就在于专制和集权体制下，政府官员大都直接任命，他们眼中只有上司，没有民众。而在延安中国共产党局部执政的地方，“选举是人民对政府工作的大检阅”④，通过民主选举，广大群众把他们中认为最能代表他们心声和利益，最正直、最廉洁的优秀分子选送到政府去，而被选出来的代表，必然也在群众的监督之下，代表广大群众的利益。延安时期实行的民主选举深入人心，深得人民尊重的拥护和赞誉。

### （三）建立干部审查制度和政府自我检查制度

陕甘宁边区党和政府按照中共中央关于审查干部的指示，从对干部的全部历史和个人的工作言行两方面进行审查，一方面为了了解干部的长处与短处，以便适当加以使用；另一方面是为清洗不良的分子混进政府。审查方式有：各级公务人员均须填表，写自传，从上而下和从下而上，通过多种渠道，尽可能全面地收集各方面的材料。目的是要把每一人的一切情

---

① 谢觉哉：《论选举运动的重要》，《新中华报》1941年2月13日。

② 甘肃省社会科学院历史研究室编：《陕甘宁革命根据地史料选集》（第1集），甘肃人民出版社1981年版，第72页。

③ 甘肃省社会科学院历史研究室编：《陕甘宁革命根据地史料选集》（第1集），甘肃人民出版社1981年版，第73页。

④ 谢觉哉：《论选举运动的重要》，《新中华报》1941年2月13日。

形搞个清楚，并做出结论和鉴定。因此，除审查干部在政治上对党的忠诚程度、工作能力、长处和弱点之外，还要按照中共中央的指示："对单独行动的军、政、党干部，则须注意其在单独行动时是否有贪污腐化、违背党的政策等行为。"①

坚持政府自我检查制度方面：陕甘宁边区抗战时期施政纲领第14条指出："建立工作检查制度，发扬自我批评，以增进工作效能。"这种检查，首先是各级政府的自我检查；其次是上级政府对下级政府的检查（通常派巡视团去进行检查）。边区政府凡遇一项重大工作结束或正在进行中遇到问题，都要进行自我检查，听取意见，总结经验。

因此，延安时期的干部审查和政府的自我检查都是将政府置于人民的监督之下，与人民的监督检查制度相辅相成，这是延安时期廉政建设卓有成效的重要因素。

## 三、法规制度建设："厉行廉洁政治"，深化标本兼治

加强制度建设，是反腐倡廉建设的治本之策，廉政建设靠什么，实践证明，靠强有力的思想政治教育工作，更要靠法制法规和健全的规章制度。1941年5月，中国共产党边区中央局提出的抗日战争时期陕甘宁边区的宪法性文件——《陕甘宁边区施政纲领》中指出："为了保证党员领导干部清正廉洁，厉行廉洁政治，建设廉洁政府，中共中央和陕甘宁边区政府制定了一整套法律法规，规范领导干部的从政行为，维护人民权利，努力把中国共产党建设成为一个清正廉洁的党，把陕甘宁边区政府建设成为一个廉洁为民的政府。"这一时期，边区政府先后制定了64个类别1000多个法律、法规，这是政权建设史上伟大的创举。

### （一）建立规章制度，约束党员行为

党的建设实践证明，制度建设是保持党政机关廉洁的重要保证，它可以减少乃至消除滋生腐败现象的土壤。延安时期，党在反腐倡廉建设方面健全了许多规章制度，使反腐倡廉建设做到有章可循，有法可依。这一时期，针对国民党政府腐败的现象，中国共产党在《抗日救国十大纲领》中明确提出了"建立廉洁政府"的任务。为了保证抗日民主政权的纯洁性，对干部的选拔、任用也做出明确具体的规定，如《边区各级政府干部管理

① 《中共中央关于审查干部问题的指示》，《共产党人》，1940年7月15日，第9期。

暂行通则》《边区各级政府干部奖惩暂行条例（草案）》《边区各级政府人员公约》等。这些条规，不仅对干部的严格管理、任免、奖惩做出了规定，而且对干部廉洁奉公、遵纪守法行为做了规范，特别严肃指出了任何有危害群众利益和贪污腐化、营私舞弊等行为的人都不得任用的硬性决定。

1938 年 8 月，陕甘宁边区政府颁布了《边区惩治贪污暂行条例》，后来经过修订形成了《陕甘宁边区称职贪污条例（草案）》，重新拟定了惩治贪污分子的法律条文。在当时边区厉行的法规，以应用于边区的环境及抗战的需要为标准，以中央所颁布各种法律和规范为原则，并考虑了地方的实际情形。因此，在边区处理任何案件，一方面根据法律的条文，同时却特别根据事实，说明理由，而斟酌法律上所规定的刑罚加以判决。

党的反腐倡廉的实践证明，无论是长敲警钟，还是经常进行整党整风，进行思想教育，并不能完全解决贪污腐败的问题，必须建立健全廉政制度，形成廉政保障体系，以规范和约束党政干部和公务人员及全体党员的行为，并对无视廉政制度和法规的腐败分子严惩不贷。

**（二）制定政纪与公约，实行铁的纪律**

政纪和公约是执行路线的根本保证，是政府机关坚定地贯彻执行政策法令，推行政务，有秩序地从事各项管理活动的必要条件。同时，也是防止权力运行脱出法律轨道，侵犯国家和人民利益，推行奉公守法和公正廉洁的根本保证。

1942 年前，由于游击习气的影响和外来思想的渗透，边区内有些地方或某些部门，政纪松弛现象严重，侵蚀参议会，不执行其决议，个人独裁专断，忽视集体决定以及政令紊乱、制度分歧，不尊重统一领导，甚至对政策法令阳奉阴违等的问题不断发生。为了确保政令统一，有效规范公务人员的行为，1943 年 4 月 25 日，边区政府颁布了《陕甘宁边区政纪总则（草案）》，同年 5 月 8 日公布了《陕甘宁边区政务人员公约》，这两个法规对边区廉政建设和各种无组织无纪律的行为，在实践中产生了巨大的作用和影响，是进行廉政建设极具有特色的规范性指导性文件。

腐败行为，违反党和政府的革命纪律，因而铁一般严肃的纪律是防止产生腐败的关键。延安时期之所以党风廉政建设能够搞好，就是运用铁一般的纪律去约束党员干部的行为，去惩治腐败消极现象。因此建立健全法制法规，完善制度建设，以及执行铁的纪律，都是延安时期廉政建设的重要经验。

### （三）制定惩治贪污受贿法规，依法严惩腐败分子

延安时期反腐倡廉之所以能够取得成功，不仅在于有党中央和各级领导干部率先垂范的榜样，有坚持长期的思想教育、党性教育，有坚定不移的铁的纪律，更有惩治贪污受贿的法规。

中国共产党早在土地革命战争时期，为了防止和严惩贪污腐化，先后制定和颁布了《关于惩治贪污浪费行为》的训令和《政府工作人员惩办条例》等法令，对具体的承办方法做出了明确的规定。毛泽东曾严肃指出："应该使一切政府工作人员明白，贪污和浪费是极大的犯罪。反对贪污和浪费的斗争，过去有了些成绩，以后还应用力。"① 党中央在延安惩处腐败分子还有一条重要原则，即改变了苏维埃时期对有攻绩的人员减轻处罪的弊端和缺陷，规定了"共产党与红军，对于自己的党员与红军成员不能不执行比较一般平民更加严格的纪律"②。说明，共产党员、革命干部只能成为严格遵守法令的模范，绝无高居法律之上或超出法律之外的特权。

因此，延安时期尽管还不可能制定和形成完备的法律体系，革命战争年代不具备这样的条件。但是，那时我们党和革命政府依靠法制惩治腐败的意识和做法却十分鲜明，也正因为这些法规、制度和铁的纪律保证了廉政建设的有效开展。

## 四、政治生态建设：拔掉"'肖玉璧'式的莠草"，净化政治生态

1942年1月5日的《解放日报》发表评论："在'廉洁政治'的地面上，不容许有一个'肖玉璧'式的莠草生长！有了，就拔掉它！"肖玉璧，曾任陕甘宁边区某区主席、贸易局副局长，清涧县张家畔税务所主任，因贪污3050元大洋，边区政府依照《边区惩治贪污暂行条例》，判处他死刑，肖玉璧不服，写信向毛泽东求情，毛泽东坚决拥护法院判处肖死刑枪决。肖玉璧一死，延安党内外政治形势大变，陕甘宁边区政治生态明显好转。

### （一）严抓党的政治建设，营造良好政治风尚

延安时期党内政治生态环境良好，得益于党的政治建设科学。政治建

---

① 《毛泽东选集》第1卷，人民出版社1991年版，第134页。
② 《毛泽东书信选集》，人民出版社1983年版，第111页。

设立足于一定的理论和方法，确定党的政治纲领，制定一定历史阶段的路线、方针、政策，进而在政治上高度统一，思想行为上一致，始终沿着正确的政治方向前进。

1939年5月1日，毛泽东就自信地提出："若问一个共产主义者为什么要首先为了实现资产阶级民主主义的社会制度而斗争，然后再去实现社会主义的社会制度，那答复是：走历史必由之路。"[①] 这是中国共产党人坚定不移的政治方向，就是"无产阶级领导的人民大众的反帝反封建的革命"[②]。延安时期，居于主导地位的政治路线就是抗日民族统一战线的巩固与扩大，毛泽东在《〈共产党人〉发刊词》《中国革命和中国共产党》《新民主主义论》等文中论述了新民主主义革命理论，牢牢掌握了革命领导权，为全党和全国各民族人民指明了中国革命的前途和方向。

党中央在延安13年，中国共产党以满腔热血和无限英勇担当起了抗日救国和解放人民的历史重任。1943年5月8日，公布的《陕甘宁边区政务人员公约》规定，政务人员"要忠实于自己的职责，勇敢任事，切实负责，有自动性，有创造性，有计划性。不避难就易，不避重就轻。不要指定做才做，不指定就不做"。这是中国共产党人对历史使命与责任勇于担当的最生动、最鲜活的政治表现，塑造了延安时期良好的政治风尚。

### （二）加强党的优良作风，严把党风建设窗口

政治生态好不好，党风是重要的窗口。延安时期党风端正，由于始终不断加强党的思想、组织和作风建设，特别是抗日战争处于最困难的战略相持阶段，在全党开展了反对主观主义以整顿学风、反对宗派主义以整顿党风、反对党八股以整顿文风为内容的全党普遍的整风运动，从而分清了路线是非，提高了马列主义水平，实现了全党在思想上的高度统一，形成了理论联系实际、密切联系群众、批评与自我批评的三大作风。延安的整风是党的建设史上伟大的创举，也是延安党内政治生态建设的伟大创举。邓小平后来说道："从延安整风以后，无论前方后方的人，真是生气勃勃，生动活泼，心情舒畅。……没有这样党的风气，我们能够战胜比我们强得多的敌人吗？我们能够在建国以后，取得一个又一个胜利吗？"[③]

---

① 《毛泽东选集》第2卷，人民出版社1991年版，第559页。

② 《毛泽东在七大的报告和讲话集》，中央文献出版社1995年版，第105页。

③ 《邓小平文选》第2卷，人民出版社1994年版，第45页。

延安时期党内良好的政治生态为当时党内外众多人所证实，1938年，梁漱溟第一次访问延安，看到："在极苦的物质环境中，那里的气象确实活泼，精神确是发扬。""值得欣赏之处很多。""各项人等，生活水准都差不多；没有享受优厚的人，是一种好的风气。人人喜欢研究，喜欢学习，不仅学生。或者说人人都像学生。这又是一种好的风气。"① 曾于1946年9月去延安采访的美国记者斯蒂尔就曾发出感慨："不到延安实在不能深触到中国问题的内脏；到了延安使我对中国问题的认识深化了。""我体会到共产党常常说的'为人民服务'，在延安所亲见的各种具体事实，我认为这是货真价实的。"毛泽东也曾提到陕甘宁边区的"十个没有"，更折射出了艰苦朴素、廉洁奉公的延安作风，成了改变了人心向背的关键力量，奠定了中国共产党渡过难关的根基，并最终决定着民族命运的走向。

**（三）深入推进反腐倡廉，严惩贪污，树立廉政风范**

抓贪污、反腐败、倡廉政是建设党内良好政治生态的有力保障，要坚持永不停止地反腐败向纵深推进。延安时期从制定颁布廉洁政府施政纲领，加强廉政教育，干部以身作则，严惩贪污，树立廉政风范等深入推进反腐倡廉。

延安时期，各项纲领的颁布把边区政府廉政建设纳入到了法制轨道，提供了根本的法制保证。特别是为防止干部腐败，制定了许多干部管理法规和指示，如《陕甘宁边区各级政府干部管理暂行通则》比较周全地规定了干部管理内容所设计的审查、提拔、配用、任免、奖罚等，并对于党内出现的丑恶现象，能及时通报批评，特别是对于那些犯了严重错误的干部党员，不管开除党籍，判刑或处死，都能及时予以公开报道。肖玉璧贪污案具有典型性，1942年《解放日报》发表《从肖玉璧之死说起》的社论讲道：肖玉璧处死刑了，因为他贪污，开小差，为升官发财以至于叛变了革命；虽然他还当过一些不小的官。1942年是边区发展的一年，但也是跟困难的一年；在和困难搏斗中，定会有千万个英雄挺身出现；但难免也有"肖玉璧"式的"小丑"，贪污腐化，怕困难，开小差，或走向叛变。这个评论也把边区反对贪污的决心表达出来，告诫人民，有一个拔一个，在"廉洁政治"地面上，绝不允许"肖玉璧"式的莠草生长，这在当时起到

① 《我努力的是什么——抗战以来自述》，《梁漱溟全集》第6卷，山东人民出版社1992年版，第194—195页。

了很好的舆论引导和树立典范的作用，也是延安时期反腐倡廉的一个重要经验。

## 五、延安时期党风廉政建设的启示

延安时期党风廉政建设在思想建设、民主建设、法规制度建设以及政治生态建设四个方面均取得了显著的成绩，积累了丰富的经验，对于新时代全面从严治党背景下党风廉政建设所面临的新考验和新问题有诸多启示。

### （一）"打铁还需自身硬"：思想廉政建设的启示

延安时期思想斗争的实践经验表明，只有建立起广大党员的内心认同，才能够为形成全党的意志、行动和纪律统一奠定坚实的基础。思想建设是党风廉政建设和反腐败斗争的一项基础性工程，要真正从思想上入党，就必须加强党员的党性修养，进行无产阶级对非无产阶级的思想斗争，以辩证唯物主义的科学方法论，提高党员的思想境界和政治水平，增强党性观念，掌握和运用马克思主义的理论和方法，使整个党的队伍在思想上和组织上都统一起来，巩固起来。

我国正处于改革的攻坚期和社会的转型期，这种格局导致人民的价值取向多元化，思想观念多样化，市场经济在资源配置中的决定作用，导致人民在相互竞争过程中的攀比心理、见利忘义以及拜金主义盛行等，使部分党员干部放松了对自己的道德要求，忽略了党员本应该有的党性准则，有的甚至政治方向动摇，走向腐败的深渊。

习近平曾经说："打铁还需自身硬。"要打好发展这块"铁"，党就必须"自身硬"。延安时期党的廉政建设实践经验表明，思想建设是党风廉政建设和反腐败斗争的一项基础性工程。要始终坚持用马克思主义先进理论武装全党，加强党员党性修养的培育，坚持为人民服务的思想意识，坚持在全党倡导艰苦奋斗、勤俭节约的思想，使广大党员在极其艰苦、复杂的政治、经济、军事形势下，能够经受住各种诱惑和考验，依然保持共产党员的本色。

### （二）坚持群众路线，画好"同心圆"：民主制度建设的启示

延安时期，毛泽东与黄炎培的"窑洞对"，充分体现了毛泽东把民主政治、人民监督、廉洁政府相统一的正确思路。延安时期民主建设的成功经验，充分证实了反腐倡廉建设是关系人心向背的问题，群众路线是中国

共产党取得反腐败斗争胜利的根本工作路线和政治优势。

党的十八大以来，强调健全党内民主制度体系，以党内民主带动人民民主，健全民主权力保障制度，落实党员知情权、参与权、选举权、监督权。互联网的迅猛发展，为党的制度建设、群众的参与、群众的监督等提供了全新的载体。以当前备受人民群众热议的"网络反腐"为例，网络反腐是广大网民和政府机关通过网络举报、曝光、评论、追查腐败的行为，具有低成本、公开、快捷、直观互动等特点，在反腐败方面起着重要的威慑、监督、制约和预防作用。但网络反腐同样存在着信息的失真和混乱，易侵犯他人隐私和被别有用心的人利用，影响社会稳定。鉴于此，《中国的反腐败和廉政建设》白皮书指出："高度重视互联网在加强监督方面的积极作用，加强舆论监督的管理、引导和规范。"①

新时代党的反腐倡廉建设仍然不能脱离群众路线，习近平说："网民来自老百姓，老百姓上了网，民意也就上了网。群众在哪儿，我们的领导干部就要到哪儿去，不然怎么联系群众呢？各级党政机关和领导干部要学会通过网络走群众路线，经常上网看看，潜潜水、聊聊天、发发声，了解群众所思所愿，收集好想法好建议，积极回应网民关切、解疑释惑。"要充分发挥互联网的优势，在网下形成的权威在网上也同样要具有号召力和影响力，同步推进，多渠道地调动群众参与民主建设的积极性，画好线上与线下的同心圆，形成全方位的反腐倡廉新格局。

**（三）"让法规制度的力量充分释放"：法规制度廉政建设的启示**

延安时期，中共中央和陕甘宁边区政府先后制定和颁布了一系列廉政建设的法律法规，执法严明、惩治有力，使得边区贪污腐化现象大大减少了，使延安时期的党风廉政建设取得了明显的效果。

党的十八大以来，以习近平同志为核心的党中央提出了全面依法治国的重大战略部署，不断推进党风廉政建设和反腐败工作向制度化、法制化迈进。从制定中央八项规定，到修订《中国共产党巡视工作条例》；从修订出台《中国共产党廉洁自律准则》《中国共产党纪律处分条例》，到出台《中国共产党问责条例》等，仅仅几年时间中央出台或修订的党内法规超过了50部。习近平在中共中央政治局第二十四次集体学习时着重强调：加

① 中华人民共和国国务院新闻办公室编：《中国的反腐败和廉政建设》，中国方正出版社2011年版，第22页。

强反腐倡廉法规制度建设，让法规制度的力量充分释放。

中国共产党长期执政，既具有巨大政治优势，也面临严峻挑战，必须依靠党的各级组织和人民的力量，不断加强和改进党的建设、管理、监督。铲除不良作风和腐败现象滋生蔓延的土壤，根本上要靠法规制度。要加强反腐倡廉法规制度建设，把法规制度建设贯穿到反腐倡廉各个领域、落实到制约和监督权力各个方面，发挥法规制度的激励约束作用，推动形成不敢腐、不能腐、不想腐的有效机制，要逐步完善形成完备的反腐倡廉法规体系，要责任明确，奖惩严明，更要严肃查处，不以权势大而破规，不以问题小而姑息，不以违者众而放任。

**（四）加强正风肃纪、营造风清气正的生态环境：优化政治生态的启示**

延安时期党内成功培育了一个良好的政治生态局面：政治方向明确，党风、政风端正，政府清廉，作风优良，社会风气良好，特色鲜明，效果明显。

党的十八大以来，习近平多次强调营造健康政治生态对于党和国家事业发展的极端重要性，客观分析了党内政治生态存在的诸多弊病，指出我们所面临的“四风”问题越来越多，政治生态环境受到了污染。他在十八届中央纪委二次全会上指出：改进工作作风，就是要净化政治生态，营造廉洁从政的良好环境。2014 年 6 月 30 日，在中共中央政治局就加强改进作风制度建设进行第十六次集体学习时，他再次强调：“加强党的建设，必须营造一个良好从政环境，也就是要有一个好的政治生态。”2016 年 10 月 27 日，《关于新形势下党内政治生活的若干准则》由中国共产党第十八届中央委员会第六次全体会议通过。2018 年全国两会期间，习近平在参加重庆代表团审议时强调指出：“政治生态同自然生态一样，稍不注意就容易受到污染，一旦出现问题再想恢复就要付出很大代价。形成风清气正的政治生态，是旗帜鲜明讲政治、坚决维护党中央权威和集中统一领导的政治要求，是持之以恒正风肃纪、推动全面从严治党向纵深发展的迫切需要，是锻造优良党风政风、确保改革发展目标顺利实现的重要保障。”

新时代，加强党风廉政建设和反腐倡廉任务艰巨，要想破除这些沉疴痼疾、净化政治风气和重塑政治生态，党中央要以加强作风建设为切入点，汲取延安时期的党风廉政建设经验，重视党员思想教育，继续开展改革和完善廉政建设体制，强化权力公开运行流程，强化问责机制，从落实开展群众路线教育实践活动，“两学一做”学习教育以及“不忘初心、牢记使命”主题教育入手，以党员活动阵地为平台，坚持党规党纪教育在先，让每个党支部、每位党员都能时刻坚守信仰、坚定政治立场，恪守组织纪律，心系人民，用初心使命锤炼忠诚、敢于担当的政治品格，增强“四个意识”、坚定“四个自信”、做到“两个维护”，要“老虎”“苍蝇”一起打，严惩并清除害群之马，消除有害政治生态健康的负能量，坚持全覆盖、无禁区、零容忍，坚持重遏制、强高压、强化不敢腐的震慑，改善党和国家的政治风气，推动全面从严治党向纵深发展，形成良好的政治生态。

（作者系西北大学马克思主义学院博士研究生）

# 延安时期党内政治纪律建设的历史经验及启示

库德华

党的十九大报告指出："全面推进党的政治建设、思想建设、组织建设、作风建设、纪律建设，把制度建设贯穿其中。"首次将政治建设、纪律建设纳入党的建设总体布局，同时将政治建设摆在党的各项建设的首要位置，把纪律建设摆在党的各项建设的突出位置。党内政治纪律建设作为政治建设的重要组成部分，纪律建设的根本内容，在党的建设伟大工程中发挥着至关重要的作用。延安时期，中国共产党在党的建设伟大工程上进行了艰辛的探索并取得了卓越的成效，在党的各类文献中蕴含着丰富的党内政治纪律建设思想，在党的各种斗争实践中积累了宝贵的党内政治纪律建设经验，重温并总结我们党在延安时期党内政治纪律建设的历史实践，对于深入贯彻落实新时代党的建设新部署新要求，全面从严治党，强化党的执政基础，巩固党的执政地位，提高党的执政水平，加强和改进党的作风，切实发挥党的领导核心作用，具有重要的启示作用。

## 一、延安时期党内政治纪律建设的历史回顾

1935年10月党中央率领中央红军经过长征抵达陕北吴起，经历了土地革命战争中第五次反"围剿"严重挫折的中国共产党，开启了由小到大、由弱到强的延安时期，在这里中国共产党经历了"谋生存""渡难关""保发展"三个重要阶段，党的政治纪律建设在经历了土地革命战争三次"左"倾错误的严重破坏后，在这里得到了恢复、发展和不断完善。

### （一）"谋生存"阶段的党内政治纪律建设

从1935年10月党中央率领中央红军抵达陕北到1936年12月张学良、杨虎城发动的西安事变得到和平解决，抗日民族统一战线初步建立，这一时期我党实现了在陕北"站稳脚跟"，是我党在延安时期的"谋生存"阶段，也是党内政治纪律建设的恢复阶段。土地革命战争时期三次"左"倾

错误让党内政治纪律不能得到真心拥护和认真执行，党内政治纪律甚至一度成为错误路线推行的工具，使党的政治纪律建设遭受到严重破坏。党中央到达陕北以后，在政治纪律建设上，首先是整饬党内政治纪律，维护党的团结统一。党中央及时纠正了因“左”倾错误导致的陕甘根据地严重错误肃反事件，毛泽东立即下令“刀下留人”“停止捕人”，释放了刘志丹、习仲勋等一大批陕甘红军创始人和根据地领导人并恢复了他们的工作，严厉批判“左”倾错误，使陕甘根据地转危为安，刘志丹代表所有被错误关押并获释的同志不无感慨地表示：“中央来了，一切都好办了”，并强调“团结起来，在党中央领导下努力工作”。[①] 其次是逐步明确党的路线，统一党的思想认识。党中央到达陕北前后，正处在民族危机不断加深、国内各阶级深刻变化的中国政治大变动的时期，1935年12月我党在瓦窑堡召开政治局扩大会议，通过了《中共中央关于目前政治形势与党的任务的决议》，以严明的政治纪律确定了建立抗日民族统一战线的基本策略，统一党的思想认识。再次是不断加强党的领导，统一党的行动。1936年我党以政治纪律为保障，不断加强集中统一领导，带领红军进行了东征、西征，扩大了根据地的范围和影响，推动与张学良、杨虎城西北抗日大联合的实现，并促成了西安事变的和平解决。

**（二）“渡难关”阶段的党内政治纪律建设**

从1936年12月西安事变和平解决到1943年12月敌后抗战形势出现转折，这一时期从局部抗战到全国抗战，我党经历了边区改制、抗日民族统一战线形成、国民党顽固派制造反共摩擦、抗日根据地的严重经济困难，特别是与党内“左”、右倾思想的斗争等，是我党在延安时期的“渡难关”阶段，也是党内政治纪律建设的发展阶段。我党在陕北“站稳脚跟”，面对抗战和抗日民族统一战线形成的新形势，在政治纪律建设上，首先是从制度规范上不断加强党内政治纪律建设。1938年根据王明和张国焘违反党的政治纪律事实及在全党造成的严重影响，党的六届六中全会通过《关于中央委员会工作规则与纪律的决定》《关于各级党部工作规则与纪律的决定》，提出：“个人服从组织，少数服从多数，下级服从上级，全党服从中央，党的一切工作由中央集中领导，是党在组织上民主集中制的

---

① 欧阳坚：《南梁精神与群众领袖的人格魅力》，《学习时报》2018年9月12日。

基本原则，各级党的委员会的委员必须无条例的执行。”[①] 1939 年中央政治局通过的《关于巩固党的决定》提出：“提高纪律性，严密党的组织。”1941 年中共中央通过的《关于增强党性的决定》提出：“统一纪律，是革命胜利的必要条件。”[②] 1942 年中央政治局做出《关于统一抗日根据地党的领导及调整各组织间关系的决定》提出：“增强党的团结统一，保证党的方针政策的贯彻执行。”上述这些条文从制度层面不断加强党的政治纪律建设。其次是从严格执行上不断强化党内政治纪律权威。1937 年我党严肃处理了革命功臣黄克功因逼婚未遂而杀人事件，1940 年我党又果断处理了战功赫赫的老战士肖玉璧贪污受贿案件，其间我党严格执行政治纪律，对违反党内政治纪律的人，不论功劳、级别，都严惩不贷，维护了党内政治纪律权威。再次是从教育监督上不断提高党内政治纪律意识。1938 年党的六届六中全会提出在全党开展学习竞赛，并专门为领导干部制定了学习制度，加强广大党员，特别是党员领导干部的政治纪律意识；1941 年在全党上下开展整风运动，从根本上转变了党的作风，严肃了党的纪律，特别是政治纪律；1941 年在各抗日根据地普遍建立的“三三制”政权，与党外人士建立合作，在党内监督之外拓展党外监督，客观上提高了党内政治纪律意识。

### （三）“求发展”阶段的党内政治纪律建设

从 1943 年 12 月敌后抗战形势出现转折到 1948 年 3 月党中央东渡黄河，这一时期是党领导人民取得抗日战争的伟大胜利并开启实现民族独立、人民解放，建立新中国伟大征程的历史时期，是我党在延安时期的“求发展”阶段，也是党内政治纪律建设的完善阶段。我党在陕北渡过了一个个难关，面对抗战胜利及建立新中国的新形势，我党在党内政治纪律建设上也不断完善。首先是党内政治纪律建设的制度化进程进一步深化。1945 年中共七大召开，通过了修订后的《中国共产党党章》，首次将“四个服从”写入了党章，同时将民主集中制作为党的政治纪律原则；1948 年毛泽东为党中央起草了《关于建立报告制度》的党内指示，在党内建立起了严格的请示和报告制度。其次是党内政治纪律建设的规范化进程进一步加强。中共七大通过的党章在党内政治纪律建设的规范上比以往的党内文

---

① 刘国成：《“决定中国之命运”的六届六中全会》，《学习时报》2020 年 6 月 26 日。

② 王宝彦：《增强党性维护党的团结统一》，《学习时报》2019 年 7 月 5 日。

件更为深入，在党章中发展和完善了民主集中制这一党的组织原则和政治纪律原则，即“民主基础上的集中和集中领导下的民主”①；1948年毛泽东起草的《关于建立报告制度》的党内请示是对于中共七大维护中央权威的定期工作报告制度的规范。再次是党内政治纪律的具体化进一步拓展。在中共七大通过的党章中，以正式条文的形式明确了党员的权利和义务，严明了党纪和无条件执行党的决议的政治纪律原则；在毛泽东起草的《关于建立报告制度》的党内请示中，明确规定了党的各级机关和负责同志定期报告的具体制度和形式。

## 二、延安时期党内政治纪律建设的历史经验

延安时期，我党高度重视自身的政治纪律建设，并在政治纪律建设上进行了艰辛的实践和探索，总结这一时期我党在政治纪律建设上的经验，主要以党章为核心、党的领导为根本、党的执政水平为内容三个方面进行概括。

### （一）加强以党章为核心的政治纪律建设

党章是党内政治纪律建设的制度保障，党内政治纪律建设是贯彻落实党章所确立的党的政治方向、政治路线、政治原则、政治责任的坚强保证。延安时期，中共七大通过了修订后的《中国共产党党章》，党内政治纪律建设以党章为核心得到了不断加强。党章总纲提出：“中国共产党，以马克思列宁主义的理论与中国革命的实践统一的思想——毛泽东思想，作为自己一切工作的指针。”“将坚持错误的人清除出党，以保证自己队伍的统一。”② 首先在政治方向上明确了党内政治纪律，确保党的团结、统一。党章总纲和第一章分别提出“中国共产党人必须具有全心全意为中国人民服务的精神”“为人民群众服务，巩固党与群众的联系”，在政治路线上明确了党内政治纪律，确保了群众路线的贯彻执行。党章第二章提出“党的组织机构，是按照民主集中制建设起来的”，在政治原则上明确了党的政治纪律，并首次以“在民主基础上的集中和在集中指导下的民主”来概括这一政治纪律原则，同时首次将“四个服从”即“党员个人服从所属党的组织，少数服从多数，下级组织服从上级组织，部分组织统一服从中

① 秦位强：《论毛泽东民主集中制思想的多维视角》，《湖北社会科学》2006年第6期。
② 谭永国：《中共七大党章的特点及地位作用》，《学术探索》2012年第12期。

央”作为最重要的政治纪律原则写入党章。党章还首次规定了党员的义务和权利，在政治责任上明确了党内政治纪律。

### （二）加强以党的领导为根本的政治纪律建设

党的政治纪律建设的根本任务就是维护党中央权威和集中统一领导。延安时期，党中央权威和集中统一领导不断得以加强，我党在艰苦的岁月始终保持斗志昂扬，分散全国各地的数十块大小根据地始终围绕在党中央周围，党内政治纪律建设发挥着至关重要的作用。1936 年党中央就针对张国焘违背中央命令并另立“中央”试图挑起党内斗争，做出《中共中央政治局关于张国焘同志成立第二“中央”的决定》，对其严重违背党内政治纪律的行径进行批评惩处；1937 年党中央对给党的权威形象带来严重影响的黄克功、肖玉璧进行了严厉惩处；1938 年党中央针对王明绝不执行党的命令及张国焘叛党、分裂党的事实，在党的六届六中全会上通过了《关于中央委员会工作规则与纪律的决定》《关于各级党部工作规则与纪律的决定》，特别是《中共扩大的六中全会政治决议案》等，严明党内政治纪律，维护党的团结、统一；1939 年党中央在《关于巩固党的决定》中要求“在思想上政治上组织上巩固党”，巩固党的领导；1941 年党中央在《关于增强党性的决定》中要求各级党组织和全体党员统一意志、行动及纪律，像一个人一样团结起来；1942 年党中央在《关于统一抗日根据地党的领导及调整各组织间关系的决定》中提出了党中央“一元化”“统一化”的最高领导地位；1945 年党的七大修订《中国共产党党章》，以党章明确党中央的权威和集中统一领导；1948 年《关于建立报告制度》中党的权威和集中统一领导得到了空前巩固。

### （三）提高以党的执政水平为内容的政治纪律建设

党内政治纪律建设的主要内容是提高党的执政水平，增强拒腐防变和抵御风险的能力。延安时期，党中央重视以政治纪律为保证促进全党马列主义基本理论的学习，不断提高全党理论水平。1938 年党的六届六中全会明确提出：“指导一个伟大的革命运动的政党，如果没有革命理论，没有革命知识，没有对于实际运动的深刻的了解，要取得胜利是不可能的。”①在延安相对稳定的环境，从党的领导人到广大党员中掀起了学习马列主义

---

① 李丽：《中共六届六中全会在马克思主义中国化进程中的里程碑地位》，《山东社会科学》2013 年第 11 期。

基本理论的热潮；1940年党中央做出《关于在职干部教育的指示》，在抗战背景下，对党员干部学习马列主义基本理论提出针对性要求，强调学习上“挤”和“钻”，“工作忙就要挤时间，看不懂就要钻进去”。通过党的决议和指示，以政治纪律保证广大党员开展马列主义理论学习，提高理论水平，同时广大党员理论水平的提高也为加强党内政治纪律建设打下坚实的理论和思想基础。延安时期，党中央重视以政治纪律为切入点，不断加强制度规范。从党中央进入陕北，针对党在思想建设、组织建设、作风建设上的各种问题，党中央及党的各级机构，不断建立和完善党内各项规章制度，从《关于中央委员会工作规则与纪律的决定》《关于各级党部工作规则与纪律的决定》《关于巩固党的决定》《增强党性的决定》《关于统一抗日根据地党的领导及调整各组织间关系的决定》到中共七大上修订通过党章、《关于建立报告制度》等，党以健全的制度为保障，切实提高了党的执政水平。延安时期，党中央重视加强政治纪律警示教育，强化政治纪律执行，严惩腐败。以毛泽东同志为代表的中国共产党人在面临新的严峻形势下，反复告诫全党要始终保持清醒的头脑，为此党中央专门制定《关于巩固党的决定》《关于增强党性的决定》等党内指示，党的领导人也在各种场合不断强调，如毛泽东在六届六中全会提出“必须对党员进行有关党的纪律的教育”①，刘少奇在延安马列学院做的演讲《论共产党员的修养》等，1941年在全党范围内进行了整风运动。在加强政治纪律警示教育的同时，我党严格政治纪律的执行，惩治了一批违反党内政治纪律的党员，密切了党同人民群众的联系，经受住了严峻的考验，提高了党的执政水平。

## 三、延安时期党内政治纪律建设的当代启示

新形势下，以习近平同志为核心的党中央将政治纪律建设摆在了更加重要的位置，明确提出“把严守政治纪律和政治规矩放在首位”②。延安时期，党内政治纪律建设的历史经验为当今加强党内政治纪律建设，全面推

① 祝猛昌：《六届六中全会与党的纪律建设探索及现实启示》，《兰台世界》2017年第10期。

② 王平、王冬云：《习近平关于严明党的政治纪律重要论述研究》，《北京交通大学学报（社会科学版）》2020年第2期。

进从严治党提供重要的启示。

**（一）不断加强政治纪律建设的制度保障**

延安时期，中共七大通过了修订后的《中国共产党党章》，党章从政治方向、政治路线、政治原则、政治责任等方面为党内政治纪律建设提供了制度保障，全面推进了党内的政治纪律建设，把党内政治纪律“立起来、严起来、执行起来”，为延安时期艰苦环境下全党坚定政治方向、贯彻政治路线、把握政治原则、严守政治责任提供了坚强保证。新形势下，我党面临更加严峻的挑战，党中央把严守政治纪律、政治规矩摆在更加重要的位置，只有不断加强政治纪律建设的制度保障，才能真正发挥好政治纪律的保证作用。党的十九大通过的《中国共产党章程（修正案）》，在总纲中提出“以党的政治建设为统领，全面推进党的政治建设、思想建设、组织建设、作风建设、纪律建设”①，首次将政治建设、纪律建设列入党的建设总体布局，政治纪律建设作为政治建设的重要组成部分，纪律建设的根本内容，被摆在更加重要的位置；在第一章第三条党员必须履行的义务中明确提出“自觉遵守党的纪律，首先是党的政治纪律和政治规矩”，首次将政治纪律写入党员必须履行的义务；在第七章第四十条党的纪律内容中，明确提出“党的纪律包括政治纪律、组织纪律、廉洁纪律、群众纪律、工作纪律、生活纪律”，将政治纪律排在首位，政治纪律的重要性不言而喻。以十九大修订的党章为保障，党内政治纪律建设进入了一个新阶段。2018 年 10 月中共中央印发了新修订的《中国共产党纪律处分条例》，明确了违反党的政治纪律的行为，给各级党组织和党员划出了不可触碰的原则底线，成为政治纪律建设的又一重要制度保障。

**（二）继续增强政治纪律建设的时代要求**

延安时期，在艰苦而又相对稳定的环境下，我党面对不同于大革命、土地革命战争时期的新的挑战，不断完善政治纪律建设，具有鲜明的时代特征。延安时期，政治纪律建设的时代性集中体现在中共七大修订通过的党章中在政治纪律建设上的新内容，将毛泽东思想确立为党的指导思想，明确政治方向上的政治纪律；特别强调群众路线，明确了政治路线上的政治纪律；将民主集中制这一组织原则作为党的政治纪律原则，对民主集中

---

① 《中国共产党第十九次全国代表大会关于〈中国共产党章程（修正案）〉》的决议》，《思想政治工作研究》2017 年第 11 期。

制进行了“在民主基础上的集中和在集中指导下的民主”高度概括，首次将“四个服从”写入党章，明确了政治原则上的政治纪律；第一次规定了党员的义务和权利，明确了政治责任上的政治纪律。新形势下，我党面临着“四大考验”“四大危险”“八大斗争”，政治纪律建设的时代性要求刻不容缓。中共十九大修订通过的党章将政治纪律摆在更加重要的位置，作为纪律的首要内容，成为每个党员必须履行的义务，新修订的《中国共产党纪律处分条例》更是明确了违反政治纪律的行为，向全党释放了用铁的纪律管党治党的强烈信号，在继续完善政治纪律时代性的过程中，划出党内政治纪律的行为底线。

### （三）着力提高政治纪律建设的决策执行

党内政治纪律建设的决策执行决定着党内政治纪律所发挥的作用。延安时期，我党在严明政治纪律、严格执行政治纪律上取得了很好的成效。从1935年对张国焘违反中央指示、另立“中央”，试图分裂党的事件处理，到1938年张国焘叛党、王明拒不执行中央指示的事件处理；从1937年黄克功强杀女青年事件的处理，到1940年对肖玉璧贪污受贿的处理等，我党始终严格政治纪律的决策执行，并发挥了很好的效果，维护了党内政治纪律的权威。新形势下，我们党已经在政治纪律建设上取得了不错的成效，政治纪律成为“最重要、最根本、最关键的纪律”，要“严守政治纪律和政治规矩”已成为全党的共识①，习近平指出：“贯彻落实和执行党的各项法规制度，不仅要从严管理，而且最关键的就是要真抓，将各项制度落到实处。”② 政治纪律建设的关键在于将政治纪律建设的决策执行落到实处，才能在党的建设伟大工程和实现中华民族伟大复兴的实践中更好地发挥功效。

（作者系西北大学马克思主义学院在读博士）

---

① 梁晓宇：《回顾与前瞻：中国共产党的政治纪律建设研究述评》，《创新》2019年第4期。

② 《习近平总书记系列重要讲话读本》，北京人民出版社2016年版。

# 延安时期中国共产党政治纪律建设的基本经验及启示

朱雪平

政治纪律建设是党的政治建设的重要组成部分。延安时期，中国共产党的政治纪律建设始终紧扣党的建设的时代主题，在主动适应时代变化和实践发展的基础上回答了历史转折时期管党治党的内在逻辑和基本方略。总结延安时期中国共产党的政治纪律建设的历史经验，对新时代推进党的政治建设有着重要意义。

## 一、思想建党与制度治党相结合

延安时期，中国共产党在从严治党的实践中，始终把党的思想建设与制度建设的结合作为推进政治纪律建设的基本原则。

第一，注重思想建党，以马克思主义科学理论武装全党。延安时期，党通过开展整风运动、举办各类干部院校，把干部的集中教育与日常教育相结合；通过加强政治纪律信仰建设、政治纪律教育建设，强化共产主义理想信念和为人民服务的宗旨意识，持之以恒以中国化马克思主义武装广大党员干部的头脑等，极大地增强了广大党员和党组织的党性修养与纪律意识。延安时期思想建党的理论与实践，有力破解了落后的小农经济决定的社会存在带来的落后社会意识，创造性回答了如何在一个以农民为主的半殖民地半封建国家建设无产阶级先进政党的命题，丰富了无产阶级政党政治纪律建设的思想成果与历史经验。

第二，不断以制度建设新成果巩固思想建设新认识、新经验。延安时期，思想建党与制度治党的结合体现在党的建设的多个层面。例如，在加强共产主义理想信念教育、为人民服务的宗旨教育的同时，在制度上保障人民民主监督的权利，对人民控告干部旗帜鲜明表示支持；党的主要领导人以模范行为和人格力量教育引领广大党员艰苦奋斗、勤俭节约的同时，把包括浪费在内的腐败现象纳入制度体系予以严惩；坚持破立结合，针对新党员、党员领导干部、军队干部、党内知识分子与文艺工作者以及民众团体等不同客体，在创新思想教育路径的同时，不断完善党内纪律法规体系。加强政治纪律制度执行力建设，突出制度的实效性等，无一不是在思想建党的同时加强制度治党。而制度建设的过程，包括制度的创设、宣传、实施，本身又是进一步增强思想教育的过程。

坚持思想建党与制度治党相结合的探索，体现了这一时期党对政治纪律建设内在规律的深刻把握，科学回答了抗日民族统一战线背景下如何推进从严治党的时代课题。

## 二、抓住“关键少数”与发挥广大群众主体性相结合

延安时期，党坚持把高级干部的政治纪律教育作为党的政治建设的重中之重，注重以高级干部的模范作用塑造良好政治生态。在抓“关键少数”的同时，针对延安时期以新党员为主体的党员队伍结构，注重从理论到实践、从外在理论灌输到内在道德修养、从纪律教育到纪律制度等全方位开展有针对性的政治纪律建设。

第一，抓“关键少数”与发挥广大群众主体性相结合是在推进党的建设伟大工程中总结出的科学领导方法。1943年6月，毛泽东在《关于领导方法的若干问题》中强调指出，党的建设伟大工程的顺利推进，既离不开以首要负责人为核心的领导骨干，同时也离不开领导骨干与广大群众相结合、离不开广大党员群众积极性的发挥。“只有领导骨干的积极性，而无广大群众的积极性相结合，便将成为少数人的空忙。”① 毛泽东在这里所讲的“领导骨干”，主要指的是各领域处于关键岗位的领导干部，内涵上与我们今天讲的“关键少数”较为接近；毛泽东所讲的“群众”，无疑既包括了党外群众，也包括广大普通党员。“领导和群众相结合”作为共产党人必须坚持的科学领导方法，既抓住了党的政治建设的主要矛盾和矛盾的主要方面，又在重点突破中带动整体推进，体现了马克思主义唯物辩证法两点论和重点论的辩证统一，是延安时期党对政治纪律建设经验的高度概括。

第二，抓“关键少数”与发挥广大群众的主体性相结合体现了对党的

① 《毛泽东选集》第3卷，人民出版社1991年版，第898页。

群众路线的自觉坚守。“在我党的一切实际工作中，凡属正确的领导，必须是从群众中来，到群众中去。”通过抓“关键少数”推动广大党员、群众进行伟大斗争、推进伟大事业，既是尊重广大群众的历史主体地位、发扬党内民主、调动党员积极性的现实需要，同时也是化解官僚主义执政风险、保证党的决策科学化的必由之路。正如毛泽东指出的，斗争愈是艰苦，愈是需要领导干部与广大群众相结合。这种结合，是彻底粉碎主观主义和官僚主义的领导方法，是马克思主义的科学的领导方法。

尊重和发挥广大党员群众在政治纪律建设中的积极性，增强党员主体意识，保障党员主体地位，维护党员民主监督的权利，是党的政治纪律建设必须遵循的基本原则。

## 三、“伟大工程”与“伟大事业”相结合

党的事业推进到什么阶段，党的建设伟大工程就要推进到什么阶段，这是马克思主义政党建设的基本规律，也是加强党的政治纪律建设的基本遵循。

第一，立足伟大事业制定正确政治路线，紧紧围绕党的政治路线推进伟大工程建设。1939 年 10 月，毛泽东在《〈共产党人〉发刊词》中首次把党的建设称作“伟大的工程”。关于如何实现这一“伟大的工程”，毛泽东从历史的角度进行了深入思考。他强调：中国半殖民地半封建的社会性质，决定了党的建设必须着重处理两方面的关系。一是处理与资产阶级的关系，二是处理与武装斗争的关系。这两个方面构成了民主革命时期党的政治路线的主要内容。党的历史表明：一方面，党的政治路线正确与否决定着党的建设能否顺利发展；另一方面，党的建设的状况又决定着党能否制定、坚持正确的政治路线。即“党更加布尔什维克化，党就能、党也才能更正确地处理党的政治路线”①。这深刻揭示了党的政治路线与党的建设之间辩证统一的关系。因此，一方面要立足党的事业的内在规律、历史使命和本质要求，根据时代发展变化不断创新党的政治纪律建设的方法与路径，紧紧围绕党的政治路线加强党的政治纪律建设；另一方面要把实践基础上的理论创新与理论指导下的纪律建设路径创新相结合，不断推进全面从严治党向纵深发展。

---

① 《毛泽东选集》第 2 卷，人民出版社 1991 年版，第 605 页。

第二，伟大工程与伟大事业相结合的过程是不断推进马克思主义中国化的过程。1941年，毛泽东在《改造我们的学习》中，把能否顺利推进马克思主义中国化的过程上升到党面临的伟大事业的高度加以强调，指出如果不纠正全党在学习方法和学习制度方面的理论与实际相脱离的缺点，党的事业的顺利发展就会受到阻碍。延安时期的历史证明，什么时候党在推进马克思主义中国化的道路上胜利前进，党就能克服教条主义、宗派主义，党的队伍就能保持生机活力，党领导的事业就兴旺发达。反之，党与国家事业就会遭遇挫折。伟大工程与伟大事业相结合，要不断开拓马克思主义中国化的新境界。

第三，不断增强党的革命性，以党的自我革命引领伟大社会革命。1948年，毛泽东在给欧洲共产党和工人党情报局机关刊物所写的纪念十月革命31周年的论文中指出，要开展革命斗争，首先要建设一个坚强的革命的党组织，即建设一个“按照马克思列宁主义的革命理论和革命风格建立起来的革命党”①，没有这样一个党，就无法领导无产阶级和广大群众战胜帝国主义及其反动势力的统治。毛泽东这一经典论述，表明“革命理论”“革命风格”是革命党必备的基本元素。这决定了党不仅要加强科学理论武装，而且要不断锤炼体现党的先进性、彰显党的纯洁性的优良政治作风。要不断增强党的纪律性，以自我革命引领社会革命。

## 四、继承传统政治文化与创新党内政治文化相结合

文化是最深沉、最持久的力量。党内政治文化建设是党的政治建设纪律的应有之义。打造积极健康的党内政治文化要坚持把继承传统政治文化与创新党内政治文化相结合。

第一，党内政治文化具有继承性与历史发展的内在规定性。马克思指出，人类创造历史的过程是发挥人类自身主观能动性的过程，但人类并非随心所欲地在自己选定的条件下创造历史，而是在直接碰到的、既定的、从过去继承下来的条件下创造。延安时期，中国共产党继承并发展了马克思主义关于党内政治文化建设的基本思想，在继承传统政治文化的基础上不断丰富和发展了党内政治文化。1938年，毛泽东在六届六中全会上强调指出，今天的中国是历史的一个发展，马克思主义者不应当割断历史。“从

① 《毛泽东选集》第4卷，人民出版社1991年版，第1357页。

孔夫子到孙中山，我们应当给以总结”①，充分体现了中国共产党在对待传统文化上的历史唯物主义态度，为创新党内政治文化奠定了科学的政治方向。

第二，坚持问题意识与实践导向，对传统政治文化进行创造性转化与创新性发展。“不忘历史才能开辟未来，善于继承才能善于创新。”② 延安时期，党坚持把继承与创新相结合，提出马克思主义中国化、时代化的历史命题，根据党的建设的实践需要，从内容、形式、载体等方面不断创新党内政治文化。例如，将传统文化中的民本思想、选贤任能、实事求是、纪律规矩意识等进行创新性发展，逐渐在党内培养起为民服务、实事求是、艰苦奋斗、清正廉洁、服从组织、维护党的团结统一等马克思主义政党核心价值理念，丰富了党内政治文化的基本内涵。

综上，把继承传统政治文化与创新党内政治文化相结合，体现了坚持党的先进性与回应时代发展新使命的内在统一性，从根本上回答了如何在执政条件下保持党的生机活力、永葆先进性的根本命题，为新时代以党内政治文化涵养积极健康的党内政治生活提供了重要借鉴。

（作者系陕西师范大学马克思主义学院副教授）

---

① 《毛泽东选集》第 2 卷，人民出版社 1991 年版，第 534 页。

② 《习近平谈治国理政》第 2 卷，外文出版社 2017 年版，第 313 页。

# 陕甘宁边区农村党支部组织建设述论

张　涛

中国共产党从成立之初，就建立了最基层组织——支部。经过大革命和土地革命战争的洗礼，支部逐渐成为共产党的坚强堡垒和力量增长的主要源泉。支部在团结群众、吸收党员、教育党员和领导党、政、军、民各项工作等方面做出突出贡献。中共中央自1935年长征到达陕北以后，就十分重视农村基层党组织建设，历经十三年的发展积累了丰富的历史经验。延安时期陕甘宁边区农村党支部组织建设经验，对新时代中国农村党支部组织建设仍有一定的借鉴意义。

## 一、扩大农村党支部的组织规模

中共中央到达陕北以后，高度重视党的组织建设问题。1935年12月6日、25日中共中央先后做出《关于改变对付富农策略的决定》与《关于目前政治形势与党的任务决议》。《决定》中指出："中国共产党是中国无产阶级的先锋队。他应该大量吸收先进的工人雇农入党，造成党内的工人骨干。同时中国共产党又是全民族的先锋队，因此一切愿意为着共产党的主张而奋斗的人，不问他们的阶级出身如何，都可以加入共产党。"至全国抗战爆发前夕，陕甘宁边区农村支部组织677个（不含陕甘宁省农村支部），中共党员36303人。①

1938年9月，中国共产党召开的六届六中全会，对党的建设做了全面的部署，通过了《关于中央委员会工作规则与纪律的决定》《关于各级党部工作规则与纪律的决定》《关于各级党委暂时组织机构的决定》三个党内组织建设方面的文件。六届六中全会上，毛泽东在《论新阶段》的报告

---

① 中共陕西省委组织部、中共陕西省委党史研究室、陕西省档案馆编：《中国共产党陕西省组织史资料》，陕西人民出版社1994年版，第216页。

中十分明确地指出了两条党员队伍建设的基本方针，即“共产党员必须发挥先锋模范作用”和“大胆发展而又不让一个坏分子侵入”。1939年5月，中共中央组织部副部长陈云在《共产党人》上先后发表《怎样做一个共产党员》《党的支部》与《巩固党与加强群众工作》等一系列有关党员队伍建设的建设性文章。其中在《怎样做一个共产党员》中，从入党资格、党员的成分、入党手续、候补党员和共产党员的奋斗标准五个方面做了详细的阐释与规定，对边区党员吸纳机制的完善提供了理论上的指导。

至1945年，边区党员数量39345人（含县区级，不含边区一级），经过8年组织建设，一乡一支部，行政村设党小组基本实现边区全覆盖，中共对边区农村有效管理与嵌入在组织上得到增强。①

## 二、完善农村党支部的制度建设

1939年，中共中央组织部部长陈云在中共中央机关刊物《解放》发表《支部》一文，文章对中共农村支部的组织形式及领导机关做了细致的规定：“在农村里还没有大农庄的时候，党的支部按党员的多少，环境的适合与否，在乡或村的范围内组织支部。在我们党所领导的政权下（如陕甘宁边区），党的支部按最低的行政单位组织起来，以便利于领导乡村政权机关。”支部的领导机关方面，“支部委员会（或干事会）人数的多少，按党员的数量和工作的范围、工作的需要来决定。在我们领导的政权下（如陕甘宁边区），则分书记、组织、宣传、军事（自卫军）、政府、工会、农会、青年、妇女等各种工作的委员。为了处理日常工作的便利，可以设立支部委员会的常委。不满五个党员的支部，只设支部书记加一副书记”。《支部》一文的发表，为抗战时期边区中共农村支部的组织建设提供了理论上的指导。

同年8月15日，陕甘宁边区党委做出《关于乡村级党和政府及民众团体组织问题的决定（草案）》，决定中对农村支部的组织指出：“边区是我党直接领导下的模范抗日根据地，这里的支部范围较大，党员数量亦较多，支部委员会（支干会）通常由七人组织之，内分书记、组织、宣传、

① 《陕甘宁边区党员统计表》（1945年3月6至10日），中央档案馆、陕西省档案馆编：《中共中央西北局文件汇集》（一九四五年）（甲6），西安新华印刷厂1994年印，第32页。

军事委员（自卫军连长）、政府委员（乡长）、民运委员（抗救会主任）等。为了处理日常工作的便利，可以成立支部委员会的常委，通常由书记、组织委员、宣传委员三人组织之。不满五个党员的支部，只设支部书记或加一副书记。”

为使边区农村支部组织更好地领导乡村政权建设，边区第二次党代表大会通过《关于深入乡村工作的决议》，规定：“乡行政村，除特殊情形外，应设立分支部，在该乡支部委员会领导下工作。支部委员会以上的各级党委，特别是区委、县委，应该常注意对行政村工作的领导。关于乡村中许多动员工作及有关群众一般生活问题及家庭问题，应提到行政村的支分部及群众会上去讨论执行，把行政村造成为推进乡村工作的枢纽。经常以行政村为中心，召集群众会议。”① 至此，陕甘宁边区中共农村支部的组织结构基本稳定。

中国共产党灵活、实事求是地处理农村支部的组织形式问题，激发了边区农村支部基层党员的创造力，使边区农村支部的组织形式更好地适应边区农村实际环境与形势的发展，为创建新型的中共农村支部的组织探索出一条适合中国国情和农村环境的组织发展道路。

## 三、加强对农村支部党员干部的教育

抗战时期，中共中央机关刊物《共产党人》刊载的《加强与改进各个抗日根据地中党的教育工作》一文中明确指出：“支部是我党最广大的最下层的组织，是我党广大党员生活的场所；因之，支部教育工作，乃是我党宣传工作（包括党内教育）中之基础部分之一。”

边区农村支部党员整体教育程度偏低，党员的基本思想意识教育与马列主义教育薄弱。针对边区农村支部党员的教育现状，边区党委采取了富有特色的农村支部教育方式，主要有支干训练班、流动训练班、巡逻教育、党的会议学习小组、个别教育、上大课等。其中，支部流训班是一临时性的组织，可定名为“支部流动训练团”去领导主持。这种下层教育机关，一般的应由二人至三人组织，由县委区委同志参加，较强的支部书记或支部干事亦可酌量参加，选一人负责，其他人担任教员。有这种组织，可以经常研究检讨经验，以收事半功倍之效。会议教育，贴合边区农村实

① 《关于深入乡村工作的决议》，《解放》1939年第95期，第42页。

际，教育内容主要的是来了一件重要工作（如生产等），在支部或小组上传达和讨论，以便在党内首先弄清楚，有些地方还采取了开会检查思想，自我批评（发扬好的批评坏的）的方式。文化教育，过去在进行文化教育上，大体上采用了以下的几种方式：（1）通过农村中的一般社会教育，如识字组、冬学等；（2）通过生产组织（如白塬乡通过班子，进行识字读报，王家坪的妇纺与识字的联系）；（3）通过学校，有的党员找本地小学教员教字（如白塬乡的范信宽去找小学教员黄逸民）等。

据三边分区参加过支部教育的农村支部党员反映："三村李有文说'这很好，我们对党更明了些，以后多开几次。'二村袁生金说：'以后碰到什么事情给党报告。'三村唐平过去是乡长，以前要死狗不工作，自参加训练班后，他对三村工作抓得很紧，每次乡上开会他都参加。二村郝占奎听了课之后，回去组织群众打了两口井，并领导变工队。"① 通过支部教育，边区农村党员对党的认识、对支部工作的开展和党员自身素质的提高都产生了积极的作用。

作为唯一一个从土地革命战争时期保留下来的完整革命根据地，陕甘宁边区中共农村支部深受边区自然环境与社会环境的影响，尤其是抗战初期边区吸收了大量的农民党员，其中绝大多数是文盲半文盲，如何改造这些农村党员，是中共农村支部一项艰巨的任务。从陕甘宁边区农村支部的发展演变历史来看，边区农村支部在土地革命战争时期已探索出适合边区社会环境和自然环境的支部分布范围和设立结构。从边区农村支部整理与巩固来看，中共在抗战时期，根据形势的发展不断地做出调整，并采取多种方式教育广大农村党员，积极改造农村党员的思想及工作方式。在发展过程中，创造性地将人民群众的生产与党员教育二者有机结合起来，使中国共产党将潜藏在人民群众的无限潜力激发出来，真正做到了将农村支部打造为中共在乡村中的"堡垒"，并且成为其他抗日根据地学习的模范，成功塑造出了在中国共产党治理下带有新民主主义社会性质的新农村。历经十三年探索，中国共产党在陕甘宁边区成功地走出一条适合中国国情发展的特色农村支部建设路径，也为其他根据地和解放战争时期的根据地建

① 《三边分区一般支部（支部材料之九）》（1944 年 11 月 18 日），延川县档案局（馆）编：《陕甘宁边区时期的盐池档案史料汇编》（中），宁夏人民出版社 2016 年版，第 328 页。

设提供借鉴。最终中国共产党力量迅速壮大，农村支部组织由局部扩大到了全国，并最终取得中国革命的胜利。

（作者系陕西省西安市东城第一中学教师）

# 延安时期《解放日报》改版
## ——中国共产党自我革命的光辉典范

李　鹤

纵观历史洪流，从 1921 年嘉兴红船到新民主主义革命如火如荼，从推翻压在人民群众心头上的“三座大山”，到 1949 年新中国的成立，再到社会主义革命、社会主义制度的建立，从 1978 年吹响改革开放的号角，再到今天的中国特色社会主义新时代，这些发展与进步都与我们党在不同历史时期和阶段勇于进行的自我革命、自我净化息息相关，为我国的繁荣富强奠定了强大的基础。这其中，延安整风时期，《解放日报》的改版开拓了中国共产党自我革命的道路，是中国共产党自我革命的光辉典范。

### 一、改版前的《解放日报》

自我革命是中国共产党最鲜明的品格和最大优势。自我革命说到底就是否定之否定，是“扬弃”，是事物发展变化的前进性与曲折性的统一。习近平强调：“勇于自我革命，是我们党最鲜明的品格，也是我们党最大的优势。”① 《解放日报》创刊后，许多城市知识分子在这里工作，他们对贫瘠的西北地区的生活抱怨颇多，对当地的情况也漠不关心，这些因素导致了《解放日报》内容上的含糊。除此之外，印刷机器的陈旧、纸张的昂贵、地理位置的封闭等都对《解放日报》的发展传播起到了阻碍作用。但同样重要的是，由于博古个人思想的偏差，他认为《解放日报》的目标不是办成像苏区打游击战那样“小打小闹”的报刊，而应该有长远的眼光，心怀世界，向苏联《真理报》那样的大报看齐。正是在这种思想指导下，《解放日报》完全脱离党政军民各领导机关，组成报刊机构的人员也多是

① 中共中央宣传部编：《习近平新时代中国特色社会主义思想三十讲》，学习出版社 2018 年版，第 308 页。

资产阶级出身的知识分子，他们摆明了是要向党的领导部门闹独立，所以在创刊之初存在着很多的问题。①

1942年1月24日，毛泽东实事求是地提出要将在报纸版面上表现思想观点的社论文字、记者采访撰写的新闻稿件、无线电收听翻录的电讯文稿提高到同样重要的位置上。随后，中共中央政治局在1942年2月11日召开会议，专门讨论报纸工作，毛泽东指出，报纸要充分、全面反映自己国家的事情，因为这可以很好地凸显党性。但是，目前在《解放日报》的篇幅上，充满了替外国资产阶级宣传和各通讯社及中央社的电讯，严重脱离了边区人民群众的生产与实践。毛泽东的说法引起了参会人员的普遍共鸣，大家指出要从根本上改变报刊的办报方向，并将报刊的目标定为贯彻我党政策、反映人民群众生活。

于是，1942年3月11日，中共中央政治局开会对博古关于改造《解放日报》的方案进行了讨论。3月16日，中共中央宣传部根据毛泽东在之前的政治局会议上的意见，专门发出关于改造党报的通知。解放日报社分别在3月17日和3月30日对《解放日报》存在的问题进行了公开说明，对报纸提出了很多具有针对性的意见。3月31日，在延安杨家岭中共中央办公厅里召开了座谈会，对《解放日报》改版事情进行了详细的讨论。博古汇报了报纸的情况并做了自我批评，请求大家给予帮助和指教。1942年4月1日，经过数月辛苦筹备、征询了多方指导意见和建议后，《解放日报》发表了社论《致读者》，宣布正式改版。

## 二、《解放日报》的改版

正是由于共产党人具有坚定的信念，才使得我们党具备了自我革命的勇气和能力。习近平总书记指出："我们党之所以有自我革命的勇气，是因为我们党除了国家、民族、人民的利益，没有任何自己的特殊利益。"②自我革命是一个不断否定自己、改变自己、发展自己、完善自己的过程。要想完美蜕变，就需要具备坚定的信念、创新的能力。《解放日报》的改版不仅包括版式、版面和错别字等技术层面上的新闻业务问题，而且包括新闻工作的思想路线和组织路线等问题。

---

① 朱鸿召：《延安缔造》，陕西人民出版社2013年版，第531页。

② 《初心和使命（图解版）》，人民出版社2018年版，第205页。

### （一）版面的改革

改版之前，《解放日报》一版主要是国际新闻。改版后整个侧重点发生了变化，将国内外发生的重大新闻排在了第一版。国内新闻主要突出我党、政、军和陕甘宁边区以及其他根据地的报道，可以强烈地感受到它的变化。如果国际新闻想上头版头条，那么就必须有中国共产党和中国民众的身影；第二版主要采用边区新闻和国内新闻并行的模式，有关党政军和其他根据地的新闻也是《解放日报》第二版的组成部分，有时少数敌占区的新闻也会被报道；以国际新闻为主的第三版有时也会关注国内政治、经济和理论学习研究等方面为主的文章；第四版可以被称为“杂刊”，因为它囊括的内容很丰富，包括《卫生》《敌情》《科学园地》《文艺》等。我党始终坚持深入调查，仔细考证，体现群众的所思所想，以群众利益为己任，群众始终是我们党工作的出发点和落脚点，将群众的大事登在了显著的位置，体现了报纸的亲民之风。

### （二）社论的撰写

由于犯了和新闻报道一样的错误，认为国际问题是首要的，而党、军队和边境地区问题是次要的。因此在博古的规定下，报纸头版每天都要发表一篇社论。改版后的《解放日报》不仅没有盲目地追求报纸的数量，反而将重点放在了党政军和边区的重大理论工作上，密切联系群众、实事求是。比如 1 月 14 日《提高边区国民教育》、3 月 21 日《党的决定——行动的指针》、4 月 11 日《党内民主问题》、6 月 18 日《把我们的报纸办得更好些》、8 月 4 日《报纸和新的文风》、9 月 22 日《党与党报》、10 月 30 日《党员教育应有彻底转变》、11 月 17 日《给党报的记者和通讯员》等，立足国内，涉及边区军民普遍关心的各方面内容。陆定一曾经与博古一起共事时，他就对博古说过，他自己不会像杨松那样听话，说让一天写一篇社论就照办，他的社论要经得起时间的考验和审阅。①

### （三）宣传报道重点的改变

以前《解放日报》注重国外事件的宣传与报道。现在我们党采取了正面事件与典型事件“双轨制”的报道方式，同时将积极的典型报道放在了首要位置，上接中共中央的具体工作指示，下联人民群众生产生活的实

---

① 《陆定一同志谈延安解放日报改版——在解放日报史座谈会上的讲话摘要》，《新闻研究资料》，1981 年第 3 期，第 7 页。

际。于是一系列的理论文章应运而生，有《加强党性的锻炼》《农村调查·序》《如何与主观主义作斗争》《加强地方在职干部教育》《毛泽东同志号召整风三风要利用报纸》《整风中努力改造自己》《关于唯物论的几段杂记》《西北局宣传部奖励文化学习模范》等文章。此外，《解放日报》还创办了许多专刊专栏，其目的是为了更好地研究延安和边区的党的活动，内容包括随笔、随机采访、工作经历、问题讨论等。① 比如《为什么整顿三风是党的思想革命?》《什么叫做“从实践出发”》《教条主义的危险》《要不要提高文化水平》《全面开展整顿三风的学习与检查》等。

**（四）文风的改革**

毛泽东对文风改革尤为重视。1942 年 2 月 1 日，中央党校举行了隆重的开学典礼仪式，毛泽东应邀参加，并做了报告，题目为《整顿学风党风文风》。2 月 8 日又参加了由中共中央宣传部组织召开的延安干部会议，毛泽东在会议上发表了《反对党八股》的讲话。这两次会议报告和讲话，都让《解放日报》感受到了前所未有的压力，改版工作迫在眉睫，全党上下要立刻行动起来。同时，毛泽东在《为改造党报的通知》中对文风的改革做了统一、明确的规定，指出各地党报所要传达出的内容应该语言简洁、通俗易懂、让人民群众感兴趣，因为报刊的对象不仅仅是党员干部，人民群众也占据重要地位，尽管《解放日报》的词汇量有限，只有两千到两千五百个字。要使稍有文化的群众也可以看明白成为报刊的目标。在这样的舆论环境之下，《解放日报》立即对文风进行了整改。不管是报道内容的表达方式还是文风都有了前所未有的改变，开始联系人民群众、贴近边区的实际情况，使人民群众感受到了自己的重要，激发了他们参与办报的热情，同时也增强了《解放日报》的传播影响力。

**（五）通讯员队伍的发展改造**

由于改版之前通讯员队伍里存在着严重的问题，因此在《解放日报》的改版过程中将通讯员或特约撰稿员作为了重点的改革对象。在《为改造党报的通知》中，通讯员或特约撰稿员被明确要求应该充分了解党内的生活，不仅如此，更要与人民群众搞好关系，一有空闲时间就去群众家里访问，了解人民最需要什么、困难是什么，并以一种更活泼、更少说教的风

---

① 〔美〕P. 斯特拉纳：《塑造媒体：中国共产党与解放日报》，M. E. Sharpe 出版社 1990 年版，第 74 页。

格进行写作报道。于是，经过商议，在基层党组织的统一安排部署下，报社向陕甘宁边区和延安市派驻了记者，专门负责新闻报道和通讯员的培训工作，有空闲时间还帮助通讯员整理修改稿件。1944 年 2 月 16 日，是《解放日报》创刊 1000 期的喜庆日子，在此之机，由博古起草、毛泽东审阅，社论《本报创刊一千期》正式发表，这标志着《解放日报》改版工作的顺利完成。其中说道："我们的重要经验，一言以蔽之，就是'全党办报'四个字。办报是全党的一件大事，是人民大众的一件大事，是治国的本领之一。"① 《解放日报》在此基础上最终建立起由记者、基干通讯员、通讯员组成的庞大党报工作队伍。《解放日报》改版后，确定全党办报、群众路线的原则使党报的发展有了更广阔的空间，群众基础也更加广泛。

## 三、改版后的《解放日报》

全面改版后的《解放日报》给我们提供了丰富而宝贵的经验，在此根本上创新发展，信访接待、洞察民情、服务群众和栏目培育，取其精华地继承和发扬其新闻传播理论和实践经验，时刻谨记党报"耳目喉舌"的作用，凭借切合实际的批评报道，将现实中的缺点、错误和问题公之于众，并着力于问题的解决和错误的纠正，提升了党报的战斗力和公信力，并从中涌现出了"改变观念全党办报""改革创新、与时俱进""全心全意为人民服务""密切联系群众"等先进思想。这些思想可以集中表达《解放日报》的"一生"，更体现了中国共产党自我革命的勇气和能力。

中国特色社会主义进入新时代，我们党站在新的历史高度上，面对决胜全面建成小康社会的艰巨任务、实现中华民族伟大复兴的历史使命，我们党有了前所未有的新挑战和新要求，这就更需要继续以党的自我革命来推动中国社会各方面的发展。正如习近平强调的："要兴党强党，就必须以勇于自我革命的精神打造和锤炼自己。只有努力在革故鼎新、守正出新中实现自身跨越，才能不断给党和人民事业注入生机活力。"②《解放日报》在改版过程中涌现的积极思想和经验是我们党宝贵的精神财富，它像流淌在中国共产党人身上的新鲜血液一样，不停地为不忘初心、牢记使命的当代共产党人注入源源动力。《解放日报》的改版是中国共产党自我革命的

---

① 《本报创刊一千期》，《解放日报》1944 年 2 月 16 日。

② 《初心和使命（图解版）》，人民出版社 2018 年版，第 213 页。

光辉典范，将会永远激励我们不断自我净化、自我完善、自我革新、自我提高，必将引领中华儿女在实现中华民族伟大复兴的新长征路上奋勇向前，从胜利走向新的胜利！

（作者系西北大学马克思主义学院思想政治教育专业在读硕士）

# 延安时期党员干部党性修养的实践路径及其价值启示

刘　敏

党性是党员干部立身、立业、立言、立德的基石，必须在严格的党内生活锻炼中不断增强。延安时期中国共产党对党员干部党性问题进行了深入思考，对党性教育进行探索和实践，做出一系列论述，提出了增强党性的基本路径和方法。在新的历史条件下，党的建设面临着新的严峻形势和任务。学习和掌握延安时期关于增强党员干部党性修养的思想和观点，对党员干部锤炼党性、提高思想觉悟具有重要的指导意义。

## 一、延安时期增强党员干部党性修养的必要性

延安时期是中国共产党创造辉煌、成就伟业的重要时期。在这一时期，我们党把马克思主义党建理论与中国实际相结合，把党性教育作为一个特殊的问题提出来，通过党组织加强党性教育，从而不断增强党员干部党性修养。

### （一）国内基本形势的客观需求

红军长征到达陕北后，国内形势发生了很大变化，党面临日本帝国主义的侵略、国民党封锁和武装挑衅的双重压力，当时党内的部分干部深受“左”倾关门主义和冒险主义错误思想的影响，拒绝建立抗日民族统一战线，反对联合民族资产阶级一同抗日。之后在以国共合作为基础的抗日民族统一战线建立后，党内的干部又出现了右倾错误思想，在统一战线中自动放弃领导权。基于此，党内必须加强干部教育工作，在党内形成马列主义思想的高度统一，培养和提高党员干部在马列主义问题上的自觉性，使广大党员干部在统一战线中保持清醒的头脑，从而全面开展抗日救亡运动。毛泽东强调：“中国共产党是在一个几万万人的大民族中领导伟大的

革命斗争的党，没有多数德才兼备的领导干部，是不能完成其历史任务的。”① 在延安时期，党中央始终将干部教育置于突出的战略地位。

### （二）党员干部的来源与构成

延安时期的干部来源和构成主要有这几个方面：一是经过二万五千里长征锻炼的老同志。二是西北早期创建革命根据地，进行土地革命斗争的干部队伍，他们的阶级觉悟很高，实践经验丰富，但大多数是工人、农民出身，文化程度和理论水平不高。三是大量来自全国各省市的爱国知识分子。他们抗战热情很高，具有强烈的爱国主义情怀，但缺乏马列主义的理想信念和革命实践的磨炼。很显然，这些党员干部来自不同地域、不同阶层，其思想认识就必然会参差不齐，不同程度地存在着各种非无产阶级思想。为此，党中央十分重视对这批干部进行党性教育，以造就高素质、忠诚于党的干部队伍。

## 二、延安时期增强党员干部党性修养的实践路径

延安时期，中国共产党在局部执政的过程中，创立了党性修养理论，发展了党性修养实践路径，提升了党员干部的质量，巩固了党的执政基础，为新中国的成立奠定了坚固基石。

### （一）提出党性问题，客观清醒地认识党性教育

延安时期，党组织不断发展壮大，党员数量不断增多，及时对党员进行马克思主义的思想教育，增强党员的党性，是当时党的建设中亟待解决的重要问题。

1941年6月，刘少奇在中共中央华中局党校做了《人的阶级性》的演讲，对党性的内涵做了精辟论述：“党性，就是人们这种阶级性最高而集中的表现……共产党员的党性，就是无产者阶级性最高而集中的表现，就是无产者本质的最高表现，就是无产阶级利益最高而集中的表现。共产党员的党性锻炼和修养，是党员本质的改造。”② 1941年7月，中央政治局通过了《关于增强党性的决定》，首次对党性和党性教育做出明确规定。针对党内提出的党性和人性的问题，明确地阐释了党性与个性的辩证统一关系，回答了党性修养中的基本问题。要对培养党性的过程有一个清醒客观

① 《毛泽东选集》第2卷，人民出版社1991年版，第526页。
② 《刘少奇论党的建设》，中央文献出版社1991年版，第224—225页。

的认识。“要具有阶级觉悟，要把握住阶级意识，决不是在口头上讲几句漂亮话所能做到的。这是一个长期的强烈的斗争过程。”① 因此，培养和锻炼党性，必须要树立科学的态度。党组织和党员干部自身要明确在培养党性的过程中应承担的职责。党组织应该充分发挥引导、教育和培养党员干部的作用，使其树立正确的价值取向。党员干部则应自觉发挥主观能动性，不断和自己的旧的非无产阶级的意识作斗争，战胜它，克服它，排斥它。党员只有真正经历了这个过程，才能逐渐养成为党和无产阶级的利益服务的精神，养成对党和无产阶级的忠实性和坚定性，并转化成为自觉的、主动的和积极的行动。延安时期，中国共产党高度重视党员干部党性修养问题，在加强党的建设过程中，进一步增强了党员干部的党性、纯洁了党员干部队伍，统一了全党思想，为进一步加强党的建设打下了良好的基础。

**（二）开展普遍理论教育，不断提高马列主义理论素养**

“只有以先进理论为指南的党，才能实现先进战士的作用”②，先进理论在指导党性修养实践中发挥着重要作用。中国共产党是用马克思主义武装起来的政党，之所以能够历经艰难困苦而不断发展壮大，一个重要原因就是党始终重视思想建党、理论强党。延安时期，为进一步提升党员的理论水平和理论素养，党内成立了专门研究马克思主义理论的学校和组织机构，开展党员教育和培训工作，如中国人民抗日红军大学，马列学院等。以毛泽东为代表的老一辈革命家，发表了一系列文章，极大丰富了党员的理论学习载体。刘少奇指出：“一个共产党员如果不努力学习马克思列宁主义的理论和方法，如果不用马克思列宁主义指导自己的思想和行动，他要在一切革命斗争中坚持无产阶级的立场，体现无产阶级的思想意识，这也是不可能的。”③

党员干部要从两个方面提高马列主义理论素养，一在理论的学习，二在理论的运用。对于理论的学习不能只是停留在书本上，要真正把原理原则运用到中国革命斗争的具体实践中。要科学地运用马列主义，就要自觉与一切非马列主义的思想和观点作坚决的斗争，真正做到理论与实践相联

---

① 《任弼时选集》，人民出版社 1987 年版，第 234 页。

② 《列宁选集》第 1 卷，人民出版社 1995 年版，第 312 页。

③ 《刘少奇选集》（上卷），人民出版社 1985 年版，第 115 页。

系，用马列主义的理论、思想方法来处理政治问题、组织问题和自己的行动，真正把马克思主义理论的学习与运用两个层面结合起来，才能不断增强党员的党性。

**（三）遵守党的铁的纪律，加强党员干部组织纪律性**

有铁一般的纪律，才有铁一般的队伍。党的纪律是执行党的路线的保证，是维护党的团结和统一、巩固党和人民群众的密切联系、提高党的战斗力的重要武器。党员要增强党性，必然要加强组织纪律性。延安时期，共产党十分重视对党员纪律性的培养，例如，在革命根据地实行普选，人民有了自由选择代表的权利，对党员形成无形的监督，有利于提升党员的纪律意识。

就党员干部来说，首先，要正确认识党的领导作用。一些党员之所以产生独立主义、个人主义、本位主义的错误倾向，根本原因在于他们不能正确认识党的地位和作用。只有真正认识和理解党是最革命的最能够代表人民并为人民谋利益的政党，才能树立正确的组织观念，自觉维护党的团结和统一。其次，要自觉增强组织观念，摆正个人和组织以及上下级组织之间的关系。民主集中制是党的根本组织原则，是每个党员必须遵守的纪律。深刻领会民主集中制的基本内涵，对于党性的锻炼，消除独立主义或独立倾向，从组织上来保证党的集中统一，是很重要的。为此，党员必须要自觉增强组织观念和纪律意识，摆正个人与党、下级与上级的关系。只有这样，才能不断增强党性修养，才能正确贯彻实施党的路线方针政策。再次，要坚持党的纪律面前党员一律平等的基本原则。党内没有特权党员，所有党员都必须遵守党的纪律，在党的纪律面前一律平等。

**（四）重视党员作风建设，提升党员作风修养**

延安时期，共产党的力量逐步变大、变强，党员不断增加，这就更应该注意自身的建设问题。这一时期，党的领导人从作风建设入手，对如何提高党员作风修养进行了深入思考。1945 年 4 月，毛泽东在党的七大的开幕词中指出："我们应该谦虚，谨慎，戒骄，戒躁，全心全意地为中国人民服务。"① 党的七大正式把"为人民服务"的思想写进党章，并首次明确了"全心全意为人民服务"是中国共产党的根本宗旨。党员的党性修养，实质在于党员的自我教育、自我改造和自我提高。党员干部，尤其是党的

① 《毛泽东选集》第 3 卷，人民出版社 1991 年版，第 1027 页。

高级干部应率先垂范，带头加强党性锻炼。这一时期，毛泽东、朱德、周恩来、刘少奇、任弼时等老一辈革命家，无论是在军队工作、政府工作，还是在做好统一战线的工作中，都能以身作则，自觉加强党性修养，为广大领导干部树立了光辉的榜样。党员的作风修养不是一蹴而就的，而是需要通过不断学习、不断感悟，与人民群众保持密切联系，树立共产主义世界观来不断提升的，“一个愿意为共产主义献身的共产党员，不仅应该为党在各个时期的具体任务而奋斗，而且应该确定自己为共产主义实现而奋斗到底的革命人生观”①。

## 三、对新时代增强党员干部党性修养的价值启示

延安时期增强党员干部党性修养取得了巨大的成效，创造和积累了丰富的经验。这些经验对新时代党的干部教育事业发展，对于进行党性和理想信念教育都具有深刻的指导和启示意义。

### （一）认识和把握历史规律，客观总结党性教育经验

学习历史不仅是了解历史，更重要的是从历史中认识和把握规律，感召当代，指引未来。② 中国共产党建立 90 多年来，领导人民历经革命、建设和改革不同的历史阶段，积累了丰富的党性修养实践经验，这些经验对于当前党性修养实践路径的探索具有重要的借鉴和指导作用。全体党员应正确认识党在领导中国不断前进的过程中所取得的辉煌成就；勇于正视党在革命时期和社会主义建设时期党性修养实践路径探索中所犯过的错误、所经历的曲折和重大失误；实事求是地分析当前社会发展中和党的建设中所面临的困难和问题，冷静清醒地指出当前或者今后提升党性修养的战略。在此基础上做到谋事要实，从实际出发谋划事业和工作，使点子、政策、方案符合实际情况、符合客观规律、符合科学精神，不好高骛远，从而不断提升党员干部党性修养水平。

### （二）党性修养的实践路径要始终与时代发展相适应

延安时期，党性教育紧紧围绕党的中心任务——民族、民主革命的双重任务来展开，坚持从革命事业的实践需要出发，当时要求政治思想教育包括马克思主义教育、时事教育和政策教育，改变过去脱离干部工作实际

---

① 《陈云文选》第 1 卷，人民出版社 1995 年版。

② 侯且岸：《历史文化教育与党性训练》，《北京党史》，2011 年 7 月。

和思想实际的状况。党性教育的变化，使党员干部增强了改造客观世界与主观世界的能力，改变了形式主义的做法。当今世界正处在大发展大变革大调整时期，而我国面临的形势仍然是机遇与挑战并存，我们党要实现自己的历史使命，必须按照习近平总书记的要求，以党的自我革命来推动党领导人民进行的伟大社会革命，围绕党的中心工作，服务大局，紧密联系经济建设、政治建设、文化建设、社会建设的实际及党员干部的思想实际，开展学习，学以增智，学以修身，学以致用。切忌将理论学习庸俗化，防止走过场、搞形式主义、喊口号，切实提高干部的马克思主义理论水平，增强党员干部的党性修养。

**（三）党性修养的培养要时刻以人民为中心**

党性教育的根本要求是党员干部在实践中要履行党的宗旨。全心全意为人民服务是共产党的本质特征，也是区别于其他任何政党的根本标志。共产党员要加强党性修养，必须与群众建立真正的密切的联系，以合乎最广大人民群众的利益为最大利益，以最广大人民群众所拥护为最高标准。延安时期在极其艰苦的条件下党领导人民战胜强大的敌人，夺取抗日战争和解放战争的最终胜利，与广大党员干部忠诚地履行党的宗旨是分不开的。在改革开放和社会主义现代化建设的条件下，强调加强党性教育，使党员干部忠诚地履行党的宗旨，有着特殊的重要意义。新时代，加强干部宗旨教育，不仅要从理论上让干部认识到履行党的宗旨的重要性，而且要引领党员干部多深入基层、深入群众，体验实际生活、了解民生疾苦，从根本上改造自己的人生观、价值观，自觉地克服、抵制个人主义和官僚主义，忠诚地履行党的宗旨，永远同广大人民群众站在一起，想人民之所想，急人民之所急，竭尽全力为人民服务。

**（四）良好的作风修养是党员干部党性修养的前提条件**

延安时期，我们党明确提出“党风”这个概念，第一次从世界观和党性的高度，对党的作风建设进行科学概括和总结。在党的七大上毛泽东对党在长期革命实践中形成的优良作风做出概括：“以马克思列宁主义的理论思想武装起来的中国共产党，在中国人民中产生了新的工作作风，这主要的就是理论和实践相结合的作风，和人民群众紧密地联系在一起的作风以及自我批评的作风。”新时代，党性教育要将作风建设的价值教育以及作风建设常态化机制作为引导的重中之重，在构建不敢腐、不能腐、不想腐的反腐败格局的同时锤炼党性修养。党员干部要从自我做起，以身作则、率先垂范，说到做到；要以踏石留印、抓铁有痕的劲头紧抓不放，永不松懈，善始善终、善作善成；要坚决反对“四风”，在工作生活中践行“三严三实”，加强道德修养，自觉接受全方位的监督和约束。

延安时期关于增强党员干部党性问题的实践，在新的历史条件下，对于培养和锻炼党员的党性具有重要借鉴意义。坚强的党性不是一蹴而就的，也不是一劳永逸的，需要在实际工作中反复锤炼、不断提升。当前，中国特色社会主义进入新时代，面对新的历史任务，每个共产党员都应该以习近平新时代中国特色社会主义思想为指导，全面加强党性修养，树立使命意识和斗争意识，为实现“两个一百年”奋斗目标和中华民族伟大复兴的中国梦做出自己的贡献。

（作者系西北大学马克思主义学院马克思主义中国化研究专业研究生）

# 探寻延安精神中蕴涵的担当品质

## ——兼论青年习近平担当品格的养成

刘金锋　谭亮亮

自党的十八大以来，“担当”俨然成为中国政治生活中的高频词汇，成为衡量党员领导干部的标尺，成为提神正气的号角。作为全党核心的习近平同志率先垂范，庄严承诺：“人民对美好生活的向往就是我们奋斗的目标。”① 他坦言自己的执政理念就是“为人民服务，担当起该担当的责任”②。“担当”是习近平总书记鲜明的个人品格。习近平新时代中国特色社会主义思想是党领导全国人民实现人民幸福和民族复兴的行动指针，要求全党、全社会，层层负责任，人人肯担当，撸起袖子加油干！“担当”也是习近平新时代中国特色社会主义思想的鲜明品质。这种“担当”的基因源于延安精神。

### 一、延安精神中蕴涵着中国共产党人的担当品质

“担当”出自《朱子全书·孟子一》：“公孙丑问孟子‘动心否乎’，非谓以卿相富贵动其心；谓霸王事大，恐孟子担当不过，有所疑惧，而动其心也。”常用于担负或承当艰巨任务。③ 担负意味接受，承当意味着责任，“担当”可以反映了一个人敢于接受并负起责任的精神气质。延安时期，党领导人民不畏艰险沿着实现民族独立、人民解放的革命道路一往无前，在革命实践中培育了伟大的延安精神——坚定正确的政治方向，解放思想、实事求是的思想路线，全心全意为人民服务的根本宗旨，自力更生、艰苦奋斗的创业精神——其中就蕴涵着共产党人的担当品质。

---

① 《习近平谈治国理政》第1卷，外文出版社2018年版，第3页。

② 王良：《担当起该担当的责任》，《学习时报》2017年10月30日。

③ 《辞海》，上海辞书出版社1980年版，第681页。

### （一）“坚定正确的政治方向”回答了为什么要担当

共产党人是无产阶级的先锋队。“他们没有任何同整个无产阶级的利益不同的利益。”“共产党人不屑于隐瞒自己的观点和意图。他们公开宣布：他们的目的只有用暴力推翻全部现存的社会制度才能达到。让统治阶级在共产主义革命面前发抖吧。无产者在这个革命中失去的只是锁链。他们获得的将是整个世界。”①《共产党宣言》告诉人们：领导无产阶级和广大人民实现解放是共产党人前进的正确方向。1937 年 5 月，毛泽东发表了《中国共产党在抗日战争时期的任务》，其中明确指出，中国反帝反封建的民主革命“必须经过无产阶级的领导，才能够完成”，“抗日救国的总参谋部的职务，共产党是责无旁贷和义不容辞的”②。共产党要实现对全国人民的政治领导必须坚定正确的政治方向。其一，提出正确的政治口号以明确方向；其二，共产党员是先锋队，应该无限积极和忠诚，“最富于牺牲精神，最坚定”；其三，在不失掉确定的政治目标的原则上，建立、发展、巩固同盟；其四，共产党的队伍要思想统一，纪律严明。黄克功这种“失掉党的立场的，失掉革命立场的，失掉人的立场的行为”③ 已经根本背离了党的政治方向，必须严惩，不容赦免。可见，正是因为中国共产党具有正确的政治方向，而且共产党人最无私、最先进、最坚定，所以必须担当起最艰巨的任务。

### （二）“全心全意为人民服务的根本宗旨”回答了为谁担当

中国人民自古以来就向往生活在理想的大同社会。《礼记 · 礼运》：“大道之行也，天下为公，选贤与能，讲信修睦。故人不独亲其亲，不独子其子。使老有所终，壮有所用，幼有所长，矜寡孤独废疾者皆有所养，男有分，女有归。货恶其弃于地也，不必藏于己；力恶其不出于身也，不必为己。是故谋闭而不兴，盗窃乱贼而不作，故外户而不闭。是谓大同。”④ 无奈，在阶级社会中，最大多数的人民群众总是在极少数统治阶级的压迫下挣扎，过着牛马般的生活。共产党是为穷苦人打天下的，是为人民服务的。全心全意为人民服务是中国共产党执政的合法性基础。1945 年

---

① 《马克思恩格斯选集》第 1 卷，人民出版社 2012 年版，第 413—435 页。

② 《毛泽东选集》第 1 卷，人民出版社 1991 年版，第 262 页。

③ 《毛泽东文集》第 2 卷，人民出版社 1993 年版，第 39 页。

④ 宋原放主编：《简明社会科学词典》，上海辞书出版社 1984 年版，第 31 页。

4月，毛泽东在《论联合政府》中指出："人民，只有人民，才是创造历史的动力。"在列强侵略，山河破碎的旧中国，人民最需要一个"独立、自由、民主、统一和富强的新中国"。[①] 中国共产党的历史责任就是领导中国人民建立这样一个新中国。1944年9月8日，在张思德追悼会上，毛泽东发表了《为人民服务》的讲演，他说："中国人民正在受难，我们有责任解救他们，我们要努力奋斗。要奋斗就会有牺牲，死人的事是经常发生的。但是我们想到人民的利益，想到大多数人民的痛苦，我们为人民而死，就是死得其所。"[②] 为了人民的利益不惜牺牲自己宝贵的生命，这就是共产党人的担当品质。

**（三）"解放思想、实事求是，自力更生、艰苦奋斗"回答了怎样担当**

长期以来，主观主义一直是阻碍党的事业发展壮大的大敌。全民族抗战初期，教条主义的遗毒在党内蔓延，直至酿成了皖南事变的惨剧。国民党不仅停发军费，而且对陕甘宁边区进行严密的经济封锁，"我们曾经弄到几乎没有衣穿，没有油吃，没有纸，没有菜，战士没有鞋袜，工作人员在冬天没有被盖"[③]。边区的财政收入主要依靠向群众征收救国公粮，从1940年的97354（石）一下子增加到了1941年的201617（石），翻了一倍还多，农民负担很重，部分地区的群众颇有怨言，甚至有人咒骂雷公为什么不打死毛泽东[④]。如果不解决实际问题，为人民服务将沦为空谈。在关键时刻，党中央抓住了革命链条上起决定性作用的两个环子，通过延安整风运动打倒主观主义，解放思想、实事求是；通过自力更生、艰苦奋斗的大生产运动丰衣足食。在《〈农村调查〉的序言和跋》一文中，毛泽东讲："现在我们很多同志，还保存着一种粗枝大叶、不求甚解的作风，甚至全然不了解下情，却在那里担负指导工作，这是异常危险的现象。"[⑤] 这种人实际上不具备担当的本领，必须学会调查研究，只有一切从实际出发，方能掌握解决实际问题的锁钥。1942年12月，毛泽东在《经济问题与财政问题》中一语中的："一切空话都是无用的，必须给人民以看得见的物质福利。……我们的第一个方面的工作并不是向人民要东西，而是给人民以

---

① 《毛泽东选集》第3卷，人民出版社1991年版，第1030—1031页。
② 《毛泽东选集》第3卷，人民出版社1991年版，第1005页。
③ 《毛泽东选集》第3卷，人民出版社1991年版，第892页。
④ 黄正林：《陕甘宁边区乡村的经济与社会》，人民出版社2006年版，第245页。
⑤ 《毛泽东选集》第3卷，人民出版社1991年版，第789页。

东西。我们有什么东西可以给予人民呢？就目前陕甘宁边区的条件来说，就是组织人民、领导人民、帮助人民发展生产，增加他们的物质福利，并在这个基础上一步一步地提高他们的政治觉悟与文化程度。”在这方面工作中延安同志们充满了负责精神，得到了毛泽东的表扬。“他们完全不怕困难，他们像生龙活虎一般能够征服一切困难。”他们抓紧时间，迅速解决各种问题以免耽误农民开垦荒地；他们“制定每个农户的生产计划”。“领导上抓得紧，检查严，对于完成任务是有决定作用的。”“这种精神，对于那些一遇困难就唉声叹气，就缩手缩脚的人们，对于那些办事不认真，得过且过，敷衍了事的人们，真是一个天上，一个地下！在这种精神下，延安同志没有一件事不是实事求是的。”延安同志敢担当、会担当，“我们希望全边区的同志都有延安同志这样的精神，这样的工作态度，这样的和群众打成一片，这样的调查研究工作，因而也学会领导群众克服困难的马克思主义的艺术，使我们的工作无往而不胜利”。①

## 二、青年习近平在延安精神的哺育下养成了担当的品格

追忆七年知青岁月，习近平认为插队经历让自己发生了脱胎换骨的变化，他曾说：“15 岁来到黄土地时，我迷惘、彷徨；22 岁离开黄土地时，我已经有了坚定的人生目标，充满自信。作为一个人民公仆，陕北高原是我的根，因为这里培养出了我不变的信念：要为人民做实事！”② 见证了青年习近平成长的梁家河老支书梁玉明评价说：“近平敢说敢做敢担当。”青年时期是一个人世界观、人生观、价值观形成的关键时期，也是一个人思想品格塑形的关键时期。2004 年时任浙江省委书记的习近平在接受延安电视台《我是延安人》摄制组采访时说：“我现在所形成的很多基本观念，形成的很多基本的特点，也是在延安形成的，所以我理所当然地把自己看作是延安人。”可以说，正是在延安精神的滋养下，青年习近平养成了敢于担当的优秀品格。

### （一）选择一条正确的道路，关键是要有坚定的理想信念

1969 年 1 月，年仅 15 岁的习近平背负着“黑帮子弟”名声来到陕北延川县梁家河村插队，他是同行知青中年龄最小的。延安的落后是出了名

---

① 《毛泽东文集》第 2 卷，人民出版社 1993 年版，第 458—467 页。

② 习近平：《我是黄土地的儿子》，《政策》2018 年 2 期。

的，美国记者埃德加·斯诺就曾在《西行漫记》中写道：“陕北是我在中国见到的最贫穷的地区之一……只有无穷无尽的断山孤丘，连绵不断……”① 初见梁家河，知青们的心情是失落的，梁家河这个小山村俨然一个原始部落，人们还过着像“山顶洞人”的生活。知青和大家一样住着昏暗的土窑洞，点着煤油灯，吃着糠团子，晚上忍受着跳蚤的叮咬无法入睡；白天要上山劳动，陡峭的山坡，能爬上去都已经累得不行了，更别说劳动了。除了身体上痛苦，精神上的负担压得习近平喘不过气来。一是刚来到梁家河，习近平从北京背来的半块面包已经变质了，随手就扔给狗吃了，村民对他产生了误解，认为他是糟蹋粮食，传得整个延川县都知道了；二是习近平和雷平生去文安驿找同学，梁家河通知所有知青整队去公社开会，因习近平先到了公社，没有和大队伍一起出发，就被别有用心的人借题发挥：“习仲勋的儿子不跟红旗走了。”② 此时的习近平十分苦闷，后来回忆说：“离开京城，投入一个陌生的环境中，周围遭遇的又是不信任的眼光，年仅15岁的我，最初感到十分的孤独。”③

坚持了3个多月后，习近平请假回北京探亲。没想到一回北京就被当作“倒流人口”抓了起来，修了5个月的下水管道。此时父亲在隔离审查，母亲带着弟弟在河南五七干校劳动改造，两个姐姐也都去了农村插队，北京已是无家可归，举目无亲，他被送到了太行山区的大姨家。在习近平不知何去何从的关键时刻，姨姨和姨夫给他讲述了他父亲习仲勋在延安干革命的故事，也讲述了他们自己在太行革命根据地如何与群众相处的经验——相信群众，依靠群众。因为早在延安时期，毛泽东就曾指出：“知识分子如果不和工农民众相结合，则将一事无成。革命或不革命或反革命的知识分子的最后分界，看其是否愿意并且实行和工农民众相结合。”④ 经过这番教诲，习近平懂得了：“黄土高坡曾养育了我的父亲，她也一定会以自己宽大的胸襟接纳我这个不谙世事的孩子。于是，我真诚地去和乡亲们打成一片，自觉地接受艰苦生活的磨炼。”⑤ 正如他后来所说，

---

① 埃德加·斯诺著，董乐山译：《红星照耀中国》，人民文学出版社2016年版，第61页。

② 《梁家河》，陕西人民出版社2018年版，第54页。

③ 习近平：《我是黄土地的儿子》，《政策》2018年2期。

④ 《毛泽东选集》第2卷，人民出版社1991年版，第559页。

⑤ 习近平：《我是黄土地的儿子》，《政策》2018年2期。

这都得益于革命老前辈的革命传统教育，让我懂得了："人生的道路要靠自己来选择，如何选择一条正确的道路，关键是要有坚定的理想信念。"①

**（二）懂得了什么叫实际，什么叫实事求是，什么叫群众**

再回到梁家河就要面对现实，在这样一个偏僻落后的陕北农村，要想生存下去，就必须融入群众，只有学做一名农民，才能融入群众。两年后，习近平过了五关：跳蚤关、饮食关、生活关、劳动观、思想关。从细皮嫩肉被跳蚤叮得睡不着觉到皮肤粗糙得像牛肉马皮一样；从拿面包喂狗到吃糠咽菜；从一个自幼被母亲、姐姐照料的孩子到学会烧火做饭，蒸团子擀面，缝缝补补，甚至捻毛线织毛袜子都不在话下；从只会放羊挣不到6个工分到学会担水、送粪、掏地、收割庄稼，能挑一二百斤的麦子十里山路不换肩一口气回来，是当时最壮的劳力，挣10个工分；从满脑子教条，不让富农进门，要饭的都是"二流子"，害怕老乡上炕，到和老乡同吃同住同劳动，有时挤一个被窝；从格格不入到转变成一个老乡心目中的好后生。乡亲们有什么好吃的，都记着习近平，这家送一个玉米糕、那家送一个高粱米团子，七年当中只吃过一次大米饭，也是老乡送的。习近平总书记后来回忆说："是他们曾经无私地帮助过我，保护过我，特别是以他们淳朴的品质影响我，熏陶着我的心灵。"② 在那贫瘠的黄土地上，群众们艰苦奋斗，生生不息。1973年6月，周恩来总理回到延安在纪念馆参观时，当众读了一遍毛泽东主席给延安和陕甘宁边区人民的《复电》："全国一切革命工作人员永远保持过去十年间在延安和陕甘宁边区的工作人员中所具有的艰苦奋斗的作风"，他希望延安的同志们继续发扬延安精神，把经济建设搞上去③。青年习近平牢记总理嘱托，一切事情都走在前列，干在实处，和梁家河的村民摸爬滚打在一起。他曾说："我学到了农民实事求是，吃苦耐劳的精神。"④ 他把郑板桥咏《竹石》的诗改为"深入基层不放松，立根原在群众中。千磨万击还坚劲，任尔东南西北风"，充分彰显了习近平不怕困难，为民担当的品格和精神。这都得益于延安人民的养育和延安精神的滋养，用习近平自己的话讲："让我懂得了什么是实际，

---

① 习近平：《我是黄土地的儿子》，《政策》2018年2期。

② 习近平：《我是黄土地的儿子》，《政策》2018年2期。

③ 刘国元：《一代共产党人的风范——忆周恩来回延安》，《党风与廉政》2001年7期。

④ 习近平：《我是黄土地的儿子》，《政策》2018年2期。

什么叫实事求是，什么叫群众。”①

**（三）培养为人民做实事的自信心**

习近平说：“1974年不上大学了。”“我到梁家河毕竟好几年了，老乡对我不错，我不能就这么走了，得帮助老百姓做点事儿。”将来“走不了我就在这儿待着吧，我本来就是个农民！”② 这是雷平生的一则回忆。1974年习近平当选为梁家河大队党支部书记，放弃了上大学的机会，做好了当一辈子农民的思想准备，挑起了建设梁家河的担子。村民石春阳说：“群众需要什么，近平就干什么。”为了让群众吃饱饭，习近平带领大家兴修农田水利，寒冬腊月打坝造地；为了群众有干净的水喝，习近平带领大家挖了知青井；为了方便群众烧饭、照明，习近平自费跑到四川绵阳学习沼气技术，建成了陕西省第一口沼气池；此外，他还带领群众开办了铁业社、缝纫社、代销社、磨坊，教人识字看报，整修男女分开的厕所等等。村民们感慨：习近平当书记的那两年，我们的生活真是发生了很大的变化！习近平后来说：“七年上山下乡的艰苦生活对我的锻炼很大，后来遇到什么困难，就想起那个时候在那样的困难条件下还可以干事，现在干吗不干？”③ 在他身上充分发扬了自力更生、艰苦奋斗的延安精神。习近平认为，在延安七年，收获了一种受益终身的东西：“培养了我的自信心”，一种能为人民做实事的自信。

最后，习近平曾说过，对自己出身于革命家庭感到非常自豪，让他接受了革命传统教育，钉好了自己人生第一粒扣子。特别是在延安插队的七年，在延安精神的哺育下养成了鲜明的担当品格，懂得了为什么要担当，为谁担当和怎样担当。他多次强调要传承好红色基因，用中国共产党的革命精神和文化资源铸魂育人。站在新时代，探寻延安精神中蕴涵的担当品质，对进一步传承、弘扬延安精神，用延安精神武装党员领导干部的头脑具有重要的理论与现实意义。

（刘金锋，系延安干部培训学院枣园分院联络部部长，副教授；谭亮亮，延安大学马克思主义学院教师）

---

① 习近平：《我是黄土地的儿子》，《政策》2018年2期。

② 中央党校采访实录编辑室编：《习近平的七年知青岁月》，中共中央党校出版社2017年版，第32页。

③ 习近平：《我是黄土地的儿子》，《政策》2018年2期。

# 延安精神对增强新时代大学生理想信念的启示

姜亚倩

延安时期中国共产党及其领导的人民群众在极端艰苦的条件下凭借顽强的意志和坚定的信念，最终克服重重困难，不仅实现了民族独立与人民解放的伟大历史任务，而且为后世留下了不朽的延安精神。延安精神一词，是由“延安县同志们的精神”演变得来。1942年12月，毛泽东在陕甘宁边区高干会上所做报告《经济问题与财政问题》中，首次提到“延安县同志们的精神”这一概念，并用简短的文字对这一精神的深刻内涵进行了描述。“替人民谋福利”“很好的调查研究工作”“自己动手”“领导群众克服困难”“不怕困难”等勾勒出延安精神的基本框架，即：全心全意为人民服务的公仆精神；解放思想、实事求是的求实精神；自力更生、艰苦奋斗的创业精神；勤俭节约、诚实朴素的节约精神。这对新时代如何增强大学生理想信念提供了些许启示。

## 一、以公仆精神坚定为人民服务的政治立场

延安精神是共产主义精神的体现，为人民服务的政治立场是延安精神的灵魂所在。人民立场是每一个中国共产党员的本质立场，是判断中国共产党员是否合格的最重要标准。在1944年《为人民服务》的演讲中，毛泽东首先对共产党以及军队属性做出了明确界定，号召全党全军学习全心全意为人民服务的精神。“我们共产党和共产党领导的八路军、新四军，是革命的队伍。我们这个队伍完全是为着解放人民的，是彻底地为人民的利益工作的。张思德同志就是我们这个队伍中的一个同志。”① 张思德同志是延安时期为人民奉献的典范之一，他作为共产党员始终坚持正确的政治方向与政治立场，与人民群众保持密切的联系，将人民利益摆在首位。面

① 《毛泽东选集》第3卷，人民出版社1991年版，第801页.

对日本侵略者的疯狂进攻以及国民党顽固派的封锁政策而导致边区内物价高涨、物资奇缺的困境时，他主动响应党的生产号召，帮助人民群众开荒垦种，减轻人民负担。不仅如此，在生死危亡的重要关头，张思德同志将生存的机会留给战友，自己则深埋窑洞。这种无私奉献、全心全意为人民服务的精神就是构成了延安精神的灵魂。毛泽东更是亲笔题写了“向为人民利益而牺牲的张思德同志致敬”的挽词，高度赞扬了张思德完全、彻底为人民服务的思想境界和革命精神。

全心全意为人民服务的公仆精神在革命年代是中国共产党人突破重重困境，最终实现民族独立与人民解放的强大支撑。在改革、建设年代和新时代也是如此，邓小平早在20世纪80年代就提出“领导就是服务”的思想，之后在演讲中也多次提到为人民服务的思想。习近平在讲话中强调“人民对美好生活的向往，就是我们的奋斗目标。”为人民服务始终是党和国家领导人强调的重点，是中国共产党区别于其他政党的标志，同时也是个人实现与升华人生价值的唯一途径。

当前，部分大学生理想信念存在动摇、盲目，甚至缺失现象，归其原因就在于人民立场、群众本位的消弭。新时代的大学生出生于经济繁荣、物质富裕的时代，父母的疏于管教和过度溺爱导致部分大学生以自我为中心，碎片化理解为人民服务的精神内涵，甚至对为人民服务的理解完全处于真空状态。从而将个人利益放在首位，将集体利益置于脑后，个人价值与社会价值相脱离，个人理想与社会理想相割裂。因此必须将公仆精神真正融入新时代大学生的生活，大学生必须真正做到公仆精神入脑入心。首先，全面理解为人民服务的科学内涵。熟读红色经典，参观革命圣地，从经典中领会为人民服务的重要精髓与伟大意义。其次，从自身做起、从小事做起，积极践行为人民服务的精神，自觉抵制西方利己主义的侵蚀。只有这样才能传承延安精神，坚定大学生理想信念，从而确保大学生自觉投身于建设中国特色社会主义现代化强国的奋斗征程中，做合格的社会主义建设者与接班人。

## 二、以求实精神端正实事求是的工作作风

延安精神是中国共产党员践行马克思主义的精神凝练，从实际出发，实事求是的求实精神是延安精神的内核所在。毛泽东始终重视调查研究，早在1927年的《湖南农民运动考察报告》中，毛泽东就意识到实地考察

的重要性。随后在1930年他总结革命失败的经验教训，针对当时红军内盛行的教条主义，写出了《反对本本主义》这一号召调查研究、实事求是的代表作，并提出“没有调查就没有发言权”的著名论断。延安时期毛泽东在继承与发展早期党组织关于调查研究理论的基础上首次以马克思主义观点对实事求是做出科学阐释，他指出“‘实事’就是客观存在着的一切事物，‘是’就是客观事物的内部联系，即规律性，‘求’就是我们去研究。我们要从国内外、省内外、县内外、区内外的实际情况出发，从其中引出其固有的而不是臆造出来的规律性，即找出周围事变的内部联系，作为我们行动的向导。”① 他不仅对实事求是做出了科学的解释，并且用它来指导实际工作。在延安整风运动中，毛泽东坚持以实事求是的工作作风来整顿主观主义的不正学风，要求党员干部以及知识分子真正领会马克思主义立场、观点、方法，将理论与实际相结合；真正理解列宁、斯大林民族和殖民地革命理论，并用它深刻、科学分析中国的实际问题。延安整风运动在坚持实事求是的求实精神指导下，取得了良好的效果。

实事求是是党从成立以来，不断取得辉煌成就的制胜法宝。革命年代毛泽东在实事求是思想的指导下实现了中华人民共和国成立、中国人民站起来的伟大飞跃；改革与建设年代，邓小平提出“解放思想，实事求是，团结一致向前看”，实行改革开放，实现中国人民由站起来到富起来的伟大飞跃。新时代习近平提出“坚持和运用好毛泽东思想活的灵魂”，并在坚持实事求是中取得了新的成就。

大学生作为社会发展的鲜活力量，其中大部分还是拥有理想信念，但由于社会经验较少，对马克思主义立场、方法、理论掌握不够熟练，存在主观主义和经验主义的不良作风，他们往往将理想信念视为空中楼阁，能将理想信念付诸实践的少之又少。具体表现为将理想信念单纯地理解为共产主义远大理想与社会主义共同理想，忽视了理想信念与自身的联系，造成大学生群体理想信念的脱节。因此，必须强化解放思想、实事求是，一切从实际出发的求实精神教育，将求实精神融入大学生理想信念的塑造与实现过程中。首先，全面理解理想信念的科学内涵，阶段化实施理想信念，将长远理想与当前理想结合起来，在不断实现短期理想的过程中实现长远的理想信念。其次，从现实社会中寻找实现自我价值的机会，以实际

① 《毛泽东选集》第3卷，人民出版社1991年版，第801页。

行动推进理想信念的实现。最后，清醒地认识我国的基本国情与自身的基本实力，在此基础上坚持不懈向理想信念迈进。只有这样才能始终将理想信念牢记于心，付之于行动。

## 三、以创业精神投身民族复兴的伟大征程

延安精神是党在内忧外患的双重危机下领导延安人民不畏险阻独立自强的真实反映，自力更生、艰苦奋斗的创业精神是延安精神的集中体现。抗日战争进入相持阶段以后，由于日军的军事进攻和国民党顽固派的经济封锁，陕甘宁边区在财政上日益困难。为了解决这种局面，坚持持久抗战，党中央在边区实行大生产运动，毛泽东发出了“自己动手，丰衣足食”的号召，发动边区军民自力更生、艰苦奋斗。全党全军响应号召，投入生产中去，逐渐实现了边区经济的自给自足。1941年在旅长王震的带领下三五九旅率先投入到南泥湾的开垦中，经过了几年的艰苦奋斗，当初荒蛮的南泥湾取得了“粮食堆满仓，稻谷翻金浪”的喜人成就。在这一时期，党内重要领导人也纷纷加入生产行列，毛泽东开荒种菜，周恩来纺线织布等，各级领导人以身作则，鼓舞了广大军民。正是在这种自力更生、艰苦奋斗的创业精神指导下，延安时期大生产运动最终取得了丰硕的成果，不仅促进了边区农业、畜牧业的发展，也在一定程度上促进了边区工业和商业的发展。除此之外，在延安大生产运动中还诞生了一批劳模群体，著名的赵占魁以及吴满有就是其中的典型代表，他们的事迹激发了人民劳动热情，动员了人民不断奋斗。这一运动对后来延安精神的形成具有重要影响，是延安精神的重要组成部分。

艰苦奋斗、自力更生不仅是延安精神的集中体现，同时也是中华民族精神的重要内容，它在任何时候都是实现理想信念的重要方法和不竭动力。中国民族就是在艰苦奋斗中逐步实现了从站起来到富起来再到强起来的伟大飞跃。没有始终坚持自力更生、艰苦奋斗的中国共产党，就没有新中国。到了新时代，我们更应该继承与弘扬自力更生、艰苦奋斗的创业精神，没有这一精神的推动，新时代的中国梦将无法实现。习近平强调：“人类历史上，没有一个民族、没有一个国家可以通过依赖外部力量、跟在他人后面亦步亦趋实现强大和振兴。那样做的结果，不是必然遭遇失

败，就是必然成为他人的附庸。”① 一个国家是这样，一个人也同样是这样。大学生要是没有自力更生、艰苦奋斗的精神，那么个人理想必定难以实现。

当前，新时代大学生理想信念存在迷茫与缺失的状况，还有一部分原因在于理想信念实现过程中很多人失去耐心，不愿吃苦，最终放弃理想信念。理想信念对大学生自身实际来说一般是比较高远的，但这并不是空中楼阁，不可实现的，只要坚持奋斗，在不远的将来理想信念就会实现。新时代大学生的理想信念应紧紧围绕实现富强、民主、文明、和谐、美丽的社会主义现代化强国，并坚持自力更生、艰苦奋斗的创业精神，一步一个脚印，踏踏实实地用自身实际行动推动理想信念的实现。首先，要继承延安时期不怕困难的品质，现在实践中遇到的困难只会比延安时期更多更复杂，因此要秉承不怕困难的勇气及敢于吃苦的决心来实现理想信念。其次，坚持独立自主，自立自强。实现理想信念不能依靠他人，企图依靠他人实现理想信念是注定要失败的，只有自力更生才有机会实现理想信念。只有这样，新时代大学生才能承担起建设祖国的历史重任，实现民族复兴的伟大理想。

## 四、以节约精神重塑公诚勤朴的品质

延安精神是在特殊背景下产生的战胜延安时期重重困难的动力来源，勤俭节约、诚实朴素的节约精神是延安精神的应有之义。1941 年，陕甘宁边区进入困难时期，为减轻人民负担、节省战争资源，党组织提倡节约、廉洁作风，避免不必要的浪费现象。在延安时期，特别是抗日战争进入相持阶段之后，面对日军进攻和国民党的封锁，勤俭节约、艰苦奋斗是必要且重要的，党的领导人强调节俭，是要求大家节省不必要的浪费，以集中全部资源与物力来突破封锁，坚持抗战，实现救国的伟大理想。因此在参议会决议中提出“希望政府本着开源节流之原则，实行精兵简政主张，加强生产，发展经济，厉行节约，避免浪费……”② 在勤俭节约、诚实朴素的节约精神指导下，陕甘宁边区各方面建设取得重大成就，首先部队战斗

① 《习近平谈治国理政》第 1 卷，外文出版社 2018 年版，第 29 页。

② 中共陕西省委党史研究室著，梁星亮、姚文琦主编：《中共中央在延安十三年史》（上），中央文献出版社 2016 年版，第 589 页。

力和整体素质得到提高；其次，政府工作效率和工作作风得到很大转变；最后减轻了人民负担，促进了生产发展与社会和谐。这种勤俭节约、诚实朴素的精神在毛泽东身上得到了充分展现。毛泽东与人民群众一起住窑洞，吃小米，穿布衣，克勤克俭，生活清贫，丝毫没有因为自己是主席而要求特殊待遇。即使在新中国成立以后毛泽东也始终坚持节俭的习惯，他这种伟大的精神品质，不仅鼓舞了延安人民，而且还影响到了后世千千万万的人。

节约精神是中华民族的传统美德，是建设社会主义现代化强国，实现民族复兴、国家富强的内在要求，也是当代大学生必须具备的美好品质。节约精神在革命、建设与改革时期曾发挥过重要作用，但并不是说现在就不用节约了。现在面临更加复杂的国际形势以及更加紧迫的时代任务，我们更要坚持勤俭节约。勤俭节约并不是要求大学生们做苦行僧，吃不饱穿不暖，而是要求大学生节约资源，减少不必要的浪费，为建设美丽中国贡献力量。

当前，由于受经济全球化及意识形态多元化的影响，新时代大学生理想信念容易受到西方腐朽思想的侵蚀，因此在大学生群体中就出现了奢靡之风、浪费之风以及物质主义、享乐主义。因此必须用节约精神重塑大学生勤俭节约、诚实朴素的品质，为树立崇高的理想信念创造良好的条件。首先，自觉抵制西方腐朽思想的影响，坚持用习近平新时代中国特色社会主义思想武装头脑。意识形态领域我们不去占领，就会被其他人占领，所以要为新时代大学生树立与实现理想信念营造风清气正的环境。其次，深刻理解节约精神的内涵。节约精神是在满足需求的基础上，减少不必要的浪费，杜绝攀比和奢靡，提倡节约和朴素。最后，要将节约精神付之于行动。节约精神在新时代就体现为建设美丽中国，节约资源，保护青山绿水，在习近平看来“绿水青山就是金山银山”。当代大学生要积极做环保践行者，用绿水青山装点美丽中国。

延安精神中的公仆精神、求实精神、创业精神以及节约精神，是延安时期党领导人民群众艰苦奋斗的精神结晶，始终闪烁着智慧的光芒。延安精神不但不会过时，反而历久弥新，不断为后人提供精神鼓舞，激励者一代又一代人不怕牺牲、奋发图强、自力更生、艰苦奋斗。但延安精神并不是一蹴而就的，它经历了漫长的岁月洗礼，经过了实践的反复检验，才被最终确定并被后世所传颂。因此帮助大学生树立坚定且崇高的理想信念也需要一个较长的过程，不能急于一时，更不能企图一蹴而就，要在实践中逐渐帮助大学生克服不良作风，坚定其理想信念。

（作者系西北大学马克思主义学院研究生）

# 新时代延安精神对国有企业形象塑造的融合与构建

袁 欣

习近平指出："国有企业是中国特色社会主义的重要物质基础和政治基础，是我们党执政兴国的重要支柱和依靠力量。"① 在我国经济新旧动能转换进入关键期，企业转型升级进入深水区的当下，国有企业所处的时代和面临的困难都发生了新的变化。追赶超越进行时路在何方？这迫切需要国有企业把准意识形态风向，坚定理想信念宗旨。而延安精神以其严谨的科学内涵、丰厚的历史积淀、灿烂的文化底蕴、深厚的群众根基为指导国企形象建设提供了良好的理论之基和力量之源。这一历经抗日战争胜利、新中国成立和改革开放检验过的精神财富在一代代的传承中不断创新，具有源源不断的生命力，成为与时俱进的先进文化，对全国特别是陕西地区的国有企业形象塑造具有重要的现实价值。

## 一、生生不息的延安精神

20 世纪三四十年代，以毛泽东同志为代表的中国共产党人在陕甘宁边区极其艰苦的环境下为民族独立和人民解放的奋斗实践中，铸就出了一种独具魅力的政治品格、道德修养和精神风范——延安精神。这一精神是马克思主义基本原理同中国革命实践经验相交融的智慧结晶，是中国共产党人光荣传统和优良风范的传承与发展，是中华革命先辈崇高品德和伟大情怀的写照与升华。这一精神成为一代代中国共产党人的灵魂供给，成为凝心聚力、攻坚克难、锐意进取的力量支撑。

### （一）延安精神的发展历程

抗日战争的烽火中。1938 年，毛泽东给中国人民抗日军政大学题词：

① 《坚持党对国有企业的领导不动摇开创国有企业党的建设新局面》，《人民日报》2016 年 10 月 12 日第 1 版。

“坚定不移的政治方向，艰苦奋斗的工作作风，机动灵活的战略战术……”① 1942年，毛泽东在西北局高干会上所做《经济问题与财政问题》的报告中指出：“延安县同志们的精神完全是布尔什维克的精神。他们的态度是积极的，在他们的思想中、行动中，没有丝毫消极态度。他们完全不怕困难，他们像生龙活虎一般能够征服一切困难。”“延安同志们没有一件事不是实事求是的。”“他们完全和群众打成一片，他们有很好的调查研究工作。”延安县的同志们“用尽全力替农民谋利益，使农民很快地富足起来”，“完全不怕困难，他们能够根据群众的需要创造生动的办法，解决群众的问题”。② 这里“延安县同志们的精神”基本包含了延安精神的早期内核，延安精神这一概念的雏形初现。

新中国成立后。1949年，毛泽东主席在给延安和陕甘宁边区人民《复电》中写道：“我并且希望，全国一切革命工作人员永远保持过去十余年间在延安和陕甘宁边区工作人员中所具有的艰苦奋斗的作风。”③ 重点提炼了“延安和陕甘宁边区工作人员的作风”中“艰苦奋斗”的精神特质，奠定了延安精神早期的主要内容。1968年，《人民日报》《解放军报》和《红旗》杂志发表了题为《延安精神永放光芒》的社论，首次明确提出“延安精神”的概念：“在长期斗争中用毛泽东思想培育起来的延安精神，代表了马克思列宁主义的彻底革命精神，代表了无产阶级的艰苦奋斗的精神。”④ 1973年，周恩来总理在视察延安时强调：“一定要发扬延安革命精神，自力更生，艰苦奋斗，大大加快延安建设步伐。”⑤ 这一时期，延安精神主要凸显为其自力更生、艰苦奋斗的创业精神。

改革开放的春风里。1980年，邓小平在中央工作会议上指出：“搞社会主义建设，实现四个现代化，同样要在党中央的正确领导下，大大发扬这些精神。……我们一定要宣传、恢复和发扬延安精神。”⑥ 1981年11月邓小平再次提道：“‘文化革命’前，我们一直坚持了延安传统、延安精

---

① 《毛泽东手书真迹》上卷，西苑出版社1998年版，第433页。
② 《毛泽东文集》第2卷，人民出版社1996年版，第458页。
③ 《毛泽东文集》第6卷，人民出版社1996年版，第17页。
④ 《延安精神永放光芒》，《人民日报》1968年5月3日。
⑤ 申沛昌：《中华腾飞的精神动力》，陕西人民出版社1993年版，第9页。
⑥ 《邓小平文选》第2卷，人民出版社1994年版，第367—368页。

神。现在中国不需要完全那样做了，但那种精神仍然需要。”[①] 他强调了延安精神与时俱进的时代品质。

1995年1月，胡锦涛在陕西考察工作时指出：“延安精神是党的宝贵财富，要世世代代继承下去，发扬下去。在新的形势下，一要发扬百折不挠的革命坚定性。坚定不移地推进改革开放和现代化建设，增强必胜的信念。二要坚持实事求是的思想路线，求实务实，狠抓各项工作的落实。三要坚持自力更生、艰苦奋斗、勤俭建国、艰苦创业的精神，克服困难，进一步增强自尊心、自信心，团结一致，把各项工作关键是把经济建设搞上去。四要全心全意为人民服务，密切党同人民群众的联系，保持优良传统，坚决刹住虚报浮夸，弄虚作假，拉花架子等不良作风，要扎扎实实做几件取信于民的事情。”2002年3月31日，江泽民在陕西考察期间对延安精神的时代内涵做了概括：“坚定正确的政治方向，解放思想、实事求是的思想路线，全心全意为人民服务的根本宗旨，自力更生、艰苦奋斗的创业精神，是延安精神的主要内容。”[②] 这一时期，延安精神的具体内涵基本明晰，主要包含坚持党的领导、实事求是、为人民服务和艰苦奋斗四方面精神特征。

2015年，习近平在春节前回延安考察时指出：“老一辈革命家和老一代的共产党人在延安时期留下的优良传统和作风，培育形成的延安精神，是我们党宝贵精神财富，我们共产党人要继续从延安精神中汲取力量。”[③] 他论述了延安精神的重要意义，凸显了延安精神的历史地位，强调了延安精神的现实价值。

正如习近平所指出的：“弘扬延安精神，对于推进中国特色社会主义事业、实现中华民族伟大复兴具有重要意义。”[④] 延安精神不仅是战争年代革命先辈在延安形成的特殊作风，也是对中华民族优良传统的继承，是井冈山精神、长征精神等革命精神的发展，它在社会主义建设的光辉实践中不断升华，在改革开放过程中不断深化。

---

① 《党和国家领导人关于延安精神的论述》，人民网，2004年7月6日。

② 江泽民：《论有中国特色社会主义（专题摘编）》，中央文献出版社2002年版，第400页。

③ 潘旭涛：《习近平谈文化自信》，《人民日报海外版》2016年7月13日。

④ 姚泽卿：《当代大学生应当争做延安精神的传承人》，《光明日报》2016年3月17日。

## （二）延安精神的主题内涵

延安精神虽然不是一个系统的理论体系，但却是随风潜入的思想意识，是堆石成山的价值观念，是润物无声的精神风貌。它凝聚了中国革命和建设的成功经验，是一座丰厚的精神宝库。面对迎接“十四五”规划新契机，延安精神也没有过时，仍然是向实现社会主义现代化强国迈进的重要支撑与动力，散发着源源不断的生命力。

坚定不移的政治方向是延安精神的灵魂。① 在给抗大学员讲要学什么的时候，毛泽东就将“坚定不移的政治方向”放在了一马当先的位置。革命年代，“坚定不移的政治方向”是抗大的崇高理想；社会主义建设时期，“坚定不移的政治方向”是改革的道路自信；全面建设小康社会的伟大进程中，“坚定不移的政治方向”是中国共产党人的初心与使命。一代代中国共产党人依据客观规律和实际需要，将奋斗目标和行动纲领不断传承发展，但政治方向的核心导向却始终如一。坚定不移的政治方向是中国共产党的性质决定的。认清方向，跬步小流也得千里江海；征途漫漫，不忘初心方能凝聚向前。

全心全意为人民服务是延安精神的本质。延安精神是中国共产党的宗旨的投射与映照。在《中共中央为抗战六周年纪念宣言》中，毛泽东指出：“共产党员是一种特别的人，他们完全不谋私利，而只为民族与人民求福利。”② 舍身取义的白求恩、舍己救人的张思德，“只见公仆不见官”的革命先辈们在延安厚土上和广大人民群众鱼水情深。他们先人民之忧而忧，后人民之乐而乐。人民也对他们各尽所能，竭尽全力。

实事求是的思想路线是延安精神的精髓。毛泽东在《改造我们的学习》中写道：“只有打倒了主观主义，马克思列宁主义的真理才会抬头，党性才会巩固，革命才会胜利。”③ 整风运动期间，面对“左”倾、右倾思想的左右夹击，以毛泽东同志为代表的中国共产党人勇于直面问题，敢于刮骨疗毒，在批评与自我批评中自我反省，在理论联系实际中自我修复。他们既不盲目崇拜冒险主义，也不教条照搬共产国际指示，而是充分结合中国革命的具体实际，灵活运用马克思主义的基本原理；在实践中谋真

---

① 中国延安精神研究会编：《马文瑞论延安精神》，中央文献出版社 2000 年版。

② 《毛泽东文集》第 3 卷，人民出版社 1996 年版，第 36—47 页。

③ 毛泽东：《改造我们的学习》，人民出版社 1975 年版，第 12 页。

知，剔除主观主义、宗派主义和党八股，肃清学风、党风和文风；实现了马克思主义中国化，促进了党内团结统一，为夺取抗日战争和中国革命的最终胜利奠定了坚实基础。

自力更生、艰苦奋斗的创业精神是延安精神核心。[①] 面对国民党顽固派的军事包围和经济封锁，不屈不挠的中国共产党人不等不靠、主动作为，开启了“自己动手、丰衣足食”的生产自救运动。三五九旅进驻荒无人烟的南泥湾开荒屯田，实地现学耕作技术，以愚公移山的毅力硬生生将一片荒郊野岭“妙手回春”，开拓进取下造出了“陕北的好江南”。

延安精神是中华民族精神和中国共产党时代精神在特定历史时期历经战火洗礼诞生的革命结晶。纵观其发展历程和主题内涵，我们不难发现延安精神伴随着中国共产党的成长不断自我丰富、自我成长。这一宝贵精神财富与党领导下的国有企业形象应有的精神内核具有统一性。

## 二、延安精神对国有企业形象的指导意义

迈入新时代，伴随着市场经济体制改革向纵深发展和全媒体时代悄然而至，企业形象越来越成为企业竞争力的窗口。企业形象是企业实力的整体表现和综合反映，是消费者和社会大众对其产品、人员、公共关系等的总体印象。良好的企业形象是企业与社会建立和谐沟通关系的首要条件，是实现企业产品或服务销售流通的必由之路。

把国有企业搞好，离不开树立良好的企业形象。市场经济体制下，实现国有企业做强，需要树立国企无愧执政骨干的企业领导形象；实现国有企业做大，需要树立国企积极主动作为的竞争主力形象；实现国有企业做优，需要树立管理科学先进的制度示范形象。我们不仅要理直气壮地做强做大做优国有企业，而且要行之有效地做强做大做优国有企业，方能真正让国有企业担当起维护社会稳定、促进经济发展的国之重任。

“人无精神则不立，国无精神则不强。”国有企业要做实做好国民经济发展的中坚力量，必须有坚实的精神支撑，才能在瞬息万变的市场洪流中屹立不倒；必须有良好的形象风貌，才能无愧为中国特色社会主义的经济支柱。经过历史检验和时代升华的延安精神本身的精神内核和身为我国国

---

① 薛延飞、王东维：《从毛泽东的论述中领悟延安精神的核心》，《理论导刊》2011年第6期，第49—51页。

民经济支柱的国有企业应有的形象风貌不谋而合。国有企业继承与弘扬延安精神是时代所需。新时代国有企业形象构建离不开延安精神的引领。

### （一）延安精神与国企理念形象

延安精神是“布尔什维克的精神”，闪耀着马列主义的智慧光辉。其对政治方向的坚定性凝聚党和人民在艰难困苦的环境中依然团结一致，向着革命目标同舟共济。2016 年 10 月在全国国有企业党的建设工作会议上，习近平强调：“坚持党对国有企业的领导是重大政治原则，必须一以贯之。”① 较之于普通企业，国有企业不仅承担着经济任务，更是中央政策的正规军，是我们党执政兴国的重要政治力量。这决定了国有企业从诞生之日起就是党和国家的忠实拥趸，必须坚持党的领导。例如烟草行业的共同价值观中首要的一条就是“国家利益至上”；国家电网的企业宗旨中最先强调“服务党和国家工作大局”；中石油的企业精神中重要的关键词“爱国”，要求“产业报国，为增强综合国力做贡献”。在国有企业深化改革迈入深水区的当下，面对改革开放“蜜蜂”“苍蝇”一起飞来的现状，国有企业更要保持清醒头脑，坚定政治方向，守牢企业理念，坚决抵制国有企业无足轻重甚至私有化的鼓吹。

### （二）延安精神与国企产品形象

延安精神是在革命和建设中生产繁育的，其与生俱来充溢着浓郁的爱国主义色彩；国有企业作为国民经济的重要支柱，其产品或服务的生命价值必然在于国家和人民。延安精神已经成为一种价值符号彰显着那段可歌可泣的岁月和那群可亲可爱的人。陕西中烟“延安”牌卷烟以宝塔山作为商标；其旗下的“延安 1935”烟盒巧妙地将代表延安精神的人、事、物组合出一幅延安鲁艺版画，艺术式诠释延安品牌的传承；土生土长于延安的延长石油以陕北特有植物山丹丹花为原型抽象为品牌商标，传达出企业的总体形象和地域特色，不难让人联想到以延安精神为代表的延安红色文化，无形中有助于品牌知名度的增长。

延安精神中求真务实品格与现代国有企业脚踏实地做好产品和服务的内在要求相符合。国有企业作为“壮大综合国力、促进经济社会发展、保障和改善民生的重要力量”，需要追求经济效益平稳、健康、可持续发展，

---

① 《坚持党对国有企业的领导不动摇开创国有企业党的建设新局面》，《人民日报》2016 年 10 月 12 日第 1 版。

就必须诚信经营，夯实质量才能真正强化其市场竞争力。这既是社会对国有企业的外在要求，也是国有企业实现可持续发展的内在需要。

### （三）延安精神与国企人员形象

延安精神中全心全意为人民服务的本质里蕴涵的为党和人民无私奉献、不拿群众一针一线、只见公仆不见官、官兵一致同甘苦的作风对当下企业廉政文化建设具有引人深思的启迪作用。一方面，国有企业掌握着国家的经济命脉，要确保国有资产保值增值，首先要遏制贪污腐败现象发生；另一方面，国有企业作为党和国家最可信赖、可依靠的力量，必须从自身做起勤业为民，严守政治纪律和政治规矩，树立清正廉洁的企业形象，才能无愧于党和国家的信赖，才能获得人民的拥护。这就要求国有企业人员特别是作为党在经济领域“执政骨干”的国有企业领导人员充分领悟延安精神价值，发扬延安廉洁精神，不断提高自我净化、自我完善、自我革新、自我提高的能力。

延安精神最鲜明的特色就是自力更生、艰苦奋斗的创业精神。革命先辈就是在这种优良作风中在延安荒芜贫瘠的土地上开辟了遍地牛羊的“米粮川”，开创了前无古人的丰功伟业。面对国有企业改革进入攻坚期，伴随经济发展增速变缓的新时期，加之国际形势风云变幻，国有企业职工要发扬延安精神自力更生的品质，坚持自主创新，增强风险防御能力；发扬延安精神艰苦奋斗的品质，爱岗敬业履职，增强自身业务实力；发扬延安精神勤俭节约的品质，精益生产制造，增强降本增效的能力。

新时代全媒体融合发展，企业人员形象对企业整体形象的影响越来越凸显，个人魅力与企业精神之间的转换间差不断缩小，任何一个企业个人都可能不经意间在飞驰电掣的信息洪流中成为企业形象的宣传大使，为企业产品赋予精神色彩和人格辉芒。因此，当下注重企业人员形象建设，用延安精神的革命品格和开创精神铸魂育人显得尤为重要。

## 三、延安精神与国有企业形象建设的融合路径

### （一）传承延安精神红色基因塑造国有企业敢于担当的形象

在坚持党的领导下弘扬延安精神。国有企业要坚守共产党人的初心和使命，坚定共产主义理想和中国特色社会主义信念，培育和践行社会主义核心价值观，熔铸勇往直前的中国精神之魂；国有企业应坚持党的领导不动摇，坚定国有企业做大做优做强的信心，把握好企业发展与社会发展的

关系，增强预见性，主动承担起家国“长子”的责任，彰显新时代国有企业的使命担当，坚持精准扶贫、精准脱贫，坚决打赢脱贫攻坚战。

**（二）传承延安精神创新基因塑造国有企业开拓进取的形象**

通过精益管理发展延安精神。国有企业要坚持科技创新，发展自主品牌；坚持制度创新，盘活组织机构；坚持管理创新，激发生产动能；坚持文化创新，积淀智力支撑。培育不等不靠、主动作为的发展理念，为企业发展注入新的活力。

**（三）传承延安精神人本基因塑造国有企业为民服务的形象**

立足群众团体普及延安精神。充分依靠工人阶级力量，调动职工积极性，激发主人翁责任感，同舟共济、集智聚力。引导职工自豪而骄傲地认识到国有企业积极配合国家发展，迎难而上，开拓进取，为社会主义现代化建设贡献出了不可或缺的力量，从而更加坚定立足岗位，勤奋工作，撸起袖子加油干的信心和决心。

**（四）传承延安精神实践基因塑造国有企业求真务实的形象**

在组织生产中开拓延安精神。把握好历史和现实、当前和未来的关系，明确近期、中期、长远目标的意义，在经济和社会发展的整体过程中把握好企业的定位，既推进国有企业事业发展又避免陷入一家独大的舆论抨击。体现时代性，把握规律性，富于创造性。坚持“创新、协调、绿色、开放、共享”的新发展理念，优化精益生产，积极倡导节能减排、降本增效，助力打造绿色企业。

历史造就了延安精神，时代需要延安精神。延安精神是国有企业形象建设的引航灯。国有企业要主动汲取延安精神的丰富给养，充分挖掘延安精神的丰盈内核，彰显延安精神的时代价值为塑造企业形象强基壮骨，传承延安精神的潜在基因为激发企业活力开源活水，构建新时代社会主义国企风范，为国民经济发展锻造坚实支撑。

（作者系宝鸡卷烟厂职工）

# 浅议延安时期蔡畅妇女解放思想

李　倩

蔡畅是我国杰出的妇女运动领导人，她关于妇女解放的思想和理论，指导着中国妇女解放运动的发展。延安时期是妇女解放运动发展的蓬勃时期，也是蔡畅妇女解放思想的成熟时期，这一时期她提出的妇女统一战线、重视妇女干部的培养、以生产为中心的妇女解放思想，丰富了蔡畅妇女解放思想的内涵，有力地指导了陕甘宁边区的妇女解放运动，蓬勃发展的妇女解放运动又为新思想的孕育提供了沃土。

## 一、蔡畅妇女解放思想在延安时期走向成熟

蔡畅妇女解放思想是在中国共产党领导的中国妇女解放运动的实践中丰富和发展起来的。幼年时期的蔡畅就在母亲的支持下，破除缠足旧习俗，坚持天足。15 岁的蔡畅反对父亲包办婚姻，在母亲和哥哥的帮助下离家出走，这也成了蔡畅倡导婚姻自由的内在动因。1915 年，蔡畅赴周南女校求学，并在周南女校附小当体育老师，不仅教授学生体育的基本动作，而且教导学生强健体魄是女子求得解放为振兴中华而奋斗的前提，提出了女子力量的思想，这是她探索妇女解放之路的初步表现。旅法旅俄期间，蔡畅努力钻研马克思列宁主义理论，考察研究俄国十月革命和妇女运动的关系，对妇女问题有了初步的认识。1925 年，结束了在苏联的学习的蔡畅回到国内，立即投身到党领导的妇女解放运动事业中。1927 年 3 月 10 日，在湖北省第一次妇女代表大会上，蔡畅以湖北省委妇女部部长的身份，发表了《中国妇女运动状况》的报告。在报告中，她特别强调妇协要注意开展下层妇女的工作，要使妇协成为以工农劳动妇女为主体，广泛团结各阶层妇女参加的国民革命的团体。① 该报告还初步提出了妇女统一战线的思

① 苏平：《蔡畅传》，中国妇女出版社 1990 年版，第 64 页。

想，这些思想后来成为蔡畅妇女解放思想的基本内核。

延安时期，延安成为中国革命的中心。随着抗日洪流的到来，成千上万的爱国青年从四面八方奔向延安，投入革命。蔡畅在这期间，发表了许多关于妇女解放和妇女工作的文章，主要有：1937 年蔡畅参与制定的《妇女工作大纲》，1940 年在《新华日报》发表的《持久抗战中的中国女工》，1942 年 3 月 8 日在延安《解放日报》上发表的《如何使抗日根据地的妇女团体成为更广泛的群众组织》，1943 年蔡畅起草了《中共中央关于各抗日根据地目前妇女工作方针的决定》，后又在延安《解放日报》上发表了《迎接妇女工作的新方向》的文章。这些文章和报告系统阐述了妇女统一战线、妇女干部的培养、以生产为中心的妇女解放思想。这些文章也成为蔡畅妇女解放思想成熟的标志。

## 二、妇女统一战线思想

建立广泛的统一战线是中国共产党领导中国革命和建设不断取得胜利的一个重要法宝。蔡畅是我国妇女解放运动的先驱，也是妇女爱国统一战线的领导者，她的统一战线思想为妇女统战工作做出了重大贡献。

### （一）以统战的策略发动各阶层妇女

1937 年 9 月，中共中央组织部在蔡畅参与下，制定了《妇女工作大纲》。《大纲》特别强调妇女工作要以统一战线的策略去发动与组织各阶层的妇女，必须以下层统一战线团结女工、农妇、城市贫苦妇女及女学生为主；加强妇女界的上层统一战线，应当是为着顺利地开展下层工作。《大纲》并且针对当时妇女运动蓬勃发展的形势提出：在组织统一战线的妇女组织时，要“以加强妇女统一战线为最高原则，但应包含争取妇女本身利益的最低要求”；“妇女群众组织的形式，可采用各种各色的组织形式和名称，如妇女慰劳会，抗敌妇女会，各界妇女联合会，抗敌将士家属协会，战地服务团等，原则在于能组织群众，又能公开存在与活动”；“为着争取公开与合法的活动，要充分运用旧形式灌输新内容的组织策略”。这个大纲，对于妇女抗日斗争的开展和妇女界统一战线的形成，发挥了极大的推动和指导作用。

### （二）强调下层统一战线的发展，广泛团结下层农村妇女

陕甘宁边区妇女中，农村妇女就占了 80%，如何发动农村妇女积极参加抗战，成为蔡畅妇女统战工作中的一个重要问题。由于王明在领导妇女

工作时，搞主观主义、形式主义的一套东西，许多地区的妇女干部长期浮在上面，不深入群众，不调查研究，不从实际出发开展妇女工作，只是背诵一套“男女平等”“婚姻自由”“反对四重压迫”等口号，因而在工作中挫伤了妇女群众的积极性。鉴于此种情况，蔡畅指出：妇女统一战线要以下层统一战线为主，妇女干部要深入基层、深入群众、调查研究，从妇女切身利益出发，为妇女群众服务。

**（三）抗日根据地的妇女组织必须有大胆的、真正实行“三三制”的精神**

某些妇女团体对会员的成分要求过严，没有团结各阶层妇女利益，这是蔡畅一贯批评的。1942年3月8日，蔡畅在延安《解放日报》上发表了《如何使抗日根据地的妇女团体成为更广泛的群众组织》一文，在这篇文章中，蔡畅强调各级妇女组织“应该是各党派、各阶层、各种职业、宗教、民族、年龄的妇女抗日统一战线的团体”。她认为必须使妇代会员的资格规定适当，这是其组织能否成为广泛的统一战线妇女群众组织的第一个关键。同时，蔡畅认为抗日根据地的妇女是“全国妇女运动的先导”，“要配合敌后游击战争，参加政权，参加生产，参加建设，为巩固和扩大抗日军队，巩固和扩大抗日根据地而斗争”。①

## 三、重视妇女干部培养的思想

蔡畅从她的母亲葛健豪、嫂嫂向警予、战友邓颖超和自己身上，深深地体会到女人的才能并不一定比男人差，也正是怀着这样的的愿望满腔热情地去挖掘和培养妇女人才。中国著名的女作家草明就曾写文章称颂蔡畅能识人、善育人、敢用人的美德。她写道：“蔡大姐有一个突出的特点，就是像古代的伯乐识骏马一样，能够敏锐地识别贤能的妇女。”② 70年的革命实践证明，对蔡畅的这一评价是实事求是的。几十年来经蔡畅选拔、培养起来的女干部，绝大多数都在革命和建设事业上做出了突出的贡献。尤其是延安时期在陕甘宁边区主持妇女工作时，她培养了大批知识分子出身的女干部，引导她们深入群众，了解妇女的生活和要求，和妇女群众打成一片，从思想上关心妇女群众的疾苦，使这些女干部迅速成长为革命队

① 苏平：《蔡畅传》，中国妇女出版社1990年版，第121页。
② 苏平：《蔡畅传》，中国妇女出版社1990年版，第186页。

伍中的骨干力量。

### （一）心里时刻装着女同志的甘苦

1937 年 7 月，蔡畅回到延安，在中共中央组织部妇女工作科工作。蔡畅一到中央做妇女工作，心里就装上了所有女同志的甘苦。在延安，蔡畅住在杨家岭半山坡上的窑洞里，她经常步行到中央党校。有时是调查女干部培训、学习和分配情况，有时则研究有关女干部的成长的问题。中央党校的女学员，年龄虽不大，但都是有一定经历和贡献的干部，除白区来的女同志当中有些人文化程度比较高之外，大部分都是文化程度比较低的工农干部。蔡大姐曾与学校干部部的丘金同志一起，到一个工农老干部班做过调查。蔡畅经过调查以后，认为：女学员比重太少；应按学院文化程度编班。对文化低的女学员，还应当提高文化水平；党校的教学方法应当因材施教，把讲课、讨论、质疑与解答问题结合起来；毕业后分配时，要照顾女同志的特殊困难。她的这些建议对学校工作有很大帮助。①

### （二）言传身教，悉心培养女干部

蔡畅一生致力于妇女解放事业，时时注意选拔、培养妇女干部。蔡大姐从来不是置身事外，指手画脚，而是身教胜于言传。蔡畅同志对妇女干部不仅做到言传身教，而且知人善任。在多年的革命斗争实践中，曾总结出一套培养干部的经验。她说："要有系统地培养党和非党的妇女干部；妇女干部要在斗争中发现和培养；既要注意重点培养工农家庭出身的同志，又不能搞唯成分论；要大胆选拔'正派、劳动好、能团结群众、勇于斗争'，'德才兼备'的人；要注意培养知识分子的女干部，对已经具备一定知识和技术的妇女干部，要引导她们深造，成为专家；培养的途径，可通过干部学校，或办短训班，或以老带新。"蔡畅同志总结的这些经验，在今天仍然是十分宝贵的。② 许许多多经过蔡大姐指导、培养起来的妇女干部，正是沿着蔡大姐留下的脚印，在中国无产阶级妇女解放的道路上奔跑。

## 四、以生产为中心的思想

王明担任中央妇委书记期间，犯了主观主义的错误，严重脱离了生

---

① 金铁群：《忆蔡畅同志三件事》，《妇女运动的先驱——蔡畅》，中国妇女出版社 1984 年版。

② 区梦觉：《深受人们尊敬的蔡畅同志》，《妇女运动的先驱——蔡畅》，中国妇女出版社 1984 年版。

产，脱离了群众，影响群众的抗日积极性。1941年，党中央改组了中央妇女运动委员会，决定由蔡畅接替王明，担任中共中央妇女运动委员会书记。中央妇委面临的首要任务，就是纠正王明在妇女工作中推行的错误方针。她带领妇委的干部深入基层，调查研究。蔡畅认为：妇女工作只要抓住发动妇女参加生产劳动这个中心环节，对全局来说，就能促进根据地的经济建设，有力地支援了抗日战争，争取民族解放；对妇女本身来说，要提高妇女的政治地位、文化地位、改善生活，提高自身地位、逐步争取男女平等、妇女解放。[①] 她的这个建议充分体现在由她主持代中央起草的《中共中央关于目前抗日根据地妇女工作方针的决定》之中。蔡畅同志还在延安《解放日报》上发表了《迎接妇女工作新方向》的文章，指出：要求我们每个妇女工作者，深刻认识经济建设对于坚持抗战，建设根据地的需要，而经济工作正是今天妇女对抗战贡献最大与最适宜的工作，应该看到广大妇女的努力生产，与壮丁上前线，同样是战斗的光荣任务，同时帮助妇女发展生产，又是保护妇女切身利益最中心的任务，中共中央决定告诉我们“多生产、多积蓄，妇女及其家庭都过得好，这不仅对于根据地的建设起了重大作用，而且依此物质条件，她们也就能逐渐挣脱封建的压迫”。[②] 以上这些精辟的论述，为我们指明了妇女运动的正确方向，克服了王明领导中央妇委时的形式主义，从而开辟了妇女运动的新局面。

在中国妇女解放运动史上，蔡畅的妇女解放思想发挥了无可替代的作用，对唤起妇女的觉醒，提高妇女的觉悟，引导妇女解放自我做出了巨大的贡献。它不仅正确指导了各个时期的中国妇女解放运动，对当今妇女工作也有重要的借鉴意义。

（作者系中共铜川市委党校党史党建专业讲师）

---

① 董边、蔡阿松、镡德山编：《我们的好大姐蔡畅》，中央文献出版社1992年版。

② 中华全国妇女联合会编：《蔡畅、邓颖超、康克清妇女解放问题文选》，人民出版社1988年版。

# 陕甘宁边区思想政治工作的历史经验及启示

张文杰

陕甘宁边区是抗日战争时期中国共产党领导下的模范抗日根据地。中国共产党正是在延安逐步实现了思想上、组织上、政治上的成熟，实现了由弱变强的逆转，为领导全国人民实现解放奠定了基础。在特殊的战争形势下，陕甘宁边区的思想政治工作在开展理论宣传、政治动员、稳定军心、壮大革命队伍、团结和发动一切力量进行抗战的效果显著，为全国各抗日根据地开展思想政治工作积累了宝贵的经验。当前总结陕甘宁边区的思想政治工作的经验，对适应德育形势的变化、提高德育的实效性具有积极的启发意义。

## 一、陕甘宁边区思想政治工作面临的历史任务

1931 年，日本在中国东北发动九一八事变。1932 年 2 月，中国东北全境沦陷，此后日本又在华北策动“防共自治运动”，日本的全面侵华战争逐渐拉开序幕。中日之间的矛盾成为主要矛盾，局部抗战开始兴起。1935 年 12 月，中国共产党在陕北瓦窑堡召开了政治局扩大会议，确定建立抗日民族统一战线的策略。为完成抗日救国、团结抗战的历史任务，促成国共二次合作，1937 年 8 月，在陕北洛川召开的洛川会议通过的《为动员一切力量争取抗战胜利而斗争》中提出：“今后的任务是‘动员一切力量争取抗战胜利’。”[①] 因此，宣传党的新政策，团结和发动一切力量，建立抗日民族统一战线，引导党员干部、革命军人和人民群众积极抗日成为陕甘宁边区思想政治工作的重要内容。抗日战争进入相持阶段后，日军改变了重点军事进攻的目标，中国共产党领导的敌后抗日根据地的军民伤亡惨重。为了保护抗日根据地，1942 年 5 月，中央军委委任贺龙为陕甘宁晋绥联防

① 《毛泽东选集》第 2 卷，人民出版社 1991 年版，第 353 页。

年司令员，徐向前为副司令员兼参谋长，关向应为政治委员，高岗为代理政治委员，林枫为副政治委员，张令彬为后勤部长。[①] 陕甘宁晋绥联防军司令部正式成立。在面对国家危亡的时刻，中国共产党提出实现国共合作、建立抗日民族统一战线、发动一切力量进行全民族抗战的主张，党的各项方针政策都是围绕着全民抗战的主题进行的。

## 二、陕甘宁边区思想政治工作的主要内容

中国共产党高度重视思想政治工作在凝聚军心、团结农民、强化党员干部教育等方面的作用，针对军队、农民以及党内展开不同内容的思想政治工作，更具有针对性和实效性。思想政治工作要团结和凝聚一切可以团结的力量，成为积极抗战的重要法宝。

### （一）关于农民的思想政治工作

农民是人民群众中的主要组成部分，也是抗日战争中的主力军。要想取得抗战的胜利，首先就得争取农民的支持。1935年，党中央在《为抗日救国告全体同胞书》中号召全国人民和各族同胞共同抗日，激发和鼓舞了全国人民的爱国热情。1937年10月10日，中共陕西省委致国民党陕西省党部的公开信中强调："开放民众运动，增强抗敌力量。"对农民的思想政治工作可以采取以下多种形式：

一是采用文化启蒙方式，提高民众的抗战技能。文化教育的落后造成了人民思想上的愚钝和保守，甚至很多民众成为文盲。陕甘宁边区在成立之前，边区的民众文盲高达70%，农民子弟大多失去了上学的机会，能够上学的孩子往往是地主阶级的子弟，造成儿童的失学率高达95%以上。[②] 陕甘宁边区在成立之后，设立了比较完备的边区教育行政组织系统，其中最高教育行政机构是教育厅，在分区专员公署设置教育处（科），县设第三科（教育科），区设教育助理员，乡设文委主任。对农民教育的首要目标是扫盲，提高大众的政治文化水平；其次，要提高大众的民族政治觉悟，广泛动员群众参加抗战；再次，要提高大众的民主意识，培养群众争

---

① 中共陕西省委党史研究室著，梁星亮、姚文琦主编：《中共中央在延安十三年史》（下），中央文献出版社2016年版，第692—693页。

② 贾钢涛：《延安时期中共农民思想政治教育工作的历史经验及启示》，《党政研究》2015年第3期，第68—73页。

取民主的斗争意识和能力；最后，提高大众学习日常生活和战时的知识的能力。而当时更加进步的做法是将妇女的教育也放在重要的位置，规定必须兴办女子教育，废除缠足等传统习俗。陕甘宁边区妇女教育的蓬勃发展和成功实践，促进了妇女解放意识的进一步觉醒，更为新中国成立后妇女事业的发展提供了前期的实践经验。

二是政治动员，凝聚抗战的的全民力量。中国的革命战争实际上是农民的革命战争。农民不会自发地成为革命的力量，要想依靠农民，就必须动员农民。有效的政治动员可以提高农民的革命觉悟。中国革命的胜利除了要依靠革命先行者的政治引领外，还需要广大民众的普遍觉悟和积极参与。农民作为小生产者，受到数千年以来封建习俗的深刻影响，具有小生产者的局限性。处于落后农村环境中的边区政府，要积极推进抗日民族统一战线，必须要提高农民的政治觉悟。一方面，农民由于长期以来受到封建传统意识的影响，带有小生产者的软弱性，如果不是生活面对困顿，大多不会走向革命的道路；另一方面，当农民的觉悟未能与革命保持同步的时候，可能不仅不会推动革命的发展，反而会成为革命的羁绊。要想提高民众的思想觉悟，必须充分地进行政治动员，让其丢掉幻想，积极投入到革命实践中。而这个政治动员的过程不是一次能完成的，而是要贯穿于革命的整个过程。

总之，农民思想政治工作的目标是为党的总路线和总政策服务。抗日战争是全民族的解放战争，而农民是抗战的主要力量之一。延安时期，中共以扫盲为切入点，以扫除封建迷信为抓手，开展深入的政治教育。李维汉也曾提出："边区社会教育主要对象是农民，是成年农民（包括失学儿童）不脱产教育。"① 农民综合素质的提高对抗战来说，如虎添翼。

### （二）关于军队的思想政治工作

在这场关系中华民族生死存亡的战争中，如果军队的思想政治工作出现问题，就容易导致军心不稳、不战而败。陕甘宁边区对军队的思想政治工作主要是围绕全面抗战的主题来进行，以凝聚军心，团结一切可以团结的力量，提高军事战斗力和凝聚力。

一是要稳定军心，实现红军的改编。1937 年 8 月，中国工农红军改编

---

① 西北五省区编纂领导小组，中央档案馆编：《陕甘宁边区抗日民主根据地》（回忆录卷·上），中共党史资料出版社 1990 年版。

为国民革命军第八路军。中国共产党领导的工农红军和国民党军队由敌对走向联合，这使得一些红军战士无法接受改编为国民革命军的现实，认为是向国民党的屈服和投降，表现出种种心理上的抵触情绪和思想上的不接受，影响了军心的稳定和战士的情绪。针对军队上的思想政治状况，红军各部队向指战员们进行全范围地抗日民族统一战线的宣传教育活动，同时要求各级军政领导要深入基层进行调查研究，通过讲故事、解疑问、做宣传等多种方式说明民族战争与阶级战争之间的关系问题。1937 年，中央组织部还颁布了《关于改编后党及政治机关的组织的决定》，明确指出，要保证党在部队中的绝对领导以及健全和加强红军中党组织的作用。[①] 通过及时的宣传教育，战士们打消了疑虑，稳定了军心，实现了红军的改编。

二是加强抗战策略教育，提高军队的整体战斗力。1937 年 8 月，洛川会议通过的《动员一切力量争取抗战胜利而斗争》中提出“发展抗日游击战争”的主张。而军队内对游击战争的战略地位还没有认识清楚。为了解决这一问题，毛泽东在 1937 年 8 月到 1938 年初期间多次给八路军和中共中央北方局负责同志通电，强调游击战争的重要性。1938 年 5 月，毛泽东发表《抗日游击战争的战略问题》的文章，深刻论述了抗日游击战的必要性。军队内开始通过开办游击训练班、军政教育课、召开干部会议等形式开展游击战等战略策略的宣传教育活动，提高军队的作战能力与水平。

三是加强军队的政治文化教育，激发军队的战斗热情。《关于改编后党及政治机关的组织的决定》中提出要积极实施部队的政治文化教育，巩固与提高部队的战斗情绪，并且要求宣传教育部承担起部队内的宣传教育和文化娱乐的责任，组织各种课外的活动。[②] 陕甘宁边区为了鼓舞士气，增强抗敌的信心，采取了各种形式的战前动员，并组织各种文娱活动，包括“捉俘虏比赛”“缴枪比赛”等杀敌竞赛活动。这些活动极大地激发了军队内部的战斗热情，提升了战士们战胜敌人的必胜信念。

### （三）关于党内的思想政治工作

领导干部的思想政治工作是全党思想政治工作的核心。在全民族抗日

---

① 《中共中央文件选集（1921—1949）》第 11 册，中共中央党校出版社 1991 年版，第 312—314 页。

② 《中共中央文件选集（1921—1949）》第 11 册，中共中央党校出版社 1991 年版，第 315 页。

战争期间，国内的形势复杂多变，抗战任务艰巨繁重。陕甘宁边区党员干部面对的任务也变得复杂起来，对党员干部的要求也愈来愈多。1937 年 1 月，中国人民抗日红军大学迁至延安后改名为“中国人民抗日军事政治大学”（简称“抗大”）。抗大从成立之初就注重对学员进行坚定正确的政治方向、培养艰苦朴素作风、采取灵活的作战战术的培养。1938 年，毛泽东在六届六中全会上再次强调领导干部学习马列主义理论的重要性。1939 年 5 月，干部教育部在延安召开了教育动员大会，会上强调对党员干部的教育。这样的做法适应了陕甘宁边区革命形势的需要，也对提高党的领导能力和保持党的先进性具有重要意义。

## 三、陕甘宁边区思想政治工作的启示

陕甘宁边区的思想政治工作保障了全面抗战路线的贯彻执行，其重视理论宣传、注重发挥人民群众的主体性作用以及不断创新思想政治工作的方法等历史经验对今天仍然具有借鉴作用。探究陕甘宁边区的思想政治工作，对于推进党的建设以及培养具备马克思主义信仰的社会主义建设者都具有重要意义。

### （一）一切为了群众，一切依靠群众，发挥人民群众在思想政治工作中的主体性作用

人民群众是思想政治工作的主体，能否发挥人民群众在思想政治工作中的主体性作用，关键在于能否坚持维护人民群众的根本利益。“一切为了群众、一切依靠群众，是我们的事业不断取得胜利的重要法宝，也是党始终保持生机与活力的重要源泉。”① 人民群众是社会变革的决定性力量。陕甘宁边区的思想政治工作能取得实效，关键在于维护人民的利益，发挥人民群众在抗日民族统一战线中的支柱作用。2012 年 11 月，习近平在《全国贯彻落实党的十八大精神要突出抓好六个方面工作》中提出：人民群众的利益是一切工作的出发点和落脚点，开展思想政治工作要维护好人民群众的利益，发挥人民群众的作用。思想政治工作是否做到位，主要是看人民群众的利益是否得到保障，人民群众的主体地位是否得到肯定。在实践工作中，有的领导干部群众意识不强，为人民服务的观点淡薄，损害

① 梁星亮：《坚持和发展中国特色社会主义关键在党——兼论中国改革开放 40 年的历史经验》，《思想理论教育导刊》2019 年第 1 期，第 41 页。

了人民群众的根本利益，就会失去人民群众的支持与拥护。思想政治工作要使领导干部保持为民的服务意识，深入群众，步入基层，倾听人民的呼声，把摆事实和讲道理结合起来，解决人民群众的实际困难，才能真正走近人民群众。

**（二）加强政治理论内容的学习，将马克思主义教育贯穿于思想政治工作的始终**

理论的力量在于能够指导实践，实践的效用在于推动理论的创新。保证陕甘宁边区思想政治工作的正确方向在于将理论学习放在首要位置。进入新时代以来，世情、国情和党情都发生了重大的变化。国家与国家之间的交流更加密切，地区与地区之间的交往愈加频繁，多元文化的交流冲击着我国的主流意识形态。全球化成为不可逆转的趋势，既要走出去，也要引进来，才能找到生存与发展的良好契机。而党已经从一个着力于夺取全国政权和实现全国统一的政党成长为长期执政的政党。马克思主义理论是思想政治工作的理论源泉。思想政治工作的基本问题是处理好政治性和思想性的关系。政治性是思想政治工作的生命线，思想性是思想政治工作的价值。2014 年 10 月 8 日，习近平在党的群众路线教育实践活动总结大会上强调："思想教育要突出重点，加强党性和道德教育，引导党员、干部坚定理想信念，坚守共产党人精神追求。"① 对马克思主义理论教育的坚持着重体现在对党员、干部的理想信念教育上，是因为党员干部对人民群众的榜样示范作用。因此，抓好人民群众思想政治工作的前提是落实党员干部的思想政治工作，把理论学习贯穿于思想政治工作的始终。

**（三）改进思想政治工作的方法，提高思想政治工作的实效性**

陕甘宁边区在借鉴中央苏区的经验基础上，积极结合实际情况，努力开展思想政治工作，围绕着抗日战争的中心任务，利用报刊、标语宣传，注重教育载体的创新。在当前的时代背景下，首先，思想政治工作要运用好"互联网+"的平台，探索符合思想政治工作的教育途径和社交平台，促进思想政治工作的形式多样化、大众化、多元化。其次，要将中华优秀传统文化融入思想政治工作的教育内容中。中华优秀传统文化是思想政治工作内容重要的组成部分，这是因为思想政治工作的目的是培养具有坚定

---

① 习近平：《在党的群众路线教育实践活动总结大会上的讲话》，新华网，2014 年 10 月 8 日。

的政治信念和正确的世界观、人生观和价值观的人，中华优秀传统文化中蕴涵有许多培养良好德行的德育思想，例如君子要“志于道，据于德，依于仁，游于艺”，“人之有道也，饱食暖衣，逸居而无教，则近于禽兽”，“泰初有无。无有无名，一之所起。有一而未形。物得以生谓之德”。再次，思想政治工作要学习和借鉴教育学和心理学的内容和方法，丰富思想政治教育的理论内容，才能在实践工作中做到以理服人。最后，思想政治工作可以借鉴国外关于类似思想政治教育的先进方法和方式。世界上的国家都具有代表主流意识形态的公民教育，思想政治工作可以取其精华，去其糟粕，吸收其有效的教育方法。

总之，做好思想政治工作要结合社会发展的新常态，不断创新工作的方法、机制、内容等，灵活掌握各种先进的方法和途径，切实提高思想政治工作的实效性。

（作者系西北大学马克思主义学院在读博士）

# 延安红色话语传播的精神风范与民间效应

杨冰郁

列宁曾说，夺取政权容易，改造人的意识困难。从社会层面来看，延安时期不仅仅带来人们所期盼的“自由和解放”，也带来新的秩序和规范，在精神领域也是如此。就此而言，可以说延安时期的红色话语传播之所以成为一种范式，就在于它不仅仅有助于社会动员，还在于它改造了人的意识，形成新的精神风范。

## 一、延安红色话语的传播范式

### （一）尊重式平等

尊重式平等是指在红色话语传播过程中，人与人之间形成的一种类似于球队和球员之间“彼此认同，相互建构”的关系，这与原子化的个人与个人之间的关系不同。这一红色话语传播中产生的精神内核来源于中国传统的爱有差等与近代以来西方的民权、平等思想，强调人与人之间权利和义务的对等性，但并不盲目否认差序的存在，而是承认社会结构中基于血缘、人伦、亲情、贡献的等级秩序，尊重真才实学，让有良好品德、有真实贡献的人受到尊重和爱戴，同时也照顾到普通人的“面子”，注重提高普通人的经济地位，让他们感受到公平、正义，更主张机会平等，实现社会等级之间的沟通与流动。

在国家和人民层面上，尊重式平等的理念根植于近现代民族国家复兴的雄心壮志中。百年中国，百年屈辱，落后挨打，国际地位极低。红色话语顺应民族复兴的时代背景，在国家层面上要求还中国和中国人民以尊严和尊重。为了达到此目标，许许多多的红色话语传播者们前仆后继，不惜我以我血荐轩辕，驱逐外来入侵者，为民族国家和人民的解放大业而牺牲小我。

在社会民生层面上，尊重式平等确信人获得尊重的前提是经济的独立和自由。最普通的人是千百年来中国社会发展的基石，但是在百年中国受到帝国主义入侵，农村社会破产，他们衣不蔽体，失去了人之为人最基本的尊严。在新民主主义革命早期，游击队军事力量清除地方恶势力之际，土地改革也迅速而有效地开展起来。土地改革使得最穷的人免于雇佣、债务与饥饿，它不仅仅在经济上摧毁了地主乡绅的权威，而且削弱了其政治和社会身份地位，最终帮助农民从旧势力的束缚中得挣脱出来。

在边区，穷人开始有了自己的土地，他们在政府的帮助下种地种菜，试验种美国洋芋，种狼尾谷，种马齿型玉米，改良农作法。采用农业新技术，用水车浇地、修水漫地，他们以变工队、扎工队的形式组织起来，以集体的力量改变自己的生存处境，在经济结构中获得了平等地位。穷人通过革命得以经济上的翻身。

边区政府在致力于经济状况的改善时，并不以损害公正为前提，反而充分尊重了中国农村社会千百年来认同的损有余、补不足，体恤孤寡的公平观。不仅如此，在革命过程中，中国共产党还一直重视人的教育，穷人获得了受教育的权力，在知识结构上获得了尊重式平等的前提。

在个人层面上，尊重式平等有着中国传统政治理想中人与人之间相互关系的影子："君之视臣如手足，则臣视君如腹心；君之视臣如犬马，则臣视君如国人；君之视臣如土芥，则臣视君如寇仇。"君臣之间主次上下关系确定，但是也倡导在上位者尊重下位者，甚至上位者要以下位者为师，在上下位者之间添加了一份平等色彩。在孟子的理想中，尤其强调上位者对于下位者的尊重，上位者要对下位者"致敬尽礼"，贤王与贤士之间要忘掉权势之别，孜孜以求道。"君有过则谏，反复之而不听，则去"体现了古代知识分子在上位者面前的自尊与自重。至于君与民之间，孟子则提出了"民贵而君轻""民为贵，社稷次之，君为轻"这种烛照中国后世政治的革命性口号。君王不称职可以替换，一个国家治理不好也可以迁移，唯有民生安泰、民心大顺才能长治久安，不战而屈人之兵。

在延安，尊重式平等表现得更为彻底，人与人之间称呼"同志"，不同地位和不同阶层的人之间，领袖和马夫、火夫之间都以"同志"相称①。据吴满有回忆：毛泽东在西北局楼上曾经请七个特等劳动英雄吃饭，和他

① 爱泼斯坦著，钱雨润等译：《见证中国——爱泼斯坦回忆录》，新世界出版社 2001 年版，第 272 页。

们拉家常，询问家庭、庄稼事，“他问到谁跟前，就把凳子搬到谁跟前，不停地点着头笑着，和大家都拉手”。①

来华记者爱泼斯坦看到陕甘宁边区南部警卫部队司令员王震时，惊叹这位将军的穿着打扮与普通战士一样，并感叹王震“在仪容和态度上同那些穿着量身定做的军服、带着白手套的国民党军官们”② 迥然不同。战士们为老乡“上门板，捆禾草，扫地”，“讲话和气，买卖公平，借东西照还，赔偿损失”③ 是军队对老百姓的尊重式平等。

老百姓则是“你敬我一尺，我敬你一丈”，非常推崇德才兼备的英雄。对于那些为了集体牺牲个人利益，具有贡献精神的人给予足够的尊重，对军队和边区政府充满了感情，并且投桃报李，用实际行动“保卫咱们的边区”，热爱自己的军队。

**（二）参与型民主**

首先，乡村一级与民众直接关联，群众参与所需成本不高，而且群众因为相互知晓也容易做出比较公允客观的判断，群众参与“顶事”而容易有获得感，从而激发群众更大的参与热情。

其次，参与型民主是一种实质民主，而非形式民主。

参与型民主激活了中国民间“有事多商量”的古老民俗传统，给予群众以主体性，鼓励大家广泛参与公共事务，在商量着办（不是意愿强加，也不是交易或者威胁）的过程中人们超越一己之私和狭隘眼界，在公共事务上面达成共识。参与型民主除了基层选举之外，还有其他更为多样化的形式：比如，基层干部的选拔、基层技术人员的交流培训、考核监督，讨论村社事务的村民大会、一揽子会、群众大会等；实质上，能够代表人民群众利益的政府对于乡村社会的支持、教育和帮忙也都是参与型实质民主的具体体现。

再次，参与型民主更重要的一方面还在于传播中的“逆向思维模式”，即领导干部主动到人民群众中去，乐民之乐，忧民之忧，与老百姓打成一片。了解基层的情况，倾听群众的呼声，重视人民的意见。能够救民于水

---

① 杜鹏程：《杜鹏程文集》第4卷，陕西人民出版社1993年版，第89页。

② 爱泼斯坦著，钱雨润等译：《见证中国——爱泼斯坦回忆录》，新世界出版社2001年版，第192页。

③ 毛泽东：《红军宣传工作问题》，《毛泽东新闻工作文选》，新华出版社2014年版，第12页。

火，解决人民的问题。“从群众中来，到群众中去。”[①] 经毛泽东论述，后来又经过刘少奇、邓小平等的阐发和补充完善，最终形成群众路线“一切为了群众，一切依靠群众，从群众中来，到群众中去”[②] 的简洁话语。要求领导干部、知识分子下乡，参与农民的日常生产生活，与农民共同吃住、共同劳动，同甘共苦，体会他们的情感，感知他们的要求，甚至成为人民群众的一分子。

下面这个劳动英雄与领袖之间的情景描述，生动地体现了参与型民主的特色。

吹喇叭打锣鼓把劳动英雄送到中央大礼堂，礼堂外面站着手拿红旗绿旗欢迎的人群，喊口号：“欢迎劳动英雄！”“向劳动英雄看齐！”劳动英雄喊：“拥护毛主席！”“拥护共产党！”毛泽东、朱德走进大礼堂时，大家鼓掌。毛主席几次请大家坐下，有的劳动英雄也不愿意坐下。佳县的劳动英雄阎开增说：“一见毛主席，就叫人佩服！我还以为他穿的呢子衣服，原来还是穿的灰布棉衣！真是咱们老百姓的领袖！”他还说：“毛主席长得胖胖的，是咱们老百姓的大福气呀。”毛泽东在台上讲话，阎老汉说：“我以为毛主席文化高，讲的话咱们解不下，哪晓得讲得入情入理的，咱全解下了。”毛主席讲的话为什么劳动英雄能听得懂？因为他讲“变工队、扎工队、纺织小组、合作社、运输队、按（安）家计划、生产竞赛”这些和老百姓生产生活最息息相关的事。[③]

总之，参与型民主有利于提高政策执行的效能和水平，对于社会而言，分散的个体因为参与公共事务而团结起来，乡村社会的集体意识逐渐形成，一盘散沙的乡村逐渐凝结成稳固的整体。

**（三）乐观奋斗的精神**

来华记者的见闻和现场感受佐证了勇于牺牲、前赴后继的精神力量在红色话语传播中的重要作用。“在延安的黄土地带，人们靠野菜和动物充饥，生活几乎不能维持，一个苏醒的精神力量产生了，它可以充当饥饿与危险的精神食粮。”

---

① 《毛泽东选集》第3卷，人民出版社1991年版，第900页。

② 王绍光：《毛泽东的逆向政治参与模式——群众路线》，《学习月刊》2009年第23期，第16—17页。

③ 《毛主席招待劳动英雄》，《边区群众报》第一八一期，1943年12月12日。

革命年代血雨腥风，真正的革命者高举乐观精神，扎根于社会实践之中，真切地了解人民群众的生活状况，他们有着执着的信仰和对于社会公正的追求，因而，他们能够放弃一己之私，投身于为人民大众而斗争的伟大事业之中。毛泽东作为历史的亲历者，代表那一代人发出“永久奋斗”的呼声，“奋斗到什么程度呢？要奋斗到五年，十年，四十年，五十年，甚至到六十年，七十年，总之一句话，要奋斗到死，没有死就还没有达到永久奋斗的目标”①。这种奋斗精神鼓舞着仁人志士不断进取，成为有益于社会大众的人。

更为可贵的是，他们在奋斗中能够保持乐观向上的精神。例如，国民党抗日人士邱琮从国民党统治区来，见惯了国民国统治区《日寇暴行录》那样令人悲观压抑的抗日宣传书刊，他对于斗志昂扬的延安抗日宣传标语和宣传画印象深刻，尤其是对延安城墙上的一幅画赞赏有加：在画中，一个高大魁梧的中国人手持刺刀，把一个瘦小纤弱的日本人扎在地下，显示了民族的自信心和抗战必胜的信念。②

外国记者的见闻录里也多见关于红军战士歌声嘹亮的记载。斯诺说，在延安红军战士唱歌是军事训练、政治课之外的重要内容，起床时唱，休息时唱，晚上休息也在唱，甚至他们还有专门唱歌的时间。③ 更不用说风靡城市、乡村的新秧歌、独幕剧给艰苦奋斗中的人们带来欢笑和快乐。

葛兰西说维系国家政权有两种形式，其一是“统治的形式’，其二是“精神和道德领导的形式”④，红色话语传播塑造了中国人的精神面貌和价值标准，显示了中华民族刚健有为的现代风貌，是中国革命精神和道德领导的形式，成为当代中国文化正当性的来源。

---

① 《毛泽东文集》第2卷，人民出版社1993年版，第190—191页。

② 金城：《延安交际处回忆录》，中国青年出版社1986年版，第20页。

③ 〔美〕埃德加·期诺著，董东山译：《红星照耀中国》，新华出版社1984年版，第264页。

④ 〔意〕安东尼奥·葛兰西著，葆煦译：《狱中札记》，人民出版社1983年版，第316页。

## 二、延安红色话语的民间效应

### （一）促进了民众意识觉醒

红色话语传播改造了社会舆论[①]，形成积极向上的民意，为春潮激荡的开国岁月打下了基础。“农民”主体性的建构提高了农民的社会身份和地位，在受到鼓励、表扬的情况下，这些最底层的人能够展示并发掘自己隐藏着的才能，穷乡僻壤的老百姓居然能关心、谈论关于抗日的国事，这令刚从日本占领区来到红色根据地的人惊奇不已。[②]

人民的政治态度从原来的冷漠旁观转向了现在的积极参与。参议会召开之际，一大群人跟在参议员身后，他们敲锣打鼓，用乡间最淳朴赤诚的方式送参议员出席边区参议会。[③] 还有一些农民已经学会了登台发表演说，一位七十九岁的老农民登上陕甘宁边区二届二次参议会的讲台，真诚地表达对于共产党的感激之情。[④]

在中国历史上，“担当、责任、家国情怀”原本是精英的事情，陕甘宁边区“劳模、基层干部、民兵连长、妇女主任”这些最普通的人也开始关心国事、天下事，开始有了责任感。“蝼蚁”般的生命因为有了为国家、为天下担当的责任而熠熠生辉。

“劳动光荣”改变了陕北农村社会鄙视农业生产的思想，原来“下苦”“受苦”的事现在被称为劳动，而且开始在农民观念中也承认是光荣的事，这动摇了千百年来根深蒂固的旧话语。孙光亮孙老汉，延安县川口区的一位 60 岁的农村共产党员，在农村人大多数“卧冬”时，孙老汉跑到三里路以外的念庄捡拾牲畜粪。孙老汉还主动开荒。他常劝别人“多开荒地对

---

① 马恩所说的“舆论”不同于“民意”，后者带有自上而下的性质。舆论是指下层人民的意见以及统治阶级中不参与决策的意见，带有自发性，在封闭环境中也具有落后性，而民意则是“社会口味”，具有建构性，关心公共事务的人越多，民意的生命力越强。参见陈力丹：《精神交往论：马克思恩格斯的传播观》，中国人民大学出版社 2008 年版，第 149、151 页。

② 〔英〕林迈可（MichaelLindsay）著，杨重光、郝平译：《抗战中的红色根据地》，解放军文艺出版社 2005 年版，第 90 页。

③ 〔印度〕比·库·巴苏（B. K. Basu）著，顾子欣、王其良等译：《巴苏日记》，商务印书馆 1989 年版，第 293 页。

④ 〔印度〕比·库·巴苏（B. K. Basu）著，顾子欣、王其良等译：《巴苏日记》，商务印书馆 1989 年版，第 297 页。

抗战有益，对自家更有益”。[①]

农民在劳动英雄、乡村干部、模范党员这些先进分子的带领下，积极响应党和政府的各项指示，村民之间和气友善，邻里互助，守望相助。老户和难民之间的矛盾被化解，老户自觉承担了公粮公盐负担。村庄开始意识到自己的职责，出现缴纳公粮不隐瞒不拖欠的模范村，村庄开始讲卫生，建立起男女分开的厕所，没有赌博之风。[②]

“民主”话语在边区广为传播，边区法令细致到不允许打骂妇女，边区妇女的权利意识开始觉醒，“翻身”“自由婚姻”“好好劳动”成为农村姑娘、媳妇口里的话。十一岁的小女娃开始懂得自己有权利控告婆婆，被打骂了的老婆开始有勇气要求离婚。[③]

边区政府形成了清廉作风。国民党抗日人士邱琮到延安后看到交际处给毛泽东写信时用旧报纸糊信封，简洁明了，没有繁琐冗长之弊时，赞叹道：“你们真清廉，真民主，有你们这种精神，不愁打不败日本，不愁中国不富强。”[④] 陈嘉庚也感慨地说：“中国的希望在延安。”[⑤]

“科学”“卫生”话语所树立的新风气一直影响到中华人民共和国时期。“随地吐痰，是旧中国遗留下来的有害健康的不良习惯。为了跟这种恶习作斗争，北京市民发起了一个巧妙而有效的运动。目光锐利、脖子上系着红领巾、年龄不过十岁的少年先锋队员们一旦发现有人吐痰，就用手里的粉笔在痰迹周围画个白圈，叫吐痰的人在旁边站住，对他进行教育。在盛行家长制的中国，大人被孩子们当众责备，是一件大失颜面的事，与被警察罚款或大声呵斥相比，是一个更大的心理打击。如果当时正好有警察在场，他们也会告诫这个人应该记取孩子们的话。”[⑥]

**（二）树立了新的社会风尚**

红色话语在传播过程中树立了干部为“为人民服务”的新社会风尚。

---

① 守一：《民间英雄——记一位六十岁的农村共产党》，《解放日报》1942年4月22日。

② 《模范村井沟庄》，《边区群众报》第一八一期，1943年12月12日。

③ 《离婚的申诉》，《解放日报》1941年7月14日。

④ 金城：《延安交际处回忆录》，中国青年出版社1986年版，第20日。

⑤ 金城：《延安交际处回忆录》，中国青年出版社1986年版，第148页。

⑥ 爱泼斯坦著，钱雨润等译：《见证中国——爱泼斯坦回忆录》，新世界出版社2001年版，第271页。

有民谚云："为人不做官，做官都一般。""一辈子做官，十辈子打砖。"当官者似乎都不是好人，"相与官棍是个祸，相与正人是个舵。""吃饱些，穿烂些，见了当官的走慢些。"对贪官唯恐躲避不及。蒋介石对国民党的官员深感失望，他说，绝大多数国民党党员，意志相当消沉，生活很是懒散，工作非常散漫。讲究享受，没有斗志，而且为一己之私，争权夺利，使得一般民众对于党员心生反感。①

在延安，人们看到的却是"只见公仆不见官"。边区政府的人民性②就体现在政府的工作人员"不像当官的摆出官架子，而是粗衣素餐，自己种粮、种菜、养猪、养鸡、织毛衣，以生产收入来减轻公家负担"。"勤劳在先，享受在后"，生活水平，工资收入比普通老百姓低，外来参观者感叹"天下竟有这样的官！"③

因为基层干部直接与群众接触，因而政策执行的力度，执行中群众的接受程度等都有赖于基层干部的判断。绝大多数的基层干部作为群众的榜样、模范，他们了解农村生产，熟知农民最细微的困难，懂得乡村社会的话语运作规律，作为政府与农民之间的中介和桥梁，起到了疏通、解释、缓冲的作用。

在人民眼前利益和长远利益发生冲突时，基层做了最为细致的说服工作。比如在边区困难时期，政府要买粮、借粮，要成立马车队，要驮盐，使得农民的负担加重，农民中有的消极怠工，有的甚至不愿种地。政府采取的办法是"农民给农民解说"，把政府的意图化为农民群体中自己人说的话：自己不种地，自己没得吃，还帮助什么抗战哩，"公家，他要得总还是少，咱吃得总还是多，他总不能眼看着把咱们饿死"，"就是现在再不好，也比过去好，至少不怕土匪了"。过去"左手抱着账，右手提着梆子要；如今，就是问咱要些粮，也是仁至义尽的。如今到了这年头，碰上了

---

① 〔美〕费正清、费维恺编，刘敬坤等译：《剑桥中华民国史》（下卷），中国社会科学出版社 1994 年版，第 639 页。

② "我们的政权，改变了过去一切政权阶级压迫的实质，真正地成为人民自己的政权。它不是官僚机关，不是剥削人民的工具，而是人民学习政治，经过它来体验自己意志的舞台。"引自《林伯渠文集》，华艺出版社 1996 年版，第 226 页。

③ 陕西省档案馆、陕西省社会科学院编：《陕甘宁边区政府工作报告（一九四一年四月）》，《陕甘宁边区政府文件选编》第 3 辑，档案出版社 1987 年版，第 173 页。

‘吃苦阶段’，只怪鬼子打咱，怪不了公家”。[①] 他们的这些说辞在境界上尽管不那么崇高伟大，但是管用，这样的话语农民最能接受。

扎根于泥土乡村社会中的“泥腿子”基层干部们，在私德方面并非尽善尽美，也没有了不起的功勋，但他们却被称为“埋头苦干的真正的英雄”[②]。就在一蔬一饭之间，在一次次会议中，在催缴公粮的公务中，这些人得到了锻炼，也带动了他人，边区政府通过基层干部，在乡村社会也开始树立起了关于道德、理想的新风气。

最终，延安红色话语传播使得一个关于国家和人民的理论变成了一个生机勃勃的人民共和国，人民共和国的名字表明“这共和国不是资本的共和国，而是工人、农民和其他劳动者为主体的全体人民的共和国，这是社会主义的共和国”。

（作者系西北工业大学马克思主义学院教授、硕士生导师）

① 石毅：《共产党员在春耕中——延安县中区第四乡支部访问》，《解放日报》1942年5月21日。

② 石毅：《共产党员在春耕中——延安县中区第四乡支部访问》，《解放日报》1942年5月21日。

# 国际比较视野之下中国特色社会主义制度的优势

党莹莹

中国特色社会主义制度，包括人民代表大会制度的根本政治制度，中国共产党领导的多党合作和政治协商制度、民族区域自治制度以及基层群众自治制度等基本政治制度，中国特色社会主义法律体系，公有制为主体、多种所有制经济共同发展，社会主义市场经济的基本经济制度，以及建立在这些制度基础上的经济体制、政治体制、文化体制、社会体制等各项具体制度。中国特色社会主义制度是新中国 70 年来取得历史性成就的重要经验之一。其内在优势是与国际上典型国家、经济体之间的发展比较之中得出的必然逻辑。

## 一、中印对比

### （一）对比依据

一是新中国成立和印度独立时间接近，新中国成立是 1949 年，印度独立是 1947 年。二是两国国情相似，同属于发展中的人口大国，新中国成立前是半殖民地，独立前印度是殖民地。三是两国的社会制度不同，新中国选择了社会主义制度，独立后的印度选择了资本主义制度。

### （二）对比指标

1.在经济成就上。1949 年，印度是中国的 2. 1 倍。2018 年中国在总量和人均上都接近印度的 5 倍①。

2.在国际地位上。中国是联合国的创始国之一，也是常任理事国。中国是世界银行第三大股东，印度为第七大股东。

3.在基础设施上。2018 年底，中国高铁里程超过世界其他国家里程之

① 计算数据来源，国家统计局网站，http://www.stats.gov.cn。

和。高速公路13万多公里，印度只有942公里[①]。2018年印度国内仍有9900万人口处于无电状态，占全球无电人口的11.8%[②]，而电力是第二次工业革命的主要标志，也是第四次工业革命发生的前提。

**（三）比较优势**

印度在独立初期发展基础好于当时的中国。但是经过70年，尤其是改革开放40年的发展，中国所取得的成就远高于印度。近年来，受到人口红利、产业转移等有利因素的影响，印度经济年均增速达到7%以上，甚至有人说印度会弯道超车。作为世界上最大的两个发展中国家，中国具有绝对的制度优势。

1.政治制度。研究印度的政治制度就离不开宗教和种姓。印度是宗教国家，83%的人信仰印度教，宗教影响根深蒂固。印度具有严格的四级种姓制度，各阶级、阶层之间很难自由流动。尽管宪法规定人人平等，但这种由宗教、历史所形成的观念几乎很难改变，甚至稍有不慎就会引起社会动荡，这也严重阻碍印度的现代化进程。印度中小企业事务部国务部长基里拉吉·辛格说，仅仅在2018年就发生了创纪录的2亿人示威活动[③]。而中国历史上没有发生过因宗教引发的战争（指不同宗教派别之间），新中国成立后主张信仰自由，人人平等。

2.经济制度。在所有生产资料里，土地是最重要的。经济制度最核心的就是土地制度。印度是资本主义制度，土地私有，绝大多数的土地都集中在少数大地主、大资本家手中，议会也几乎被这些上层阶级控制。印度12亿人口中有7亿是农民，其中2亿多是赤贫，几乎一无所有[④]。他们住在茅草房，贫民窟，铁路边、公路边公有土地的地方。这种矛盾内生于资本主义制度本身，无法克服。而中国的土地是国家和集体所有制，公有制使得国家可以根据发展需要适时调整土地政策。从改革开放初期的家庭联产承包责任制到现在乡村振兴战略之下的“三权分置”改革，措施既灵活又有效，可以切实保障农民权益。

---

① 计算数据来源，国家统计局网站，http://www.stats.gov.cn。

② 数据来源：世界银行报告。

③ 《2018中印经济对比》，至诚财经，http://www.zhicheng.com/2019-1-22。

④ 温铁军：《告别百年激进》，东方出版社2016年版。

## 二、中美比较

### （一）对比依据

一是中国是最大的发展中国家，美国是最大的发达国家。二是制度不同，中国是社会主义制度，美国是资本主义制度。

### （二）对比指标

1.在 GDP 总量上。1949 年，美国为中国的 14.6 倍；1978 年，美国为中国的 10.2 倍；2018 年，美国为中国的 1.5 倍。按照购买力平价计算，中国在 2014 年实际已经超过了美国[①]。

2.在人均 GDP 上。1949 年美国是中国的 50.1 倍；2018 年美国是中国的 6 倍[②]。

3.对全球经济增长贡献率上。2000 年到 2013 年间，中国平均为 19.2%，美国是 15.5%；2013 年到 2018 年，连续五年，中国平均贡献率在 30%以上[③]，超过美国、欧元区和日本贡献率的总和，居世界第一位，成为拉动世界经济增长的重要引擎。

### （三）比较优势

从上述数据来看，尽管在人均 GDP 等领域仍有差距，但综合比较中美差距正在逐步缩小。中国在短短 40 年完成了集三次工业革命于一身的变革发展，正在发生以大数据、人工智能、5G 等为代表的工业 4.0 的巨大变革，中国用了几十年时间走过了发达国家几百年走过的路。这些历史性成就的取得正是中国特色社会主义制度优势的集中体现。

1.政治制度。从政党制度看，中国共产党代表最广大人民根本利益，是整体利益政党。美国的民主党和共和党都是部分利益的政党，代表部分阶层利益，两者具有本质区别。菲律宾外长洛钦 2019 年 3 月 20 日说，中国的成就，中国共产党的领导发挥了无可替代的作用，一切都是中国共产党领导中国人民不懈努力的成果，世界上没有哪个政党能像中国共产党这样为国家发展指引方向。[④] 从人才制度来看，中国的选贤任能制度，根植

① 计算数据来源，国家统计局网站，http://www.stats.gov.cn。

② 计算数据来源，国家统计局网站，http://www.stats.gov.cn。

③ 胡鞍钢：《新中国 70 年：现代化发展道路》，《经济导刊》2019 年第 7 期。

④ 中国社会科学院习近平新时代中国特色社会主义思想研究中心：《中国特色社会主义：民族复兴的必由之路》，《光明日报》2019 年 6 月 4 日。

于千年的科举制，也源于“宰相必起于州部，猛将必发于卒伍”。这种制度模式保障领导干部的专业性。从民主制度来看，中国实行民主集中制，多党合作和政治协商制度。这种制度既高效又灵活，可以较好地统筹不同利益群体的诉求，一代接着一代干。美式民主的竞争上岗，是一届对着一届干，巨大的内耗使得美国普通民众的利益无法得到保障。特朗普上台就几乎推翻了奥巴马的所有提案。“三权分立”，原本是通过权力互相制约来保障民众利益，真正掌握美国决策的却是独立于三权之外的资本的力量，国家政权被资本绑架。

2.经济制度。中国实行社会主义市场经济，一是能够充分发挥市场和政府的双重作用，既能通过提前预判，逆周期调节，避免市场失灵，又能通过法律、制度的约束，避免政府失灵。北京大学结构经济学院林毅夫教授称其为“有为政府和有效市场”的结合；二是能够在全球化过程中坚守货币主权。美国的两大“武器”，战争和美元。在经济全球化的大背景下，虽然各国已经成为全球产业链、价值链不可分割的一部分，但是政治上仍处于两极分化所形成的发达国家和发展中国家构成的世界二元结构之中。2018 年 8 月，美国和土耳其关系恶化，土耳其里拉在几天里贬值达到 30%。美国制裁伊朗，伊朗里亚尔从之前汇率是 4 万比 1，飙跌至十几万比 1。①

金融危机会引发经济危机，最终导致国家经济体系崩溃，引起社会动荡。中国的制度优势，使其能够坚守货币主权，保持人民币汇率处于合理区间。

## 三、中俄比较

### （一）对比依据

一是在国情上，俄罗斯和中国类似，领土广阔，处于经济发展之中；二是俄罗斯曾是苏联加盟共和国，而苏联曾是世界第一个社会主义国家，中国是现在世界上最大的社会主义国家；三是从苏联解体前后其主要经济指标的对比变化中可以看出在综合实力上从曾经世界领先到一落千丈，可以通过其解体前后制度变化找到其失败的根源，对中国的经验教训巨大。

### （二）对比指标

1.在 GDP 总量上。1978 年苏联是中国的 4 倍。作为苏联解体后的核心

① 胡锡进：《党领导的强大体制对中国意味着什么》，《求是》2019 年第 5 期。

国家，2018 年俄罗斯是 1.6 万亿美元，仅相当于中国广东省的规模[①]。

2.在人均 GDP 上。1978 年苏联是中国的 14.5 倍；2018 年俄罗斯人均 1.12 万美元，中国人均 9800 美元，基本持平[②]。

3.在世界影响力上。自从苏联解体，尤其经历 1997 年的金融危机之后，俄罗斯的世界影响力就日趋下降。

**（三）比较优势**

苏联模式为什么会失败？中俄之间的比较更能说明中国制度的优势所在。

1.政治制度。古语说："欲灭其国，先毁其史。"解体前，苏共全面否定苏联历史，否定列宁，否定斯大林，放弃党的领导地位，放弃军队，政治上实行多党制、多元化，结果拥有 2000 万党员的苏共一夕倒塌。而中国共产党的领导是中国特色社会主义的保证，是中国特色主义的本质特征。中国共产党是执政党，民主党派是参政党。中国共产党坚决反对历史虚无主义。

2.经济制度。20 世纪 90 年代初，西方盛行自由主义贸易政策，认为转型国家要实现现代化，必须实行私有化、自由化、市场化即"华盛顿共识"。俄罗斯脱离自己的实际情况，实行"休克疗法"，结果经济全面崩溃。苏联 70 年积累的财富被西方国家窃取。现任总统普京进行的经济政治改革中借鉴不少中国经验。

苏联美苏谈判外交官阿达米辛在回忆录中说，他从心里感到美国人言之有理，苏共领导人戈尔巴乔夫也是这种观点，相信西方模式能够带给苏联人民更好的未来。[③] 从坚持马克思主义，到部分坚持马克思主义，最后直接背离了马克思主义，正是这种发自内心地对自己制度的不自信，最终背叛了马克思主义是其失败的根本原因。而中国一直坚持走马克思主义和自己的实际相结合的道路中产生的中国特色社会主义制度。英国著名汉学者马丁·雅克认为，从历史的角度看，中国共产党有生命力和成功的原因，就是成功地把马克思主义本地化和中国化，使马克思主义符合中国的

---

① 计算数据来源，国家统计局网站，http://www.stats.gov.cn。

② 计算数据来源，国家统计局网站，http://www.stats.gov.cn。

③ 张维为：《中国模式和中国话语的世界意义》，《经济导刊》2014 年第 3 期。

条件，而这一过程仍在继续。[①]

中国特色社会主义最本质的特征是中国共产党领导，中国特色社会主义制度的最大优势是中国共产党领导。这种独特的制度优势使中国取得了他国无法比拟的发展成就。正如习近平指出，我们要坚信，中国特色社会主义制度是当代中国发展进步的根本制度保障，是具有鲜明中国特色、明显制度优势、强大自我完善能力的先进制度，要增强中国特色社会主义的制度自信。

（作者系西安市委党校科学社会主义教研部讲师）

① 马丁·雅克：《在2019年大阪“共建开放型世界经济国际论坛”的发言》，《中国日报》2019年6月26日。

# “一五”建设对甘肃发展产生的重要历史影响

李荣珍

国家“一五”建设时期，以156项重点工程项目为主体的国家工业化建设开始在全国布局，其中甘肃16项。经过持续不断的艰苦努力，16项国家重点建设项目在甘肃全部建成，成长起一批“共和国长子”，并带动了甘肃各行各业的发展，“一五”建设对改变甘肃乃至西北极其落后的工业现状，构建起甘肃的工业体系起到了决定性作用，并对甘肃经济的后续发展产生了前所未有的重要历史影响。主要表现在如下几个方面。

## 一、“一五”建设改变了国家重工业和国防工业布局，甘肃成为国家的重工业和国防工业基地之一

“一五”计划，是指我国从1953年到1957年发展国民经济的计划，所确定的基本任务是：集中主要力量进行以苏联帮助我国设计的156个建设项目为中心、由694个大中型建设项目组成的工业建设，建立我国社会主义工业化的初步基础。

新中国成立初期，中国有限的工业有四分之三以上集中在上海、天津、广州等沿海地带，占中国半数以上的重工业则集中在东北地区，在广大内地尤其是边疆少数民族地区，很少或者根本没有现代工业。这种布局，造成沿海地区和内陆地区经济发展的极不平衡，不利于对全国资源的全面开发和有效利用，不利于人民生活的普遍改善和实现共同富裕，也不利于国防战备。国家“一五”计划在内地安排的基本建设项目占全国投资额的一半以上，从根本上改变了这种状况。在苏联援建的156项重点项目中，甘肃布局了16项。其中，列入正式计划的新建大型现代化工业企业为8项，加上配套项目和限额以上项目为8项。前8个项目是兰州炼油厂、兰州热电站、白银有色金属公司、兰州氮肥厂、兰州合成橡胶厂、兰州石油机械厂、兰州炼油化工设备厂、八〇五厂；后8个项目为永登水泥厂、

兰州自来水厂、一三五厂（万里机电厂）、二四二厂（新兰仪表厂）、七八一厂（长风机器厂），属核工业的五〇四厂、四〇四厂，以及酒泉卫星发射基地。这16项，多被誉为“共和国的长子”：中国现代炼油企业以兰州炼油厂为发端；兰化合成橡胶厂是中国第一个合成橡胶生产基地；兰州石油化工机器厂是新中国最大的石油企业；白银有色金属公司是新中国第一个大型有色金属联合企业；五〇四厂是新中国第一座铀同位素分离工厂，已成功为我国首次核试验以及“两弹”（原子弹、氢弹）、核潜艇、秦山核电站、大亚湾核电站提供核动力燃料；四〇四厂的建成则使我国核工业形成完整的体系；酒泉卫星发射基地是新中国第一座导弹发射场和卫星发射基地，已创造了新中国航天史上的多个第一。所有这些，构成了我国社会主义工业化、国防现代化大格局中不可缺少的重要门类，填补了空白，为我国建立独立完整的工业体系和实现国民经济的技术改造奠定了基础。这一布局，也使得甘肃成为新兴的重工业和国防工业基地之一，为国家工业在西北的崛起做出了前所未有的重大贡献。

## 二、“一五”建设构筑了甘肃现代工业的基本框架，填补了甘肃工业史上的空白

在中国近代工业史上，甘肃属于落后地区，清末至中华民国时期只有甘肃机器局、甘肃织呢局等几家工厂和一些手工业作坊，重工业一片空白。“一五”时期国家重点项目在甘肃的建设，使得甘肃现代工业迅速崛起：化学工业、炼油工业、重型机械制造业，电力、建材、有色金属冶炼，以及国防工业方面涉及的航空、航天、核工业等一大批甘肃原先根本没有的基础工业开始建立起来，构成新的工业结构，为甘肃工业发展奠定了雄厚基础。“一五”期间，甘肃累计完成固定资产投资24.35亿元，占全国同期固定资产投资的3.97%，年平均增长39.49%，高出全国平均数2.79个百分点。

## 三、“一五”建设打造了国家工业的重要培育基地，甘肃成为出干部、出人才、出技术、出成果的国家工业摇篮

“一五”重点项目初建时，全国支援甘肃，而建成中和建成后，则是甘肃支援全国，充分发挥出了“长子”的带头作用和奉献精神。著名诗人

李季诗曰：“苏联有巴库，中国有玉门，凡有石油处，就有玉门人。”[①]“一五”时期的玉门，为全国石油战线输送了大批人才；兰州炼油厂被誉为“新中国炼油工业人才摇篮”，1957年至1997年，向全国40个石油化工企业调配了1万余名干部、科技人员和技术工人；至20世纪90年代末，兰州炼油化工设备厂向全国3000多家企业和事业单位输送了2.6万多名干部、科技人才和工人骨干；兰州热电厂在20年内向后来建设的永昌电厂、八〇三电厂、甘谷电厂、连城电厂、靖远电厂、略阳电厂、韩城电厂、秦岭电厂输送干部和技术人员800余人；八〇五厂是我国含能材料生产研发基地及聚氨酯产业的摇篮；五〇四厂、四〇四厂、酒泉卫星发射基地，既是国家人才的聚集地，也是国家人才资源的辐射地，从这里走出的人才遍及华夏大地。甘肃工业的发展也带动了科研事业的发展，至1957年，在甘肃建立的重点科研机构达到19个。

## 四、“一五”建设成就是各方力量共同艰苦奋斗的成果，培育出了社会主义建设时期多个有代表性的革命精神

甘肃条件艰苦，物资供应、基础设施都比不上发达地区，在“一五”建设中，建设大军高涨的工作热情和艰苦奋斗的创业精神，成为建设能够成功的巨大推动力。在继承和发扬延安精神等革命精神的基础上，又培育出多种建设时期的革命精神：有集中体现我国石油工人精神风貌的“铁人”精神，甘肃玉门籍的王进喜成为“铁人”精神的代表，为全国工业战线树立了学习的榜样；有“热爱祖国、无私奉献，自力更生、艰苦奋斗，大力协同、勇于登攀”的“两弹一星”精神，象征了在艰苦环境下，中华民族自力更生、在社会主义制度确立的过程中集中力量从事科学技术开发研究的精神，也是科教兴国政策的开端；有“艰苦奋斗，创业奉献”的矿山精神，代表了一代艰苦创业者的奋斗精神。这些精神内涵的提炼有的是以后的历史阶段逐渐成熟的，但这些精神的孕育是与“一五”时期甘肃的建设息息相关，是起始阶段。同时，这些精神的基本元素，既是对以延安精神为代表的革命精神的传承，也是与“人一之，我十之；人十之，我百之”为内涵的甘肃精神相契合的，都是爱国主义、集体主义、社会主义精神和科学精神在社会主义革命和建设时期的生动体现，是中国人民在那个

---

① 朱师良：《传承玉门精神打造百年油田》，《酒泉日报》2009年12月10日。

时代为中华民族创造的新的宝贵精神财富。这些精神，也成为全国各族人民在新时代中国特色社会主义建设道路上奋勇开拓的巨大推动力量。

## 五、“一五”建设开启了甘肃工业建设的新里程，为甘肃工业的后续发展奠定了基础

“一五”建设是甘肃工业化的起步阶段，积累了社会主义建设的宝贵经验，统筹兼顾，综合平衡，协调发展，合理布局等优势，都在“一五”时期集中体现。“一五”建设使得甘肃工业从无到有，工业体系开始确立，也带动了农业和其他行业发展，提高了全省人民生活水平，显示了社会主义制度的优越性。特别是带动了一批以工业为主的城市群的形成，兰州成为在全国举足轻重的重工业基地，白银则因工业而兴市，后续发展的金昌、嘉峪关等城市都借鉴了“一五”建设的基本经验，可见其影响之深远。进入改革开放时期，虽然甘肃工业也在转型，但“一五”时期形成的石化产业、煤化工产业、电力产业、冶金产业等依然具有较强竞争优势，并开始与时代同步，走创新之路，与新兴产业密切合作，相互促进、共同发展。

从“一五”时期到今天，甘肃工业走过了辉煌的历程，也经历了不少艰难曲折。但不管怎样变化，这段历史不能忘记，“共和国长子”创造的奇迹不能忘记，创业者的精神值得永远铭记。尤为重要的是要把战争岁月里形成的以延安精神为代表的革命精神和火红的建设年代形成的“铁人”精神、“两弹一星”精神等艰苦创业精神传承下去，要把这些精神作为推动发展的新动力，不忘初心，牢记使命，振奋精神，埋头苦干，为决胜全面建成小康社会、建设幸福美好新甘肃，实现中华民族伟大复兴做出应有的贡献。

（作者系甘肃省委党史研究室原副主任、甘肃省延安精神研究会副会长）

# 当好新时代延安精神传承人

## ——弘扬延安精神，助推韩城追赶超越

张　涛

党在延安从弱小到强大、从被动到主动，中国革命从局部胜利到全面胜利，是什么在指引着我们走向胜利？是延安精神。延安精神是我们党长期培育发展起来的传统作风和革命精神的集中体现，是我们党的性质和宗旨、传统和作风的集中体现，是中国共产党的政治本色，是党和人民宝贵的精神财富，具有穿越时空的恒久价值和旺盛生命力。尤其是进入新时代，共产党人更要继续挖掘和弘扬延安精神的时代内涵，发挥其凝聚人心、战胜困难、开拓前进的强大精神力量，当好新时代延安精神的传承人。

### 一、坚定理想信念，不忘初心使命

坚定正确的政治方向是延安精神的灵魂。在延安时期，老一辈革命家出生入死，甘受缺衣少食之苦，甚至在身陷囹圄、蒙受错误对待时，依然不改忠诚本色，这背后是“革命理想高于天”的伟大情怀，是对共产主义理想信念“九死不悔”的执着。坚定的理想信念、坚定的政治方向，是共产党人从弱小走向强大、从逆境走向顺境、从胜利走向胜利，拥有源源不断强大精神力量的逻辑起点。坚定的理想信念是共产党人的政治灵魂、精神支柱，也是共产党人的现实实践。正如习近平所说：“政治方向对一个党、一个党的组织、一个党员干部来说都极端重要”，“坚定正确的政治方向，必须有坚定理想信念作支撑”。[①] “理想信念是共产党人的精神之‘钙’，必须加强思想政治建设，解决好世界观、人生观、价值观这个‘总

① 《习近平总书记在中国共产党成立95周年大会上的讲话》，中国网，2016年7月1日。

开关’问题。”①

因为无论历史如何变迁，社会如何发展，坚定理想信念都是极为重要的。作为新时代的领导干部，我们要把坚定理想信念作为毕生守则，把好“主心骨”，筑牢“压舱石”，真正做到对共产主义远大理想虔诚而执着，对中国特色社会主义共同理想至信而深厚，在思想上、政治上、行动上始终与以习近平同志为核心的党中央保持高度一致，坚定不移地向省、市委基准看齐。当前，韩城改革开放、转型发展的任务十分繁重，同样需要以有效的党性教育提升政治意识，保持党员干部在政治上的坚定，以严明的政治纪律来维护全市发展的大好局面，坚持以习近平新时代中国特色社会主义思想为指导，增强“四个意识”，坚定“四个自信”，做到“两个维护”，始终用习近平新时代中国特色社会主义思想补“钙”壮“骨”、强基铸魂，将延安精神镌刻于心、见之于行，保持忠于党、忠于人民的政治品格，切实做到为党分忧、为国尽责、为民奉献。要以富民强市为己任，牢固树立新发展理念，认真践行“追赶超越”和“五个扎实”要求，全面贯彻落实市委十八届三次全会和市两会精神，砥砺奋进，担当作为，为全面建成黄河沿岸区域性中心城市竭力尽智。

## 二、秉承优良传统，发扬创业精神

自力更生、艰苦奋斗是延安精神的显著特征。我们党是靠艰苦奋斗起家的，我们党和人民的事业是靠艰苦奋斗不断发展壮大的。延安时期我们党凭借自力更生、艰苦奋斗，粉碎了封锁，减轻了民众负担，为夺取全国政权打下基础。从上海中国共产党成立到井冈山时期，从遵义会议到延安时期，从西柏坡到夺取全国政权，从新中国成立到改革开放和社会主义现代化建设新时期，再到中国特色社会主义新时代，我们的每一个成就、每一次胜利，都离不开艰苦奋斗。艰苦奋斗是工作作风，也是思想作风，是我们党的优良传统和政治本色，是凝聚党心民心、激励全党和全国人民为实现国家富强、民族振兴共同奋斗的强大精神力量。这是一条极其宝贵的历史经验。现如今，我国社会的主要矛盾已经转换为人民日益增长的美好生活需要同不平衡不充分的发展之间的矛盾。面临着高质量发展的艰巨任

---

① 习近平：《在党的群众路线教育实践活动总结大会上的讲话》，新华网，2014年10月8日。

务，发展不平衡不充分的问题依然困扰着我们，全面从严治党仍面临长期坚决反对和克服“四风”问题，这些都要求我们要始终戒骄戒躁、保持艰苦奋斗的作风，继续发扬自力更生、艰苦奋斗的创业精神，勇于克服各种困难，以昂扬斗志不断开拓事业发展新局面，只有这样才能实现中华民族伟大复兴。在经济全球化的今天，我们利用外部资源越来越便利了，但这种“便利”是相对的，核心技术靠“化缘”是要不来的。过去我们在面临西方技术封锁的背景下，依靠自力更生建立起相对完备和自主的科技体系。现在国力增强了仍须坚持自力更生，真正将核心技术掌握在自己手上，前途命运才能不受制于人。近日美国商务部宣布将中国华为公司及其70家关联企业列入出口管制“实体名单”，禁止华为从美国企业购买技术和配件。面对美国的极限绞杀，华为凭借长期以来居安思危、未雨绸缪的战略远见和自力更生、艰苦奋斗精神，打了一个漂亮的绝地反击战。华为对美国打压的绝地反击，让中国人民进一步认识到自力更生、艰苦奋斗的必要性。

共产党人靠着艰苦奋斗一路走来，也必然要靠着艰苦奋斗走向未来。习近平说：“奋斗是长期的，前人栽树、后人乘凉，伟大事业需要几代人、十几代人、几十代人持续奋斗。”① 从这个意义上讲，自力更生、艰苦奋斗任何时候也不会过时。对韩城而言，虽然在投资兴业上具有叠加的政策红利优势、良好的资源禀赋、巨大的市场潜力、扎实的产业基础、优越的营商环境、过硬的干部作风六大明显优势，市域经济综合实力位列“陕西十强”榜首、“西部百强”第20位、“全国百强”第91位。但仍然要继续发扬艰苦奋斗的创业精神，保持清醒头脑，创新工作方式，抓住机遇，促进经济社会实现跨越发展。譬如，要积极创造条件，加快项目建设进度；严守中央八项规定，坚持以俭养德，节俭办事办会，坚决杜绝铺张浪费，真正把党的优良传统内化于心，外化于行。

## 三、深化思想解放，力求实干创新

解放思想、实事求是是延安精神的精髓。用实事求是来概括我们党的思想路线，也是在延安时期。从延安整风总结历史经验摆脱教条主义束

① 《习近平在中共中央国务院举行的春节团拜会上发表重要讲话》，新华网，2018年2月14日。

缚，到中共七大将“实事求是”写入党章，实事求是被确定为党的思想路线经历了一个不易的过程。然而一经确立后，它便成为我们党自我净化、自我完善、自我革新、自我提高的锐利武器。进入新时代，科学社会主义在21世纪的中国呈现光明前景，这得益于马克思主义的指引，它始终是我们党的旗帜和行动指南。然而同时也要清醒地认识到，马克思主义并没有结束真理，而是开辟了通往真理的道路。以实事求是的科学精神，倾听和回答时代和实践提出的重大课题，与时代同步伐，与人民共命运，才是我们党续写马克思主义中国化新篇章、保持中国特色社会主义事业生机活力的奥妙所在。

当前我们的首要任务，就是要深入学习宣传贯彻马克思主义中国化、时代化、大众化的最新成果——习近平新时代中国特色社会主义思想。这里面蕴涵着对共产党执政规律、社会主义建设规律、人类社会发展规律的深刻认识，是发展了的21世纪马克思主义、当代中国马克思主义；这里面聚焦我国改革开放和社会主义现代化建设面临的重大现实问题、全局性战略问题、人民群众关心关注的热点难点问题，并为解决这些问题提供新理念、新思路、新办法。作为党员领导干部，唯有脚踏实地、实干为先，学习宣传贯彻落实好习近平新时代中国特色社会主义思想，用新思想武装头脑，指导实践，推动工作，才能做出经得起实践、人民和历史检验的成绩。

实践表明，只有解放思想，才能达到实事求是；只有实事求是，才是真正的解放思想。在新世纪新阶段，切实做到老祖宗不能丢，又要说新话；经典著作要认真读，又要写出新篇章；革命传统要弘扬，也要创造新办法。切实做到发展要有新思路，改革要有新突破，开放要有新局面，各项工作要有新举措，这就叫作坚持解放思想，这也叫坚持实事求是。当前，韩城在项目建设、脱贫攻坚、生态环保、民生改善、扫黑除恶等方面的工作压力比较大，党员干部的担子比较重，更需要有实事求是的干事创业精神，解放思想，实事求是，破解难题，啃“硬骨头”，多措并举，以实实在在的成绩庆祝中华人民共和国成立70周年。

## 四、坚持以人为本，恪守为民情怀

全心全意为人民服务是延安精神的核心，是中国共产党的根本宗旨。我们党历来把为中国最广大人民谋利益作为自己的根本宗旨，在延安时期又响亮地提出了“为人民服务”的口号并在全党认真实践。早在延安时期，我们党就通过组织生产、开办医院、识字扫盲，以人民冷暖为己任，把群众视为亲人，以对人民的无限忠诚赢得了人民的拥护和支持，形成了“一切为了群众，一切依靠群众，从群众中来，到群众中去”的群众路线。那时的陕甘宁边区政府，被誉为“民主的政治、廉洁的政府”。当年驻延安的美军观察组成员说：“这里不存在铺张粉饰和礼节俗套，没有乞丐，也没有令人绝望的贫困现象，人们的衣着和生活都很俭朴，人民之间的关系是坦诚、直率和友好的。这里也没有贴身保镖、宪兵和重庆官僚阶层的哗众取宠的夸夸其谈。”① 中国共产党就是以对人民的无限忠诚赢得了人民的拥护和支持。人民是历史的创造者，是决定党和国家前途命运的根本力量。新时代推动我们的各项事业，都需要继续从延安精神中回望初心、不忘初心、坚持初心，顺应人民群众对美好生活的向往，坚持以人民为中心的发展思想，不断保障和改善民生，促进社会公平正义，让改革发展成果惠及全体人民。我们要团结带领全市人民推进中心城市建设，实现追赶超越，仍然需要“以人民为中心”，坚持全心全意为人民服务的宗旨。

2017 年 10 月，习近平提出了“与人民同呼吸、共命运、心连心，永远把人民对美好生活的向往作为奋斗目标”的伟大号召。历史证明，民心所向即是力量所在。今日韩城，我们要以建成黄河沿岸区域中心城市为目标，就必须始终把人民利益放在第一位，把执政为民的责任扛在肩上，坚持以民为镜，用心听取民声民愿、了解群众期盼，用情服务百姓，造福一方。当前，我们要将生态文明建设作为最大的民生工程，严格坚守环保底线，持续推进铁腕治霾“1+8”行动和环保“双百工程”，扎实开展农村人居环境整治三年行动，着力打造“山清水秀地干净、宜居宜业宜游”的美丽新韩城。以农村“三变改革”为抓手，做大做强农村集体经济，扩大农民创业就业渠道，保障农民收入稳定增长。以办好十件民生实事回应群众关切，全力以赴抓好脱贫攻坚、教育医疗、就业创业、社会保障等各项民生事业，真正把各项惠民政策落实到“最后一公里”，努力让人民群众有更多的幸福感、获得感，凝聚起加快发展的强大合力。

---

① 《毛泽东如何向世界讲述延安故事》，《学习时报》2018 年 12 月 24 日。

## 五、坚定文化自信，建设文化强市

理论联系实际是我们党的优良传统，是延安时期的工作方法。延安时期是我们党科学总结正反两方面经验，成功地推进马克思主义中国化、在理论上实现第一次历史性飞跃的时期。毛泽东同志的许多重要著作，如《中国革命战争的战略问题》《实践论》《矛盾论》《论持久战》《新民主主义论》《论联合政府》等，都是在延安时期完成的。毛泽东思想正是在延安时期逐步成熟并正式成为党的指导思想。韩城是黄河文明的重要发祥地之一，是世界文化名人司马迁的故乡、中国历史文化名城、中国优秀旅游城市，文化资源禀赋良好，文化底蕴深厚，发展文化产业优势明显，具有得天独厚的发展条件。今天我们要在新形势下实现韩城经济社会文化的全面发展，必须弘扬延安精神，坚持理论联系实际，繁荣文化事业，发展文化产业，坚定文化自信，建设文化强市。我们要主动作为，深入挖掘韩城历史文化资源，把韩城文化全方位融入经济社会发展的各个环节，以文化大发展大繁荣助力区域中心城市建设。依托黄河文化产业园区创建，深挖史记文化、黄河文化内涵，持续扩大韩城文化影响力。支持本土文化企业与国内外顶尖文创团队合作，将韩城行鼓、秧歌等民间艺术推向全国舞台，打响韩城文化品牌。要坚持“引进来”和“走出去”并举，面向全球引进先进的文化理念、设计团队和专业人才，为韩城文化产业发扬光大凝聚合力；实施文化营销战略，大力弘扬韩城民俗文化、红色文化、民居文化、家训文化、古建文化，让每个韩城人都成为韩城文化的传承者和宣传员，让韩城在坚定文化自信中从容走向未来。

延安精神不仅是中国共产党成就伟大事业的宝贵精神财富，对每一名党员领导干部而言，也是可用于指导人生道路的价值理念，是干事创业的应有境界。正如习近平指出：“延安精神是中华民族优良传统的继承和发展，是我们党的性质和宗旨的集中体现。弘扬延安精神，对于推进中国特色社会主义事业、实现中华民族伟大复兴具有重要意义。”当好新时代延安精神的传承人，要求我们必须在坚定正确政治方向的基础上，继承和发扬延安时期的忘我精神、昂扬斗志、科学精神，为党和人民事业艰苦奋斗、不懈奋斗。要牢记习近平“走得再远、走到再辉煌的未来，也不能忘记走过的过去”的谆谆告诫，传承红色基因，发扬光荣传统，汲取精神营养，挖掘时代价值，努力在坚持和发展中创造无愧于时代、无愧于人民、无愧于先辈的业绩。[①] 大水悠悠，千年不断；延安精神，永放光芒。向前走，不能忘记走过的路；不论树的影子有多长，根永远扎在土里。站位新时代，踏上新征程，我们的任务艰巨，使命光荣。我们要以延安精神为动力，不忘初心、牢记使命，拼搏奋进、创新实干，切实把延安精神化作奉献事业的激情和对党的事业更加执着的信念与追求，把韩城建成黄河沿岸区域性中心城市，引领黄河经济带协同发展的伟大梦想就一定能够实现。

（作者系韩城市延安精神研究会办公室主任）

① 《从党史国史中汲取强大精神力量》，《人民日报》2019 年 8 月 9 日。

# 试论延安时期陕甘宁边区军工精神的丰富内涵、历史地位和时代价值

刘亚亚

和党中央在延安十三年辉煌历史与延安精神的研究成果相比，当前学术界和理论界对延安时期陕甘宁边区军工精神的研究较为薄弱，本文对延安时期陕甘宁边区军工精神的丰富内涵、历史地位和时代价值做一简要探讨，以求教于方家。

## 一、延安时期陕甘宁边区军工精神的丰富内涵

延安时期陕甘宁边区军工精神是以李强、沈鸿、钱志道为主要代表的中国共产党人在创办、发展陕甘宁边区军事工业的长期实践中所培育形成的“自力更生、艰苦奋斗、开拓进取、无私奉献”的革命精神和优良传统。它凝结着军工人的智慧和心血，内含自力更生、艰苦奋斗的创业精神，改革创新、甘于奉献的时代担当和忠诚报国、一心为民的真挚情怀。

### （一）自立更生、艰苦奋斗的创业精神

自力更生、艰苦奋斗的创业精神是我们党的宝贵财富和优良传统，也是我们党战胜重重困难、克敌制胜的重要法宝。

延安时期，陕甘宁边区作为中共中央和中央军委所在地、指导抗日战争和解放战争的总后方，地处黄土高原，资源贫乏，经济落后，生产生活资料奇缺，都需从外地输入。在全民族抗日战争进入战略相持阶段后，陕甘宁边区又处在国民党的严密封锁之下，人民生活更加困难，陕甘宁边区的军事工业就是在这种艰苦的情况下诞生、发展起来的。在这样极端困苦的环境下，边区军工人不向困难低头，积极发扬自力更生、艰苦奋斗的精神，逐步发展壮大军事工业，其发展特点“是举世无双的：第一，工具系自己做，这绝非欧美机械化科学化的供给生产所能比拟。在他们是各司一门，而我们则连一个麻花钻也要自制。第二，原料自找，我们从山里挖

矿、炼铁，制成机器。又从事生产，如果专靠外力就会停工。第三，房子自造。第四，技术自己设法解决，我们缺乏专家（譬如炼铁等方面），很多产品是依靠工人同志与知识分子合作，然后才制造出来的。第五，没有规定的原料，我们所用原料都是人家认为不合格的，在我们则加以采用。……但在此种困难状况下，我们也收获了不少成绩”①。不难看出，陕甘宁边区军工人在物质技术极度匮乏的条件下，凭着艰苦奋斗、自力更生的创业精神，使边区军事工业逐步建立和发展起来，创造了“没有枪，没有炮，我们自己造”的奇迹，为中国革命的胜利做出了卓越的贡献。

**（二）改革创新、甘于奉献的时代担当**

全民族抗日战争初期，人民军队不仅数量少，而且武器装备极其落后，难以实现自给。随着抗战形势的日益发展，人民军队不断发展壮大，武器弹药严重匮乏，仅仅靠从敌人手中缴获已远远不能满足战时需要，更直接影响着战争成败。诚如毛泽东 1938 年 1 月在延安工人制造品展览会上所指出的那样：“过去抗战部分失败，我们的国防工业不如敌人，也是一个原因，将来要最后战胜敌人，一定要发展国防工业。”② 在此背景下，中央军委于 1938 年 3 月成立军工局，积极创办陕甘宁边区军事工业，以适应革命战争需要。陕甘宁边区军事工业从创设之初就注重创新方式方法，对兵工厂实行企业化管理，建立了一系列行之有效的工厂管理制度，大力精简非生产性人员，以防止工厂出现“机关化”现象。同时，为了提高生产效率和产品质量，边区军工厂采用赏罚分明和按劳分配相结合的生产方式，来调动工人生产的积极性、主动性和创造性。而且兵工厂对各个生产过程进行从严管理和监督，着重从生产各个环节上来确保军工产品的质量。此外，为了培养人才，鼓励工人学习先进，培树典型，发扬甘于奉献的劳模精神，从而形成比学赶超的学习热潮，党中央和边区政府十分重视劳动模范的引领示范作用，积极开展劳动英雄和劳动模范评选活动，以奖励各条战线上涌现出来的模范人物，从而激发工人参与生产的积极性。1938 年到 1940 年期间，陕甘宁边区多次举行劳模大会，表彰了一大批劳

① 薛幸福：《革命根据地军工史料丛书：陕甘宁边区》，兵器工业出版社 1990 年版，第 43—44 页。

② 薛幸福：《革命根据地军工史料丛书：陕甘宁边区》，兵器工业出版社 1990 年版，第 121 页。

动英雄，而在军工战线上，尤以赵占魁运动最为典型。1942年9月，《解放日报》发表社论，刊登了赵占魁的模范事迹，发出了“向模范工人赵占魁学习”① 的号召，并鲜明指出“我们希望全边区有千万个像赵占魁一样的模范工人涌现出来”②，从而在边区掀起了开展赵占魁运动的高潮，有力推动了军事工业的发展。

### （三）忠诚报国、一心为民的真挚情怀

全民族抗战爆发后，面对国家生死存亡的境地，全国上下都积极投入抗日救亡的时代洪流中，竭尽所能地为国为民做贡献。在陕甘宁边区，一切生产、管理和科研活动更是围绕着挽救民族危亡大局而展开。正如毛泽东所号召的那样：“我们陕甘宁边区的工业建设，也和其他工作的目的一样，是为了打倒日本帝国主义。”③ “一切为了战争、一切服从战争”的战斗口号成为抗日战争时期的时代最强音。而作为支撑陕甘宁边区国防体系建设的军工人，更是充分发扬“一切为了战争、一切服从战争”的抗战救亡精神，满怀热情深入生产战线，生产军民两用产品，从而有力地支援了当时战争需要和边区经济建设。为了解决武器装备难以自给、严重短缺的问题，军工人抱着对祖国的赤心忠诚、对人民的真挚情怀、对革命事业必定胜利的坚定信念，潜心研究武器装备制造技术，大力攻克技术难关，在党的领导下同仇敌忾，把军工线变成抗击日本侵略者的最前线，研制出了一款完全自主研发，具有完全自主知识产权的制式步枪（即“无名氏马步枪”）和其他武器装备，从而有效解决了我军武器装备严重短缺的问题。试想军工人在那样异常艰苦的环境下，如果没有忠诚报国、一心为民的真挚情怀，就不会取得那么显著的成绩，就不会形成熠熠生辉的军工精神。

## 二、延安时期陕甘宁边区军工精神的历史地位

新中国成立70年的历史和实践充分证明，延安时期陕甘宁边区军工人用辛勤汗水在军工战线上铸就的军工精神，是中国革命史上一座不朽的丰碑，具有不可忽视的历史地位。

---

① 薛幸福：《革命根据地军工史料丛书：陕甘宁边区》，兵器工业出版社1990年版，第26页。

② 薛幸福：《革命根据地军工史料丛书：陕甘宁边区》，兵器工业出版社1990年版，第28页。

③ 《毛泽东文集》第3卷，人民出版社1996年版，第146页。

### （一）陕甘宁边区军工精神是延安精神的原生形态

从陕甘宁边区军事工业从无到有、从小到大的生动实践中，不难看出，陕甘宁边区军工精神最主要的内容和最鲜明的特点是“自力更生、艰苦奋斗、开拓进取、无私奉献”，这与延安精神中自力更生、艰苦奋斗的创业精神在内涵上是相同的，在核心要义上是一致的。如果说南泥湾精神中所体现出的自力更生、艰苦奋斗的创业精神是延安精神的原生形态之一，毋庸置疑，我们也可以做出这样一个论断：陕甘宁边区军工人在创办、发展军事工业中所培育形成的军工精神也理应成为延安精神的原生形态。在一定意义上可以说，陕甘宁边区军工精神不仅是延安精神的原生形态，更是对延安精神的集中体现和发扬光大。

### （二）陕甘宁边区军工精神是中华民族精神的实践结晶

自古以来，中华民族就以自强不息、艰苦奋斗、勤劳勇敢的伟大精神创造了辉煌灿烂的中华文化，熔铸了贯穿民族血脉、延续至今的精神之魂，形成了以爱国主义为核心的民族精神，并使之成为国家和民族生存发展的精神基石和文化积淀。陕甘宁边区军工精神是在艰苦卓绝的敌后抗日烽火和波澜壮阔的人民解放战争中培育形成的，“自力更生、艰苦奋斗、开拓进取、无私奉献”，充分彰显了中华民族追求独立自主、自强不息的民族自尊，生动诠释了“国家利益高于一切”“把一切献给党”的舍生忘死的民族大义，集中展示了艰苦奋斗、百折不挠、勤俭持家的中华民族优秀传统，传承着中华民族传统文化的绵绵血脉，蕴涵着中华民族传统文化的深厚力量，是中华民族精神在军工事业中的延续、传承和发展，是中华民族精神在军工事业中的实践结晶。

### （三）陕甘宁边区军工精神是国防精神的历史发端

陕甘宁边区军工是我们党领导和创立的第一个军事工业体系，是我国现代国防科技工业体系的基础和摇篮。新中国成立70年来，国防科技工业已由新中国成立前的以兵工为主发展到当今涉及航天、航空、船舶、兵器、电子等众多领域的全方位大国防，陕甘宁边区军工精神也随之在实践中得到传承与发扬光大，激励着新时代各个战线上的社会主义劳动者和建设者充分发扬国防精神，不断谱写现代国防科技工业新篇章，而且也相继涌现出一批批成就显著的时代先锋和民族脊梁，从而树立起一座座璀璨的精神丰碑，成为引领我国国防科技工业现代化建设的强大精神动力。陕甘宁边区军工精神，也必将在我国军事工业现代化发展伟大进程中闪烁出最耀眼的光辉，必将为实现中华民族伟大复兴注入强大的精神动力。

## 三、延安时期陕甘宁边区军工精神的时代价值

延安时期陕甘宁边区军工人在波澜壮阔的斗争实践中所培育形成的军工精神具有鲜明的时代印记，凝聚着军工人的智慧和心血，集中体现了中国共产党的性质和宗旨。在革命战争年代，军工精神是共产党人战胜一个又一个困难、夺取一个又一个胜利的重要法宝和精神旗帜，也是凝聚各方力量奋力谱写军工事业新篇章的强大精神武器。在和平建设时期，军工精神也同样激励着我们不断奋勇向前。尤其在中国特色社会主义进入新时代的今天，军工精神愈加彰显着其强大的生命力、感召力和凝聚力，对于我们夺取新时代中国特色社会主义伟大胜利、实现“两个一百年”奋斗目标、实现中华民族伟大复兴具有十分重要的指导意义和时代价值。

### （一）坚定崇高理想信念，筑牢精神根基

革命理想高于天。坚定理想信念，坚守共产党人的精神追求，始终是共产党人安身立命的根本①，始终是共产党人干事创业的政治灵魂。在我们党98年的发展历史中，一代又一代共产党人倾注满腔热血，矢志不渝地为民族独立和人民解放不懈奋斗，不惜流血牺牲，不畏艰难险阻，靠的就是信仰，为的就是理想。同样，在延安时期，面对复杂残酷的战争环境，面对艰难困苦的生产生活条件，陕甘宁边区军工人充分发扬自力更生、艰苦奋斗的精神，群策群力、共同劳动，使陕甘宁边区军事工业从无到有、从小到大，逐步发展壮大，创造一个又一个奇迹，也正是基于对理想信念的虔诚而执着、至信而深厚。面对新时代新目标新要求，传承和弘扬军工精神，就是要坚守“把一切都献给党”的崇高信仰，保持政治定力、筑牢信仰之基、补足精神之“钙”、把稳思想之舵，着力提升党性修养、思想境界和道德水平，深入学习党的创新理论成果，始终保持对远大理想和奋斗目标的清醒认知和执着追求，始终坚守对马克思主义的信仰、对共产主义和社会主义的信念、对党和人民的忠诚，自觉做共产主义远大理想和中国特色社会主义共同理想的坚定信仰者、忠实实践者、有力传播者，坚定理想信念，挺起精神脊梁，用理想之光照亮奋斗之路，用信仰之力开创美

---

① 《习近平关于全面从严治党论述摘编》，中央文献出版社2016年版，第58页。

好未来①，不断把为崇高理想奋斗的伟大实践推向前进。

### （二）坚持改革创新发展，强化使命担当

中国共产党98年的发展历史和生动实践反复证明，改革创新是推动中国革命、建设和改革事业不断向前发展的动力，是夺取一个又一个伟大胜利的优势所在、力量所在。延安时期，陕甘宁边区军工人在极端困苦的战争环境中，克服重重困难，勇于探索，积极实践，注重改革创新，创办了一批军工企业，使边区的军事工业由最初的简单枪械修理发展到能够制造一定数量和种类的军用品，使边区军事工业逐步建立和发展起来，这对于改变当时中国军事工业布局、夺取新民主主义革命的最终胜利发挥了不容忽视的重要作用。这种在血与火的斗争实践中所展现出来的改革创新精神，生动诠释着军工人对革命事业的时代担当，更是对中国共产党领导中国人民争取民族独立和人民解放、不忘初心使命的最好映照。当前决胜全面建成小康社会，传承和弘扬军工精神，就要充分发扬“自力更生、艰苦奋斗、开拓进取、无私奉献”的光荣传统和优良作风，牢牢把握党在新时代的奋斗目标，以改革为先，以创新为要，以发展为本，统揽伟大斗争、伟大工程、伟大事业、伟大梦想，不断提高政治站位，切实增强忧患意识，积极防范各种风险挑战，始终恪守艰苦奋斗的革命本色，永葆开拓进取的豪迈气概，秉持无私奉献的崇高境界，发扬精益求精的工匠精神，坚持自主创新的战略基点，坚持向科技创新要战斗力，积极推进核心关键技术攻关，加快战略性、前沿性、颠覆性技术发展②，积极抢占未来军事领域战略制高点，全面推进国防和军队现代化，构建一体化的国家战略体系和能力，为实现中国梦强军梦提供有力保障。

### （三）恪守报国为民立场，永葆政治本色

从一定意义上可以说，延安时期陕甘宁边区军事工业的创办和发展史，就是一部忠诚报国、一心为民的历史。陕甘宁边区军事工业一经诞生就与国家利益、人民利益和民族利益紧密联系在一起，始终与党的事业同生长、共进步。陕甘宁边区军工人在发展和推进军工事业的生动实践中，始终以爱国救国为使命，以增进民生福祉为根本，既充分考虑国家战时需

---

① 《习近平关于全面从严治党论述摘编》，中央文献出版社2016年版，第73页。

② 《习近平新时代中国特色社会主义思想学习纲要》，学习出版社、人民出版社2019年版，第195页。

要，又适时兼顾民生需求，为国家和人民根本利益不懈奋斗。这无不体现着军工人的鲜明政治本色，无不彰显着共产党人的鲜明价值追求。在新时代，传承和弘扬军工精神，就是要坚持“国家利益高于一切”的核心价值观，把服务服从党和国家事业大局作为一切工作的出发点和落脚点，想国家之所想，急国家之所急，以高度的时代责任感和历史使命感，积极参与国家各项事业；就是要坚持“以人民为中心”的根本立场，永远把人民对美好生活的向往作为奋斗目标，永远保持共产党人的政治本色，永远保持对人民的赤子之心，牢记全心全意为人民服务的根本宗旨，始终同人民想在一起、干在一起，始终与人民心心相印、与人民同甘共苦、与人民团结奋斗，坚持把人民拥护不拥护、赞成不赞成、高兴不高兴、答应不答应作为衡量一切工作得失的标准①，坚决打赢脱贫攻坚战，逐步满足人民日益增长的美好生活需要，不断朝着全体人民共同富裕的目标前进。

（作者系延安干部培训学院教师）

① 《习近平新时代中国特色社会主义思想学习纲要》，学习出版社、人民出版社2019年版，第43页。